María Luz Gutiérrez

Estructuras sintácticas del español actual

Sociedad General Española de Librería, S.A.
Madrid

LAS ESTRUCTURAS SINTACTICAS
DEL ESPAÑOL ACTUAL

VISOR
LIBROS
Telfs. 449 26 55 - 243 61 34
ISAAC PERAL, 18 - MADRID

M.ª LUZ GUTIERREZ ARAUS

LAS ESTRUCTURAS SINTACTICAS DEL ESPAÑOL ACTUAL

SOCIEDAD GENERAL ESPAÑOLA DE LIBRERIA, S. A.
Evaristo San Miguel, 9
MADRID - 8

© M.ª Luz Gutiérrez Araus
Sociedad General Española
de Librería, S. A.
Madrid, 1978

ISBN 84-7143-152-1

Depósito legal: M. 15840-1978

Impreso en España - Printed in Spain

Selecciones Gráficas - Carretera de Irún, km. 11,500 - Madrid (1978)

*A Manolo, fiel compañero en tantos
momentos de esfuerzo.*

PRÓLOGO

Prologar un libro no resulta una tarea fácil ni exenta de responsabilidad, ya que el siempre amable lector espera ser introducido con facilidad en los secretos de la obra cuya lectura va a iniciar; pero nada más ajeno a mí en este momento que ser el introductor de este libro que, por sus propios méritos, ocupará el lugar que le corresponde en la bibliografía de la Lingüística hispánica.

Estas Estructuras sintácticas del español *constituyen la parte nuclear de la Tesis doctoral que María Luz Gutiérrez Araus presentó a finales de 1974 en la Universidad Complutense, y que fue calificada con sobresaliente «cum laude». La autora se propuso como objetivo el hallazgo de las estructuras sintácticas fundamentales, que, repitiéndose a través de una combinatoria no demasiado compleja, conforman el mensaje. La utilización de un aparato estadístico adecuado pone de manifiesto los esquemas oracionales más comunes y los mecanismos funcionales que con más relieve son utilizados por los autores del mensaje, en este caso literario, ya que el estudio se realizó sobre un amplio corpus de prosa ensayística de Eugenio D'Ors y de Julián Marías. Complementando el análisis sintáctico, se busca la relación existente entre los elementos prosódicos, tenuamente reflejados en el texto a través de los recursos gráficos, y lo estrictamente gramatical. Tal vez alguien pueda opinar que, tratándose de lengua escrita, este aspecto del libro esté de más, pero no es así si se piensa en la estrecha relación que existe entre sintaxis y entonación; si tenemos en cuenta la incidencia de la última sobre la primera, no por limitada menos importante; si sabemos que tenemos presentes las estructuras entonativas, aunque sea inconscientemente, tanto en la codificación como en la descodificación del mensaje; si la moderna psicolingüística discute, en el terreno del desarrollo del habla infantil, si el niño adquiere en primer lugar estructuras entonativas o estructuras sintácticas, etc. Evidentemente, en la lengua oral, los rasgos prosódicos juegan un papel más importante, pero no debe desdeñarse el que desempeñan en la lengua escrita.*

Creemos que sería interesante ampliar esta misma área de investigación a otros estilos de lengua escrita, así como a la lengua oral. Ello nos proporcionaría un conocimiento importante de los mecanismos que explotamos a la hora de formular los distintos mensajes. En este sentido, creemos que el libro que ahora prologamos es una valiosa aportación. Con María Luz Gutiérrez Araus me une una profunda amistad forjada en largos años de trabajo; fue mi alumna en la Universidad Complutense cuando empezaba su especialidad de Filología Románica; conmigo realizó su Memoria de Licenciatura (1); bajo mi modesta dirección culminó su carrera académica, doctorándose en la citada Universidad; y hoy, como ayer, seguimos siendo compañeros de trabajo en la misma Facultad y en el Consejo Superior de Investigaciones Científicas. La labor paciente, cotidiana, movida por una decidida vocación, son el reflejo, a la par que el valor, del espíritu universitario de la autora de este libro.

A. QUILIS

Madrid, 1 de enero de 1978.

---

(1) *Tratado de amor*, atribuido a Juan de Mena, edición y estudio. Madrid, 1975, Ed. Alcalá, col. «Aula Magna».

INTRODUCCION

I. Propósitos de nuestro trabajo

«La frase, creación indefinida, variedad sin límite, es la vida misma del lenguaje en acción. Concluimos que con la frase se sale del dominio de la lengua como sistema de signos y se penetra en otro universo, el de la lengua como instrumento de comunicación, cuya expresión es el discurso. Es en el discurso, actualizado en frases, donde la lengua se forma y configura. Ahí comienza el lenguaje. Podría decirse, calcando una fórmula clásica: nihil est in lingua quod non prius in oratione» [1]. Estas palabras de Benveniste que compartimos decididamente, han sido acicate y estímulo para la elaboración de nuestro trabajo, que toma como objeto de estudio la estructuración de la oración española. Nuestra intención, al acometer esta tarea, ha sido descubrir esos mecanismos, esos esquemas de formación de oraciones que el niño hispano-hablante capta en su primera infancia, antes casi de conseguir pronunciar determinados fonemas o conocer que no es posible decir: «hacido» y «cabí». Si efectivamente son tan tempranamente captadas por la mente infantil, las estructuras sintácticas básicas no pueden ser complejas, sino más bien sencillas. Incluso las frases más complejas no son más que el resultado de una acumulación de estructuras simples. Según Pottier la lengua repite su estructura fundamental en todos sus procedimientos de alargamiento [2]. En la concepción de la gramática generativa el componente generativo es la sintaxis, siendo la semántica y la fonología los componentes interpretativos. Efectivamente, un individuo que aprende una lengua extranjera, aunque conozca todos sus fonemas a la perfección e incluso gran número de lexemas, no podrá generar frases y, en definitiva, no «hablará» esa lengua, mientras no conozca sus esquemas sintácticos. Si la lingüística ha tomado naturaleza de ciencia, ha sido por el reconocimiento unánime de que su objeto de estudio, la lengua, debe ser descrito como una estructura formal. Ahora bien, una descripción científica exige previamente el establecimiento de unos criterios y de unos procedimientos adecuados, dado que la realidad del objeto descrito condiciona las características del método propio para definirlo.

Cualquier descripción es necesariamente finita, lo cual quiere decir que se obtendrán ciertos rasgos del objeto que se va a definir. Todas las descripciones serán aceptables, según Martinet, a condición de que sean coherentes, que estén hechas desde un punto de vista determinado [3].

Podemos centrar nuestra investigación en el área de la gramática sintagmática de línea distribucional. Damos gran importancia a la oposición función sintáctica/realización sintagmática y ésta es la hipótesis principal de nuestro trabajo: en la relación existente entre una función oracional y sus posibles formas de realización se basa la estructura gramatical de una lengua.

Una gramática de estructura sintagmática puede servir de base en investigaciones posteriores para presentar reglas gramaticales de capacidad generativa. El mismo Chomsky lo admite cuando apunta que la lingüística tradicional y estructural ha acumulado ya suficientes conocimientos como para que le sea permitido sobrepasar ese estadio puramente clasificatorio, taxonómico y comenzar a elaborar modelos hipotéticos explícitos de las lenguas y del lenguaje. En el caso concreto de la lengua española no es cierta esta afirmación, ya que la formalización de sus estructuras gramaticales apenas ha sido esbozada por aportaciones aisladas. Y es precisamente en este campo en el que se inscribe nuestra investigación: hemos intentado hallar, sobre un corpus importante de lengua escrita, qué estructuras sintácticas funcionan realmente en el español actual.

La estadística ha significado para nosotros un apreciable instrumento de investigación. El material analizado nos ha proporcionado una serie de datos a partir de los cuales hemos hallado las frecuencias de los diferentes aspectos estudiados, así como la distribución y la media, la variancia y la desviación-tipo en algunos.

Una de las partes de nuestro trabajo la constituye el estudio de las relaciones entre sintaxis y rasgos prosódicos, que hemos llevado a cabo a partir de los análisis espectrográficos de ciertas frases del corpus que han sido grabadas, en las que por su estructura suponíamos debía haber implicaciones suprasegmentales. La independencia relativa de los niveles, así como la consideración exhaustiva de los fenómenos segmentales, excluía de la lingüística, como marginales, los hechos de entonación que no hallaban su puesto más que al precio de una reducción empobrecedora. Nosotros queremos ver la tangencia entonación-gramática por considerarla altamente rentable a efectos de segmentación y creer que la entonación es un procedimiento sintáctico distintivo en ciertos puntos claves de la oración.

II. MÉTODO DE TRABAJO

Togeby señala que la sintaxis de tipo funcional se encuentra en presencia de tres tareas:

1. Dividir las unidades sintácticas, desde las más grandes a las más pequeñas, en sus partes constitutivas primarias.

2. Determinar, a propósito de cada división, la relación entre las partes.
3. Establecer los diferentes niveles de unidades que debe recorrer el análisis [4].

En este sentido también Benveniste señala que «el procedimiento entero del análisis tiende a delimitar los *elementos* a través de las *relaciones* que los unen. Este análisis consiste en dos operaciones que se gobiernan una a otra y de las que dependen todas las demás: *segmentación* y *sustitución*» [5].

Dentro de esta corriente de opinión, la primera operación que hemos llevado a cabo ha sido la segmentación del corpus en enunciados. Una vez establecidos los límites del enunciado ha comenzado la segmentación más genuinamente gramatical, es decir, la segmentación de los elementos que realizan una función sintáctica dentro de una oración. Se identifican tales elementos por las sustituciones que admiten y los procedimientos formales que los marcan [6]. El método de distribución consiste en definir cada elemento por el conjunto de los alrededores en que se presenta. Entre las dos posibles formas de relacionarse un elemento lingüístico nos ha interesado más la relación sintagmática que la relación paradigmática.

Consideramos, de acuerdo con la metodología estructuralista, que *todo análisis lingüístico ha de proceder por niveles*. El enunciado está concebido como una combinación de elementos. La lengua presenta una serie de órdenes jerárquicos (fonológico, morfológico, sintáctico o de frase), en los que cada unidad (segmento) se define por sus combinaciones en un orden superior. Ante la complejidad de los hechos gramaticales solamente procediendo por niveles podremos hallar la arquitectura, la estructura de las partes del todo.

Nuestro análisis se ha basado solamente en los *dos niveles* verdaderamente gramaticales, a saber: el *sintáctico,* en el cual se estudian las funciones primarias de la oración y el *sintagmático,* en el cual se estudian las funciones secundarias o funciones constitutivas de las funciones primarias. En cuanto a las llamadas funciones terciarias (marcas de género, número, persona, etc.) que se pueden extraer a partir de un análisis morfológico, no nos han interesado apenas en nuestro trabajo, por no considerarlo objeto de la sintaxis.

En lo que al *corpus* se refiere debemos señalar que nuestra investigación se ha basado en el análisis de textos literarios en prosa. Diversos criterios han guiado su elección. En nuestro intento de estudiar las estructuras sintácticas del español, hemos escogido la modalidad de lengua escrita por considerarla más fácilmente analizable en unidades discretas. La lengua hablada tiene ingerencias extrañas a la misma estructura gramatical, como son la situación, las interrupciones por parte de interlocutores, los gestos, etc., las cuales suplen, en ocasiones, un determinado segmento oracional, por lo que pueden presentar numerosas dificultades para su análisis sintáctico.

Una vez elegida la lengua escrita, se nos ofrecía el doble camino de la obra profundamente literaria por un lado, en la que el estilo, en su búsqueda consciente e intuitiva de efectos estéticos, conllevaría un alejamiento del uso habitual, normativo y el empleo de una sintaxis particular y, por otro lado, obras literarias de ensayo, cuyo interés estilístico no es tan fuerte, en principio, pero que estén escritas por autores que conocen a la perfección los recursos sintácticos de la lengua española. Por tanto, no hemos basado nuestro trabajo en el análisis de textos poéticos, ni de textos teatrales o de novela, sino en textos ensayísticos.

Tomada la decisión de basar nuestra investigación sobre el análisis de ensayos, pensamos en escoger una parte de lengua actual, de los años sesenta, y otra parte de lengua del siglo XX, pero algo anterior, de los años cuarenta, a fin de ampliar el área cronológica de nuestro estudio a los últimos treinta años. El carácter de lengua culta al servicio de temas de arte tratados con profundidad y riqueza de estilo, que encontramos en la obra *Lo barroco*, de Eugenio d'Ors [7], y el carácter periodístico, al servicio de temas de actualidad, de la obra *Meditaciones sobre la sociedad española*, de Julián Marías [8], nos parecieron dos muestras excelentes de la prosa culta, sobre la que queríamos centrar nuestra investigación gramatical. A continuación elegimos textos de cada una de dichas obras bastante largos como para que la variedad de giros sintácticos se manifestase. La ostensible diferencia de temas entre una y otra obra seleccionadas ampliaba más aún el horizonte del estudio, ya que partíamos de la hipótesis de que ciertas estructuras sintácticas pueden aparecer más ligadas al desarrollo de ciertos contenidos temáticos.

También fue nuestro criterio, a la hora de buscar dos autores tan diferentes como D'Ors y Marías, el considerar que las diferencias de estilo están basadas en diferencias lingüísticas, con lo cual se nos abría un abanico más amplio de posibilidades de investigación. Ambas partes del corpus, la de Marías y la de D'Ors, son proporcionales en su longitud. El motivo de esta decisión ha sido que, de este modo, las comparaciones entre los distintos datos estadísticos extraídos del análisis de una y otra parte serán auténticamente representativas. A este respecto, la unidad de segmentación que nos ha servido para calibrar la longitud de los textos analizados ha sido lo que llamamos *ordenamiento sintáctico,* término que explicaremos posteriormente y que coincide con el de oración en terminología de la mayor parte de los lingüistas actuales.

En la obra de Marías hemos analizado un total de 527 ordenamientos, estructurados en 399 enunciados. A este conjunto de ordenamientos sobre los que hemos trabajado lo llamamos en nuestro estudio «corpus de Marías». En la obra de D'Ors hemos analizado un total de 487 ordenamientos, estructurados en 404 enunciados. A este conjunto lo llamamos en nuestro estudio «corpus de D'Ors».

El corpus total de nuestra investigación contiene, por tanto, 1.014 ordenamientos sintácticos, lo cual está de acuerdo con la opinión de Longacre, quien estima que el número de muestras de análisis necesarios para un estudio sintáctico serio de la estructura de la frase deben ser mil [9].

Cada enunciado tiene como referencia: M (corpus de Marías) o O (corpus de D'Ors), así como el número de orden en la sucesión de enunciados y la página del libro de donde ha sido tomada. (M-4-7 será equivalente a: Corpus de Marías, enunciado 4 y página 7 del corpus). En cada ficha de nuestro análisis anotamos si está compuesto el enunciado de uno o varios ordenamientos sintácticos, seguido de la fórmula sintáctica correspondiente. Si una oración tiene tres segmentos cuyas funciones son sujeto, verbo y atributo, la fórmula, que guardará siempre el orden de aparición, será: S V A. Al transcribir los distintos enunciados a sus fichas correspondientes hemos señalado con dos barras la segmentación de oraciones y con una sola la segmentación de elementos oracionales.

Terminado el análisis sintáctico de todos los enunciados del corpus, hemos realizado el análisis sintagmático. Agrupados los diferentes segmentos por su papel oracional hemos procedido a analizar los elementos componentes del mismo [10].

En el caso de que un segmento del ordenamiento tenga como realización una oración subordinada, no la hemos segmentado a su vez a fin de ser fieles al nivel analizado.

Nuestra intención al acometer esta investigación ha sido lograr una descripción lingüística lo suficientemente general como para hacer aparecer las constantes pertinentes del fenómeno estudiado, pero al mismo tiempo lo suficientemente particular para que sean previsibles en sus características distintivas los casos siempre diferentes del discurso, tal como Pottier señala que ha de ser toda descripción lingüística [11].

En nuestro estudio hemos empleado los siguientes símbolos, cuya equivalencia acompañamos:

V	= Verbo.
S	= Sujeto.
CD	= Complemento directo.
CI	= Complemento indirecto.
CC	= Complemento circunstancial.
A	= Atributo.
Ag	= Complemento agente.
Voc	= Vocativo.
C	= Elemento de concatenación.
CR	= Elemento de concatenación de referencia.
SN	= Sintagma nominal.
SN - 1	= Sintagma nominal alargado por determinación.
SN - 2	= Sintagma nominal alargado por complementación.
SN - ∅	= Sintagma nominal alargado por coordinación.
SA	= Sintagma adjetival.
SP	= Sintagma preposicional.
S adv.	= Sintagma adverbial.
FV	= Forma verbal.

```
FVS    = Forma verbal simple.
FVC    = Forma verbal compleja.
Ord.   = Ordenamiento.
Prep.  = Preposición.
Aux.   = Auxiliar.
Adv.   = Adverbio.
```

NOTAS

[1] Cf. Benveniste, E.: *Problemas de lingüística general*, págs. 128 y 130.
[2] Cf. *Introduction à l'étude des structures grammaticales fondamentales*, pág. 72.
[3] Cf. *Eléments de linguistique générale*, pág. 42.
[4] Cf. *Structure immanente de la langue française*, pág. 11.
[5] Cf. *Problemas de lingüística general*, pág. 118.
[6] Véase el capítulo 1.5: «Procedimientos sintácticos fundamentales de la oración española».
[7] Madrid, 1964, Aguilar. Concretamente se han analizado las páginas 9 a la 56.
[8] Madrid, 1968, Alianza Editorial. Se han analizado las páginas 7 a la 58.
[9] Cf. *Grammar Discovery Procedures*, Pág. 40.
[10] Así, en el segmento en función de sujeto: / este hombre / hemos indicado SN; en el segmento en función sujeto / este hombre de Chile / hemos indicado SN-1, o sea sintagma nominal alargado por coordinación; en el segmento en función verbo / hemos trabajado / hemos indicado FVC ⟶ auxiliar + participio; en el segmento en función CC / en los valles / hemos indicado SP (sintagma preposicional), etc. De este modo hemos podido agrupar todas las diferentes realizaciones sintagmáticas que cada uno de los elementos oracionales puede presentar, y proceder al estudio de su estructuración y frecuencia de las realizaciones.
[11] Cf. Pottier: «*Du très général au trop particulier en analyse linguistique*», pág. 10.

Capítulo 1

1. SINTAXIS DE LA ORACION ESPAÑOLA

1.1. La oración, ordenamiento básico de la sintaxis

Tras haber señalado Guillermo de Humboldt que la oración es el punto de partida de la investigación lingüística, se produce un importante cambio en el panorama de los estudios gramaticales. Anteriormente era la palabra el centro de interés de la concepción gramatical, inspirada en el Crátilo de Platón. Humboldt considera que «el hablar no representa la unión de palabras pre-existentes. Al contrario, las palabras resultan de la totalidad del hablar» [1]. En líneas generales, los teóricos del lenguaje han orientado sus estudios en esta dirección.

Definir la oración ha sido uno de los caballos de batalla de la gramática tradicional. Desde la definición propuesta por Dionisio de Tracia: «la oración es una unión de palabras que representan un sentido completo», hasta la lingüística actual ha habido numerosos intentos. Sin embargo, durante el transcurso de los siglos apenas se han añadido rasgos nuevos a estos dos presentados por los gramáticos de la antigüedad grecolatina: 1) ordenación de palabras, y 2) sentido completo. Los gramáticos de tendencia logicista influenciados por las teorías de la escuela de Port-Royal añadieron el rasgo de: «oración como expresión de un juicio». Esta definición de oración como el conjunto de un sujeto y un predicado ha sido revalorizado en nuestros días, así como ha sucedido un interesante renacer de las ideas gramaticales de Port Royal [2].

En el siglo XIX los neogramáticos oponen a la definición anterior una de base psicológica, como la propuesta por H. Paul: «la oración gramatical simboliza el hecho de que varias representaciones se han unido y conjugado en la conciencia del que habla y constituye el instrumento para que este proceso se realice en la conciencia del que escucha» [3].

Ya en el siglo XX podemos destacar, entre otras, la definición de K. Bühler: «Frases son las unidades de sentido (mínimas independientes) del habla» [4]. Discutible esta definición del gran lingüista alemán, como señala Luis J. Piccardo en su interesante artículo titulado «El concepto de oración» [5]. La idea de que la oración es la unidad del habla es compartida también por Alain Gardiner, el cual considera que «una oración es una expresión que realiza una comunicación tan extensa como se lo ha propuesto el hablante antes de tomarse un descanso» [6]. La fragmentación del habla en etapas (oraciones) estaría en relación, según eso, con la intención del hablante y su necesidad de evitar un esfuerzo demasiado sostenido de atención. En lo formal, es la pausa el indicio de la delimitación oracional, aunque también considera que existen otras razones motivadoras de la pausa. Esta descripción sicologista de Gardiner no ofrece ninguna solución propiamente lingüística, pues el único elemento formal que toma en consideración, la pausa, resulta claramente insuficiente como determinador de oración.

A. W. de Groot señala que la oración es un hecho de lenguaje y no una abstracción lingüística y por ello la definición descriptiva debe darse separadamente para cada lengua. Este autor considera la entonación como una de las dos dimensiones de la oración, la otra es la presencia de una o más palabras: «su unidad se manifiesta por el hecho de que un continuo de sonido es limitado por pausas antes y después, y de que este continuo ligado es enunciado con una entonación o serie de modulaciones, específicas para cada idioma» [7].

Louis Hjelmslev es partidario de no atribuir a la oración un carácter lingüístico, ya que no se ha dado hasta el momento una caracterización formal satisfactoria. Es muy interesante la opinión del lingüista danés, en tanto que considera que mientras no se tome en cuenta más que el aspecto semántico de la noción de oración y sus términos, en vez de su aspecto formal, se permanecerá siempre en los dominios de la psicología y de la lógica [8].

Jespersen hace una esclarecedora división entre lo que él llama «nexus» —unión de un sujeto y un predicado— y la «sentence» —expresión completa e independiente [9]. Por tanto, las oraciones dependientes —en terminología tradicional, subordinadas— no son «sentence» sino «nexus», según la teoría de Jespersen.

Bloomfield se inspiró en la definición de oración dada por A. Meillet: «un conjunto de articulaciones unidas entre sí por relaciones gramaticales y que, no dependiendo gramaticalmente de ningún otro conjunto, se bastan a sí mismas» [10]. El maestro del estructuralismo americano dice lo siguiente en su obra *Language:* «cuando una forma lingüística es parte de una forma más amplia, se dice que está en «posición de inclusión» (included position); en el caso contrario, se dice que está en «posición absoluta» (absolute position) y que constituye una frase» [11].

Las gramáticas más actuales, mejor que definir la oración, prefieren decir qué es «crear oraciones»: asimismo tratan de dar la lista de rasgos que se encuentran en lo que llamamos oración. Dentro de esta línea, J. Dubois, Giacomo y otros, en el *Dictionnaire de Linguistique,* describen «una frase» como «un enunciado cuyos constituyentes deben asumir una función y que en el habla debe estar acompañada de entonación» [12]. Dentro de la lingüística generativa, la frase es un axioma de base; está representada por una serie de símbolos generados a partir del símbolo inicial, por medio de las reglas sintagmáticas de base.

El controvertido problema de discernir si la oración pertenece al habla o a la lengua, a partir de la afirmación de Saussure: «la oración pertenece al habla y no a la lengua» [13], no es de solución difícil si consideramos que, precisamente, en la oración se juntan lengua y habla. El individuo que crea varias frases diferentes en un momento está «actualizando», «hablando» (convirtiendo en «habla») unos esquemas, unas estructuras oracionales que posee en virtud de su conocimiento del sistema de la propia lengua, en virtud de su «competencia lingüística» en fin.

La gran importancia que la lingüística generativa concede a la oración, base de la creatividad lingüística del hablante, y por tanto, principio de todo estudio en la línea generativo-transformacional, a partir de la cual el componente fonológico y el componente semántico se insertan en el sistema, parte precisamente de este carácter de encrucijada entre competencia y actuación lingüísticas, o si se quiere (en una visión objetivada) lengua y habla, propia de la oración.

El concepto de oración en las gramáticas del español está basado o bien en un criterio gramatical o bien en un criterio lógico. Así, Bello, situándose en un nivel gramatical, la define así: «Se llama oración toda proposición o conjunto de proposiciones que forma sentido completo: «de que está alfombrada la ribera» es proposición perfecta, pero no es oración» (pág. 84). Pero también Bello apunta en otro lado de su *Gramática de la lengua castellana:* «el sujeto y el atributo unidos forman la proposición» (pág. 8), haciendo uso de términos de la lógica formal aristotélica, los cuales han tenido éxito y perduran en parte actualmente.

La *Gramática de la Real Academia* propone la siguiente definición: «Oración gramatical es la expresión del juicio lógico, o sea, la manifestación oral del acto del entendimiento en virtud del cual afirmamos una cosa de otra» (pág. 156). Es evidente que no siempre una oración es un juicio lógico.

Gili Gaya, consciente de las múltiples implicaciones de la oración, la define bajo tres puntos de vista: psicológico, lógico y gramatical. «Un discurso se divide en partes bien diferenciadas para el espíritu del que habla. La intencionalidad de esta división es su carácter esencial. Esta fragmentación mental del discurso en unidades síquicas intencionales, a las que llamaremos desde ahora oraciones síquicas, tiene su expresión fonética, comprensible siempre para el oyente, en la curva melódica del lenguaje. (...) La causa de que los grupos fonéticos terminen con inflexión ascendente o descendente está íntimamente ligada al fenómeno síquico de la atención» [14]. Más tarde, señala Gili Gaya que el concepto lógico de oración es más restringido que su definición sicológica, dado que en Lógica se llama oración, o proposición, a la expresión verbal de un juicio. El juicio es la relación entre dos conceptos, sujeto y predicado. Desde el punto de vista formal, el intrínsecamente gramatical, la unidad sintáctica es un verbo en forma personal. «Todos los elementos, palabras, frases u oraciones enteras, que se relacionan de modo inmediato o mediato —añade el citado autor— con un verbo en forma personal, forman con él una oración».

En Amado Alonso y Henríquez Ureña ya vemos una delimitación de niveles a la hora de enfrentarse al concepto de oración, lo que más adelante señaló Gili Gaya. Para Amado Alonso «la oración es la más pequeña unidad del habla» [15]. Y añade —criterio sicológico— que para que haya oración se necesita determinada actitud del que habla ante lo que designa. Esta actitud se refleja en el aspecto fónico de la oración, la entonación. Desde un punto de vista de contenido «la oración es la menor unidad del habla que tiene sentido en sí mismo», y atendiendo a un punto de vista formal la oración es una estructuración en sujeto-predicado.

Rafael Seco señala que es la oración y no la palabra, como pudiera creerse, la unidad lingüística de la que es indispensable partir para estudiar el idioma [16]. Para este autor la oración es la «expresión de un juicio», y juicio es la operación mental por la cual afirmamos una cosa de otra, relacionamos un concepto con otro. «Antes de expresarse, el juicio —sigue diciendo Seco— pertenece al terreno de la lógica; una vez expresado, la oración pertenece al terreno de la gramática».

En el *Esbozo de una nueva gramática de la Real Academia* se sitúa el estudio de la oración comparándole con otras unidades del lenguaje, así: «la unidad fonética mínima del habla real es la sílaba. El concepto de fonema se obtiene por abstracción de los elementos fónicos que la componen. Las palabras son unidades de significado. Al indagar las unidades sintácticas que el hablante establece en su elocución, hallamos como unidad intencional de primer plano la *oración*, que ya puede ser definida del modo siguiente: la oración es la unidad más pequeña de sentido completo en sí misma en que se divide el habla real» (pág. 351-2).

Resumiendo lo anteriormente expuesto podemos afirmar con Piccardo que la oración es una unidad compleja y polifacética, pues puede ser vitalmente conocida, y en parte también descrita, pero nunca estrictamente definida. Entre los diferentes niveles en los que se halla entroncada la oración: contenido significativo (semántico), formal (sintáctico) y aspecto fónico (fonológico), es el aspecto formal el más importante para todo estudio gramatical. En este punto estamos de acuerdo con Hjelmslev cuando afirma que lo que constituye la particularidad de la gramática, por oposición a la psicología pura, es que el objeto de sus investigaciones no es nunca la conciencia en sí misma, sino los medios de comunicar el contenido de esa conciencia: no existe categoría gramatical sin una forma determinada [17]. En todo nuestro trabajo hemos intentado basarnos en las formas como punto de arranque de todo estudio gramatical. Sin embargo, no olvidamos ni el sentido ni la sustancia fónica. Creemos importante señalar que entre unas definiciones y otras de oración no se presenta una oposición total, sino que a menudo se completan mutuamente, y otras veces se trata de definiciones que son poco estrictas y pueden presentar numerosas ambigüedades. Entre los rasgos distintivos de oración es principal el de independencia o autonomía sintáctica. Tras de él, viene en importancia el hecho de que la oración siempre se halla fundamentada en un verbo, que es el pivote de la oración en palabras de Georges Galichet; este gran lingüista francés dice que se puede definir la oración como «un verbo con todo lo que agrupa a su alrededor» [18]. En tercer lugar es la relación formal, de concordancia, entre sujeto y verbo el índice evidente de la oración.

Por tanto, vemos tres características básicas de la oración que son las siguientes, por orden de importancia:

1. Autonomía lingüística.
2. Presencia de un verbo en forma personal como «pivote» o centro funcional.
3. Existencia de una relación formal sujeto-verbo. A continuación vamos a centrar estas afirmaciones a través del corpus analizado a lo largo de nuestra investigación.

1.1.1. *Autonomía lingüística*.—A lo largo de todo nuestro inicial trabajo de segmentación del corpus hemos barajado los términos *«enunciado»* y *«ordenamiento»*.

El nivel enunciado y el nivel ordenamiento se corresponden en la terminología lingüística con: «utterance» y «sentence», en inglés [19] y con «énoncé» (phrase) y «proposition» en francés [20].

Bernard Pottier señala que el enunciado es la unidad de enunciación: es la longitud de secuencia que ha escogido el locutor: podría haber realizado cualquier otra elección [21].

¿Por qué no hemos empleado en vez de «enunciado» el término *frase* en nuestra investigación? Sencillamente porque *frase* en español es un vocablo que presenta un contenido muy ambiguo. En el *Diccionario de términos filológicos*, de Lázaro Carreter, se nos dice que «frase es un término que alterna, en significación equivalente, con el de oración» [22]. Algunas veces se emplea frase por sintagma como Roca Pons cuando dice: «en español debe distinguirse entre oración y frase: la primera es una unidad de comunicación y puede estar formada por una sola palabra; la segunda, por el contrario, se compone de dos o más palabras coherentes y no siempre tiene valor oracional» [23]. En *Esbozo de una nueva gramática* vemos algo parecido: «en sentido gramatical llamamos frase a cualquier grupo de palabras conexo y dotado de sentido. Según esta definición, las oraciones son frases, pero no al revés. Expresiones como: / las recias murallas de la ciudad /, / en aquella playa solitaria y lejana /, / con habilidad sorprendente /, etc., son frases y no oraciones, porque su sentido no es completo en sí mismo» [24]. A pie de página incluye dicho libro una nota en la que se hace saber que «frase» en lingüística se denomina sintagma.

En cuanto al término *ordenamiento sintáctico* empleado en nuestro trabajo, lo hemos elegido para evitar la palabra oración, que si bien a la hora de las abstracciones, de la teoría, es fácilmente explicable, a la hora de la segmentación del corpus, en el momento ineludible de la actualización de la teoría, arrastra tras de sí un lastre de imprecisiones heredadas de su uso en los análisis sintácticos tradicionales de tendencia logicista. En efecto, la terminología tradicional distingue oraciones independientes, oraciones principales y oraciones subordinadas. En nuestra opinión, un fragmento del discurso es oración o no lo es, pero no puede ser, en rigor, oración independiente. ¿Independiente de qué, si partimos de la idea de autonomía sintáctica como característica teórica de oración? Ni tampoco es muy esclarecedora la oposición oración principal / oración subordinada, ya que esta última por su misma definición no es autónoma, al estar «subordinada» a una principal.

Roca Pons apunta que «la oración con sujeto y predicado es una forma necesariamente oracional en el estricto sentido de la palabra: las oraciones subordinadas carecen de la independencia esencial a las verdaderas oraciones» [25]. Consideramos que si carecen de lo que les es distintivo, lógicamente no serán oraciones.

El orden jerárquico *enunciado-ordenamiento* está estructurado de la forma siguiente: el enunciado engloba al ordenamiento; es decir, un enunciado puede estar compuesto de uno o varios ordenamientos. Veámoslo en un ejemplo concreto de un enunciado del corpus analizado:

> // *Hay que añadir,* / en cambio /, que ha tenido muy escasa vigencia social //: si se comparan, por ejemplo, las cifras de ventas de libros filosóficos de una y otra orientación / los resultados / *son* / reveladores de la distancia existente entre la Universidad e instituciones anejas y la sociedad española efectiva //. (M-346-51.)

Aparecen dos ordenamientos en este enunciado, ambos totalmente autónomos desde el punto de vista sintáctico y, por tanto, cumpliendo con la condición esencial de la oración como unidad básica del estudio gramatical. Son los siguientes:

1. // *Hay que añadir* /, en cambio /, que ha tenido muy escasa vigencia //.
2. // si se comparan, por ejemplo, las cifras de ventas de libros filosóficos de una y otra orientación, / los resultados / *son* / reveladores de la distancia existente entre la Universidad e instituciones anejas y la sociedad española efectiva //.

Sin embargo, hay enunciados constituidos por un sólo ordenamiento como el siguiente:

> // Llevamos / decenios / oyendo la monótona cantinela de los «errores» y «fracasos» del liberalismo //. (M-304-31.)

Un enunciado puede incluso aparecer compuesto de cinco ordenamientos como en el caso siguiente:

1. SINTAXIS ORACION

// Llegando a Baltimore /, *visitó* / Nueva York y Boston //, *subió* / por el Hudson / hasta Albany //, *cazó* / el búfalo / con los indios //, *recorrió* / los lagos canadienses //, y /, a la postre /, *renunció* / a su proyecto, / cuando ya había llegado al Norte, / para volver a vivir con las tribus indias, que le habían tratado muy bien //. (O-322-50.)

Con fines metodológicos hemos preferido emplear el término ordenamiento («este enunciado está compuesto de uno o tantos ordenamientos») para designar a la oración «in strictu sensu», la oración como ente lingüístico autónomo; es decir, lo que en una visión logicista de tipo tradicional sería oración independiente y oración principal. Mientras que, por otro lado, en el estudio de las realizaciones formales de las diversas funciones sintácticas, hablaremos de la realización «oración» del sujeto (S ⟶ O) del CD (CD - ► O), del CC (CC - ► O), etc., refiriéndonos al caso de que un conjunto de sujeto y verbo esté transformado en mero segmento oracional. A este respecto, hemos empleado en algún momento el término «subordinado» para facilitar la comprensión que el término «transformado», menos familiar, no lograría tan fácilmente. Pero dejamos constancia de esta salvedad terminológica.

La característica a la que nos estamos refiriendo, la autonomía lingüística del ordenamiento sintáctico u oración, se manifiesta a tres niveles:

a) Nivel semántico.
b) Nivel fónico.
c) Nivel sintáctico.

Ponemos un ejemplo de ordenamiento del corpus analizado para explicarlo más prácticamente.

// Cuando Pablo y Virginia entraron en la gloria / Châteaubriand / tenía / veinte años //. (O-319-50.) CC   S   V
CD

En una visión tradicional habría aquí dos oraciones: una subordinada y una principal:

1. // Cuando Pablo y Virginia entraron en la gloria //.
2. // Châteaubriand tenía veinte años //.

Trataremos de rebatir esta idea, demostrando que la secuencia 1, la llamada oración subordinada, carece de autonomía semántica, fónica y sintáctica. La secuencia 1 tiene un sentido incompleto:

/ Cuando Pablo y Virginia entraron en la gloria /. A nivel fónico, presenta una figura tonal incompleta:

/ Cuando Pablo y Virginia entraron en la gloria /. ⎯⎯⎯⎯⎯⎯⎯

A *nivel sintáctico* aparece una marca formal del segmento CC, la partícula *cuando* que realiza la transformación de una oración en nuevo segmento oracional, en función CC, el cual puede ser sustituido por un adverbio «entonces» o un sintagma preposicional «en ese momento». Así como el segmento verbo puede por sí solo, en español, constituir una oración, el segmento complemento circunstancial no puede constituir una oración por sí solo.

En cambio, el ordenamiento sintáctico completo: // Cuando Pablo y Virginia entraron en la gloria / Châteaubriand / tenía / veinte años //, tiene sentido completo y por tanto autonomía semántica; tiene una figura de entonación completa y por tanto autonomía fónica.

// Cuando Pablo y Virginia entraron en la gloria Châteaubriand tenía veinte años //.

En cuanto al aspecto sintáctico presenta un verbo / tiene / en relación de concordancia con un sujeto, lo cual, como veremos más tarde, es señal de oración. A este respecto, se nos podría contraponer que también en el segmento / cuando Pablo y Virginia entraron en la iglesia / se da la relación sujeto-verbo; sin embargo, es evidente que si bien se da dicha relación, aparece una marca formal explícita, la partícula *cuando*, que transforma el conjunto en un simple segmento de otra unidad superior, ésta sí, dotada de autonomía lingüística total.

Por tanto, a efectos de estructuración sintáctica, podemos afirmar que el habla está dividida en enunciados y éstos en ordenamientos. La segmentación del discurso en enunciados la hemos realizado tomando un criterio gráfico que sustenta a su vez un criterio prosódico: hemos considerado frases o enunciados las secuencias comprendidas entre dos puntuaciones fuertes, indicadores de pausas fuertes: el «punto» y el «punto y coma». Sin embargo, en ocasiones, un punto y coma, o un punto seguido de una conjunción, elemento concatenador, como *pero, y, ni,* etc., no eran señales de que empezaba otra frase o enunciado, sino una oración coordinada a la anterior, es decir, un ordenamiento en relación de concatenación con el anterior. A veces un punto que separa dos ordenamientos en fuerte relación semántica no lo tomamos como criterio de separación entre enunciados, sino entre ordenamientos y consideramos el punto como indicador de pausa menor. La unidad de sentido o la disparidad de sentido determinan el empleo de elementos de concatenación. Si, por ejemplo, queremos separar por punto las oraciones siguientes:

// Pedro / canta //. Su hermana / baila //

será un simple capricho más o menos al servicio de la expresividad, pero equivalente a los dos casos siguientes:

// Pedro / canta //, su hermana / baila //.
// Pedro / canta // y / su hermana / baila //.

El uso de la puntuación no es tan fijo como para que el hablante no puede salirse de lo habitual y así encontramos separados por punto y coma

1. SINTAXIS ORACION

dos atribuciones dentro del mismo sintagma nominal, en el siguiente ordenamiento de D'Ors:

// Canciones populares, trajes regionales, costumbres locales encantadoras, / parecieron, / a los ojos de la crítica ingenua que deriva de Vico y de Herder /, *algo secular; inmemorial, mejor dicho* //.

En conclusión, podemos decir que por un lado el criterio básico a la hora de segmentar el ordenamiento no puede ser de orden semántico, sino formal, estrictamente sintáctico; por otro lado, en cambio, un criterio semántico subsidiario del sintáctico es, a la hora de decidir donde acaba un enunciado y empieza otro, perfectamente válido. El escritor no separa por «punto-aparte» dos ordenamientos unidos por el sentido, sino más bien aquellos cuyo contenido semántico es claramente diferente. Este criterio de unidad de sentido, junto al criterio formal de tipo gráfico-prosódico o de existencia de elementos» léxicos de concatenación como las conjunciones serán el sustento, la base para dilucidar hasta dónde llega tal o cual enunciado y de cuantos ordenamientos consta.

En un enunciado puede haber un solo ordenamiento o varios unidos por elementos de concatenación de dos tipos: léxicos, como las conjunciones, o grafémico-prosódicos (dos puntos, punto y coma..., índice de pausas en la lengua hablada). (Tratamos más ampliamente de este asunto en el capítulo titulado: «Elementos de concatenación de ordenamientos».)

Dentro del corpus analizado encontramos muchos enunciados compuestos por un ordenamiento tan sólo, enunciados que representan una frecuencia en el corpus total del 82,7 %. Los enunciados que constan de dos ordenamientos presentan una frecuencia del 15,5 %. Con una frecuencia de 1,4 % del corpus total, aparecen enunciados que tienen tres ordenamientos.

No hemos encontrado ningún enunciado de cuatro ordenamientos, ni en el corpus de Marías, ni en el de D'Ors. En cambio sí aparecen ejemplos de cinco ordenamientos por enunciado, concretamente uno en Marías y dos en D'Ors (véase cuadro estadístico). Citamos a continuación dos de los casos hallados, ya que el tercero (O-322-50) lo hemos presentado anteriormente:

// No *tengo* / ninguna debilidad / por ellos //, más bien / *siento* / ante todo / una pizca de repulsión instintiva //, nunca / *he pertenecido* / a ninguna // y / creo / muy improbable / que esto me ocurra nunca //; pero / *estoy persuadido* / de que en nuestro tiempo —desde la crisis del antiguo régimen en el siglo XVIII— son absolutamente necesarios para una vida normal //. (M-268-39.)

// La «Tras-Guerra» / *será* / una recaída en el Fin de Siglo //. Como / el Fin-de-Siglo / lo / *fue* / en la Contra-Reforma //; y / la Contra-Reforma, / en el Franciscanismo //; y / el Franciscanismo / en el Alejandrinismo // y / el Oriente / en la Prehistoria // [26]. (O-128-26.)

De seis ordenamientos solamente hallamos un enunciado en el corpus de Marías, que es el siguiente:

// Por tanto, /no se expresa, // ni / adquiere / su propio perfil //, ni / se pule / al contacto con los demás ingredientes de la sociedad //, ni / cuenta / con ellos // y / así / se limita // y / aprende a convivir //. (M-104-19.)

Presentamos un cuadro estadístico con la frecuencia y distribución del número de ordenamientos por enunciado que aparecen en todo el corpus analizado.

En el análisis de estos datos puede verse una preferencia mayor en Marías hacia los enunciados de un ordenamiento (85,4 %) frente a D'Ors: 80,2 % y, en contraposición, D'Ors tiene mayor frecuencia de enunciados con dos ordenamientos, 17,5 % en contraste con el de 13,4 % de Marías.

CUADROS DE DISTRIBUCION DE ENUNCIADOS SEGUN EL NUMERO DE ORDENAMIENTOS QUE CONTIENEN

CORPUS D'ORS

De 1 ordenamiento	416	85,4 %
De 2 ordenamientos	65	13,4 %
De 3 ordenamientos	4	0,8 %
De 5 ordenamientos	2	0,4 %
TOTAL	487	100 %

CORPUS DE MARIAS

De 1 ordenamiento	422	80,2 %
De 2 ordenamientos	92	17,5 %
De 3 ordenamientos	10	1,9 %
De 5 ordenamientos	1	0,2 %
De 6 ordenamientos	1	0,2 %
TOTAL	526	100 %

CORPUS TOTAL

De 1 ordenamiento	838	82,7 %
De 2 ordenamientos	157	15,5 %
De 3 ordenamientos	14	1,4 %
De 5 ordenamientos	3	0,3 %
De 6 ordenamientos	1	0,1 %
TOTAL	1.013	100 %

1.1.2. *Presencia de un verbo en forma personal como centro funcional del ordenamiento.*—Georges Galichet dice que «la oración es esencialmente una enunciación, es decir, que expresa un juicio, presenta una idea como un hecho, la actualiza. El medio más corriente de actualizar es situar en el tiempo. Esto explica por qué el verbo puede ser considerado, en general, como el pivote o base de la oración. Es en el verbo donde se actualizan los elementos oracionales» [27]. Si partimos de la afirmación comúnmente admitida de que las dos formas básicas, permanentes de la oración, son el sujeto y el verbo y, de otro lado, sabemos que el morfema verbal de persona puede sustentar la referencia al sujeto, es posible afirmar que una de las características explícitas de la oración es la presencia de un verbo en forma personal.

Al mismo tiempo, conviene hacer la restricción siguiente: hay formas verbales personales que no constituyen oración por ir insertadas en segmentos transformados por un elemento introductor. Por lo tanto, no es cierta la creencia de que hay tantas oraciones como verbos en forma personal.

En el enunciado que a continuación presentamos hay tres verbos en forma personal; sin embargo, solamente hay dos ordenamientos.

// *Conoce*, / igualmente, / alguno de sus vínculos de familia // y / *sabe* / ahora / que la tal categoría *vive* en la región de los suspiros por el lejano Paraíso perdido //. (O-14-10.)

El segmento / conoce / desempeña la función verbo del primer ordenamiento y el segmento / sabe / del segundo. Pero el verbo en forma personal *«vive»* no es el núcleo de un ordenamiento autónomo, sino de una oración transformada en segmento oracional en función de complemento directo que, por tanto, puede ser sustituido por un pronombre personal complemento / lo /:

// y / *lo* / sabe / ahora //.

Es la partícula funcional *que* la que lleva a cabo dicha transformación sintáctica.

Se nos podría objetar que puesto que dicho verbo «vive» está en relación con un sujeto y lleva un circunstante formará una oración. Efectivamente, prescindiendo del conjunto del enunciado y estudiado aisladamente forma oración. Pero es que en la realidad del habla, que es el objeto de nuestro análisis, está introducida por el índice funcional *que*, lo cual imposibilita el ser estudiada como un ordenamiento autónomo más. A nivel sintáctico ha de estudiarse como la realización formal de una función sintáctica.

Por otra parte, si bien es cierto, como venimos diciendo, que se necesita la presencia de un verbo para la existencia de un ordenamiento, no es menos cierto que se dan casos de *elipsis del verbo*. Citamos algunos ejemplos:

// Una cosa / es / el Poder —la función del mando— // y / otra / las potencias —la capacidad de ejecutar diversas actividades //. (M-42-12.)

— Va elíptico el segmento / es / en el 2.º ordenamiento.

// El español / apenas /se ocupa / del autobús //, desde luego / no / de la organización de la cual depende //.(M-79-17.)

— Va elíptico en el 2.º ordenamiento el mismo verbo / se ocupa / del primero. En cierto modo es su sustituto la partícula / no /.

// El desnivel social / es / muy grande // la desigualdad de posibilidades para los diversos grupos sociales, / considerable //. (M-94-18.)

— Va elíptico en el segundo ordenamiento el segmento / es / del primero, siendo la pausa su elemento de referencia.

A partir de los ejemplos encontrados puede ya deducirse las dos circunstancias que suelen condicionar la elisión del verbo:

a) Cuando se trata de evitar la repetición del verbo anterior, es decir, en caso de *coincidencia del mismo segmento verbo en dos ordenamientos*, en el segundo se elide.

b) Cuando se trata de una oración copulativa y van *expresos sujeto y atributo*, fácilmente puede sobreentenderse el verbo o cópula y elidirse. Se da el nombre de frase nominal a estos casos. En el capítulo dedicado al verbo se explican más detenidamente los casos de elisión verbal que se presentan en el corpus.

1.1.3. *Existencia de una relación formal sujeto-verbo.*—Un ordenamiento sintáctico no se define ciertamente por el número de palabras que lo integran, sino por los elementos que lo constituyen y por las relaciones que tienen entre ellos, es decir, por su estructura [28]. Bello dice que «la palabra dominante en la oración es el sustantivo sujeto, a que se refiere el verbo atribuyéndole alguna cualidad, acción, ser o estado. Y en torno al sustantivo sujeto o al verbo se colocan todas las otras palabras» [29]. Los constituyentes nucleares de toda oración son el sujeto y el predicado; los lingüistas llaman al sujeto, grupo del nombre o sintagma nominal, y al predicado, grupo del verbo o sintagma verbal.

En la cadena de relaciones que se establecen en la oración sólo hay una totalmente imprescindible: la relación sujeto-verbo. Decimos verbo por ser este segmento el núcleo del predicado y llevar en sí las marcas formales de concordancia con el sujeto, en las que se basa toda oración. El sujeto es el elemento actualizado y el verbo el elemento actualizador.

Las relaciones que se establecen en el sintagma nominal o en el sintagma verbal son, a nivel sintagmático, índice de la estructura de dichos conjuntos. No podemos decir: «* otro ríos larga», como tampoco «* hemos querido ido» por faltar a las reglas de la concordancia sintagmática. De igual modo dentro de la sintaxis de todo ordenamiento es imposible ignorar las relaciones formales obligatorias entre sujeto y verbo. Por eso no es gramatical una oración como: «* unos chicos entra». En este aspecto pueden darse casos de un sujeto representado por un sintagma nominal heterogéneo, al lado de un verbo cuya relación formal de *número* y *persona* gramaticales está distorsionada. Presentamos este fenómeno y ejemplos del corpus en el capítulo dedicado al verbo.

1.2. ELEMENTOS COMPONENTES DE LA ORACIÓN: LAS FUNCIONES SINTÁCTICAS

Un análisis sintáctico de la oración tiene como fin primordial poner en evidencia su estructuración, la red de relaciones que se establecen entre sus elementos.

Desde el punto de vista sintáctico, la totalidad de elementos que constituyen un ordenamiento u oración no es un puro aglomerado, un conjunto en sentido matemático. En un conjunto, si no se le añade ninguna estructura particular, la relación de un elemento con el conjunto es idéntico para todos los elementos. Por el contrario, la sintaxis define ciertas relaciones entre los elementos de la oración y la totalidad de la oración.

Esta relación particular que une un constituyente a la oración total puede ser descrita como un papel, una función específica, que realiza cada miembro para contribuir a la finalidad total de la frase. Como sucede en un organismo biológico o social, cada miembro de la oración tiene una contribución concreta en la realización de la tarea colectiva [30].

La acepción más amplia de función, en la lingüística actual, es una noción fundamental que interviene en todos los niveles del análisis lingüístico. En la medida en que una lengua es instrumento de comunicación la función de un elemento es el papel que desempeña en el establecimiento de la comunicación. Así, Martinet señala: «podemos querer definir "la función" como la contrapartida lingüística de la relación entre un elemento de la experiencia y la experiencia en su totalidad» [31].

Para Hjelmslev «una dependencia definida por el análisis se llamará función», y añade: «así, diremos que hay función entre una clase y sus partes —entre una cadena y sus eslabones—, entre un paradigma y sus miembros, del mismo modo que hay función entre las partes, eslabones y miembros» [32]. Recordamos que la definición de función como relación constituye uno de los fundamentos de la teoría glosemática.

La definición de función que da Longacre, importante lingüista americano perteneciente a la escuela tagmémica de Pike: «Por función se entiende el particular papel que realiza una parte de la construcción, distinguible formalmente, en relación con otras partes de la misma construcción» [33], es casi la misma que propone Dessaintes: «se llama funciones gramaticales a los diferentes papeles que juegan, unas en relación a otras, las palabras de una frase o de una oración» [34].

La función de un elemento no está directamente determinada por su naturaleza, es decir por la categoría gramatical a que pertenece: dos elementos de naturaleza diferente pueden desempeñar la misma función; por ejemplo, un sustantivo y un adjetivo pueden ser núcleos de un segmento en función de atributo. Inversamente, los constituyentes de una misma categoría pueden tener funciones diferentes; por ejemplo, un sustantivo puede ser núcleo de un segmento en función de sujeto o de complemento directo. Estos dos tipos de fenómenos parecen atestiguar la realidad y la autonomía de la función sintáctica. El estudio de las funciones sintácticas será, con respecto a las partes de la oración, lo que la fisiología es a la anatomía, como se señala en el *Dictionnaire encyclopédique des sciences du langage* (pág. 271).

En este sentido, conviene destacar la opinión de Tesnière: «la noción de categoría y la de función son nociones distintas y que en bastantes aspectos se oponen claramente la una a la otra. Las categorías son un elemento estático e inerte. Las funciones son, al contrario, un elemento dinámico y vivo. Se pueden comparar las categorías a los caracteres de imprenta distribuidos en la caja del tipógrafo y las funciones a los mismos caracteres compuestos en línea para su impresión»[35]. Dentro de esta línea de pensamiento, Tesnière puede afirmar que el estudio de las categorías gramaticales y el de las funciones constituyen, por lo tanto, las dos divisiones esenciales de la sintaxis: sintaxis estática que estudia las categorías, y sintaxis dinámica que estudia las funciones. En una sintaxis estructural, es decir, esencialmente funcional, las categorías no podrán ser vistas más que en sus relaciones con las funciones. Por otro lado, la oposición entre categorías y funciones se encuentra confinada por el hecho de que las categorías varían considerablemente de unas lenguas a otras, mientras que las funciones suelen ser en líneas generales las mismas, según lo había ya demostrado A. Meillet.

Es preciso decir que las funciones sintácticas no son funciones semánticas ya que un mismo contenido semántico como // Pedro castiga a mi hermano // puede tener una estructuración sintáctica bien diferente: //Mi hermano es castigado por Pedro //. Igualmente funciones sintácticas como el sujeto no son siempre, a nivel semántico, el agente como en // se venden pisos //. En este sentido, y si se tiene en cuenta la conocida división entre estructura superficial y estructura profunda, las funciones sintácticas: sujeto, verbo, complemento de objeto, etc., no pertenecen a la estructura profunda, pues están desempeñadas por elementos portadores de marcas formales; están señaladas formalmente, o sea a nivel de estructura superficial, mediante diversos procedimientos sintácticos que estudiaremos más adelante.

Chomsky sugiere que sea considerado como universal lingüístico el hecho de que el SN de la regla [O → SN-SV] sea el sujeto y que SV sea el predicado. Dice: «deben considerarse estas definiciones como pertenecientes a la teoría lingüística general»[36]. La suposición de que el SN anterior al verbo es el sujeto no es posible en lenguas que como el español no tienen un orden fijo de colocación del sujeto y por eso oraciones como // *el sábado próximo* iremos a tu casa // desmienten aquella afirmación [37].

Una variación interesante sobre el tema de las funciones sintácticas es la de Charles Fillmore, el cual está en desacuerdo con Chomsky y diferencia entre términos que deben ir asociados con la estructura superficial como sujeto y objeto y una serie de casos de estructura profunda como el agente, el instrumental, el dativo, etc.

En nuestra investigación hemos tomado como punto de partida una orientación funcional: la estructura sintáctica de la oración debe ser definida a partir de la relación entre las funciones sintácticas y sus realizaciones formales. La fórmula que sintetiza la estructura de una oración contiene los símbolos de las funciones sintácticas que la integran.

Antes de pasar a estudiar los elementos que componen un ordenamiento, es preciso hacer la distinción entre funciones primarias y funciones secundarias. Las funciones primarias —sujeto, verbo, complemento directo, complemento indirecto, atributo, complemento circunstancial y complemento agente— constituyen la columna vertebral del enunciado, asumen a los otros elementos de la lengua y les actualizan en un enunciado. *Las funciones primarias* se obtienen a partir de un análisis sintáctico. En cambio, a partir de un análisis sintagmático de cada uno de los segmentos que realizan una función primaria se obtienen las que podemos llamar: *funciones secundarias* como, por ejemplo: la complementación, la determinación, en un grupo funcional nominal, la presencia de auxiliares o enclíticos en un grupo funcional verbal. Martinet habla de funciones primarias y funciones no-primarias [38], y Corbeil habla de funciones primarias y secundarias [39].

Dentro de las funciones primarias hay dos que son necesarias y aparecen en todas las oraciones ya sea de forma expresa o de forma elíptica: el sujeto y el verbo. Ambas funciones constituyen el núcleo oracional. En torno al verbo se presentan los complementos directo e indirecto y el atributo. Como elemento facultativo, es decir, no obligado, de la oración está el complemento circunstancial. Presentamos un esquema ilustrativo de estas afirmaciones:

ORACION

	NUCLEO ORACIONAL	ELEMENTO MARGINAL
S	V FUNCIONES DEL AREA VERBAL CD CI A	CC

Los elementos de concatenación de ordenamientos están integrados en un esquema superior, el del enunciado, y por ello no los consideramos funciones sintácticas. En cuanto al vocativo ya en su capítulo correspondiente explicamos que no es auténticamente función oracional. El complemento agente es una función cuyas características formales hacen que pudiera ser considerado como un CI - 3, como señalamos en el capítulo correspondiente.

A continuación, pasamos a describir el comportamiento oracional de las diversas funciones sintácticas, y presentamos los datos estadísticos correspondientes a diferentes aspectos estudiados. Una visión más detenida de cada una de estas funciones se hace en los capítulos posteriores a ellas dedicados.

1.2.1. *El sujeto* (S), segmento oracional que está en relación formal con el verbo, es un elemento obligatorio dentro de la oración, ya sea de forma expresa, ya sea de forma elíptica. Es cierto, y al mismo tiempo incierto, definir la oración española mínima como compuesta de dos términos, sujeto y predicado (verbo). Si bien es necesaria la referencia obligatoria al sujeto y ésta se realiza en el morfema verbal indicador de persona, en cambio no es necesaria en español la presencia de un constituyente sintáctico autónomo que funcione como sujeto. Incluso en lenguas como el francés, donde parece obligada la presencia de dicho segmento sujeto en forma de pronombre personal, está tan gramaticalizado éste que son muchos los lingüistas de la actualidad que opinan como Perrot que la referencia personal aportada por el pronombre no puede ser considerada como un constituyente autónomo [40].

Dentro del corpus analizado, encontramos los siguientes datos acerca de la aparición del sujeto en los ordenamientos.

MARIAS

Sujeto expreso	347	65,8 %
Sujeto elíptico	180	34,2 %
Total S	527	100 %

D'ORS

Sujeto expreso	319	65,5 %
Sujeto elíptico	168	34,5 %
Total S	487	100 %

Comentario: En el corpus de Marías, de un total de 527 ordenamientos analizados, aparecen 347 casos de ordenamientos que llevan el sujeto expreso, es decir, que incluyen en su fórmula sintáctica el segmento S. Esto representa un 65,8 % de casos de sujeto expreso, contra un 34,2 % de casos de sujeto elíptico [41]. Los datos del corpus de D'Ors presentan una situación muy análoga: los 319 casos de aparición de S suponen un 65,5 % del total de 487 ordenamientos en que aparece el elemento S, en contraste con 168 casos de sujeto elíptico que representan un 34,5 % del total. Si hallamos la media de estos datos, podremos afirmar que en la lengua escrita de características análogas al corpus de nuestra investigación, la frecuencia de sujeto expreso es de 65,7 % y la frecuencia del sujeto elíptico es de 34,3 %, como queda destacado en el siguiente cuadro:

CORPUS TOTAL

Sujeto expreso	666	65,7 %
Sujeto elíptico	348	34,3 %
TOTAL	1.014	100 %

La posición del sujeto en la oración es en español más libre que en otras lenguas. Sin embargo, el índice de frecuencia del sujeto pospuesto al verbo es inferior al del sujeto antes del verbo. El sujeto, antes o después del verbo, puede ir en posición inmediata o en posición no inmediata, cuando algún segmento va entre ambos.

La distribución y frecuencia de estas cuatro variantes y el total de S-V —sujeto antes del verbo— y V-S —sujeto después del verbo— pueden verse en los siguientes cuadros estadísticos:

CORPUS DE MARIAS

S-V inmediato	206	86,9 %
S-V no inmediato	31	13,1 %
TOTAL S-V	237	100 %
V-S inmediato	70	70,7 %
V-S no inmediato	29	29,3 %
TOTAL V-S	99	100 %
S-V total	237	70,5 %
V-S total	99	29,5 %
TOTAL S-V y V-S	336	100 %

CORPUS DE D'ORS

S-V inmediato	180	85 %
S-V no inmediato	32	15 %
Total S-V	212	100 %
V-S inmediato	44	62 %
V-S no inmediato	27	38 %
Total V-S	71	100 %
S-V total	212	74,9 %
V-S total	71	25,1 %
Total S-V y V-S	283	100 %

Aparece claramente una mayor frecuencia de anteposición del sujeto al verbo en D'Ors: 74,9 % contra 70,5 % en Marías y en consecuencia abunda más en Marías el sujeto pospuesto: 29,5 % contra 25 % de D'Ors.

En cuanto al corpus total presentamos un cuadro estadístico de distribución y frecuencia de las variantes que aparecen como media:

S-V inmediato	386	62,4 %
S-V no inmediato	63	10,2 %
V-S inmediato	114	18,4 %
V-S no inmediato	56	9,0 %
Total	619	100 %

S-V total	449	72,6 %
V-S total	170	27,4 %
Total	619	100 %

Destaca como el orden más frecuente en la lengua escrita el sujeto inmediatamente antes del verbo con 62,4 % seguido, muy de lejos, por el sujeto inmediatamente después del verbo con un 18,4 %. Las dos posiciones que hemos llamado no-inmediatos están casi equiparadas con un 10,2 % para S-V y un 9,0 % para V-S.

1.2.2. *El verbo* (V) es el centro del funcionamiento oracional, en cuanto que por un lado asume en sí mismo la función de sujeto —según

I. SINTAXIS ORACION

dijimos anteriormente— y por otro lado engloba a su alrededor los complementos verbales: CD, CI, A.

Por ser centro y elemento indispensable del enunciado puede formar por sí sólo una oración. Aparecen cinco casos de ordenamiento cuya fórmula es V, como explicamos en el capítulo dedicado al verbo.

La elisión del verbo en la oración viene motivada por las circunstancias antes citadas; pero al no ser sustentado por ningún elemento oracional —al revés del sujeto elíptico, que es sustentado por el verbo— presenta mayores dificultades y por tanto una destacable menor frecuencia de elisión que el sujeto: 6,4 % del total del corpus analizado tiene verbo elíptico, en contraste con un 34,3 % de sujeto elíptico, también en el total del corpus.

Cuadro de distribución y frecuencia de verbo expreso y verbo elíptico en el corpus de Marías, en el de D'Ors y en el total del Corpus:

CORPUS DE MARIAS

Verbo expreso	510	96,8 %
Verbo elíptico	17	3,2 %
TOTAL V	527	100 %

Es interesante señalar la diferencia entre un 3,2 % en Marías y 9,9 % en D'Ors, lo cual quiere decir que D'Ors triplica la frecuencia de elisión del verbo. De nuevo esta diferencia puede ser un elemento estilístico significativo de cada autor. Presentamos a continuación la media de estos datos extraída del análisis estadístico del corpus total:

CORPUS DE D'ORS

Verbo expreso	439	90,1 %
Verbo elíptico	48	9,9 %
TOTAL V	487	100 %

CORPUS TOTAL

Verbo expreso	949	93,6 %
Verbo elíptico	65	6,4 %
TOTAL V	1.014	100 %

Como consideramos al verbo centro de la oración y hemos estudiado la posición de los diferentes elementos oracionales en relación al verbo, no presentamos aquí los datos estadísticos de su posición en la oración dado que lo mismo que antes vimos su situación con respecto al sujeto, iremos viendo en cada una de las funciones sintácticas su relación con ellas. Dentro del área funcional del verbo aparecen tres elementos: CD, CI y A.

1.2.3. *El complemento directo* (CD) es un elemento oracional adyacente al verbo, es decir, componente del grupo verbal o predicado, cuya realización formal es un sintagma nominal, o su equivalente funcional, y que puede ser sustituido por un pronombre personal (lo, la, los, las, le, les), responde a la transformación interrogativa con «¿qué?» y puede pasar a ser elemento sujeto en la transformación pasiva. Todas estas características sintácticas del CD están explicadas en el capítulo a él dedicado.

Como elemento perteneciente al área funcional del verbo, va generalmente pospuesto a éste y, por tanto, es más frecuente la fórmula V-CD que CD-V, como puede verse en el cuadro estadístico que presentamos. La anteposición del CD al verbo está generalmente representada por la realización pronominal. (Remitimos para la aclaración de estos aspectos al citado capítulo.)

Llamamos «V-CD inmediato y CD-V no-inmediato», como en el caso ya explicado del verbo, a aquellos ordenamientos en los que estos dos elementos van colocados uno al lado de otro sin que otro elemento oracional se inserte entre ambos, y por el contrario: «V-CD no-inmediato» y «CD-V no-inmediato» a los casos en que haya un elemento o varios entre el verbo y el CD. Veamos unos ejemplos como ilustración:

V-CD inmediato:

// y / esta condición /*hizo* /*que casi nadie pudiera ver las cosas* //. (M-4-7.)
// *Contará* / *la aventura de un hombre lentamente enamorado de una Categoría* //. (O-2-9.)

V-CD no-inmediato:

// Y eso / *daba* /al Estado / *una integridad de Poder plena,* / aunque sus recursos y potencias fuesen muy modestos //. (M-47-13.)
// Los museos y las historias de la pintura que, como estudiante, visita y consulta a menudo, / *elogian* / altamente / *la belleza de esa dama* //. (O-15-10.)

CD-V inmediato:

// «*En todas partes cuecen habas*» —/*dice* / el español / después de recapacitar y comparar su situación con las ajenas //. (M-86-17.)
// *¿Qué más* /*pudiera añadirse?* //. (O-48-13.)
// *Lo* /*sabemos* //. (O-53-13.)

CD-V no-inmediato:

// *¿Qué* / nos / *dará* / la aventura / al cerrarse la narración de la aventura? //. (O-51-13.)
// *¿Qué* / nos / *importa* / que *La cabaña del tío Tom* siga de tan lejos al Atala, en lo que se refiere a la jerarquía estética? //. (O-343-51.)

1. SINTAXIS ORACION

La distribución y frecuencia de estas cuatro variantes puede verse en los siguientes cuadros estadísticos:

CORPUS DE MARIAS

V-CD inmediato	134	77,5 %
V-CD no-inmediato	39	22,5 %
TOTAL V-CD	173	100 %

CD-V inmediato	17	100 %
CD-V no-inmediato	0	—
TOTAL CD-V	17	100 %

V-CD total	173	91,1 %
CD-V total	17	8,9 %
TOTAL CD-V y V-CD	190	100 %

CORPUS DE D'ORS

V-CD inmediato	111	65,7 %
V-CD no-inmediato	58	34,3 %
TOTAL V-CD	169	100 %

CD-V inmediato	22	91,7 %
CD-V no-inmediato	2	8,3 %
TOTAL CD-V	24	100 %

V-CD total	169	87,6 %
CD-V total	24	12,4 %
TOTAL CD-V y V-CD	193	100 %

CORPUS TOTAL

V-CD inmediato	245	64,0 %
V-CD no-inmediato	97	25,3 %
CD-V inmediato	39	10,2 %
CD-V no-inmediato	2	0,5 %
V-CD total	342	89,3 %
CD-V total	41	10,7 %
Total V-CD y CD-V	383	100 %

Del análisis de estos datos podemos deducir que la posición más frecuente del CD es inmediatamente después del verbo representada por un 64 %, seguida de la posición de CD después del verbo, pero apareciendo entre ellos un elemento o más que representa un 25,3 %. En cifras totales el CD pospuesto aparece en el 89,3 % de las veces contra un 10,7 % del CD antepuesto.

1.2.4. *Complemento indirecto* (CI) es el elemento componente del grupo verbal o predicado cuya realización es un sintagma preposicional o su equivalente funcional. Esta caracterización general reúne varios tipos de CI que se diferencian entre sí por diversas posibilidades sintácticas peculiares de cada uno. En el capítulo dedicado al CI explicamos detalladamente este tema.

En cuanto a su posición de la oración podemos hallar al CI antes y después del verbo, aunque como veremos por los datos estadísticos es la posposición lo más frecuente. Como en los casos anteriores puede aparecer el CI inmediatamente antes o después del verbo o bien antes o después, intercalándose otro u otros elementos. Veamos algunos casos concretos:

V-CI inmediato:

// En rigor / *no hizo falta esperar* / *a la guerra civil* / para que la claridad fuera insuficiente //. (M-3-7.)
// La mano de la dama / *se adjudica* / *a quien*, con tal constancia, bien que inactiva a veces, había soñado en ella //. (O-34-11.)

V-CI no-inmediato:

// El estado de la sociedad española / *induce* / fácilmente / *a confusiones* //. (M-89-17.)
// Estos juegos de sensibilidad e inteligencia /*dan* / materia / *a la primera* parte del relato //. (O.22-10.)

I. SINTAXIS ORACION

CI-V inmediato:

// Cuando se habla, por ejemplo, de economía —y en general de todos los asuntos colectivos—, / muchos teóricos / *nos* / *ofrecen* / como alternativa / la decisión de un individuo o un plan estatal //. (M-29-11.)
// El amor própio / *le* / *da* / alas //. (O-28-11.)

CI-V no-inmediato:

// *Para ellos* / la libertad / no *es* / un uso //. (M-135-22.)
// *Para los mismos sabios* / encantadoras perspectivas / *parecieron abrirse* //. (O-285-46.)

La distribución y frecuencia de estas cuatro variantes puede verse en los siguientes cuadros estadísticos:

CORPUS DE MARIAS

V-CI inmediato	53	75,7 %
V-CI no-inmediato	17	24,3 %
TOTAL V-CI	70	100 %

CI-V inmediato	16	94,1 %
CI-V no-inmediato	1	5,9 %
TOTAL CI-V	17	100 %

V-CI total	70	80,5 %
CI-V total	17	19,5 %
TOTAL V-CI y CI-V	87	100 %

CORPUS DE D'ORS

V-CI inmediato	46	53,8 %
V-CI no-inmediato	21	46,2 %
TOTAL V-CI	67	100 %

CI-V inmediato	28	93,3 %
CI-V no-inmediato	2	6,7 %
TOTAL CI-V	30	100 %

V-CI total	67	69,1 %
CI-V total	30	30,9 %
TOTAL V-CI y CI-V	97	100 %

CORPUS TOTAL

V-CI inmediato	99	53,8 %
V-CI no-inmediato	38	20,7 %
CI-V inmediato	44	23,9 %
CI-V no-inmediato	3	1,6 %
V-CI total	137	74,5 %
CI-V total	47	25,5 %
TOTAL V-CI y CI-V	184	100 %

Del análisis de estos datos podemos deducir que es la variante V-CI inmediato la más frecuente, representada por un 53,8 % frente a un 23,9 % y un 20,7 % de CI-V inmediato y de V-CI no-inmediato, respectivamente. La variante menos frecuente, representada tan sólo por un 1,6 %, es CI-V no-inmediato.

La posición normal del CI es después del verbo, en el 74,5 % de las veces, mientras que solamente en un 25,5 % de las veces antecede al verbo.

Si comparamos estas cifras con las del corpus total de CD-V y V-CD, presentan los siguientes hechos interesantes para comprender la sintaxis del predicado. La posición V-CD representa un 89,3 % frente a un 74,5 % la V-CI y, en contraste, CD-V representa un 10,7 % frente al 25,5 % de la posición CI-V. Esta mayor posibilidad de anteposición al verbo que vemos en el complemento indirecto se deriva de su estructura: la marca funcional de CI es una preposición mientras que en el CD es más la posición la que decide su función en caso de ambigüedad entre un SN sujeto y SN complemento directo.

Algunos ordenamientos tienen complemento directo y complemento indirecto al mismo tiempo. La posición de estos dos elementos con respecto al verbo y entre sí puede ser diversa. Presentamos las variantes que se dan en el corpus:

Verbo-CD-CI:

// Deja / un considerable campo / a su espontaneidad, a sus caprichos, hasta a sus humores //. (M-180-28.)

// Tal virtuoso de la filosofía metafórica / rehusará / no sólo su admiración, sino inclusive su indulgencia, / a las columnas metafóricas, quiero decir, con

1. SINTAXIS ORACION 39

elementos constructivos demasiado claramente tomados del mundo vegetal //. (O-71-18.)

Verbo-CI-CD:

// *Y eso / daba / al Estado / una integridad de Poder plena, / aunque sus recursos y potencias fuesen muy modestos //.* (M-47-13.)
// *Vemos / le / en este punto / partir para el centro de Europa, donde va a disputarse en un torneo la mano de la bella, con anuncio de singular combate o tenzón //.* (O-29-11.)

CI-CD-Verbo:

No encontramos en el corpus esta variante, aunque es perfectamente gramatical como en los casos de doble pronombre me-lo, te-lo, se-lo, etc. Este *se* es la transformación de *le* antiguo. «En los casos en que el pronombre *le* en función de dativo venía a juntarse con las formas de acusativo *la* y *lo, los* y *las*, cambió en *se* a través de las formas intermedias *lle, ie, ge*» [42].

CD-CI-Verbo:

En el corpus de Marías no hallamos ningún caso de esta combinación, pero en D'Ors sí encontramos dos:

//*¿Qué / nos / dará / la aventura / al cerrarse la narración de la aventura? //.* (O-51-13.)
//*¿Qué / nos / importa / que la Cabaña del Tío Tom siga de tan lejos al Atala, en lo que se refiere a la jerarquía estética? //.* (O-343-51.)

CI-Verbo-CD:

// *Para ello / hará falta, / naturalmente, / dos cosas:* que las posibilidades no estén obturadas por intereses abusivos y miopes; y que no se sacrifique la solución de los problemas a la preferencia por una ideología determinada //. (M-288-41.)
// Cuando Bernardin de Saint-Pierre aprendía las primeras letras, / una amable señora, noble y arruinada, / *le / regaló / un ejemplar de Robinson Crusoe //*. (O-276-45.)

CD-Verbo-CI:

// *Su carácter mismo / la / aleja / de todo pensamiento inercial //.* (M-365-54.)
// *¡Wildermann, padre mío! / Mucho / debo / a mis maestros //.* (O-98-21.)

La frecuencia y distribución de estas variantes es la siguiente:

CORPUS DE MARIAS

V-CD-CI	7	28,0 %
V-CI-CD	9	36,0 %
CI-CD-V	—	—
CD-CI-V	—	—
CI-V-CD	8	32,0 %
CD-V-CI	1	4,0 %
Total	25	100 %

CORPUS DE D'ORS

V-CD-CI	5	17,2 %
V-CI-CD	5	17,2 %
CI-CD-V	—	—
CD-CI-V	2	6,9 %
CI-V-CD	15	51,8 %
CD-V-CI	2	6,9 %
TOTAL	29	100 %

CORPUS TOTAL

V-CD-CI	12	22,2 %
V-CI-CD	14	26,0 %
CI-CD-V	—	—
CD-CI-V	2	3,7 %
CI-V-CD	23	42,6 %
CD-V-CI	3	5,5 %
TOTAL	54	100 %

Vemos en estos cuadros estadísticos que las posiciones más frecuentes en Marías son V-CI-CD, seguido de CI-V-CD. En D'Ors la posición más frecuente con bastante diferencia es CI-V-CD seguida por las posiciones V-CD-CI y V-CI-CD.

En cuanto al corpus total aparece como la posición más frecuente CI-V-CD, representada por 42,16 % del total seguida de V-CI-CD y V-CD-CI, representadas por 26,0 % y 22,2 %, respectivamente.

1.2.5. *Atributo* (A) es el elemento sintáctico adyacente al verbo que se relaciona formalmente con el sujeto y que léxicamente es el predicado de las oraciones copulativas. Para una mayor profundización en las características funcionales y formales de este elemento oracional remitimos el capítulo a él dedicado.

La relación principal del atributo es la que mantiene con el sujeto [43], y al mismo tiempo con el verbo; por eso, no vamos a estudiar qué representación numérica tiene la posición atributo-verbo o verbo-atributo, sino que nos enfrentaremos al problema de colocación del atributo, tomando en cuenta una triple referencia: verbo-sujeto-atributo. Las posiciones que encontramos en el corpus —de las que proponemos algunos ejemplos— son las siguientes:

1. SINTAXIS ORACION

Verbo-sujeto-atributo:

// *Es* / la sociedad / la que decide mediante sus fuerzas sociales articuladas en grupos y movimientos //. (M-30-11.)
// *Son* / las máscaras / quien habitualmente las cantan claras //. (O-118-24.)

Verbo-atributo-sujeto:

// *Es* / bastante fácil / determinar la cuantía de la libertad existente en un estado //. (M-119-20.)
// *Es* / bueno / por otra parte / que no lo sea //. (O-125-25.)

Sujeto-verbo-atributo:

// El desnivel social / *es* / muy grande //. (M-93-18.)
// Pero, / tanto en la vida real como en la ideología auténtica, / cualquiera conclusión / *es* / un recomienzo //. (O-50-13.)

Atributo-verbo-sujeto:

// Lo más frecuente, / sobre todo en Europa / y no digamos en España, donde se ha perdido el hábito de tratar adecuadamente de estos temas, / *es* / enfrentar el individuo con el Estado //. (M-26-10.)
// Lo que importa / *es* / que la esencia dominical se difunda a toda la semana //. (O-114-24.)

Con respecto a la posición sujeto-atrbuto-verbo, sólo aparece en dos ocasiones, una en Marías y otra en D'Ors, con la particularidad de que el atributo es pronombre personal:

// Esto / parece / ligeramente cómico //, pero / *sus consecuencias* / no / lo / son //. (M-397-58.)
// La Tras-Guerra / será / una recaída en el Fin de Siglo //. Como / *el fin de siglo* / lo / *fue* / en la Contra-Reforma //. (O-128-26.)

Dado que esta posición final del verbo sólo es posible ante el segmento / lo /, es decir, no es de libre empleo, no la tomamos en cuenta a la hora de analizar los datos estadísticos.

El cuadro de distribución y frecuencia de la posición de los elementos V, S y A es el siguiente:

CORPUS DE MARIAS

V-S-A	2	1,4 %
V-A-S	19	13,3 %
S-V-A	94	65,7 %
A-V-S	28	19,6 %
TOTAL	143	100 %

CORPUS DE D'ORS

V-S-A	3	5,0 %
V-A-S	8	13,6 %
S-V-A	40	67,8 %
A-V-S	8	13,6 %
TOTAL	59	100 %

CORPUS TOTAL

V-S-A	5	2,5 %
V-A-S	27	13,4 %
S-V-A	134	66,3 %
A-V-S	36	17,8 %
TOTAL	202	100 %

De estos cuadros estadísticos deducimos que la posición más frecuente es sujeto-verbo-atributo representada por un 66,3 % en el corpus total. Las otras posiciones como atributo-verbo-sujeto, o verbo-atributo-sujeto tienen una frecuencia menor, 17,8 % y 13,4 %, respectivamente. Esto en la media total. En cuanto a los corpus tomados aisladamente vemos la posición A-V-S más frecuente, 19,6 %, en Marías, en contraste con 13,6 % en D'Ors.

La triple referencia al sujeto, al verbo y al atributo no es posible realizarla en los casos en que el sujeto va elíptico, así como en los que va el verbo elíptico. Por tanto, hay otras oraciones con atributo no computadas en las cuatro posiciones arriba presentadas.

En Marías hay 26 casos de atributo, además de los 143 indicados, y en D'Ors hay 29 casos de atributos, además de los 58 indicados. Casi todos estos casos que se añaden al número inicial, presentan la fórmula V-A, llevan el sujeto elíptico y las menos al verbo elíptico.

Los atributos que acompañan al complemento directo son tres en Marías (dos casos M-283 en posición *CD-V-A;* M-302, en posición *V-A-CD)* y uno en D'Ors (O-228, en posición *A-CD-V).* Presentamos estos casos en el capítulo del atributo.

1.2.6. *Complemento circunstancial* (CC) es un elemento oracional facultativo que está dotado de recursividad y no tiene un orden fijo en la oración. Por un lado, el segmento CC puede no aparecer en la oración, pero, por otro lado, puede haber oraciones con uno, dos, tres, cuatro, etc., hasta un número razonable según el estilo del hablante, las necesidades de la descripción y la claridad del ordenamiento sintáctico. Las realizaciones sintagmáticas del CC, así como sus propiedades funcionales específicas, aparecen explicadas en el capítulo dedicado al CC. Presentamos a título ilustrativo dos oraciones con cada una de las posibilidades de aparición:

Ordenamiento sin CC:

// El filósofo Cournot / diría / la Posthistoria //. (O-233-41.)
// La mejor inversión, la más «rentable», la condición de que todas las demás no sean fantasmagóricas / es / la humana //. (M-280-41.)

Ordenamientos con un CC:

// Llevamos / decenios / *oyendo la monótona cantinela de los errores y fracasos del liberalismo* //. (M-204-31)
// *Como el carnaval,* / las vacaciones / tienen / un valor de excepción, cuerdamente aceptado en anticipo //. (O-107-22.)

Ordenamientos con dos CC:

// ¿Cómo / se refleja / todo esto / *en la actual situación española*? //. (M-389-57.)
// *La cabaña del tío Tom,* melodrama, / se representa / *algunas veces / todavía* //. (O-356-52.)

Ordenamientos con tres CC:

// *Hasta hace muy poco antes* / se habían hecho / *en España* / esfuerzos considerables / *por conseguir la inclusión en el índice de las obras de Ortega, lo que hubiera llevado aparejada su proscripción sistemática* //. (M-351-52.)
// *Cuando el efecto producido por la Cabaña del tío Tom repercutió en las conciencias,* /ya / *la nostalgia del Paraíso Perdido* / se encontraba / *en un punto en que la cuestión de la felicidad se les antoja a los lectores indiferente* //. (O-364-58.)

Ordenamientos con cuatro CC: Encontramos un ordenamiento en Marías con cuatro circunstantes y en D'Ors hallamos dos de cuatro y uno de cinco. Todos ellos aparecen citados en el capítulo dedicado al «Complemento circunstancial».

Presentamos cuadros estadísticos de la distribución y frecuencia de CC en el corpus:

CORPUS DE MARIAS

Ordenamientos con 1 CC	202	74,3 %
Ordenamientos con 2 CC	55	20,2 %
Ordenamientos con 3 CC	14	5,1 %
Ordenamientos con 4 CC	1	0,4 %
Ordenamientos con 5 CC	—	—
Ordenamientos con CC	272	100 %

CORPUS DE D'ORS

Ordenamientos con 1 CC	188	61,4 %
Ordenamientos con 2 CC	94	30,7 %
Ordenamientos con 3 CC	21	7,0 %
Ordenamientos con 4 CC	2	0,6 %
Ordenamientos con 5 CC	1	0,3 %
Ordenamientos con CC	306	100 %

CORPUS TOTAL

Ordenamientos con 1 CC	390	67,5 %
Ordenamientos con 2 CC	149	25,8 %
Ordenamientos con 3 CC	35	6,0 %
Ordenamientos con 4 CC	3	0,6 %
Ordenamientos con 5 CC	1	0,1 %
TOTAL	578	100 %

Es de destacar la mayor abundancia en Marías de ordenamientos con un complemento circunstancial (74,3 %) frente a aquellos que tienen dos (20,2 %). En contraposición, en el corpus de D'Ors abundan más que en Marías los de dos CC (30,7 %) y menos que en Marías los de uno '61,4 %). Como media del corpus analizado, aparecen casi triplicando a los ordenamientos con dos CC, los ordenamientos con uno.

Asimismo, es destacable el bajo porcentaje de ordenamientos con tres CC en Marías (5,1 %) y el relativamente alto en D'Ors (7,0 %). Una vez más, el estilo cuidado de D'Ors, amante de lo pictórico, tiene necesidad de mayor número de elementos que describen lo circunstancial en vez de lo esencial, más en consonancia con el habla de tono filosófico de Marías. A este respecto, veamos qué distribución tienen los ordenamientos que llevan CC, en total.

CORPUS DE MARIAS

Ordenamientos con CC	272	51,6 %
Ordenamientos sin CC	255	48,4 %
TOTAL O	527	100 %

1. SINTAXIS ORACION

CORPUS D'ORS

Ordenamientos con CC	306	62,8 %
Ordenamientos sin CC	181	37,2 %
TOTAL O	487	100 %

TOTAL CORPUS

Ordenamientos con CC	578	57 %
Ordenamientos sin CC	436	43 %
TOTAL O.	1.014	100 %

En cifras totales veamos el número de elementos CC en cada una de las partes del corpus y en el total:

Marías	357	44,1 %
D'Ors	452	55,9 %
TOTAL	809	100 %

A partir de estos cuadros estadísticos vemos que mientras en Marías está casi equiparado el número de ordenamientos con CC y sin CC: 51,6 % frente a 48,4 %, en D'Ors es casi el doble el número de ordenamientos que llevan CC: 62,8 % frente a 37,2 %.

Como media del total del corpus aparecen 57 % frente a 43 % de ordenamientos sin CC. En más de la mitad de las oraciones en lengua española aparece el elemento CC una o varias veces.

1.2.7. *Otros elementos oracionales.* El vocativo se caracteriza por no ser un componente de la sintaxis oracional, sino un elemento extraoracional cuya función lingüística es apelativa esencialmente.

El complemento agente es formalmente un complemento indirecto del verbo, en el sentido de que necesita la preposición como marca formal, pero lo estudiamos aparte por su característica principal de poder transformarse en sujeto, y por el contexto obligado en que aparece: verbo «ser» + participio; o bien: enclítico se + forma verbal.

Como final de esta presentación de las funciones sintácticas de los ordenamientos del corpus en que hemos basado nuestro estudio, ofrecemos cuadros estadísticos en que aparece la distribución y frecuencia de los diferentes segmentos oracionales en el conjunto de los enunciados.

CORPUS DE MARIAS

Sujeto	347	20,5 %
Verbo	510	30,2 %
Atributo	160	9,5 %
C. circunstancial	357	21,1 %
C. directo	209	12,4 %
C. indirecto	102	6,0 %
Vocativo	—	
Agente	5	0,3 %
TOTAL ELEMENTOS	1.690	100 %

CORPUS DE D'ORS

Sujeto	319	19,7 %
Verbo	439	27,1 %
Atributo	87	5,4 %
C. circunstancial	452	27,9 %
C. directo	205	12,6 %
C. indirecto	107	6,6 %
Vocativo	6	0,4 %
Agente	5	0,3 %
TOTAL ELEMENTOS	1.620	100 %

TOTAL CORPUS

Sujeto	666	20,1 %
Verbo	949	28,7 %
Atributo	247	7,5 %
C. circunstancial	809	24,4 %
C. directo	414	12,5 %
C. indirecto	209	6,3 %
Vocativo	6	0,2 %
Agente	10	0,3 %
TOTAL ELEMENTOS	3.310	100 %

El verbo es el elemento de más alta frecuencia de aparición entre los elementos oracionales, seguido del C. circunstancial y del sujeto.

Es natural que el verbo sea el más frecuente de los segmentos por su carácter de función necesaria en el ordenamiento y sus escasas posibilidades de elisión.

El complemento circunstancial no es un elemento necesario en la oración; sin embargo, la posibilidad de ser recursivo aumenta sus probabilidades de aparición.

Hay que destacar la incidencia del CD (12,5 %) en contraste con la de CI (6,3 %), lo que representa prácticamente la mitad.

1.3. CLASIFICACIÓN DE LOS ORDENAMIENTOS POR EL NÚMERO DE ELEMENTOS FUNCIONALES QUE CONTIENEN

Un ordenamiento sintáctico puede ser muy simple o muy complejo, puede ir constituido por un sólo elemento, por dos, por tres, etc. Cada hablante crea oraciones de complejidad diversa según una serie de constantes, como son: la edad —el niño construye oraciones de dos o tres elementos generalmente, como máximo—, la cultura —una persona ignorante difícilmente construirá oraciones con una red de relaciones muy amplia—, el nivel lingüístico —el escritor de una poesía no utiliza las mismas fórmulas sintácticas al hablar con sus amigos en el bar—, y dentro ya de la lengua escrita, el estilo personal y el género literario por él elegido.

Nuestro trabajo se ha centrado en un nivel específico, la lengua escrita, y en un género literario que podríamos llamar no-marcado, el ensayo. Por ser un género cuyas marcas no son tan concretas como en otros, la poesía, por ejemplo, puede ser representante de toda la lengua escrita frente a la lengua hablada.

A continuación presentamos un estudio estadístico sobre este tema del número de elementos funcionales, o segmentos que desempeñan una función sintáctica, dentro de cada oración.

Entre el número de elementos funcionales de la oración no incluimos las concatenaciones por estar más bien en relación con el enunciado que con el nivel del ordenamiento.

La primera etapa de nuestro análisis estadístico es la distribución de los ordenamientos de la muestra según el número de elementos funcionales que contienen. Esta distribución es la siguiente:

CORPUS DE MARIAS

De 1 elemento	9	1,7 %
De 2 elementos	103	19,5 %
De 3 elementos	236	44,8 %
De 4 elementos	137	26,0 %
De 5 elementos	37	7,0 %
De 6 elementos	5	1,0 %
TOTAL ORDENAMIENTOS	527	100 %

CORPUS DE D'ORS

De 1 elemento	9	1,8 %
De 2 elementos	108	22,2 %
De 3 elementos	158	32,4 %
De 4 elementos	150	30,8 %
De 5 elementos	51	10,5 %
De 6 elementos	9	1,9 %
De 7 elementos	1	0,2 %
De 9 elementos	1	0,2 %
TOTAL ORDENAMIENTOS	487	100 %

TOTAL CORPUS

De 1 elemento	18	1,8 %
De 2 elementos	211	20,8 %
De 3 elementos	394	38,9 %
De 4 elementos	287	28,3 %
De 5 elementos	88	8,6 %
De 6 elementos	14	1,4 %
De 7 elementos	1	0,1 %
De 9 elementos	1	0,1 %
TOTAL ORDENAMIENTOS	1.014	100 %

Vemos que tanto en el corpus de Marías como en el de D'Ors aparecen nueve ordenamientos constituidos de un sólo elemento. En Marías no encontramos ningún ordenamiento con más de seis elementos; en cambio, en D'Ors encontramos uno de siete elementos y uno de nueve. Las frecuencias acumuladas de los ordenamientos de dos, tres y cuatro elementos suponen el 88,0 % del total. Hacemos notar, por tanto, la fuerte tendencia de los ordenamientos del corpus a llevar dos, tres y cuatro elementos.

A continuación presentamos tres histogramas representativos de la distribución de los ordenamientos sintácticos según el número de elementos funcionales que contienen.

1. SINTAXIS ORACION

HISTOGRAMA (MARIAS)

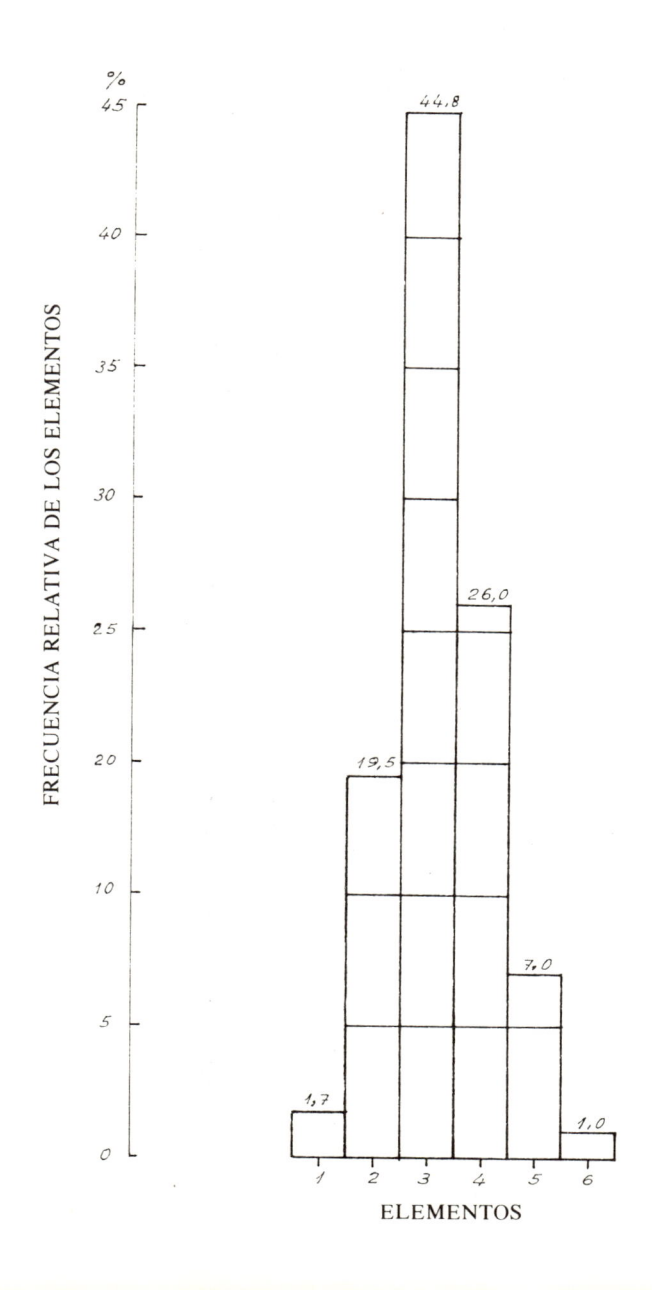

HISTOGRAMA (D'ORS)

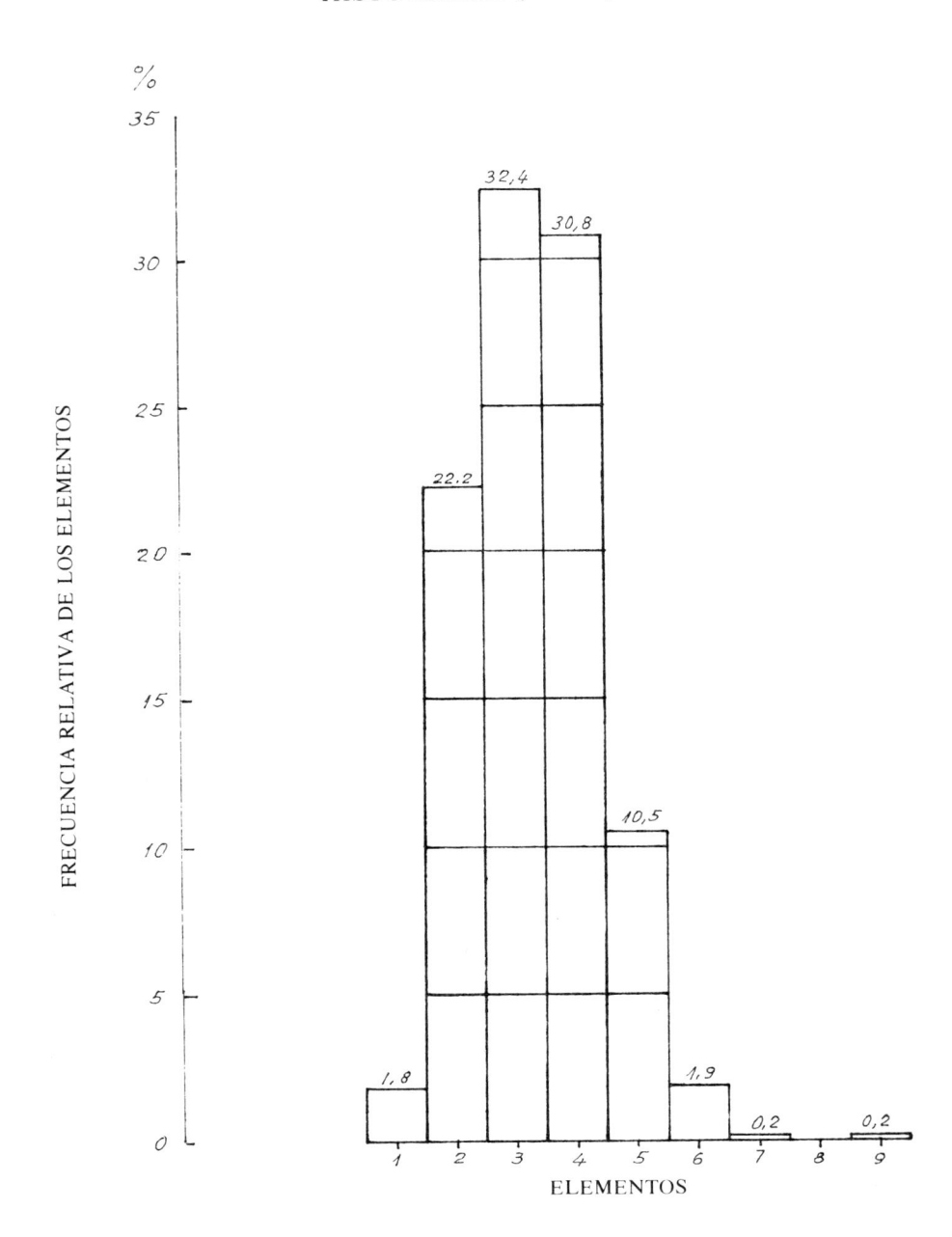

HISTOGRAMA (CORPUS TOTAL)

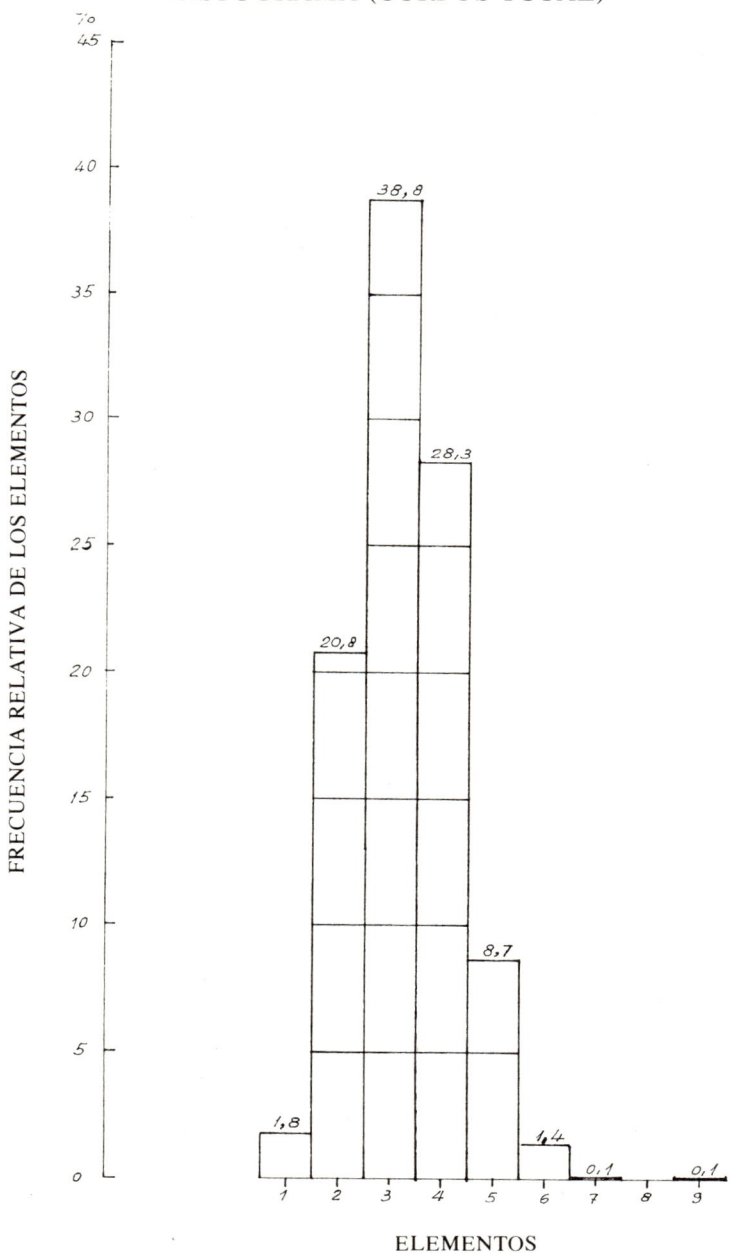

FRECUENCIA RELATIVA DE LOS ELEMENTOS

Elementos	%
1	1,8
2	20,8
3	38,8
4	28,3
5	8,7
6	1,4
7	0,1
8	—
9	0,1

ELEMENTOS

Van colocados en abcisas el número de elementos por ordenamiento y en ordenadas la frecuencia relativa de los distintos elementos.

A fin de conocer los diferentes parámetros de posición y de dispersión, es decir la media, la variancia y la desviación tipo, presentamos a continuación de los histogramas tres cuadros en que aparecen dichos datos [44].

CALCULO DE LA MEDIA, VARIANCIA Y DESVIACION TIPO (MARIAS)

Col. 1	Col. 2	Col 3	Col. 4	Col. 5	Col. 6
(X)	(F)	(FX)	(x)	(x^2)	(Fx^2)
1	9	9	-2	4	36
2	103	206	-1	1	103
3	236	708	0	0	0
4	137	548	$+1$	1	137
5	37	185	$+2$	4	148
6	5	30	$+3$	9	45
	Σ 527	Σ 1.686			Σ 469
					$527 - 1 = 526$

Media = $\dfrac{1.686}{527} = 3,1992$

Variancia (σ^2) = $\dfrac{469}{526} = 0,8916$

Desviación tipo (σ) = $\sqrt{0,8916} = 0,9442$

CALCULO DE LA MEDIA, VARIANCIA Y DESVIACION TIPO (D'ORS)

Col. 1	Col. 2	Col. 3	Col. 4	Col. 5	Col. 6
(X)	(F)	(FX)	(x)	(x^2)	(Fx^2)
1	9	9	-2	4	36
2	108	216	-1	1	108
3	158	474	0	0	0
4	150	600	$+1$	1	150
5	51	255	$+2$	4	204
6	9	54	$+3$	9	81
7	1	7	$+4$	16	16
9	1	9	$+6$	36	36
	Σ 487	Σ 1.624			Σ 631
					$487 - 1 = 486$

Media = $\dfrac{1.624}{487} = 3,3347$

Variancia (σ^2) = $\dfrac{631}{486} = 1,2983$

Desviación tipo (σ) = $\sqrt{1,2983} = 1,1394$

1. SINTAXIS ORACION

CALCULO DE LA MEDIA, VARIANCIA Y DESVIACION TIPO (TOTAL CORPUS)

Col. 1	Col. 2	Col. 3	Col. 4	Col. 5	Col. 6
(X)	(F)	(FX)	(x)	(x^2)	(Fx^2)
1	18	18	− 2	4	72
2	211	422	− 1	1	211
3	394	1.182	0	0	0
4	287	1.148	+ 1	1	287
5	88	440	+ 2	4	352
6	14	84	+ 3	9	126
7	1	7	+ 4	16	16
9	1	9	+ 6	36	36
	Σ 1.014	Σ 3.310			Σ 1.100

$$1.014 - 1 = 1.013$$

Media = $\dfrac{3.310}{1.014}$ = 3,2643

Variancia = $\dfrac{1.100}{1.013}$ = 1,0859
(σ^2)

Desviación tipo = $\sqrt{1,0859}$ = 1,0434
(σ)

Los cálculos presentados en los cuadros anteriores se resumen, pues, como sigue:

	Media	Variancia	Desviación tipo
Marías	3,20	0,89	0,94
D'Ors	3,33	1,30	1,14
TOTAL CORPUS	3,26	1,09	1,04

En consecuencia, el análisis del corpus total nos arroja que la distribución de ordenamientos según el número de elementos funcionales se caracteriza por una media aritmética de 3,26 elementos por ordenamiento, una variancia de 1,09 y una desviación tipo de 1,04. En otras palabras, los ordenamientos de nuestro corpus total contienen, como promedio, 3,60 elementos funcionales y la pequeñez de la desviación tipo sugiere una fuerte concentración de efectivos en torno a la media antes citada; es decir, que la inmensa mayoría de las oraciones de nuestro idioma contendrán entre dos, tres y cuatro elementos funcionales.

1.4. CLASIFICACIÓN DE LOS ORDENAMIENTOS POR EL TIPO DE ELEMENTOS FUNCIONALES QUE CONTIENEN

Las gramáticas españolas de tipo tradicional complican sobremanera las clasificaciones de la oración. Por ejemplo, en *Esbozo de una nueva Gramática de la Real Academia* se hace primero una división entre oraciones simples y oraciones compuestas; más tarde, dentro de las oraciones simples, se distingue según dos tipos de criterios las siguientes clases de oraciones:
 1. Según la actitud del hablante: enunciativas, exclamativas, de posibilidad, dubitativas, interrogativas, desiderativas, exhortativas.
 2. Según la naturaleza gramatical del predicado: con verbo copulativo, intransitivas, transitivas, pasivas, reflexivas, recíprocas, impersonales.

En dicho libro ya, muy acertadamente, se advierte al lector que no se trata de clasificaciones rigurosas en las que los términos se excluyan entre sí, porque en la realidad lingüística se superponen [45].

Rodolfo Lenz señala que las clasificaciones corrientes en las gramáticas pecan por falta de un criterio fijo de división, y aboga por una clasificación sicológica como fundamental. Desde este punto de vista hay, añade, tres clases principales de oraciones: exclamativas, declarativas e interrogativas. Dentro de las oraciones declarativas hace una división, según el carácter del predicado, en atributivas y predicativas [46].

Gili Gaya apunta que las diferentes formas de expresión de las oraciones simples pueden depender o bien de la calidad sicológica del juicio o bien de la naturaleza del predicado y del sujeto. Entre las segundas incluye por un lado las atributivas o cualitativas y por otro las predicativas (intransitivas, transitivas, pasivas, reflexivas, recíprocas e impersonales) [47].

La lingüística actual no concede demasiada importancia a la división oración simple-oración compuesta, ya que considera que las compuestas coordinadas no son más que la suma de dos oraciones o más y que esto no varía la estructura funcional de la oración; en cuanto a las tradicionales subordinadas, no se las concede autonomía y son estudiadas en tanto que segmento de la oración principal, como ya hemos apuntado anteriormente.

Con respecto a las clasificaciones por la actitud del hablante, la gramática generativa les centra en los constituyentes de frase. La frase de base de la estructura profunda está formada de dos constituyentes obligatorios, uno de los cuales es el constituyente de frase (Const.) y el otro el núcleo. La regla de reescritura del constituyente de frase es la siguiente [48]:

$$\text{Const.} \begin{bmatrix} \text{Afirm.} \\ \text{Inter.} \\ \text{Imp.} \end{bmatrix} + (\text{Neg.}) + (\text{Enf.}) + (\text{Pas.})$$

Esta fórmula significa que el constituyente de frase está formado de un elemento obligatorio: ya sea la afirmación, la interrogación o el imperativo, y de constituyentes facultativos: negación, énfasis y pasiva. Por tanto, aplicando estas fórmulas pueden formarse variados tipos de oraciones. Por ejemplo:

$F \longrightarrow Afirm. + O:$
// Ante este Universo / se encuentra / solo //. (O-201-36.)

$F \longrightarrow Inter. + O:$
// La fábula de Gracián, / ¿procede / de la fábula de Ibn-Tofail? //. (O-207-37.)

$F \longrightarrow Imp. + O:$
// Ved, / sin embargo, / allá abajo, / a lo lejos /, una isla desierta //. (O-252-42.)

Además de estas fórmulas pueden hallarse otras más complejas en las que entran a formar parte uno o todos los elementos facultativos: (Neg.), (Pas.) y (Enf.) En este sentido, si es obligatorio el constituyente *Afirm.* y facultativo *Neg.*, es preciso entender Afirm. en su significado de: declarativa, enunciativa. Así, la fórmula, F ⟶ Afirm. + *Neg. puede concretarse en la siguiente oración:* // ese árbol / no tiene / flores //.

Para nuestro estudio es mucho más importante el analizar la estructura superficial de las oraciones y clasificarlas a éstas por los elementos funcionales que las constituyen. A este respecto, nos es preciso recordar que los elementos básicos, imprescindibles de la oración son, como vimos anteriormente, el sujeto y el verbo, este último en su calidad de centro del predicado. El llamado predicado o grupo verbal, conjunto de elementos que se agrupan en torno a un núcleo, el verbo, puede presentar dos estructuras, tradicionalmente llamadas predicado nominal y predicado verbal.

1. Verbo (Cópula) + Atributo.
2. Verbo ± CD ± CI.

A partir de esta división podemos distinguir dos tipos básicos de ordenamientos sintácticos:

1. Ordenamiento atributivo (V − Cópula + A).
2. Ordenamiento predicativo (V ± CD ± CI).

Veamos por separado qué caracteres presentan cada una de estas clases de ordenamiento dentro del corpus analizado.

1.4.1. *Ordenamientos atributivos.* La particularidad principal de las estructuras oracionales atributivas consiste en presentar un núcleo verbal de conmutación bastante limitada *(ser, estar, quedar...)* y un elemento adyacente que llamamos atributo, pero que desde el punto de vista léxico es el centro del predicado [49].

Las realizaciones formales del atributo pueden ser diversas como presentamos en su capítulo correspondiente:

A → SA – *Sintagma adjetival:*

// Todos los años / son / *reales* y *efectivos* //. (M-228-35.)
// El encanto de Châteaubriand / no era, / como el de Bernardin de Saint-Pierre, / *íntimo, tierno* y *secretamente voluptuoso, heroico* y *elocuente* //. (O-330-51.)

En el caso de atributo realizado con sintagma adjetival se establece una relación tripartita en la oración: coincidencia de género y número de:

Sujeto – Verbo – Atributo

Concordancia de género y número

A → SN – *Sintagma nominal:*

// para ellos / la libertad / no es / *un uso* //. (M-135-22.)

En este caso no aparece la relación formal entre sujeto y atributo.

A → SP – *Sintagma preposicional:*

// La actitud de un español frente a ambos / puede ser // y / en muchos casos / es, / *de radical disparidad* //. (M-19-9.)
// Claro que / es / *del Corregio, padre de tantas barroquerías voluptuosas* //. (O-158-29.)

A → O – *Oración:*

// La creencia social compacta / había sido / hasta entonces / *que el rey es quien tiene derecho a mandar* //. (M-47-13.)
// El secreto deseo de innumerables españoles / sería / *ganar en el extranjero y gastar en España* //. (M-163-25.)

Las llamadas oraciones pasivas son, por su estructura, atributivas. Alarcos Llorach afirma que desde el punto de vista gramatical no parece tener mucha importancia el hecho de que la sustancia conformada en la oración como sujeto desempeñe en la situación real el papel de actor o el de paciente; el sujeto —segmento oracional— desempeña la función sujeto porque presenta ciertas relaciones gramaticales, lingüísticas, con el núcleo del predicado, o sea, el verbo, no porque en la realidad la sustancia a que se refiere actúe sobre otra o sea afectada por ésta. Las llamadas estructuras pasivas se identifican —en cuanto a sus elementos y relaciones gramaticales— con los predicados caracterizados por la atribución (núcleo + atributo) [50].

El sintagma / *notificada* / de la oración // la sanción / fue notificada // puede aparecer aislado o incrementado por un elemento adyacente / por la superioridad / lo mismo que los atributos: // el padre / es // capaz // y // el padre / es / capaz de trabajar //.

La concordancia en género y número entre el sujeto y el llamado participio que acompaña a *ser* o *estar* es la misma existente entre los segmentos sujeto y atributo.

Las oraciones que llevan el verbo constituido por el auxiliar *ser* + *participio* y junto al verbo el complemento agente (Ag) las computamos entre las atributivas, pero aquellas que no llevan esta complementación las incluimos entre las predicativas, ya que su fórmula será *S-V* y metodológicamente no la incluimos en atributiva (S + V + A).

1.4.2. *Ordenamientos predicativos* son aquellos en que el núcleo léxico del predicado está representado por el segmento verbo y la estructuración del grupo verbal está constituida por un elemento obligado, verbo, y otros que pueden acompañarle o no: el CD y el CI.

En este punto se plantea la posibilidad de clasificar los ordenamientos predicativos en transitivos e intransitivos según vayan compuestos de V + CD ± CI o V ± CD + CI (transitivos) o bien de V solamente (intransitivos). No creemos de interés tratar de presentar en este momento todas las teorías acerca de la transitividad. Citamos, por considerarla acertada la de Blinkenberg, el cual señala que la noción de transitividad implica la de «incompleto»: el contenido de un elemento de la oración no se basta a sí mismo sino que se apoya en otro elemento; el hecho de estar incompleto el primero llama a su complemento: éste es a su vez de orden semántico y de orden sintáctico [51].

Añade, asimismo, que la transitividad es un cierto tipo de cohesión entre los términos puestos en relación, más especialmente entre el verbo y el complemento. El problema de declarar en tal o tal otro ordenamiento si este complemento es complemento de objeto (CD, CI) y aparece transitividad o es un elemento CC y no aparece transitividad, puede solucionarse con algunos criterios. El criterio de la transformación pasiva tiene el inconveniente de valer para el CD, pero no siempre para el CI. Por ejemplo:

«veo las gafas» ⟶ «las gafas son vistas por mí»;
«creo a mi abuelo» ⟶ «mi abuelo es creído por mí»;
«me acuerdo de Juan» ⟶ *«Juan es acordado por mí».

Otro criterio puede ser la sustitución pronominal. Tiene también algunos problemas, como explicamos más detenidamente en los capítulos dedicados al «Complemento directo» y al «Complemento indirecto». Quizá el criterio mejor sea el del orden de palabras.

En principio, el CC puede ir colocado en posición libre dentro de la oración, en tanto que los complementos verbales (CD y CI) necesitan estar generalmente adyacentes al verbo, según se ha visto por los cuadros estadísticos presentados anteriormente acerca de su colocación con respecto al verbo.

Blinkenberg concibe la transitividad como un fenómeno de orden al mismo tiempo semántico y sintáctico. La transitividad proviene, en el plano semántico, de su sentido incompleto, que sólo puede ser completado con la adición de un suplemento de información. En el plano sintáctico, este suplemento se presenta bajo la forma de un complemento unido al primero por una relación de determinación.

Ferdinand Brunot propone un criterio interesante para la distinción del complemento de objeto: la conmutación de «verbo + complemento de objeto» por un «sustantivo + complemento determinativo»; por ejemplo:

> // levantó / el antifaz / un segundo, / ante los ojos enfebrecidos del estudiante /. (O-4-9.)

➞ el levantamiento del antifaz...

> // la danza de las estrellas / ¿no evoca / en ritmos, pasos y figuras / alguno de los esquemas predilectos del barroquismo //. (O-42-12.)

➞ // la evocación de los esquemas...

Consideramos acertado este criterio, si bien habría que probarlo en todos los casos y quizá habría excepciones.

Como conclusión, a nuestro entender, convincente de la cuestión de la transitividad citamos la opinión de Alarcos Llorach: «Se sigue hablando de verbos transitivos y verbos intransitivos como de una distinción gramatical de dichos verbos, cuando en realidad no hay una separación formal entre unos y otros. *Lo que en efecto hay son estructuras diferentes de predicados: unas reducidas a un sólo sintagma, otras en que el núcleo del predicado —el sintagma llamado verbo— va acompañado de ciertos términos adyacentes.* La separación de verbos transitivos e intransitivos se basa en una confusión del nivel en que se practica el análisis: no es la función gramatical del verbo, la oracional, la que exige la presencia o la ausencia de términos adyacentes, sino el valor semántico de su signo léxico el que exige o no delimitaciones de tipo semántico». Y añade: «Si carece de sentido decir que tal verbo es transitivo o intransitivo, cabe afirmar que tal predicado es complejo o simple [52].

1.4.3. *Distribución de ordenamientos atributivos y ordenamientos predicativos en el corpus.*

Apoyándolos en esto vamos a clasificar los ordenamientos por la estructura de su predicado [53]:

1. Atributivos — $V + A$ [54]
2. Predicativos simples — V
3. Predicativos complejos — $V + CD$
   $V + CI$
   $V + CD + CI$

Presentamos a continuación la distribución y frecuencia de estas clases en el corpus analizado:

1. SINTAXIS ORACION

DISTRIBUCION DE LOS ORDENAMIENTOS SEGUN SU CLASE ESTRUCTURAL

	Marías	D'Ors	Corpus total
Ordenamientos atributivos	164	90	254
Ordenamientos predicativos simples	100	130	230
Ordenamientos predicativos complejos	263	267	530

CORPUS DE MARIAS

Ordenamientos atributivos	164	31 %
Ordenamientos predicativos simples	100	19 %
Ordenamientos predicativos complejos	263	50 %
TOTAL ORDENAMIENTOS	527	100 %

CORPUS DE D'ORS

Ordenamientos atributivos	90	18,5 %
Ordenamientos predicativos simples	130	26,7 %
Ordenamientos predicativos complejos	267	54,8 %
TOTAL ORDENAMIENTOS	487	100 %

CORPUS TOTAL

Ordenamientos atributivos	254	25 %
Ordenamientos predicativos simples	230	22,7 %
Ordenamientos predicativos complejos	530	52,3 %
TOTAL ORDENAMIENTOS	1.014	100 %

Si comparamos la distribución de Marías y D'Ors vemos la destacable diferencia entre 31 % de ordenamientos atributivos de Marías y sólo 18,5 % de D'Ors. Los ordenamientos predicativos simples, en contraste representan 26,7 % en D'Ors y en Marías sólo 19 %. La estructura atributiva es más del gusto de Marías. Entre la oración // Juan / habla / mucho // y la oración // Juan / es / muy hablador // la equivalencia de contenido es casi total y en esta posibilidad de elección que presenta la lengua se centran muchas de las diferencias de estilo.

A partir de los datos del corpus total podemos afirmar que la frecuencia media de las oraciones predicativas complejas en la lengua escrita española es de 52,3 %, es decir, algo más de la mitad. La otra mitad está representada casi a partes iguales por las predicativas simples y las atributivas.

1.5. Procedimientos sintácticos fundamentales de la oración española

El inventario de procedimientos sintácticos que emplean las lenguas para marcar la estructura de la oración es, en cierto modo, común; las lenguas difieren por la importancia relativa que se asigna a los diversos procedimientos y las características que adoptan en cada lengua.

Entre los diferentes mecanismos que ponen en funcionamiento la oración española y configuran sus estructuras sintácticas, y en los cuales hemos basado la segmentación de nuestro corpus, están los siguientes:

1. Concordancia.
2. Orden de palabras.
3. Partículas funcionales, índices de alargamientos, de transformaciones, de recciones y de sustituciones.
4. Pertenencia a una categoría gramatical.
5. Elementos suprasegmentales.

Otros procedimientos sintácticos que aparecen en diferentes lenguas no aparecen en español.

Por otro lado, un mismo fenómeno como la concordancia puede tener realizaciones específicas en cada lengua, así el bantú, en la que ciertas marcas de sujeto se repiten en todas las palabras de la frase. Hay casos como el inglés de escasa concordancia y casos como el latín donde estaba muy desarrollada, realizándose en tres categorías: género, número y caso.

1.5.1. *La concordancia en español.*—Ya Bello la definía como «la armonía que deben guardar entre sí el adjetivo con el sustantivo y el verbo con el sujeto» [55]. Su definición no alude a las implicaciones sintácticas de este mecanismo formal dentro de la lengua española, ya que no todo sustantivo que aparece en la oración concierta con el verbo y por tanto, nos parece una definición ambigua.

En el *Esbozo de una nueva Gramática de la Real Academia* se señala: «la concordancia es en nuestra lengua la igualdad de género y número entre adjetivo o artículo y sustantivo, y la igualdad de número y persona entre el verbo y su sujeto» (pág. 386). En esta definición, aparte de señalarse ya la relación sintáctica verbo-sujeto, se indica el tipo concreto de coincidencia formal. Sin embargo, consideramos que sigue siendo incompleta por no precisar que el artículo y el adjetivo que concuerdan con el nombre deben pertenecer al mismo sintagma nominal, o bien, en el caso de la concordancia sustantivo-adjetivo, puede ser de diferente sintagma en el caso de desempeñar la función sujeto el sustantivo y la función atributo el adjetivo. Por tanto, la concordancia puede ser o bien índice de función sintáctica o bien índice de unidad sintagmática.

1.5.1.1. *En la oración:* La concordancia entre dos segmentos oracionales como índice de función sintáctica presenta en español dos casos: la concordancia básica en la oración, la predicativa, la que configura la única relación oracional necesaria: *sujeto-verbo,* a la cual aludimos en los capítulos dedicados a estas dos funciones, y la concordancia típica de las oraciones atributivas que se establece entre *sujeto-atributo,* con la restricción formal de que el atributo sea un sintagma adjetival (SA). Esta concordancia puede tener como variante *complemento del verbo* (CD, CI)-*atributo* en oraciones cuya estructura es una mezcla de la atributiva y la predicativa.

1.5.1.2. *En el sintagma:* La concordancia entre los elementos constituyentes de un mismo sintagma nominal presenta en español las relaciones *nombre-determinantes* y las relaciones *nombre-atribuciones.* Es preciso dejar bien claro que esta concordancia sólo es necesaria en las estructuraciones homogéneas del SN, pues en el caso de alargamiento, ya sea por determinación, coordinación o complementación, los nuevos constituyentes no tienen relación sintagmática intrínseca:

1. / todas las casas blancas / —SN.
2. / las casas blancas de mi pueblo / —SN − 1.
3. / las casas blancas, alegría de los cortijos / —SN − 2.
4. / las casas blancas, que tú viste / —SN − 2.
5. / las casas blancas y los geranios / —SN − ∅.

Los cinco segmentos propuestos son sintagmas nominales pero sólo en el 1 la concordancia se da entre todos los elementos, mientras que en los demás no aparece más que en el núcleo formado por nombre, determinantes y atribuciones, pero no en los diferentes alargamientos, los cuales van marcados a su vez por procedimientos sintácticos que más adelante exponemos. En cuanto a la estructuración del SN, véase nuestro capítulo dedicado al Sujeto.

Ambas formas de concordancia son decisivas a la hora de buscar una marca formal que sustente el análisis; la concordancia 1 sirve para la identificación del segmento sujeto, y del segmento atributo, y la concordancia 2 para la identificación sintagmática del grupo nominal, o lo que es lo mismo como índice de que tienen la misma función sintáctica todos los elementos que forman dicho segmento.

1.5.2. *Orden de palabras en español.*—Señala Adrados que el orden de palabras como marca relacional «tiene mayor importancia cuanto menor es la complejidad morfológica de las lenguas y sus recursos flexionales; así, en chino o inglés. Si es mayor, el orden de palabras tiende a convertirse en redundante y se llega a prescindir de él para el uso gramatical: hay un orden de palabras habitual, pero no obligatorio, y su distorsión tiene valor estilístico, subrayando conexiones marcadas ya de otro modo» [56].

En este sentido, Gleason apunta que «a veces se ha dicho que, debido al sistema flexional muy desarrollado del latín, el orden de palabras no era importante. Es una exageración vulgar. En todas las lenguas el orden de palabras tiene importantes funciones sintácticas. Todas las lenguas tienen casos definidos de un orden de palabras rígidamente determinadas y de un orden de palabras con alguna libertad igualmente definida. Todo lo más que se puede decir es que en latín el orden de palabras es un procedimiento sintáctico menos importante que en inglés» [57].

En lo que respecta al español podemos enfrentarnos a la descripción de este mecanismo sintáctico que es el orden de palabras haciendo una diferenciación de dos niveles:

1. Orden de los elementos oracionales.
2. Orden de los elementos sintagmáticos.

1.5.2.1. *Orden de los elementos oracionales.*—El esquema sintáctico habitual del español es:

S V
S V CD CI - SV CI CD
S V CD
S V CI
S V A
S V Ag.

Este esquema puede ser variado en las circunstancias que hemos presentado dentro del estudio de la sintaxis oracional del corpus. El elemento CC no tiene un puesto fijo, sino que puede ir en cualquier posición.

Así pues, si el máximo grado de libertad lo presenta el CC, le sigue en libertad el sujeto y el verbo, así como el atributo y el complemento indirecto. Por último, es el CD el menos libre en su posición. La causa de esta mayor o menor libertad está precisamente en el hecho de que si existe una marca formal de que un determinado segmento desempeña una determinada función y no puede presentarse ambigüedad en la comprensión del mensaje oracional, el procedimiento orden de palabras fijo para señalar una función será redundante, y no necesario. Así, la concordancia en número y persona del sujeto con el verbo hace del sujeto un elemento fácilmente identificable y el orden de palabras no es preciso como índice funcional, de ahí su libertad de situación con respecto al verbo en español. En cambio el CD, al estar representado generalmente por un simple SN que no concuerda con ningún elemento oracional podría confundirse con otro segmento que como el sujeto sea realizado por un SN, y necesita un rasgo distintivo que puede ser el orden de palabras. A este respecto es interesante destacar la opinión de Alarcos, el cual considera que la preposición *a* que lleva el llamado acusativo de persona en español tiene como finalidad sintáctica importante el deshacer la ambigüedad mediante la indicación explícita de cual de los dos sintagmas nominales no es sujeto en el caso de que tanto el sujeto como el objeto representen seres capaces de actividad [58].

Gili Gaya señala cómo «el complemento directo no puede ir antes del sujeto, si uno y otro pueden confundirse entre sí. Si la confusión es posible, el sujeto va necesariamente antes. Para que el cambio pueda producirse es necesario que los complementos directos vayan precedidos de la preposición «a». En este caso podremos invertir el orden sin alterar la función sintáctica. Gracias a este recurso —añade— la lengua española ha podido conservar una libertad de construcción poco común en las lenguas modernas» [59].

Los CI y los CC gozan de gran libertad de colocación por ir acompañados de preposiciones que les caracterizan.

En cuanto a la colocación Sujeto-Verbo ya hemos visto estadísticamente que es más frecuente que la inversa Verbo-Sujeto. De igual modo hemos presentado la función atributo como libre de ser colocada en cualquier lugar, con la única restricción de que el verbo copulativo no puede terminar una oración. El Ag. por llevar obligatoriamente un índice preposicional en su estructura tiene libertad de colocación; sin embargo, habitualmente va al lado del participio del verbo en pasiva al que complementa.

1.5.2.2. *Orden de los elementos sintagmáticos*.—El orden de los elementos componentes de un sintagma es mucho más rígido que el de los elementos oracionales.

SN.—En lo que respecta al sintagma nominal, los determinantes o presentadores, ya sean actualizadores (artículo, demostrativo, posesivo) o extensivos (indefinidos) o numerales, deben preceder al núcleo del mismo, es decir, al sustantivo. El orden de colocación de los mismos es así:

Extensivos + *Actualizadores* + *Numerales* + *Nombre*

todos muchos de	mis estos los	dos cuatro	libros

Cuando aparecen dos actualizadores el artículo antecede al nombre; el posesivo y el demostrativo pueden ir antes o después: / el libro mío / , / el libro éste / , / mi libro aquél / , / este libro mío /. Es totalmente agramatical un sintagma como * «árboles mis todos» o * «mis todos árboles».

En el caso de las atribuciones pueden ir antes o después del nombre, según una serie de restricciones semánticas que invalidan sintagmas como «mi azul gato», pero permiten «la hermosa luna».

Los alargamientos del sintagma nominal, ya sean las determinaciones, las complementaciones o coordinaciones van tras del núcleo sintagmático. Solamente en el caso de las determinaciones la existencia de un índice preposicional permite en ocasiones libertades expresivas como en el famoso hipérbaton de Bécquer «del salón en el ángulo oscuro». Encontramos en el corpus analizado sintagmas nominales en los cuales se inserta un segmento oracional entre el núcleo y los alargamientos por determinación, es decir, elementos sintácticos y discontinuos, como por ejemplo:

// Sólo esto / explica / *el repentino florecimiento* / en los últimos cinco o seis años / *de un curioso entusiasmo* por el «análisis lingüístico», «el positivismo lógico», el... //. (M-385-56.)
// *Nada* / aquí / según puede verse / *del consabido flechazo* //. (O-6-9.)

SV.—Los constituyentes del sintagma verbal: enclíticos, auxiliares y núcleo léxico guardan también un orden estricto: no es posible un * «ido había se», en la lengua actual, ni tampoco * «ir iba a». Los enclíticos se colocan antes del núcleo, excepto tras el imperativo y tras el infinitivo. Los auxiliares van ante el participio, el infinitivo o el gerundio.

SP.—La preposición es el introductor.

SA.—El adjetivo puede llevar modificándole adverbios que se anteponen o determinaciones que se posponen.

S. Adv.—El adverbio es el núcleo que puede ir modificado por otros constituyentes, como presentamos en el capítulo dedicado al complemento circunstancial: otro adverbio, un SP que se le pospone o un SN, también pospuesto.

1.5.3. *Las Partículas funcionales como índices de reducciones, alargamientos, transformaciones y recciones.*—Como afirma Isacênko existen tres operaciones que modifican las frases modelos o construcciones sintácticas elementales de una lengua: la reducción, el alargamiento y la transformación [60].

La *reducción* o elipsis es un rasgo típico de la comunicación oral y familiar. Pero la elipsis no es simplemente la supresión de un elemento de la frase explícita, sino que está determinada por reglas precisas. El sujeto puede ir elíptico en múltiples ocasiones, en que no sólo el morfema de persona del verbo hace referencia a él, sino también el contexto. En otro lugar de nuestra investigación presentamos datos concretos de la aparición de este fenómeno en el corpus. El verbo puede ir elíptico en circunstancias que explicitamos en el capítulo dedicado al estudio de dicha función sintáctica. Existe una oposición entre la elisión del sujeto y la elisión del verbo: la elisión del sujeto va indicada por una representación gramatical formal y la elisión del verbo por una representación semántica del contexto. «En las llamadas oraciones impersonales hay un sujeto gramatical («tercera persona»), pero no hay posibilidad de sujeto léxico», señala Alarcos [61].

Asimismo, es preciso considerar como el resultado de una reducción sintáctica todas las formas de *pronominalización,* o sustitución de un segmento oracional, o incluso una oración completa, por una partícula funcional. Los sustitutos pueden ir en lugar de un sintagma nominal:

// Si conocemos Poetas Malditos / podemos / igualmente / encontrar esa nota de maldición / en *otros artistas*, en *otros creadores intelectuales* //. La fatalidad de un equívoco / los / persigue / de siglo en siglo //. (O-58 y 59-17.)

También puede haber sustitutos de sintagmas preposicionales: «así» ← «de esta manera», «entonces» - «en ese momento», «en ese caso», «allí» ← «en ese lugar», etc.

El pronombre neutro *lo* puede sustituir a una oración completa. El artículo tiene capacidad de sustituto, al igual que los pronombres.

Entre los *alargamientos* podemos hallar dos tipos:

a) *Alargamientos oracionales:* Un enunciado puede estar formado por dos o más oraciones coordinadas por una partícula funcional, como por ejemplo en:

// El liberalismo individualista / es / ciertamente / un error, // *pero* / le / viene / de su adjetivo: es el individualismo —liberal o no— el que es un error // y / su fracaso / no puede arrastrar / al liberalismo /. (M-211-32.)

b) *Alargamientos sintagmáticos:* Dentro del sintagma nominal puede haber alargamientos por coordinación: / el día y la noche /; igualmente en el sintagma verbal: / no puede ir ni venir /. Una partícula funcional puede alargar por determinación un SN: / el día de San Juan / , o bien por complementación: / el día que tú quieras /. En el caso de la complementación del SN se trata de un alargamiento, ciertamente, pero se realiza la *transformación* de una oración en mero constituyente de un segmento oracional. En las llamadas tradicionalmente oraciones de relativo, el elemento funcional *que* «transpone la oración al nivel inferior de término adyacente en un grupo nominal, confiriéndole la función que desempeña normalmente el adjetivo» [62]. Igualmente, en el caso de la determinación, se transforma un sintagma nominal en simple elemento adyacente del SN principal.

La transformación de una oración en un simple segmento oracional en función de S, CC, CD, CI, o atributo se realiza mediante una serie de partículas que se han venido llamando conjunciones de subordinación. El análisis sintáctico tradicional de la oración compuesta en oración principal y oraciones subordinadas conlleva varios errores, pues al prescindir de los segmentos realizados por oraciones quedaba la principal sin ningún sentido; por ejemplo: //*Añadamos,* / para demostrar que el peso de semejantes maldiciones no cae exclusivamente sobre un sector literario, / que pareja injusticia de la suerte ha caído sobre Boileau //. En este ordenamiento hay tres segmentos, cuya función es respectivamente: V-CC-CD. Pues bien, en el análisis logicista tradicional se diría que hay tres oraciones, una principal: // añadamos //, y dos subordinadas. Pero / añadamos / es un simple segmento que carece de sentido oracional completo. En realidad, insistimos, hay una sola oración u ordenamiento sintáctico cuyos segmentos CC y CD tienen como realización una oración transformada en simple elemento componente de la oración.

Para la transformación de una oración en función sujeto puede emplearse la partícula funcional *que*, igual que para el CD. En el caso del CI es preciso que se anteponga una preposición a dicha partícula (// pienso / en que mañana volverá //).

La transformación de una oración en un segmento cuya función es CC tiene una gama muy variada de partículas de acuerdo con los contenidos semánticos que se quieran expresar: cuando, donde, como, porque, etc. [63].

Así pues, el tradicional término de subordinación debemos sustituirlo por el de transformación o transposición.

Guiraud dice en este sentido que la subordinación, en realidad, no es más que una forma de la transformación, o sea, la operación que afectando a una categoría gramatical con marcas de otra categoría le permite asumir sus valores y funciones. La proposición que es verbal —porque el verbo es el nudo de la proposición predicativa y el signo que atribuye el predicado al sujeto, uniéndolos— queda traspuesta a la categoría de sustantivo, de adjetivo o de adverbio [64].

El término *rección* equivale a relación necesaria que liga entre sí a dos palabras, de tal modo que una depende gramaticalmente de la otra. En español es interesante, a nivel sintáctico, sobre todo la rección preposicional. La relación prepositiva se establece entre un elemento sintáctico cualquiera y su complemento. Un mayor grado de restricción formal la representa la rección del verbo y la rección del adjetivo: no se podrá decir en español * // pensar a tu familia //, sino // pensar en tu familia //, del mismo modo que no se podrá decir * / difícil a hacer /, sino / difícil de hacer /.

Las gramáticas antiguas, señala Gili Gaya, decían que el elemento inicial *rige* determinada preposición. Con este pensamiento se daban reglas, más o menos inspiradas en la gramática latina, a fin de saber cuáles son las preposiciones que rigen determinados grupos de verbos y adjetivos según su significado. Tales reglas estaban llenas de excepciones y mostraban a menudo contradicciones que las hacían prácticamente inútiles [65]. La Academia Española, desde la edición de 1917, ha dejado de hablar en su gramática de régimen de las preposiciones, y da una lista bastante extensa de palabras que se construyen con preposición.

Si bien a nivel sintagmático hay varios tipos importantes de rección, a nivel sintáctico, es decir de estructuras oracionales, es sumamente importante la rección preposicional de algunos verbos que no pueden llevar un CD sino CI, como en: / me acuerdo de aquella casa /, en contraste con otros que llevan como complemento verbal de objeto un CD, como en / recuerdo una casa / [66].

1.5.4. *Pertenencia a una categoría gramatical.*—La clase a la que pertenece una palabra puede deducirse de su función, cuando ésta está marcada específicamente. Por ejemplo, el lexema / francés / será adjetivo en la oración: // mi amigo / es / francés //, pues su función de atributo así lo confirma, pero será nombre en la oración: // el francés / se habla / en Canadá //, ya que su función de sujeto así lo exige.

Del mismo modo, la función que desempeña un segmento puede deducirse de la categoría gramatical a la que pertenezca. Así, un adverbio que no vaya modificando un adjetivo de un grupo nominal, es decir, que constituya en sí mismo un segmento oracional, será un complemento circunstancial en español. Una forma verbal personal que constituya en sí misma un segmento desempeñará la función verbo, es decir, núcleo del predicado. Un adjetivo que constituya un segmento oracional será un atributo. En cuanto al resto de las categorías gramaticales pueden variar en su función dependiendo de mecanismos de cualquiera de los tipos a que nos estamos refiriendo: tanto el nombre como el pronombre pueden desempeñar la función de sujeto y de complemento directo, así como de complemento indirecto o circunstancial si va precedido de partícula funcional.

1.5.5. *Elementos suprasegmentales.*—La pausa puede ser índice de varios fenómenos sintácticos como, por ejemplo, la complementación del sintagma nominal, llamada aposición, como vemos en el capítulo dedicado a aspectos de relación entre sintaxis y prosodia.

La transformación de una oración en segmento oracional en función S o CD que puede realizarse por una partícula funcional, puede realizarse asimismo por una pausa en el caso del estilo directo.

Asimismo, los suprasegmentos pueden ser indicio de coordinación entre ordenamientos, los cuales van representados por los grafemas de puntuación. Véanse al respecto los capítulos dedicados a «Elementos de concatenación» y a «Entonación y sintaxis».

NOTAS

[1] Cf. *Über die Verschiedenheit des menschlichen Sprachbaus*, pág. 75.
[2] Véase a este respecto la obra de Chomsky, *Lingüística cartesiana*, y la reciente edición de la *Gramática general*, de De Beauzée.
[3] H. Paul, *Prinzipien der Sprachgeschichte*, Halle, 1909, pág. 121 (Trad. de Juan Luis Picardo en *El concepto de «oración»*, págs. 13-14).
[4] Cf. *Teoría del lenguaje*, pág. 404.
[5] Cf. *Revista de la Facultad de Humanidades y Ciencias de Montevideo*, XIII, 1954, pág. 139.
[6] Cf. *The distinction of «Speech and Language»*, pág. 208.
[7] Cf. *Structurale Syntaxis*, pág. 13.
[8] Cf. *Principes de grammaire générale*, pág. 33.
[9] Cf. *The Philosophy of Grammar*, pág. 305.
[10] Cf. Meillet, *Introduction à l'étude comparée des langues indo-européennes*, pág. 355.
[11] Cf. *Le Langage*, pág. 161.
[12] Cf. pág. 378.

[13] Cf. *Curso de lingüística general*, pág. 209.
[14] Cf. *Curso superior de sintaxis española*, págs. 15-23.
[15] Cf. *Gramática castellana*, págs. 28-29.
[16] Cf. *Manual de Gramática española*, pág. 5.
[17] Cf. *Principes de grammaire générale*, pág. 28.
[18] Cf. *Essai de Grammaire Psychologique*, pág. 152.
[19] En Jespersen aparece la diferenciación entre: «Sentence» y «nexus». Véase en este capítulo lo referente a la definición que Jespersen da de oración.
[20] Corbeil en su libro *Les structures syntaxiques du français moderne* prefiere los términos «enoncé» y «arrangement», por considerar el término «proposition» con una carga tradicional poco propicia a una descripción explícita y rigurosa.
[21] Cf. *Presentación a la lingüística*, pág. 60.
[22] Cf. pág. 198.
[23] Cf. *Introducción a la Gramática*, pág. 341.
[24] Cf. pág. 351.

[25] Cf. *Introducción a la Gramática*, pág. 353.
[26] En este enunciado los tres últimos ordenamientos llevan elíptico el verbo «*fue*».
[27] Cf. *Méthodologie grammaticale*, pág. 101.
[28] Cf. Dubois, J., y Lagane, R.: *La nouvelle grammaire du français*, pág. 17.
[29] Cf. *Gramática castellana*, pág. 126.
[30] Cf. Ducrot, O., y Todorov, Tz.: *Dictionnaire encyclopédique des sciences du langage*, pág. 270.
[31] Cf. *Hacia una sintaxis funcional*, pág. 73.
[32] Cf. *Prolégomènes à une théorie du langage*, pág. 53.
[33] Cf. *Some Fundamental Insights of Tagmemics*, pág. 65.
[34] Cf. *Elèments de lingüistique descriptive*, pág. 125.
[35] Cf. *Eléments de Syntaxe structurale*, capítulo 25.
[36] Cf. *Aspectos de la teoría de la sintaxis*, págs. 68-70.
[37] Véase en el capítulo que dedicamos al circunstante (elemento CC) la realización SN.
[38] Cf. *El lenguaje desde el punto de vista funcional*, pág. 73.
[39] Cf. *Les structures syntaxiques du français moderne*, pág. 13.
[40] Cf. «Le problème des niveaux dans l'analyse syntaxique», *Actes du X⁰ Congrès International des Linguistes*, pág. 726.
[41] La elipsis puede ser situacional o gramatical. En este caso de sujeto elíptico se trata de elipsis gramatical.
[42] Cf. *Gramática de la Real Academia*, pág. 198.
[43] La relación atributo-complemento directo es menos importante por su escasa representación.
[44] Para una mayor comprensión de todos estos conceptos, véase Ch. Muller: *Estadística lingüística*, págs. 84-96.
[45] Cf. pág. 354.
[46] Cf. *La oración y sus partes*, pág. 50.
[47] Cf. *Curso superior de sintaxis española*, pág. 38.
[48] Cf. Dubois, J.: *Eléments de linguistique française: la syntaxe*, pág. 133.
[49] Cf. Alarcos: *Estudios de Gramática funcional del español*, pág. 120.
[50] Cf. *Estudios de Gramática funcional del español*, pág. 124.
[51] Cf. *Le problème de la transitivité en français moderne*, pág. 12.
[52] Op. cit., págs. 110-112.
[53] El sujeto y el complemento circunstancial por no pertenecer al grupo verbal no los consideramos.
[54] Como ya hemos dicho antes, también consideramos atributivos los predicados constituidos por V + Ag.
[55] Cf. *Gramática castellana*, pág. 215.
[56] Cf. *Lingüística estructural*, pág. 363.
[57] Cf. *Introducción a la lingüística descriptiva*, pág. 229.
[58] Cf. op. cit., pág. 115.

1. SINTAXIS ORACION 69

[59] Cf. op. cit., pág. 76.
[60] Cf. «Les structures syntaxiques fondamentales et leur enseignement». *Les Théories linguistiques et leurs transformations*, pág. 91.
[61] Cf. op. cit., pág. 163.
[62] Cf. Alarcos, op. cit., pág. 193.
[63] Para mayor información sobre este asunto, véase el capítulo del «Complemento circunstancial».
[64] Cf. *Sintaxis del francés*, pág. 76.
[65] Cf. Op. cit., pág. 222.
[66] Véase el capítulo CI en el apartado dedicado a CI-3.

Capítulo 2

2. EL SUJETO

2.1. Concepto de sujeto

Hay un principio fundamental [1] en la gramática tradicional que se halla también en gran parte de la teoría sintáctica moderna: toda frase declarativa simple está compuesta de dos constituyentes principales obligatorios, un sujeto y un predicado: además puede llevar uno o varios elementos adjuntos. El sujeto y el predicado forman el núcleo de la frase y son por lo tanto constituyentes nucleares.

Sin embargo, la distinción entre sujeto y predicado no es clara y universalmente aplicable más que en las frases cuyo núcleo consiste en una sola expresión nominal y un predicado compuesto únicamente por una forma verbal.

Desde la época de Platón la definición de nombre ha sido estrechamente ligada a la función de sujeto, así como la de verbo lo ha sido a la de predicado. Sapir repitió el punto de vista tradicional cuando dijo: «Hay necesariamente una cosa de la que se habla y una cosa que se dice a propósito de este sujeto del discurso (...). El sujeto del discurso es un nombre (...). Todas las lenguas establecen una cierta distinción entre el nombre y el verbo, aunque la naturaleza de esta distinción pueda ser imperceptible en ciertos casos» [2].

Son numerosas las definiciones de sujeto que han sido presentadas por diferentes gramáticos. En terminología de Hockett, se llama *tópico* a la persona o la cosa de la que se dice algo, y *comentario* a lo que se dice de esta persona o de esta cosa.

La gramática tradicional definía el sujeto como aquel que realiza o soporta la acción expresada por el verbo. Es legítimo considerar que un proceso comprende naturalmente un participante que actúa, que sufre, o que está en un estado: todo ello colocándose en un plano que podemos llamar lógico. Siempre dentro de una visión logicista, la tradición completó esta definición de sujeto con las nociones de sujeto real y sujeto aparente; en los verbos impersonales como *hay* dentro de la frase «hay libros», el sujeto real parece ser *libros*, aunque aparentemente lo sea un morfema de 3.ª persona de sg. Se ve pronto el inconveniente de todos estos conceptos en los que se toma un criterio a nivel del significado. Si este criterio fuera riguroso podría juzgarse esta definición como perfectamente válida, pero en el marco de un estudio lógico-lingüístico más que en el de una gramática propiamente dicha, puesto que los criterios gramaticales (sintácticos y morfológicos) no se toman como pertinentes.

En algunas frases, como las pasivas, el sujeto lógico no es el mismo que el gramatical. Esta diferencia terminológica entre sujeto gramatical y sujeto lógico fue adaptada por Chomsky, para el cual la relación *tópico-comentario* es la relación gramatical fundamental de la estructura de superficie que corresponde, en líneas generales, a la relación fundamental sujeto-predicado de la estructura profunda.

No hemos de extrañarnos, después de esto, de la gran diversidad de funciones gramaticales que pueden desempeñar palabras reconocidas como agentes, asientos o pacientes del proceso.

Sí, analizando la estructura del enunciado mínimo, se opera según un criterio de necesidad no lógico sino lingüístico, se puede discernir un término sustantival indispensable en la realización de este enunciado por asociación con otro término dotado de caracteres morfológicos diferentes (el «verbo») y se tiene en esto la base de otra definición de sujeto que puede considerarse más rigurosa que las precedentes en la medida en que se funda en un esquema lingüístico formal familiar a todos los hablantes. El enunciado mínimo se deduce de un enunciado cualquiera por eliminación de los términos no indispensables lingüísticamente, es decir, que no sustentan básicamente la comunicación y sin los cuales ésta sigue existiendo.

Con algunos verbos como «ser», «llegar a ser» y otros, el enunciado mínimo no puede comprender menos de tres términos, de los cuales dos pueden ser sustantivales:

// La casa / es / blanca //.

// Juan / llegó a ser / director de la empresa //.

Si prescindimos de cualquiera de estos tres segmentos quedan vacíos de contenido estos enunciados. Por esto se puede decir que en ciertos casos el criterio de necesidad es ambiguo.

Dentro de este criterio esencialmente lingüístico, la lingüística moderna define el sujeto como la función gramatical del sintagma nominal que aparece en una frase de base compuesta de la secuencia: SN + SV. Esta frase de base presenta la fórmula siguiente:

$$P \rightarrow SN + SV$$

y puede ser representada por el árbol

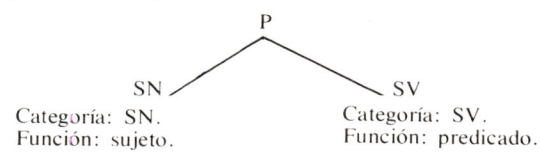

```
           P
          / \
        SN   SV
```

Categoría: SN. Categoría: SV.
Función: sujeto. Función: predicado.

2. EL SUJETO

En gramática generativa se distingue al sujeto de la frase de la estructura profunda del sujeto de la frase de la estructura derivada, que en ocasiones son diferentes, como en el caso de la transformación pasiva, en la que la noción de sujeto y de agente quedan delimitadas. Las funciones de sujeto y predicado se definen únicamente por las relaciones gramaticales tal como vienen dadas por el orden de constituyentes de la fórmula de formación del árbol: P --→ SN + SV.

Esto no implica ausencia de relación entre la sustancia semántica y la sustancia sintáctica, sino que falta aún definir esta relación.

El orden de constituyentes que para el inglés, por ejemplo, es suficiente a la hora de identificar el sujeto, en español no lo es dada la libertad de que gozan los distintos elementos de la frase, y en especial el sujeto, como veremos luego.

2.2. Rasgos sintácticos del sujeto

2.2.1. *Características sintácticas del segmento S:*

2.2.1.1. En nuestra opinión, es la *concordancia en número y persona entre el sujeto y el verbo,* marca formal dada por la lengua misma, el principal rasgo sintáctico que distingue la función sujeto de las otras funciones sintácticas. Y decimos función sintáctica porque la función semántica de actante o agente —persona o cosa que realiza la acción— puede ser realizada dentro de un sintagma nominal. Por ejemplo, en / la definición de Newton / el actante es / de Newton /, pero desde el punto de vista sintáctico no puede ser sujeto nunca un sintagma como / de Newton /. Igualmente sucede con / la marcha *de las tropas* / o / las lecturas *de mi padre* /; / de las tropas / y / de mi padre / son agentes pero no sujetos sintácticos, pues están realizados a nivel de sintagma no a nivel de oración.

Así pues, *llamaremos sujeto al segmento que dentro del enunciado confiere al verbo sus marcas de persona y de número,* o, como decían los gramáticos antiguos, el sustantivo que rige al verbo.

2.2.1.2. El sujeto es un *segmento necesario dentro de la oración,* en oposición a otras funciones que no son necesarias, sino facultativas.

Es evidente que gran número de ordenamientos no llevan expreso el sujeto. Remitimos a nuestro análisis estadístico del Capítulo I, en el que puede verse la frecuencia de sujeto expreso y de sujeto elíptico, y la distribución de ambos. En los casos de sujeto elíptico será el morfema verbal de persona el que nos sirva, a nivel formal, de referencia de la función sujeto.

Esta necesidad de marca viene dada por la necesidad de existencia del sujeto en todo enunciado. Sujeto y verbo no son funciones facultativas, sino obligatorias dentro de un ordenamiento. A continuación, presentamos casos de sujeto elíptico o elidido, solamente deducible de la forma verbal que subrayamos:

> // ... pero / *temo* / que está sobreviniendo a España una nueva ola de politicismo, quiero decir, de anteposición de lo político —con una visera coloreada entre los ojos— a toda otra consideración //. (M-7-8.)
> // *Podríamos decir* /, para ser breves /, que en la España de 1965 hay multitudes apolíticas y grupos impregnados de agudo politicismo, precisamente porque lo que no hay es política //. (M-11-8.)
> // ... *hablo* / del Estado en su verdadera función, no de la mera usurpación de sus funciones por un poder más o menos arbitrario //. (M-35-12.)
> // *He usado* / una expresión que debiera ser aclarada //. (M-39-12.)

2.2.1.3. *Lugar de aparición del sujeto en el ordenamiento*.—Aunque es más abundante la posición del sujeto antes del verbo [3]; sin embargo, también se dan muchos casos de posición de S tras de V. Presentamos a continuación algunos de los ordenamientos en que aparece *S inmediatamente antes que V:*

> // *El efecto* / es / aún más intenso / sobre Hispanoamérica, que depende mucho más de lo que se dice de lo que pasa en España y de la imagen que España tiene de sí misma //. (M-15-9.)
> // Si se pudieran determinar con precisión las consecuencias americanas de los últimos treinta años de historia española, / *los hispanoamericanos* / tendrían / una sorpresa formidable //. (M-16-9.)
> // *La vacilación y la oscuridad de las opiniones sobre España, dentro y fuera de ella* /, proceden / de muchas causas, la mayoría de las cuales convergen en una: la confusión entre el Estado y la Sociedad //. (M-17-9.)
> // *Los atributos con los cuales se presenta el Estado* / podrían resumirse / así: unidad, homogeneidad unánime, ausencia de toda discrepancia, inmovilidad //. (M-22-10.)

S inmediatamente después de V:

> // Es / *la sociedad* / la que decide mediante sus fuerzas sociales articularse en grupos y movimientos //. (M-30-11.)
> // Pero / aquí / se esconde / *otro riesgo no despreciable*, y del que son incontables los ejemplos en el mundo actual //. (M-58-15.)
> // Hace un instante / tenía / *yo* / el mirar absorto / por el abanico de una palmera, que abanicaba con gracia femenina //. (O-181-32.)
> // ¿Se limita / *su alcance* / a la suma de las mujeres del pasado, del presente, del porvenir? //. (O-146-28.)

2.2.2. *Problemas de segmentación*.—En ocasiones, el utilizar solamente el criterio de concordancia con el verbo a la hora de determinar qué segmento realiza la función de sujeto origina varios problemas.

Un criterio esencial para evitar las posibles ambigüedades será la conmutación de los factores número y persona en el sujeto para tratar de saber si el verbo necesita también la conmutación. Por ejemplo, en una oración como: //Un día /, la estrella / sale / a las ocho //, encontramos dos sintagmas nominales con el mismo número (singular) y la misma persona (no-marcada, tercera), a saber / un día / y / la estrella /. Si lle-

2. EL SUJETO

vamos a cabo una variación del número de un sintagma nominal: «un día →unos días», no varía el número del verbo por exigirlo el sentido, y la oración queda así: // Unos días /, la estrella / salió / a las ocho //; el verbo queda invariable porque / un día / no es el *sujeto* de la oración, sino un *complemento circunstancial* realizado por un sintagma nominal.

Si, en cambio, conmutamos «la estrella → las estrellas», la oración será: // Un día, / las estrellas / salen / a las ocho // porque el sujeto debe concordar con el verbo.

Con un criterio semántico podemos pronto saber que el sujeto es efectivamente / la estrella /, pues responde a las preguntas «¿Quién sale a las ocho un día?». La estrella; pero no podemos responder a la pregunta: «¿Quién sale a las ocho la estrella?, ya que esta pregunta carece de sentido.

Los criterios apuntados corresponden a planos de análisis diferentes. Una definición del sujeto fundada en el significado podrá permitir que se hable del sujeto de formas impersonales del verbo del tipo de «hay», «conviene», «llueve», etc.; mientras que si se basa la definición en las marcas formales del significante, no es posible hablar de sujeto sintáctico de oraciones como: // hay / muchos pájaros / en el campo //, cuyo verbo «hay» no lleva ningún sintagma nominal (o sustitutivo) que concuerde con él.

El valor semántico del sujeto varía según el tipo de función nodal del verbo. A veces designa quién realiza la acción, otras quién la sufre.

Consideramos preferible el atenerse a un sólo criterio distintivo, observable a nivel lingüístico, y utilizar, para deshacer una posible ambigüedad, una conmutación como la anteriormente presentada. Esta conmutación pondrá en juego la competencia lingüística del hablante que reconocerá como agramatical la siguiente oración: * // un día / las estrellas / sale a las ocho //.

De este modo puede diferenciarse un segmento en función CC de otro en función S, aunque ambos sean realizados por un sintagma nominal.

Ateniéndonos igualmente a un criterio formal, hemos considerado *complemento directo* y no *sujeto* a segmentos, que como / una tiranía, la del Estado / parece ser el sujeto semántico de la siguiente oración: // hay / aquí /una tiranía, la del Estado // (0-249-42), dado que el segmento verbo / hay / no varía al conmutar / una tiranía, la del Estado / unas tiranías, las del Estado / con lo que pasaría a ser: // hay / aquí / unas tiranías, las del Estado //. Por otro lado, el segmento / una tiranía, la del Estado /, que no es sujeto como queda demostrado, puede ser sustituido por un pronombre personal / la /, cuya función es complemento directo, y así queda la oración // la / hay / aquí //. La sustitución por el pronombre complemento no puede realizarse con el sujeto. Así la oración: // los perros / comen / carne // no puede transformarse en: // los / comen carne //.

Otro problema de segmentación puede plantearse para diferenciar un segmento *sujeto* de un segmento *atributo* cuya realización fuera SN. La conmutación del SN por un pronombre personal *lo* será la prueba evidente de que se trata de un atributo y no de un sujeto. A su vez, la imposibilidad de llevar a cabo tal conmutación será la prueba de que se trata de un segmento en función sujeto. En el capítulo que dedicamos al atributo, estudiamos los problemas que en el corpus pueden presentarse para la identificación del atributo y del sujeto en oposición.

2.3. REALIZACIONES SINTAGMÁTICAS DEL SUJETO

Dentro de la función sujeto encontramos variadas realizaciones formales con distribución y frecuencias diferentes:

```
1. S ⟶ SN:
     1 a) S  ⟶ SN homogénea.
     1 b) S ⟶ SN heterogénea.

2. S ⟶ SN - Sust.

3. S ⟶ O:
     3 a) S ⟶ O. de infinitivo.
     3 b) S ⟶ O. introducida por una conjunción.
```

Pasemos a continuación a una descripción de las particularidades que pueden presentarse en cada una de estas tres realizaciones formales del sujeto.

2.3.1. *S ⟶ SN*.—Se puede afirmar con Pottier [4] que un sintagma nominal es la resultante de una doble estructuración: 1. *homogénea,* en la cual los elementos que rodean al sustantivo no presentan ninguna partícula funcional; se trata de un grupo nominal simple. 2. *heterogénea,* en la cual el grupo nominal está alargado mediante partículas demarcadoras.

Vamos a describir, a continuación, las particularidades que cada una de ellas presenta en el corpus analizado.

2.3.1.1. *Los SN de construcción homogénea* están compuestos por: *presentadores, sustantivos* y *atribuciones,* siendo evidentemente èl núcleo esencial el sustantivo en torno al cual aparecen los demás.

Dentro de los presentadores hallamos efectivamente:

    a)   Introductores como: *sólo, sobre todo.* Citemos algunos de los encontrados: / *sólo* esta totalidad / (M-331-49), / *sólo* las soluciones europeas / (M-251-37), / los jóvenes, *sobre todo* / (M-237-35).

2. EL SUJETO

b) Extensivos como: *todos, ciertos, cualquier, ambos,* etc.: / *cualquier* conclusión / (O-50-13), / *Ciertas* pasiones internas / (M-354-52), / *ambos* países / (M-295-42), / *pocas* lecturas / (O-274-45), / *todos* los años / (M-228-35), / *tales* ocasiones / (O-12-10), / *muchos* teóricos / (M-29-11).

c) Actualizadores en número abundantísimo como el demostrativo, el artículo y el posesivo: / *esta* condición / (M-4-7), / *esas* voces / (M-6-8), / *sus* realidades / (M-18-9), / *mi* actitud / (M-20-9), / *la* sociedad / (M-36-12), / *el* politicismo / (M-9-8), etc.

d) Numerales como: *diez, dos,* etc.: / *diez* años / (M-313-47), / las *tres* juntas / (M-316-45), donde vemos actualizador + numeral, etc.

Sin embargo, encontramos casos en que los presentadores pueden no aparecer en SN, como los siguientes: / España / (M-275-40), / Filosofía / (M-381-56), / Ortega / (M-378-55), / Larra / (M-83-17), / peligro / (M-55-15), etc.

Estos SN están constituidos por el sustantivo únicamente, ya que éste es el único elemento imprescindible. Siguiendo al sustantivo en interés y frecuencia de uso se halla el artículo, seguido por el demostrativo y por el posesivo. Por tanto, la estructuración: actualizador + sustantivo es la más rentable en la lengua española.

Encontramos sólo unos pocos SN compuestos de nombre + atribución, pero sin presentador: / *gran* impiedad / (O-317-49), / *medio* siglo / (O-217-38), / triunfo *definitivo* / (O-232-40), / *encantadoras* perspectivas / (O-285-46), / *gran* error / (O-316-49), etc.

La ausencia de presentador en estos SN del corpus de D'Ors nos hacen pensar en el afán cultista de dicho autor, dado que, en lengua, es necesario un presentador y sobre todo los actualizadores (artículo, posesivo, demostrativo) que acompañe al N en función sujeto.

Las atribuciones están representadas por los adjetivos calificativos, antepuestos o pospuestos al nombre y que pueden acumularse en la posición pospuesta: / la *única* defensa efectiva / (M-218-33), / las *grandes* compañías *modernas* / (M-31-11), / la vida *cotidiana española* / (M-149-23), / la creencia *social compacta* / (M-47-13), / los problemas *económicos españoles* / (M-287-4), / un *curioso* tabú / (M-391-57), / el *joven* patricio / (O-320-50), / la *breve* aparición / (O-7-9), / un *ambicioso* designio / (O-321-50), / un *salvador* exorcismo / (O-84-19), / una *gruesa* perla *irregular* / (O-97-21).

En D'Ors encontramos mayor abundancia de atribuciones antepuestas, quizá debido a su más intensificado afán esteticista.

Los adjetivos atributivos pueden ir modificados por un adverbio, como en el caso de: / el problema *más* apremiante / (M-277-40), / unas imágenes *bien* ingenuas / (O-52-13).

Estos adjetivos pueden a su vez ser alargados por complementos, como en: / el pequeño esfuerzo necesario *para buscarlo* /. (M-323-48.)

Sin embargo, este tipo de estructuración la clasificamos en los SN heterogéneos.

2.3.1.2. *S ⟶ SN heterogéneo*.—La construcción heterogénea es un grupo nominal alargado y está señalada por demarcadores. Las principales formas de dicha construcción heterogénea son: *coordinación, determinación* y *complementación* [5]. El número de alargamientos puede ser elevado, pero las posibilidades se hacen pequeñas desde la consciencia del hablante, que sabe cuán compleja y pesada puede resultar una estructura muy alargada.

2.3.1.2.1. Sintagma nominal alargado por *coordinación* (SN - ∅). Los demarcadores pueden ser: *y, no sólo... sino también, o, ni, no... sino*, o una pausa marcada por coma. Estas partículas funcionales pueden coordinar dos grupos nominales o dos atribuciones de un mismo grupo nominal; citamos algunos ejemplos como muestra: / la soledad y la caverna / (O-205-36), / novela o drama / (O-357-52), / canciones populares, trajes regionales, costumbres locales encantadoras / (O-115-24), / la sociedad estructurada y activa / (M-38-12), / cualquier solución «aparte», provinciana o caprichosa / (M-249-37), / cuanta cordura, no sólo práctica, sino teórica / (O-103-22).

2.3.1.2.2. Sintagma nominal alargado por *determinación* (SN - 1). La determinación abre camino a otro SN con su posible estructuración homogénea o heterogénea. Es la preposición el elemento funcional que introduce el nuevo o nuevos SN en la órbita del SN principal, o elementos indispensable como soporte de la función sujeto que es la que estamos estudiando ahora. Con todo, estas mismas posibilidades de estructuración las veremos igualmente siempre que aparezca como realización formal de una función un SN o grupo nominal.

La preposición más rentable en la determinación del SN es *de;* sin embargo, hay otras que son recciones del nombre o de alguna de sus atribuciones, como veremos a continuación.

Dada la abundancia de casos de determinación introducida por *de*, no citaremos más que unos cuantos para dar más relevancia a otros que representan dispersiones de la frecuencia, y que encierran gran interés para su descripción estructural: / tal virtuoso de la filosofía metafísica / (O-71-18), / tal partidario del verso libre / (O-70-18), / el primitivo de Juan Jacobo / (O-260-43).

Dentro de las determinaciones precedidas de la preposición *de*, el número de ellas que pueden presentarse en una misma secuencia viene limitado por motivos externos de tipo estéticos, ya que, en principio, puede ser muy abundante, como ya apuntábamos en la parte introductoria de este capítulo. Citemos algunos casos de varias determinaciones con *de:* / el instinto *de* conservación *de* la humanidad media / (O-62-17), / testigos *de* una infancia nueva *del* Barroco, constelados *de* fantasías oceánicas *de* misteriosas influencias orientales / (O-37-11), / la existencia *de* una figura *de* la magnitud *de* Ortega / (M-375-55), etc.

Como demarcadores de determinación aparecen otras preposiciones que a veces son recciones de diferentes nombres, y que pueden presentar igualmente recursividad. Veamos algunos ejemplos: / las opiniones *sobre* la realidad efectiva *de* España) (M-1-71), / la gran diferencia *con* la situación *de* hace treinta años / (M-8-8), / ciertos cambios *en* las perspectivas políticas / (M-356-53), / una pequeña torsión *hacia* lo alto / (M-181-28), / el interés *por* lo económico y el rigor *en* esos asuntos / (M-165-25), / la distancia *entre* la sociedad y la apariencia / (M-102-18), / la consideración *de* la sociedad *desde* el punto *de* vista *de* su carácter público / (M-118-20), / el pequeño esfuerzo necesario *para* buscarlos / (M-323-48), / el valor atribuido *a* las descripciones botánicas *de* la novela / (O-286-46), / una larga novela debida *a* la directora *de* un pensionado *de* señoritas *de* Hardford / (O-348-52), etc.

La determinación habitualmente se pospone al nombre: sin embargo, hallamos una excepción en la cual la determinación, introducida por un elemento de relación, se antepone: / *bien que de inspiración romántica*, el famoso título dado por Verlaine a las páginas, que se quisieron vindicativas, de sus Poetas Malditos /. (O-57-17.)

2.3.1.2.3. Sintagma nominal alargado por *complementación* (SN - 2). Generalmente se introduce un nuevo ordenamiento a partir de las partículas *que, el de, el cual, cuyo, la que, la de*, etc., tradicionalmente llamadas «relativos»; pero también consideramos alargamientos de complementación a los casos de aposiciones, en los cuales van elípticos segmentos del tipo «que es»... Veamos primero el caso de las oraciones adjetivas o relativas; encontramos numerosos ejemplos, y por eso sólo vamos a citar algunos: / la explicación *que* hoy viene a darme García Gómez / (O-210-37), / un Adán *que* sale de un Paraíso para un viaje de ida y vuelta / (O-206-37), / estas columnas, *cuya* estructura es una paradoja patética / (O-153-29), / instituciones barrocas *gracias a las cuales* la general disciplina encuentra precisamente su viabilidad / (O-108-22), / el liberalismo, *que* es un sistema filosófico / (M-205-31). Este último ejemplo podía ser conmutado por: / el liberalismo, sistema político / y no variaba en absoluto su comprensión. Precisamente daremos a continuación casos de SN alargados por *aposición*, que es una forma más de complementación: / el consensus, *fundamento* de la legitimidad / (M-269-39), / España, *país* europeo, radicalmente europeo / (M-279-41), / el niño, *criatura* tímida y delicada, mimado por las caricias de una madre sentimental y de una anciana sirvienta / (O-277-45).

2.3.1.2.4. Sintagma nominal alargado por *combinación de los tres procedimientos*. Las tres posibilidades de alargamiento del SN en una estructuración heterogénea, a las cuales nos venimos refiriendo, pueden combinarse entre sí y de este modo encontramos nuevos casos de SN heterogéneo, mucho más complejos. Las posibilidades de combinación de los tres factores vistos anteriormente: determinación, complementación y coordinación, son muy elevadas, como nos indica la operación matemática correspondiente.

Escogemos algunas de las combinaciones más frecuentes: SN - 1 - ∅ - 1: Citamos algunos de los múltiples casos: / la sombra de las palmas y la opulencia viciosa de los cactus / (O-39-12), / el hecho mismo de aquella, su resurrección bajo otro nombre / (O-124-25), / la simplicidad del negro, su fidelidad, su humildad profundamente conforme con la enseñanza de Cristo / (O-360-53), / la movilización de las capacidades humanas, la incorporación al nivel histórico / (M-278-41), / la ausencia de todo género de apoyos y conexiones políticas de esa filosofía / (M-363-54).
SN - 1 - 2 [6]: Mencionamos algunos de los muchos casos en que aparece esta fórmula: / el agua del océano que la ostra metamorfosea en perla, y a veces inclusive, en los casos de logro feliz, en perla perfecta / (O-97-21), / la reminiscencia de un paraíso individual, a cuya busca irá, a través de todas las contradicciones y de todas las sorpresas de su conducta / (O-374-54), / el recuerdo de Góngora, poeta maldito / (O-64-17), / la invención de Andrenio, falso primer hombre autodidacta contingente / (O-197-36), / las primeras vueltas del turbante, tal vez algún nudo o colgajo / (O-192-35).
SN - ∅ - 1: Esta fórmula puede tener a veces repeticiones en la coordinación o en la determinación. Citamos algunos ejemplos: / las palmeras esbeltas, ávidas de sol / (O-170-31), / la innovación y la capacidad creadora de Ortega / (M-377-55),/ regiones, grupos sociales, grupos de interés, grupos de opinión / (M-109-19), / paraíso, principio y fin de la Historia / (O-171-31), etc.

2.3.2. *S → SN (sustituto).*—La presencia real o elidida del sujeto es obligada en la gran mayoría de las oraciones u ordenamientos. Sabemos que en los casos en que el sujeto no está expreso es el morfema verbal de persona el que nos da razón de esta función sintáctica nuclear que es el sujeto. Es el SN el segmento especializado para dicha función. Sin embargo, según ciertas circunstancias del discurso, es decir, según ciertos contextos, estos SN se hallan sustituidos por unas partículas que podemos llamar «sustitutos funcionales», tradicionalmente llamados pronombres. Así, en el enunciado // Juan dijo la verdad pero *él* mismo no *la* comprendió //, la partícula *él* sustituye a *Juan* y la partícula *la* sustituye a *la verdad*. En ambos casos la lengua trata de evitar una repetición y, por este sentido de economía que le es típico, hace uso en incontables ocasiones de estos elementos casi estrictamente funcionales y prácticamente carentes de significación. En el ejemplo citado, *él* es sustituto de un SN en función de sujeto y *la* es sustituto de un SN en función de complemento de objeto.

Estos sustitutos pueden presentar al igual que el nombre una estructuración heterogénea, en la que se dan alargamientos por determinación, coordinación y complementación. En cada uno de los apartados siguientes iremos especificando en qué casos concretos aparecen en el corpus sobre el que hemos basado nuestra investigación.

En este capítulo nos ocuparemos de estudiar cuáles son los sustitutos de SN con función sujeto dentro del corpus analizado:

2.3.2.1. *Sustitutos funcionales de los sustantivos: los pronombres personales.*—Los pronombres de primera y de segunda persona (yo, tú, nosotros, vosotros, usted) no tienen realmente una función de sustitutos [7]; sin embargo, se ha generalizado el vocablo de «sustituto» por extensión de los de tercera persona, del mismo modo que se ha generalizado el vocabo «pronombre». El verdadero oficio de aquéllos es el de *deícticos*.

Yo es la forma más frecuente de entre los pronombres personales empleados en el corpus de Marías; aparece en ocho ocasiones, a saber: M-65-16, M-88-17, M-174-27, M-175-27, M-191-29, M-225-34, M-291-42 y M-316-47. Sin embargo, en D'Ors solamente la hallamos una vez: O-181-32.

Tú.—En Marías ningún caso. En D'Ors dos casos, uno en que aparece aisladamente esta forma pronominal O-160-29, y otro en que se presenta un alargamiento por complementación: / tú, que en la Risala tenías traza de gran filósofo /. (O-229-39.)

Ella.—En Marías un sólo caso acompañado del elemento introductor: / sólo ella /. (M-297-43.) En D'Ors vemos tres casos: O-3-9, O-163-29 y O-164-30.

El pronombre *ello* aparece en función de sujeto y sólo dos veces en el corpus analizado de D'Ors: O-279-45, O-180-32.

2.3.2.2. *Sustitutos indefinidos e interrogativos:*

Nada.—Lo encontramos como simple sustituto del SN «ninguna cosa», sin alargamientos en: M-194-30, M-64-15, M-80-17, M-195-30, M-124-20; acompañado de una determinación: / nada... del consabido flechazo / (O-6-9), / nada de lo que pasa en España / (M-333-49).

Nadie.—Sustituyendo al SN «ninguna persona» y sin modificación externa, lo hallamos en: M-2-7, O-311-48. Acompañado de un cuantificador: / casi nadie / (M-74-16). Alargado por una complementación: / nadie que desconozca cómo, a partir de este momento, se abrió una era nueva en la ideología del mundo / (O-258-43).

Uno.—Este sustituto lo vemos en estructuración homogénea en: M-154-23. Sin embargo, es más frecuente hallarlo en estructuración heterogénea: / Una de las más importantes y que paradójicamente suele olvidarse / (M-50-14), / una de las formas básicas de esa holgura vital de que he hablado / (M-159-25), / uno de los periódicos abolicionistas que veían entonces la luz de Washington / (O-347-52).

Otro.—Hallamos este sustituto en M-240-36 y M-42-12 en estructuración homogénea. En el caso antes citado O-344-51, al lado de *uno*, en coordinación.

Alguno.—Un sólo caso: / algunos /. (M-240-36.)

Muchos.—Un único caso, cuya fórmula es: *SN (Sust.)* -2 / muchos... que al imaginar el futuro vuelven los ojos a eso mismo que existe, sólo que al revés /. (M-64-15.)
Cualquiera.—Con la fórmula SN (Sust.) -1 lo vemos en: / cualquiera de las tres /. (M-311-45.)
¿Qué?.—Como sustituto de «¿qué cosa?» aparece en: M-190-29.
¿Quién?.—Como sustituto del «¿qué persona?» aparece en: O-129-27.
Quien, como sustituto de «la persona qué» lo vemos en: / *quien* no jura sino por evolución de las especies y repugna o finge repugnar al dinamismo de las postales o de las ventajas / (O-72-18), / *quien* ha contado que entre las antiguas costumbres de Lima, patria de su madre, figuró una bastante singular / (O-386-55). Igualmente lo hallamos en perífrasis: / es él quien / (O-359-53).
Todo.—Este sustituto es muy frecuente y aparece o bien sólo como en: O-266-44, O-39-12, o bien como modificador de un sustituto demostrativo: / todo esto / (M-379-56, M-339-50, M-272-40, O-168-30, O-116-24), o bien como modificador de una forma del artículo en función pronominal: / todo el que, después de poseerlo y partir de él, da siquiera un paso real hacia delante / (M-376-55), / todos los que desprecian al hombre / (M-220-33).
Cuanto.—Encontramos un caso en: / cuantos cultivaban en serio la filosofía / (M-339-50).

2.3.2.3. *Adjetivos demostrativos en función pronominal.*—Las formas *éste, ésta, esto* se presentan con una alta frecuencia 19 de un total de 24 demostrativos, lo que representa un 79 %. Encontramos dos formas de *ése, ésa, eso:* (M-47-13) y (M-208-32), y tres formas de *aquél, aquélla, aquello:* / aquél también / (O-19-10), / aquél / (O-13-10), / aún aquellos que actán así en las grandes líneas de su conducta / (M-154-24).
En este último caso vemos una estructuración compleja.

2.3.2.4. *El artículo en función pronominal.*—Es característica destacable del español la función sustantivadora o nominalizadora del artículo. En el caso de sustantivación de adjetivos vemos cómo éstos pasan a significar individuos o seres independientes en vez de cualidades [8]; individuos en el sentido de seres, ideas o acciones, consideradas gramaticalmente como objetos individualizados.
Andrés Bello consideró un mismo signo el pronombre personal «él, ella»... y el artículo «el, la»... Dice textualmente: «parece, pues, natural que miremos las formas *el, la, los, las* como abreviaciones de *él, ella, ellos, ellas,* y estas últimas como las formas primitivas del artículo. Sin embargo, a las formas abreviadas es a las que se da con más propiedad el título de artículos» [9].
Se ha atribuido al artículo, en algunos casos como «lo que tú dices» un valor demostrativo. Sin embargo, Gili Gaya afirma [10] que se trata de verdaderos artículos que ejercen una función sustantivadora: «los artículos y

2. EL SUJETO

los demostrativos sustantivan toda oración de relativo a la cual preceden del mismo modo que cualquier frase o palabra». Rodolfo Lenz [11] añade que en las oraciones relativas con artículo, éste sustantiva la oración entera sin modificar para nada su propia función gramatical. Salvador Fernández Ramírez [12] apunta que no faltan razones para colocar el artículo dentro del sistema de los demostrativos dado que se presentan múltiples interferencias entre demostrativos y el artículo, y añade: «en contraste con el artículo, los demostrativos que desempeñan función sustantiva pueden actuar sin ninguna clase de términos secundarios, o de complementos preposicionales o de ampliaciones relativas. El artículo está privado enteramente de esta capacidad. Funciona siempre como término secundario, o como término primario agrupado con un nombre adjunto o con un complemento preposicional o relativo.»

Dentro del corpus que hemos analizado y en el segmento sujeto encontramos varias posibilidades de que el artículo realice una función pronominal, a saber:

1. *Artículo + adjetivo:*

   / las tres juntas y articuladas /. (M-312-45.)
   / los más jóvenes, formados por ellos /. (M-371-55.)

2. *Artículo + infinitivo:*

   / el ver que cada vez son menos frecuentes y podrían desaparecer en pocos años /. (M-174-27.)

3. *Artículo + determinación:*

   / la de Andrenio /. (O-207-37.)
   / la de las ciencias /. (O-281-46.)
   / la de parecerse por los encantos de la inocencia /. (O-232-41.)

4. *Artículo + que.*—Este elemento «que» es un elemento nominalizador también, un nominalizador del sintagma verbal, en opinión de Pottier, que es compartida por Alarcos [13]. Alarcos distingue de un lado la conjunción *que*-1, transpositor de una oración a término nuclear nominal y de otro el relativo *que*-2, transpositor de una oración a término adyacente en un grupo nominal. La conjunción *que*-1 transpone la oración al nivel inferior de elemento de oración, confiriéndole la función que desempeña normalmente el nombre. En la realización 3 del sujeto: 3 - S ⟶ *oración* veremos una serie de oraciones introducidas por *que* y en función de un sintagma nominal. El relativo *que* confiere a la oración la función cumplida en general por el adjetivo. En la estructuración heterogénea del SN, alargado por complementación, hemos visto oraciones de relativo que realizan la función de un adjetivo dentro del SN.

«La conjunción *que* admite a veces el llamado artículo, con la particularidad de presentar —añade Alarcos— inmovilidad genérica y aparecer en la expresión bajo la forma adoptada por el masculino y singular. En tales casos, el artículo no expresa otro contenido que el de un mayor relieve o énfasis: «nos preocupa que se quede atrás» = «nos preocupa el que se quede atrás», o bien se presenta condicionado por la posición y función del grupo transpuesto dentro de la oración: «el que venga nos preocupa», junto a «nos preocupa que venga» (pág., 194).

En el corpus de D'Ors encontramos casos de «el + que» introduciendo el segmento sujeto, en los ordenamientos siguientes:

// de ahí / cabalmente / *el que* yo pudiera encontrarlo y leerlo, de muy niño, en un desván //. (O-131-27.)

// el día en que Blumenbach abrió su jaula simbólica al pobre ornitorrinco / pudo esperarse / *el que* se abriesen también otras jaulas, materiales éstas //. (O-318-49.)

... // y / no debe extrañarnos / *el que* encuentre una absoluta justificación moral / cuando sabemos que de antemano, y por convención, le adornan todas las virtudes //. (O-261-43.)

Dentro de la visión preconizada por Alarcos encontramos elementos *que* acompañados por *lo, los, el,* etc., es decir, transposiciones con *que*-2 (relativo) que funcionan como adjetivos y cuyo elemento transpositor, igual que con los adjetivos, es el artículo. Como los adjetivos nominalizados, las transposiciones con *que* presentan género y número expresado en el artículo. En el corpus analizado encontramos los siguientes casos:

/ *los que* prefieren seguir un pensamiento inercial, una fórmula o receta prefabricada, mejor que una solución extraída del análisis de los problemas concretos; *los que* gustan de leer en un libro lo que va a ser de ellos; *los que* carecen del valor de hacer por sí mismos su vida, y no quieren que lo hagan los demás: los gregarios /. (M-221-34).

/ *los que* para imaginar el porvenir de España miran nostálgicamente a Hitler /. (M-250-37.)

En el caso que a continuación presentamos: / el que lo hace / (M-229-35), no es un ejemplo de «el + que-conjunción» como los que hemos presentado más arriba, sino que hace referencia a un nombre en género masculino.

El artículo neutro *lo* + *que* relativo aparece en muchas ocasiones, de entre las cuales citamos algunas: / *lo que* suelen hacer muchos que se llaman socialistas, pero son estatistas / (M-28-10); / *lo que* suelo expresar / (M-139-22); / *lo que* la hipótesis me trae como certidumbre / (O-91-20); / *lo que* importa / (O-114-24); / *lo que* ocurre / (O-213-38).

5. *Artículo + cual.*—Encontramos en función sujeto dos casos del segmento / lo cual /, en los ordenamientos siguientes:

// *Lo cual* / induce a pensar / que no es precisamente eficacia lo que más les interesa //. (M-189-29.)

// *Lo cual* / volvía / no sólo frecuente, pero hasta habitual, y normal / el contacto segundo, entre los locos y la servidumbre de la casa y, sobre todo, los niños de la familia //. (O-389-55.)

2. EL SUJETO

2.3.3. *S ⟶ O.*—En la oración que realiza la función de sujeto se abren lógicamente las mismas posibilidades de estructuración sintáctica que en el ordenamiento de base. Sin embargo, no llevamos a cabo una segmentación dentro de un segmento pre-establecido por razones metodológicas que quedan ya apuntadas.
Se dan dos variantes dentro de esta realización:
1. Un *infinitivo* como centro del ordenamiento.
2. Un elemento funcional *que*, introductor de nuevo ordenamiento.

Pasamos a continuación a explicar más detenidamente ambos casos.

2.3.3.1. La funcionalidad del *infinitivo* la coloca a caballo entre el nombre y el verbo, de ahí que pueda realizar funciones típicamente nominales como la de sujeto, pero a su vez pueda llevar complementos de objeto o circunstanciales como cualquier verbo.
Encontramos siete casos en Marías y en D'Ors solamente dos casos. Citamos completos algunos ordenamientos donde aparecen para facilitar la comprensión de nuestra segmentación como sujetos:

// Lo peor que le puede pasar a un pueblo / es / *tener una actitud jactansiosa y al mismo tiempo un secreto desprecio de sí mismo* //. (M-69-16.)
// Es / bastante fácil / *determinar la cuantía de la libertad existente en un estado* //. (M-119-20.)
// Pero / es / más dulce / para el corazón afligido / *dejar correr libremente el llanto* //. (O-296-47.)
// Y que / no / me / será / ya / necesario / *taparme con cera los oídos, como el vulgo de los remeros* //. (O-78-19.)

Todos los casos hasta aquí presentados se encuentran en oraciones atributivas S + V (ser, estar...) + A.
También hallamos en función de sujeto algunas oraciones de infinitivo en ordenamientos cuyos verbos son «conviene», «basta», «importa», etc. Este uso de oraciones de infinitivo como sujeto de verbos de este tipo es un hecho que se daba ya en latín con ciertos verbos (oportet, licet, necesse, etc.) [14] con el mismo significado. Citamos a continuación algunos casos ilustrativos de dichos verbos:

// pero / de cuando en cuando / *conviene* / *regresar a ti, regresar* / para ser alimentado por tu fuerza //. (O-99-21.)
// y que / me / *bastará* / *amarrarme sólidamente al mástil y el oído libre, la curiosidad desvelada, complacerme sin riesgo allí en el canto de las sirenas* //. (O-79-19.)
... // y / *conviene* / *tener presente hasta donde puede llevar* //. (M-293-42.)
// y / por eso / *importa* / tanto / *no comprometer el sabor de la vida española, su invención, su capacidad de improvisación, la pluralidad inagotable de sus temples y matices* //. (M-303-43.)

En todos estos segmentos presentados como ordenamientos de infinitivo vemos una característica importante: no llevar un sujeto que pueda hacer variar el infinitivo mediante conmutación, ya que el infinitivo no tiene flexión ni personal ni genérica. ¿Hasta qué punto podemos pues llamarle oración en el sentido tradicional de esta palabra? Sin embargo, vemos que se trata de un ordenamiento sintáctico con su núcleo verbal y toda la gama de complementos: directo, indirecto, circunstancial. Como cualquier verbo puede ir precedido de un auxiliar como en: / poder contar con ellas / (M-113-19), / dejar correr libremente el llanto / (O-296-47.)

2.3.3.2. S ⟶ O. *introducida por una conjunción: Oración introducida por que.*—Como bien apunta Alarcos, «la conjunción *que* transpone la oración al nivel inferior de elemento de oración, confiriéndole la función que desempeña el nombre»[15], y en esta función transpositiva encontramos numerosos ejemplos.

Frente a 18 casos de oraciones transformadas en sujeto mediante *que* en Marías, hallamos solamente ocho en D'Ors. En nuestra opinión es precisamente la necesidad de expresar un contenido más lleno de matices intelectuales y menos imaginativos lo que posiblemente haga a Marías usar esta estructura con mayor frecuencia que D'Ors, el cual abunda más en la descripción subjetiva que en una dialéctica de abstracción. Sin embargo, esto puede ser debido a una simple diferencia de idiolecto. Citamos algunos de los casos aludidos:

// pero / ocurre / *que* la contraposición entre individualismo y estatificación olvida nada menos que la sociedad //. (M-27-10.)

// y / lo más curioso / es / *que* algunos están persuadidos de que esas formas arcaicas son, ni más ni menos, el futuro //. (M-34-11.)

// Acontece / con todo / *que* en el curso de sus viajes vuelva a encontrar el joven más de una vez a esta aparición y se rinda al prestigio de su misterio //. (O-8-9.)

// Es / bueno / por otra parte, / *que* no lo sea //. (O-125-25.)

2.4. DISTRIBUCIÓN Y FRECUENCIA DE LAS REALIZACIONES SINTAGMÁTICAS DEL SUJETO

Presentamos a continuación los datos estadísticos de distribución y frecuencia con que aparecen las diferentes realizaciones sintagmáticas del sujeto dentro del corpus analizado:

CORPUS DE MARIAS

1. S ⟶ SN	234	67,4 %
2. S ⟶ SN – Sust.	66	19,0 %
3. S ⟶ Oración	47	13,6 %
TOTAL	347	100 %

2. EL SUJETO

CORPUS DE D'ORS

1. S → SN	262	82,1 %
2. S → SN - Sust.	42	12,9 %
3. S → Oración	15	5,0 %
TOTAL	319	100 %

CORPUS TOTAL

1. S → SN	498	74,5 %
2. S → SN - Sust.	106	16,1 %
3. S → Oración	62	9,4 %
TOTAL	666	100 %

Del análisis de estos datos podemos concluir que los segmentos en función sujeto en un 74,5 % de las veces se realizan como un sintagma nominal, en un 16,1 % como un sustituto nominal y en un 9,4 % como una oración transformada en sujeto.

Si comparamos los datos de Marías y de D'Ors podemos ver cómo en Marías la frecuencia de oraciones transformadas en sujetos es mayor (19,0 %) que en D'Ors (5 %) y en cambio este autor emplea los sintagmas nominales más frecuentemente (82,1 %) que Marías (67,4 %).

NOTAS

[1] Cf. Lyons, *Linguistique Générale*, pág. 256.
[2] Cf. *El lenguaje*, pág. 45.
[3] Véase análisis estadísticos.
[4] *Introduction à l'étude des structures gram. fondamentales*, pág. 73.
[5] 1 = determinación,
 0 = coordinación,
 2 = complementación.
[6] Queremos dejar claro que este SN - 1 - 2 puede ser también SN - 1 - 2 - 1, pero para no dar todas las posibilidades lo englobamos en el grupo SN - 1 - 2.
[7] Cf. Alonso, A., Henríquez Ureña, P., *Gramática castellana*, I, nota 97.
[8] Cf. Roca Pons, *Introducción a la gramática*, pág. 208.
[9] Cf. *Gramática castellana*, pág. 72.
[10] Cf. *Curso superior de sintaxis española*, pág. 276.
[11] Cf. *La oración y sus partes*, pág. 78.
[12] Cf. *Gramática española*, pág. 327.
[13] Cf. *Estudios de Gramática funcional del español*, pág. 192.
[14] Cf. *Esbozo de una nueva Gramática de la R.A.E.*, pág. 515.
[15] Cf. Op. cit., pág. 193.

Capítulo 3

3. EL VERBO

3.1. Concepto de verbo

Ya desde la antigüedad el verbo ha sido considerado, dentro de un punto de vista sintáctico, como la categoría del predicado y núcleo central de la frase. No es nuestro interés en este momento hacer una revisión histórica de lo que se ha dicho acerca del verbo desde la descripción que de él hizo Aristóteles como «término de predicación». En la gramática tradicional se ha considerado al verbo como la palabra que expresa el proceso, es decir, la acción que el sujeto hace, o sufre; también puede expresar la existencia del sujeto o su estado, o incluso la relación entre el sujeto y el atributo. Ya Andrés Bello hizo una crítica de la definición usual del verbo montada exclusivamente sobre características semánticas; en la nota III de su *Gramática de la lengua castellana* dice: «Verbo es la parte de la oración que significa los movimientos o acciones de los seres, la impresión que éstos causan en nuestros sentidos, y algunas veces el estado de estos mismos seres, o la relación abstracta entre dos ideas. Esta, en nuestro juicio, no es una definición del verbo, sino una enumeración de las diferentes especies de verbos, según su significado; porque una definición debe mostrarnos el carácter común de todos los verbos, y lo que distingue a todos y a cada uno de ellos de las demás clases de palabras.» Presenta Bello como definición de verbo la siguiente: «el verbo es, pues, una palabra que denota el atributo de la proposición, indicando juntamente el número y persona del sujeto y el tiempo del mismo atributo» (pág. 10). Se desprende de esta definición tres caracteres importantes del verbo en tanto que función sintáctica de una oración: a) segmento nuclear del atributo o predicado; b) segmento relacionado con el sujeto formalmente, y c) centro temporal del predicado.

Amado Alonso en su *Gramática castellana I* nos da una visión que puede considerarse actual de todos estos aspectos a que nos estamos refiriendo y que trata de explicar el concepto de Verbo como elemento oracional prioritario: «Para caracterizar el oficio gramatical que llamamos verbo dentro de la estructura de la oración, recordemos que la oración articulada consta de *sujeto* y *predicado*, y que en ella hay una unidad de pensamiento... El verbo es la palabra oracional por excelencia, a causa de las siguientes propiedades: 1.ª Es el núcleo del predicado y el centro de todos sus complementos. 2.ª Expresa la actitud enunciativa, desiderativa, o imperativa del que habla, con el cual establece la unidad de pensamiento en la oración. 3.ª Con sus desinencias repite la persona gramatical del sujeto y *así une sintéticamente las dos partes del sujeto y predicado*. 4.ª Con sus tiempos sitúa no sólo su significación, sino el de toda la oración en el presente, en el pasado o en el porvenir» (pág. 105 y siguientes).

La *Gramática de la Real Academia* define el verbo como «la parte de la oración que designa estado, acción o pasión, casi siempre con expresión de tiempo y de persona» (pág. 44). El contenido de esta afirmación es totalmente de orden semántico y no sintáctico. La definición que del verbo da el *Esbozo de una nueva gramática de la R. A. E.* está basada, en cambio, en un criterio morfológico y verdaderamente es más rigurosa desde el punto de vista de la lingüística actual: «el verbo, por sus caracteres formales, es aquella parte de la oración que tiene morfemas flexivos de número, como el nombre y el pronombre, morfemas flexivos de persona, como el pronombre personal, y además, a diferencia del nombre y el pronombre, morfemas flexivos de tiempo y de modo» (pág. 249).

En *La oración y sus partes*, de Rodolfo Lenz, la definición de verbo toma un punto de vista logicista: «Así como el sustantivo expresa la categoría lógica de la sustancia y el adjetivo la de la cualidad, el verbo corresponde a la categoría lógica del fenómeno» (pág. 327). «El verbo es una palabra que expresa un estado pasajero observado en un sujeto (verbo neutro o intransitivo), o un fenómeno que pone en relación dos o tres sujetos (verbo transitivo simple o doble), con indicación gramatical de uno o varios de los sujetos, que se determinan a la vez según el acto de la palabra (primera, segunda o tercera persona). Además, el fenómeno se orienta comúnmente según la conciencia del que habla respecto al tiempo y según la apreciación subjetiva respecto de la modalidad del juicio (como asertorio, problemático, apodíctico). El verbo contiene una comunicación en forma de declaración o mandato, o pide una comunicación en forma de pregunta» (pág. 57). De todas estas afirmaciones de Lenz se desprende que ha descrito el verbo como categoría básica en la comunicación vista en términos de la lógica. No es, por tanto, interesante para el lingüista que busca en el verbo una función sintáctica dentro del área de desarrollo que es la oración.

La lingüística estructural considera el verbo como un constituyente del sintagma verbal del que es la cabeza. L. Tesnière diferencia un nivel paradigmático de otro sintagmático. En una visión paradigmática, el verbo «expresa el proceso». En una visión sintagmática el verbo «es el centro del nudo verbal (equivalente a sintagma verbal) y en consecuencia de la frase verbal» (oración cuyo centro es el verbo). El verbo —en la teoría gramatical de Tesnière— se opone de un lado a los actantes y de otro a los circunstantes. En el hecho de expresar un proceso el verbo no

3. EL VERBO

se opone a categorías como el sustantivo, el cual puede también expresarlo. Dentro de esta línea de gramática estructural, B. Pottier sitúa también el verbo en el centro del sintagma verbal, término que es tomado con el sentido de predicado, es decir el segundo elemento constitutivo de un enunciado viable [1]. Asimismo pone de relieve el carácter, destacado por Guillaume, de que el verbo es incidente en la persona del sustantivo. Es también Guillaume quien considera el verbo como «un semantema que implica y explica el tiempo». La idea de tiempo se ha relacionado con la esencia del verbo. Sin embargo, es visiblemente inseguro que sólo el tiempo nos sirva de un modo tajante para diferenciar al verbo de las otras clases de palabras.

La idea de la función verbo como núcleo del SV (sintagma verbal), o VP (frase verbal), o predicado verbal, según la terminología que se adopte, es común a los gramáticos estructuralistas. Los lingüistas modernos han abandonado un poco, como todo lo que toca a la gramática nocional, las teorías de las partes del discurso formuladas hace una treintena de años por Jespersen y Hjelmslev [2]. Para Jespersen, los nombres eran categorías de primer grado; los verbos eran categorías de segundo grado y los adverbios eran categorías de tercer grado. Esta noción de «grado» se define por las propiedades combinatorias de las categorías en cuestión. Cada categoría, en las estructuras simples más típicas, está modificada por una categoría de grado superior. Así los nombres son modificados por los verbos —comprendiendo en ellos los adjetivos—, que son en consecuencia categorías adnominales; los verbos están modificados por los adverbios, que son consecuentemente categorías ad-adnominales.

En la lingüística generativa, el símbolo V (verbo) entra en la reescritura del sintagma verbal:

$$SV \longrightarrow Aux. + \begin{cases} V + SN \\ V \end{cases}$$

En esta fórmula [3], el símbolo Aux. designa el *auxiliar*, el cual agrupa un conjunto de formas: las que son interpretadas como el *tiempo* (presente, pasado, etc.), *la persona* (los participantes en la comunicación), el *número*, el *aspecto*, y los *modales* (auxiliares, en nuestra terminología).

La fórmula del núcleo es la siguiente, una vez aplicadas las reglas de reescritura:

$$P \longrightarrow SN + SV$$

$$SV \longrightarrow Aux + GV$$

La representación estructural en que se inserta SV es la siguiente:

```
Const.————————┐   P
              SN  /\
                 /  \
                /    SV
                    /\
                   Aux.  GV
```

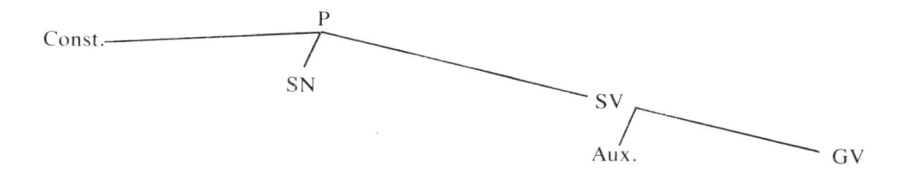

Pues bien, en la regla de reescritura del GV, grupo verbal, encontramos finalmente el símbolo V, es decir el segmento verbo que vamos a estudiar en este capítulo. El GV es reescrito: 1) ya sea por una cópula constituyente obligatorio, seguido de otro constituyente obligatorio: un sintagma nominal, un sintagma adjetival o un sintagma preposicional; 2) ya sea por el constituyente obligatorio V, seguido de un constituyente facultativo, sintagma nominal, cuya elección depende de los rasgos inherentes al verbo, o (y) de un constituyente facultativo, sintagma preposicional, cuya elección depende de los rasgos de V.

En nuestro análisis hemos incluido en la función verbo (V) no solamente lo que en la formulación generativista es V, núcleo, constituyente obligatorio del grupo verbal, sino que también hemos incluido en dicha función V la cópula o verbo copulativo. Las categorías verbales incluidas en el símbolo Aux. serán tocadas sólo tangencialmente, ya que nuestro análisis es, en principio, sintáctico, no morfológico; analizamos sintagmas que realizan las funciones de que se compone la oración, no morfemas. Está claro que no es nuestro propósito presentar un modelo de generación sino una descripción del funcionamiento y estructuración de la frase.

De todo lo expuesto anteriormente puede deducirse que el *verbo* se nos presenta unido constitutivamente al predicado de la oración. Su esencia sintáctica es, por consiguiente, esencialmente predicativa y está en íntima relación con el concepto mismo de oración. La presencia del verbo es indispensable en las oraciones, si exceptuamos las llamadas frases nominales sin cópula. El verbo [4] suele combinarse con determinados morfemas que hallan su expresión, generalmente, en una complicada morfología. No puede decirse que existe un número determinado de morfemas, que, en todas las lenguas, sean expresados por el verbo, ya que categorías morfemáticas que nos parecen de carácter esencialmente nominal o verbal tienen, en algunas lenguas, el carácter opuesto. En español la persona es común a los pronombres posesivos, demostrativos y personales. El número es común al nombre. Sin embargo, el tiempo, el modo y el aspecto son solamente verbales. La voz no tiene un medio de expresión claro.

El verbo, en resumen, se distingue netamente de las demás partes del discurso por los morfemas con que se combina. Según las teorías de Hjelmslev sobre funciones primarias, funciones secundarias y funciones terciarias, a las que hemos aludido anteriormente, el verbo se diferencia esencialmente del adjetivo —ambas son funciones secundarias— por la incapacidad del verbo para el morfema de caso en cualquier lengua que posea esta categoría [5].

En cuanto a la distinción tradicional de los verbos en transitivos e intransitivos, se ha dicho que un verbo no es, considerado aisladamente, ni transitivo ni intransitivo: sólo su función en la frase le da dicho carácter. Es decir, que ha de llamarse predicado transitivo a aquel que presenta al lado de la función V las funciones CD ± CI, y en cambio intransitivo el predicado en que la función V no lleva al lado complementos CD o CI.

Por otro lado, algunos lingüistas consideran que el concepto de verbo transitivo o intransitivo es de índole semántico, no sintáctico. Así, Gérard Moignet afirma en su interesante artículo «Incidence verbale et transitivité» lo siguiente: «Decir por qué un verbo es transitivo es de la competencia de la semántica y no incumbe a la gramática. Esta no tiene que dar cuenta más que de los mecanismos que están en funcionamiento: ecuación de dos términos mediante una operación de incidencia».[6]

Dentro de la gramática generativa, la transitividad e intransitividad se sitúa a nivel de las reglas de subcategorización. Los verbos se definen por una doble serie de *rasgos* distintivos, unos *inherentes* (semánticos o sintácticos) y los otros *selectivos* o *contextuales*. Es lógico que una teoría lingüística que parte de la competencia del hablante a la hora de presentar sus reglas gramaticales y escoge, por tanto, un método inductivo de investigación considere un verbo como «ver» afectado por el rasgo (+ transitivo), puesto que lo hallamos en frases cuyo SV se reescribe así: Aux. + V + SN (veo tu casa). Sin embargo, esa regla de reescritura propia de los verbos transitivos no se cumple en la oración (María ve). Una transformación de «supresión» —effacement— será necesaria en este caso para que el poder generador de dicha gramática no desaparezca.

En cambio, una visión gramatical que parte de lo particular para deducir lo general, que analiza el habla para acceder a la lengua, no puede menos de considerar transitivo el predicado y por extensión la oración // Veo / tu casa // y como intransitiva // María / ve //. La razón es la misma, en conjunto, que en la visión de la gramática generativa, pero el punto de mira varía, ya que en ésta / ver / será definido por el rasgo (+ trans.) y como tal podrá formar oraciones en que se dé: SV = V + SN.

Dejamos aquí este apasionante tema de la transitividad del verbo, que tantas páginas ha llenado y llena en la lingüística actual. De otro lado, lo insertamos en el capítulo dedicado a «Sintaxis de la oración», por la razón anteriormente aducida de que en nuestra opinión afecta al predicado y a la estructura oracional más que al verbo, el cual no varía esencialmente en su función, vaya o no acompañado de un complemento directo o indirecto.

En las líneas que llevamos escritas acerca de la función oracional verbo, no hemos dado una definición personal de la misma, si bien hemos presentado algunas, a título de muestra, entre las formuladas por diferentes gramáticos. Una definición del verbo en tanto que parte del discurso tendría que incluir todas sus características morfológicas, sintácticas y semánticas. Hemos visto cómo casi todos los ensayos de definición del verbo se han basado solamente en uno o dos de los tres aspectos referidos. Sin embargo, una definición del verbo en su dimensión sintáctica, relacional, en una palabra, oracional, debe puntualizar que se trata del elemento nuclear e imprescindible del predicado. Desde un punto de vista semántico-sintáctico, el verbo es el *«aporte»* en oposición al sujeto que es el *«soporte»*, en terminología de B. Pottier [7].

Hockett utiliza los términos de *tópico* y *comentario* que describe de la forma siguiente: «Los términos tópico y comentario sugieren la caracterización más general de las construcciones predicativas...: el locutor anuncia un tópico y después dice algo de éste: así «John / ran away; That new book by Thomas Guernsey / I haven't read yet.» En inglés y en las lenguas más conocidas, los tópicos son generalmente también los sujetos y los comentarios los predicados, como en la oración: // John / ran away // Pero puede haber disyunción, a veces en inglés familiar, regularmente en ciertas situaciones particulares del inglés culto, y más frecuentemente en ciertas lenguas no indoeuropeas» [8].

3.2. RASGOS SINTÁCTICOS DEL VERBO

3.2.1. *Caracteres de la función sintáctica verbo:*

3.2.1.1. Elemento indispensable para la existencia de la oración en el español escrito.—En el habla coloquial se dan unidades sintácticas completas en sí mismas —oraciones— que no adoptan la forma dual sujeto-predicado. Son oraciones unimembres [9], como /¡Qué bonito!/ /¡qué pena!/, /¡Cuánta maldad!/, en las cuales la situación suple esta carencia de estructura lógica, principalmente mediante elementos paralingüísticos como el gesto o la entonación. Sin embargo, en la lengua escrita, la situación real de comunicación no se presenta a nivel de interlocutor/hablante y los elementos gestuales o entonativos ni varían ni suplen la estructura normal de la oración: sujeto-predicado. Únicamente el contexto, lo dicho anteriormente, puede motivar una elipsis del verbo. Con todo, si comparamos la abundante elipsis del sujeto con la escasa del verbo veremos que el centro real de la oración es el verbo, dado que él lleva en su estructuración los morfemas de persona y número que representan el sujeto y todos los otros morfemas, como son tiempo, modo, etc., que caracterizan a toda la oración y a todos los niveles.

En el corpus analizado solamente hallamos elipsis del verbo en un número pequeño de ordenamientos; veremos a continuación: 1) cuáles son los verbos que se eliden más corrientemente y 2) en qué circunstancias se da más la elisión.

3.2.1.1.1. Verbos elípticos más frecuentes:

Ser.—El verbo copulativo *ser*, debido a su escaso contenido semántico y a su papel de mera cópula entre sujeto y atributo, es el verbo con mayor número de elipsis en el corpus analizado; presentamos algunos casos encontrados:

// Es, / paradójicamente /, lo que suelen hacer muchos que se llaman «socialistas», pero son estadistas // (es) lo que responde a la mentalidad totalitaria y formuló con descarada concisión el fascismo hace algo más de cuarenta años: «Todo por el Estado, para el Estado, y dentro del Estado» //. (M-29-10.)

// Una cosa / es / el Poder —la función del mando— // y / otra / (son) / las potencias —la capacidad de ejecutar diversas actividades—//. (M-42-12.)

// Gran error / (es) / el de considerar frívolamente a quien no atrae el imán que nos atrae a nosotros//. (O-316-49.)

// Gran impiedad / (es) / poner fuera de la ley a quien obedece a una ley distinta a la nuestra //. (O-317-49.)

El impersonal «HAY».—El carácter de presentador que tiene esta forma verbal le hace apto a la elipsis cuando otros elementos le sustituyen en su papel. Encontramos los casos siguientes:

// Nada / (hay) / aquí, / según puede verse / del consabido flechazo //. (O-6-9.)

// Hay / aquí / una tiranía: la del Estado //, acullá / (hay) / otra tiranía: la del Buen Gusto //. (O-249-42.)

// ¡Cuánta cordura, no sólo práctica, sino teórica /, (hay) / en la aceptación regular y predeterminada de esta acepción //. (O-103-22.)

En otros casos también se elide el segmento / hay /, pero se trata de unas circunstancias diferentes que a continuación explicaremos.

3.2.1.1.2. Circunstancias en que se produce elipsis del verbo:

a) *Ordenamientos unidos en coordinación o yuxtapuestos.*—En los ordenamientos coordinados o yuxtapuestos es relativamente frecuente que el primer verbo mencionado, por no repetirlo en el ordenamiento siguiente, se elida. Lo vemos en los enunciados siguientes:

// Pero / este hotel / lleva / por nombre / Zum Wildermann // y */ por enseña / un monstruo hirsuto, cubierto de bravía hojarasca, con una gran piedra en una mano, y en la otra una porra o basto* //. (O-89-20.)

El verbo elidido es /*lleva*/.

// En el placer del desnudo / la inocencia / se busca / en secreto //. *Bajo la máscara /, la sinceridad* //. (O-117-24.)

El verbo elidido es /*se busca*/.

// Es llamada / barroca / la gruesa perla irregular //. *Pero / más barroca, más irregular todavía /, el agua del océano que la ostra metamorfosea en perla, y a veces, inclusive, en los casos de logro feliz, en perla perfecta*//. (O-97-21.)

El verbo elidido en el segundo ordenamiento consideramos que es el segmento /es/.

> // La «Tras-Guerra» / será / una recaída en el Fin de Siglo // Como / el «Fin de Siglo» / lo / fue / en la «Contra Reforma» // y / la *Contra Reforma*/*en el Franciscanismo* //; y / *el Franciscanismo / en el Alejandrinismo*//. Y / *el Oriente / en la Prehistoria* //. (O-128-26.)

El verbo elidido en los tres enunciados últimos es /*será*/. Sin embargo, no está elidido sólo el verbo, sino el conjunto: V + atributo, /será una recaída/.

> // Estamos / en el estudio de ciertas aventuras de la sensibilidad general // y / *no / en un jurado para atribuir los premios en un certamen literario* //. (O-341-51.)

Se elide el segmento / *estamos* /.

> // El retraso de los que estaban instalados en esa forma de pensamiento / era / demasiado grande //, y / la tarea /, desalentadora //. (M-374-55.)

Se elide / *era* /.

b) *Elipsis de un verbo fácilmente deducible del contexto:*

> ... // y / de ahí / el tedio que emanan las sociedades rigurosa y minuciosamente planificadas //. (M-195-30.)
> // De ahí / cabalmente / el que yo pudiera encontrarlo y leerlo, de muy niño, en un desván //. (O-131-27.)

En ambos casos se elide un segmento / *proviene* /.

c) *Verbos elípticos en oraciones exclamativas.*—La oración exclamativa, más cercana al habla coloquial, es propicia a la estructuración sintáctica sin verbo; así lo vemos en los casos siguientes:

> // ¡Nunca / exclusiones //, pero / siempre / jerarquía! //. (O-105-22.)

Los dos verbos elididos serán: / debe haber / o / habrá / o bien / hay /; en todo caso, un impersonal.

> // ¡Qué asco/ un Carnaval perpetuo! // Pero / ¡qué soso / un año sin alguna manera de Carnaval! //. (O-106-22.)

Se elide un verbo comodín / *es* /.

> // ¡Cuán rico / pasto de cuentos, de sueños, de fantasmas! //. (O-394-55.)
> // Y en cuanto al movimiento, / ¡qué repertorio de saltos, cabriolas, juegos, música! //. (O-395-55.)

Podemos concluir, de todo lo presentado anteriormente, que las pocas oraciones en que no aparece ostensiblemente un segmento verbo presentan, aunque de forma subyacente, esta función sintáctica, por lo que podemos considerarla indispensable para la estructuración de la oración. No en vano se ha venido considerando, desde siempre, que en español, igual que en las lenguas románicas, no hay oración sin verbo, salvo en los casos de oraciones nominales, en las cuales, a su vez, subyace un verbo copulativo.

Hay oraciones solamente integradas por un segmento verbo, y este hecho viene a ser también una demostración del carácter indispensable de dicha función sintáctica. Presentamos a continuación los ordenamientos de este tipo que aparecen en el corpus:

>... // y / *aprende a convivir* //. (M-104-19.)
>// Se decide //. (O-27-11.)
>// Se aleja //. (O-155-29.)

3.2.1.2. *Elemento en relación de concordancia con el sujeto.*—Así como veíamos en el sujeto la característica, esencial para el análisis sintáctico, de estar en concordancia de número y persona con el verbo, igualmente debemos presentar entre los rasgos distintivos de la función verbo, éste de la coincidencia de número y persona con *el segmento sujeto*. Todos los sustantivos son de la tercera persona, salvo los pronombres llamados de primera y segunda persona. Estas dos personas [10] son los elementos marcados de la oposición, y los morfemas verbales correspondientes bastan para caracterizar a la persona: dormía-*s,* escrib-*o*. Por el contrario, cant-*a* no tiene sentido en sí mismo. La tercera persona necesita, por tanto, una determinación interna, que se halla en el sustantivo: Pedro canta. Los pájaros canta*n*.

Veamos en algunos casos concretos esta característica sintáctica que, de otro lado, es la base de toda oración, ya que relaciona el núcleo de la función sujeto: nombre, y el núcleo de la función predicativa representada por el verbo. Ejemplos de las personas marcadas:

>// *Yo* / *veo* / con cierta emoción / estos gestos //. (M-174-27.)
>// *Tú* / la / *atraes* / en el momento en que la rehúsas //. (O-160-29.)
>// Hace un instante /*tenía* / *yo* / el mirar absorto por el abanico de una palmera, que abanicaba con gracia femenina //. (O-181-32.)
>// *Tú,* que en la Risala tenías traza de gran filósofo /, en Jungle's Boak/ casi / *no haces* / más papel que el de orangután //. (O-229-39.)

Esta escasez de uso de la primera y segunda personas es un carácter representativo del habla que analizamos, o sea del género literario ensayo. Si en habla coloquial llevásemos a cabo análisis parecidos, encontraríamos gran abundancia de estas formas marcadas del verbo.

En cuanto a las formas de tercera persona, entre las cuales se encuentra la gran mayoría de los verbos, queremos poner de relieve este carácter de no marcado y para ello presentamos casos en que el segmento sujeto es una oración (fórmula: S ⟶ O) y el verbo va en tercera persona de singular: veamos primeramente el caso de oraciones introducidas por /*que* / y realizando la función de sujeto:

// Lo decisivo / *es* / *que* el concentrar la atención en los bienes económicos no haga, paradójicamente, que la vida cotidiana española pierda holgura y adquiera ese matiz de sordidez que todavía resulta tan penoso a ojos españoles//. (M-169-26.)
...// y *lacontece*/ *que* al comienzo de la segunda parte sobrevenga un acontecimiento decisivo //. (O-23-11.)
// *es* / bueno, / por ptra parte /, *que* no lo sea //. (O-125-25.)
// Bien / *podría* ser, / después de todo /, *que* el turbante a su vez, ocultase otra cosa. Tal vez una diadema bizantina; tal vez el casco de cuero del persa ingenioso (O-193-35.)

Igualmente, para el caso de oración de infinitivo en función sujeto, la concordancia con el verbo se establece en la tercera persona de singular, como puede verse en los casos siguientes:

// Lo peor que le puede pasar a un pueblo / *es* / *tener* una actitud jactanciosa y al mismo tiempo un secreto desprecio de sí mismo //. (M-69-16.)
// Pero / de cuando en cuando / *conviene* / *regresar* a ti, regresar / para ser alimentado por tu fuerza //. (O.-99-21.)
// Y que /me / *bastará* / *amarrarme* sólidamente al mástil y el oído libre, la curiosidad desvelada, complacerme sin riesgo allí en el canto de las sirenas //. (O-79-19.)
// Y que / no / me / *será* / ya / necesario / *taparme* con cera los oídos, como el vulgo de los remeros//. (O-78-19.)

La tercera persona de plural del verbo es la concordancia esperada de los nombres en plural y asimismo de los SN − ∅, es decir, los sintagmas nominales alargados por coordinación de dos o más N: SN = N + N + N... Veamos algunos ejemplos:

// La *economía, la ciencia, la técnica* / mal que bien/ *pueden* subsistir//. (M-60-15.)
// La *agricultura* y la *economía actuales* / *no insistirían* / tanto / en la supresión de despoblados //. (M-277-40.)
// ¡Cómo / *se parecen* /*Alejandría* y el *siglo* XVII! //. (O-111-24.)
// *Canciones populares, trajes regionales, costumbres locales encantadoras* / *parecieron* / a los ojos de la crítica ingenua que deriva de Vico y de Herder / algo secular, inmemorial, mejor dicho //. (O-115-24.)

En el caso de que la coordinación existente en el sintagma nominal heterogéneo se dé entre dos adjetivos: SN = N + A + A, entonces no va en plural el verbo, pues es el núcleo del sintagma nominal, el nombre, lo que cuenta en la concordancia: así en los casos siguientes vemos que no varía el verbo, va en tercera persona de singular aunque vemos coordinación en el SN sujeto. En realidad es un sólo SN, no como en los anteriores casos que se presentaban varios coordinados:

// A la inversa, / una *sociedad sana y enérgica* / *puede salvar* / una porción apreciable de libertad / en circunstancias de manifiesta estrechez//. (M-184-28.)
// La *vida histórica y social* / *necesita* / proyectarse //. (M-265-38.)
// La *sociedad estructurada y activa* / *es* / por el contrario / lo que permite la eficacia del individuo //. (M-38-12.)
// *Cualquier solución «aparte», provinciana o caprichosa* / *es* / utópica //. (M-249-37.)

3. EL VERBO

Distorsión en la concordancia de los SN.—Son interesantes, como excepciones aparentes a la regla de que N + N en el SN sujeto exige un V en tercera persona plural, los casos siguientes:

> // El «lo mismo da», el «poco más o menos» / ha sido posible / hasta hace poco//.

El segmento S: / el «lo mismo da», el «poco más o menos» / deberían estar en relación con el segmento V: / han sido /. Este incumplimiento de la regla a la cual nos referimos viene justificada por no ir coordinados N + N, sino que el segmento N: / el «poco más o menos»/ es aposición y, por tanto, complementación del primer N: / el «lo mismo da»/.

Ocurre algo semejante en el caso que a continuación citamos. En el enunciado:

> // La *atomización* —y el *amorfismo*— / es / la indefensión y, por tanto, la posibilidad de la opresión. // (M-217-33.)

El segmento S / la atomización —y el amorfismo— / no se relaciona con un verbo / son /, sino / es /. Efectivamente, lo que gráficamente señalan los guiones, y la entonación reafirma, es que el segundo N / amorfismo/ está considerado como elemento parentético y no cuenta para la concordancia.

También hallamos, en el corpus de D'Ors, un caso de aparente distorsión de la concordancia S-V:

> ///Novela o drama, /señaló/ inmediatamente / una gran conquista del romanticismo //. (O-357-52.)

Esperaríamos /señalaron/ en vez de /señaló/. Pero ante este problema acudimos al contexto: en el enunciado anterior hallamos lo siguiente:

> // La *cabaña del tío Tom*, melodrama, / se representa / algunas veces / todavía // y /arranca / aún / lágrimas, / tantos años después de haberse resuelto el problema político que dio un día a la novela de Beecher-Stowe interés de actualidad //. (O-356-52.)

Ahora ya se comprende que el segmento /novela o cuento/ no es autónomo, sino que es una aposición a un SN sobreentendido / *La cabaña del tío Tom*, novela o cuento/, dentro del cual sería un caso de complementación.

Un caso interesante de auténtica distorsión es el siguiente:

> // La movilización de las capacidades humanas, la incorporación al nivel histórico / es / lo decisivo//. (M-278-41.)

En este ordenamiento no es la aposición la causa aparente de que el verbo vaya en singular, pues los nombres / movilización / e / incorporación/ están en yuxtaposición; no completa el segundo al primero, ya que no puede sustituirse por: /la movilización de las capacidades humanas, que es la incorporación al nivel histórico/ y sí, en cambio, por: / la movilización... y la incorporación al nivel histórico /.

En las oraciones cuyo verbo es *impersonal,* es decir, con imposibilidad de ir acompañado de un sujeto, la persona en que se realiza el verbo es una vez más la forma no-marcada por excelencia, la tercera del singular. Así, en los ejemplos siguientes:

// Pero / *hay* / varias / porque el Occidente es plural y permite la originalidad //. (M-252-37.)

//¿Qué lejano origen, perdido entre los primeros sueños de la humanidad, / *cabría* prestarle?//. (O-214-38.)

// Para esto / *había* / varios inconvenientes//. (M-360-53.)

De todo lo expuesto anteriormente, podemos concluir que, efectivamente, la tercera persona del verbo es la forma no-marcada en oposición a las primera y segunda; sin embargo, se da también una oposición, a su vez, entre la tercera persona del singular y la del plural, dado que la del singular se emplea como comodín de relación con todo segmento no marcado, desde una oración en función sujeto hasta un simple nombre en singular, mientras que la tercera del plural está marcada por el morfema [+ S] plural, constituyente del nombre sujeto, o bien por la coordinación N + N.

3.2.1.3. La *posición que ocupa en la oración* un segmento en función V está en relación no ya con el sujeto, sino con los posibles complementos CD, CI, A que lleve el predicado. En español, el lugar que ocupa el *sujeto con respecto al verbo* en la oración es, en principio, indiferente, y así queda descrito en el capítulo 1.5.2.

Sin embargo, es preciso señalar que el lugar que ocupa el verbo en la oración con relación a sus complementos —nos referimos al CD y CI— no es tan libre como con relación al sujeto. En relación con el *complemento directo,* la posición del verbo es generalmente anterior, como se puede ver en el cuadro de frecuencias del apartado 1.2.3. Es preciso destacar una serie de casos en que se da la fórmula CD-V:

a) *Cuando el CD es un pronombre personal* lo, la, los, las, es obligatoria la anteposición del mismo al verbo —salvo + imperativo, + infinitivo—; presentamos algunos casos a título de ejemplo:

// es decir, /*la*/ prepara y organiza / como personal //. (M-117-20.)

// Un campo de concentración / no / *lo* / tiene //. (M-123-20.)

... // y / *lo* / recibe / como si no tuviera nada que hacer, / aunque quizá tenga que sacrificar algunas horas de sueño //. (M-172-26.)

// Ya / *la* / había entrevisto / él /, adolescente, / en una hora deliciosa, bien que fugitiva //. (O-3-9.)

Aparte de esta restricción que la realización pronominal del CD impone al orden de palabras de la oración, debemos hacer constar otros casos en que aparece CD/V.

3. EL VERBO

b) *En oraciones interrogativas* en que es precisamente el SN complemento directo el que lleva como presentador un interrogativo /qué/, o bien es un /qué/ sustituto de SN, como vemos en los siguientes casos:

// *Qué* / nos / dará / la aventura / al cerrarse la narración de la aventura? //. (O-51-13.)
// ¿*Qué lejano origen, perdido entre los primeros sueños de la humanidad* / cabría prestarle? //. (O-214-38.)
// ¿*Qué* / nos / importa / que *La cabaña del tío Tom* siga de tan lejos al Atala, en lo que se refiere a la jerarquía estética? //. (O-343-5.)
// A cambio de este beneficio de una reconquistada inocencia, / ¿*qué* / importan / las miserias de la ignorancia, de la fealdad, del balbuceo? //. (O-360-53.)

c) Si el complemento directo es una *oración en estilo directo* puede anteceder al verbo, como vemos en los siguientes ordenamientos:

// «En todas partes cuecen habas» / *dice* / el español / después de recapacitar su situación con las ajenas //. (M-86-17.)
// «*Sed amorosas y seréis dichosas*», / *aconseja* / una de estas figuras / a no se sabe qué hembras cándidas e instintivas, de una bienaventurada perfección vegetal //. (O-382-54.)
// «*Sed misteriosas y seréis dichosas*», / *enseña* / el otro icono...» //. (O-383-55.)

d) Por último, hemos de señalar que también por *motivos expresivos* puede cambiarse el orden normal V-CD por CD-V, a fin de resaltar el segmento CD al variar su colocación habitual. Presentamos dentro de este apartado los siguientes ejemplos:

// *Obras constantemente evocadas,* / *vense* / abominadas sin cesar //. (O-60-17.)
// ¡Wildermann, padre mío! / *Mucho* / *debo* / a mis maestros //. (O-98-21.)
// *Análogas consecuencias* / *arrojaría* / el estudio de la proyección internacional —siempre modesta— de la filosofía española //. (M-347-51.)

En estos ordenamientos es sugerente la carencia de actualizador de los segmentos SN en función CD: / obras constantemente evocadas /, / análogas consecuencias / lo que puede contribuir a marcar la función CD ante una posible ambigüedad.

Es interesante un caso de ordenamiento en que aparece doble CD y hay anteposición al verbo; uno es un SN y otro un pronombre personal complemento: // y / la prueba de ese interés / puede dar / la / el pequeño esfuerzo necesario para buscarlo //. (M-323-48.)

Si suprimimos el segmento / –la / la oración quedaría totalmente ambigua, ya que no se sabría cuál era el segmento en función S si / la prueba de ese interés / o bien / el pequeño esfuerzo necesario para buscarlo /. El variar el orden normal V-CD motiva la reiteración del objeto directo.

Como conclusión de lo anteriormente expuesto podemos decir que si bien el español no es de las lenguas con un orden fijo de segmentos oracionales, no deja por eso de preferir como estructura básica la anteposición del verbo al CD y toda variación de ese orden normal estará motivado por restricciones gramaticales o expresivas.

El lugar que el verbo ocupa con respecto al CI es usualmente antepuesto y así encontramos muchos ejemplos con la fórmula V-CI, como queda descrito en el apartado 1.2.4.

En cuanto a la anteposición de CI a V debemos señalar que es menos forzada la fórmula CI - V que CD - V, dado que al tener CI la realización SP (sintagma preposicional) lleva un índice funcional, la preposición, como introductor, el cual, a su vez, tiende a eliminar la posible confusión o ambigüedad. Por eso encontramos más frecuentemente un CI antepuesto al verbo que un CD. Veamos algunos ejemplos de la fórmula CI-V dentro de nuestro corpus:

// *Para ellos* / la libertad / *no es* / un uso //. (M-135-22.)
// *A ello* / *hay que agregar* / los amplios desarrollos realizados en veinticinco años, tanto las obras tardías y póstumas de Ortega como las de otros autores, que sería menester poseer //. (M-273-55.)
// Entre las primeras adquisiciones humanas, / *a la canción natural del ruiseñor* / *contestó* / muy pronto / el juego sabio de la flauta //. (O-198-36.)

Presentamos un caso interesante de doble CI, antepuestos al verbo, uno es un SP que es recogido, a su vez, por un pronombre dativo:

// *Al estilo de la barbarie, persistente, permanente debajo de la cultura,* / ¿no le / daremos / el nombre de Barroco? //. (O-96-21.)

De la misma manera que hemos visto cómo el CD que es pronombre personal se antepone obligatoriamente al verbo, podemos decir que se da la misma regla en el caso del CI. Así pues, CI realizado como *le, les* pronombre personal, antecede obligatoriamente al verbo, excepto, claro está, si éste es infinitivo o imperativo [11]. Citamos algunos casos extraídos del corpus:

// Yo / *le* / *contesté* /: «¿Y no sabe usted que el instrumento principal de racionalización es el mercado?» //. (M-291-72.)
// Su sorpresa / *me* / *reveló* / que nadie se lo había dicho y que no se le había ocurrido //. (M-292-32.)
// El amor propio herido / *le* / *da* / alas //. (O-28-11.)
// ¿Qué / *nos* / *dará* / la aventura / al cerrarse la narración de la aventura? //. (O-51-13.)

En cuanto a la posición del atributo respecto al verbo, se puede señalar que en las oraciones de verbo copulativo el atributo puede ir antes o después del verbo, como veremos en los casos encontrados en el corpus; sin embargo, hay que señalar que no puede verse aisladamente la relación atributo-verbo sin tener en cuenta el sujeto. Hallamos las fórmulas V + A + S y V + S + A —además, claro está, de las usuales: A + V + S y S + V + A—. *Lo que no encontramos nunca en el corpus analizado es el verbo al final de la serie, o sea, una cópula terminando la oración.* Sin embargo es preciso apuntar que en lengua puede aparecer un verbo cópula cerrando la oración en casos como // lo / es //, en que el atributo está realizado por un sustituto del sintagma nominal. Para frecuencia y distribución de las diferentes posiciones del atributo, véase el apartado 1.2.5.

Hechas estas observaciones presentamos solamente algunos ejemplos de atributo precediendo al verbo (AV) [12], caso mucho menos frecuente que VA.

// *Lo más frecuente* / sobre todo en Europa /, y no digamos en España, donde se ha perdido el hábito de tratar adecuadamente de estos temas /, *es* / enfrentar al individuo con el Estado //. (M-26-10.)

... // y / *lo más curioso* / *es* / que algunos están persuadidos de que esas formas arcáicas son, ni más ni menos, el futuro //. (M-34-11.)

// *Lo peor que le puede pasar a un pueblo* / *es* / tener una actitud jactanciosa y al mismo tiempo un secreto desprecio de sí mismo //. (M-69-16.)

// *Lo que más me inquieta* / *es* / que en España todo el mundo se pregunta ¿Qué va a pasar? //. (M-73-16.)

3.2.2. *Problemas de segmentación.*—Las características formales del sintagma verbal son tan diferentes de las de todos los componentes del sintagma nominal que resulta fácil su identificación a la hora de segmentar la oración. El lexema de un verbo cualquiera puede coincidir con el de un nombre; por ejemplo, *cant* puede ser lexema de *cantaba* y de *el canto*. Los formantes constitutivos de el *cant-o* se reducen a uno (*–o*) indicador del género —masculino— y número —singular—. Sin embargo, en *cantaba* (*–aba*) lleva morfema de vocal temática, de tiempo y modo, persona y número. La compleja caracterización del verbo en contraste con la simple caracterización del nombre hace que la función verbo sea reconocible sin dificultad. Por otro lado, el sintagma verbal tiene, a su vez, unos componentes radicalmente distintos del sintagma nominal. El sintagma verbal o grupo verbal puede reducirse a una forma única o bien a un conjunto de elementos. Tanto es segmento V / vi / como el segmento / hubiera podido ser visto / o / se veía /.

En un grupo verbal el último elemento es el «auxiliado» y los precedentes son los auxiliares. Todos los verbos de la lengua pueden ser auxiliados; sin embargo, solamente algunos pueden ser auxiliares. Podemos afirmar, por tanto, siguiendo a Pottier [13], que *«auxiliar es todo verbo que no es el último en una serie verbal»*. Los verbos auxiliares pueden ir acompañados de un participio / ha visto /, un infinitivo / va a ver / y un gerundio / está viendo /. La sustancia predicativa de base no es el auxiliar sino el auxiliado; en los casos arriba citados, la sustancia es siempre / ver /, lo que varía es el auxiliar y por tanto la caracterización en modo, aspecto, o tiempo que el auxiliar indica. Pero formalmente varía todo el sintagma, como claramente puede deducirse de los casos presentados.

En el caso de *auxiliar + participio pasado*, los auxiliares más frecuentes son: *haber*, o *ser* (en el caso de pasivo) o incluso *tener*, y este sintagma verbal es tan compacto que apenas pueden presentarse problemas de segmentación. / Había caminado / es una forma verbal identificada como única en cuanto a la expresión de tiempo —pluscuamperfecto— y en la cual sus elementos no pueden ir separados por cualquier segmento oracional, sino solamente por un elemento de concatenación / había también caminado / o un adverbio [14] / había ya caminado /, siempre en un orden oracional algo forzado. En el corpus analizado encontramos los casos siguientes como representativos de este fenómeno: / fue —*gradualmente*— invadida / (M-4-7), / son —*por otra parte*— aprovechadas / (O-12-10), / no haya sido —*aun suficientemente*— estudiada / (O-239-41), / ha sido —*más o menos indirectamente*— educada / (O-404).

Los cuatro casos presentados coinciden en el verbo auxiliar *ser*. El participio pasado, que es el verbo auxiliado y por tanto portador de la significación, está a caballo entre la función atributo y la de verbo y por eso no resulta extraño que lleve modificaciones en tanto que atribución dentro de la oración.

En el resto de los enunciados el auxiliar y el participio pasado van totalmente cohesionados.

La segmentación de una oración cuyo verbo está realizado por un sintagma verbal-auxiliar + infinitivo puede en ocasiones revestir ciertas dificultades. Si el verbo auxiliado es un infinitivo, en ocasiones los complementos que lleve serán complementos del V; pero otras veces el infinitivo no pertenecerá al sintagma verbal, sino que será otro segmento oracional en función de complemento y dentro de dicho segmento irán insertados una serie de segmentos dependientes del infinitivo. El decidir qué verbo al lado de un infinitivo es auxiliar o principal puede ser, en ocasiones, francamente complejo. Todo el problema se basa en la idea que se tenga de lo que es un verbo auxiliar. En el caso de *ser* y *haber* el asunto es fácil, ya que su incidencia en el otro verbo del sintagma verbal es total y se forman modalidades fundamentales que afectan al proceso mismo. Cuando un verbo acompañado de un infinitivo no pierde su valor autónomo (// veo / hacer el pan //) no se considera incidente a otro verbo y por tanto no es auxiliar. Pero en el caso de que el verbo primero implica perspectivas de realización del segundo (// quiero hacer / el pan //) aquél es considerado como auxiliar. Por eso, dentro de nuestro corpus, vemos casos de «verbo + infinitivo» constituyendo un mismo grupo verbal, y otros «verbo + infinitivo» constituyendo dos segmentos oracionales diferentes.

Citamos a continuación algunos casos ilustrativos de verbo + complemento directo ⟶ oración de infinitivo:

// *Vemos* / la / en este punto / *partir* para el centro de Europa, donde va a disputarse en un torneo la mano de la bella, con anuncio de singular combate o tenzón //. (O-29-11.)

// Pues bien /: Valéry, siempre lúcido, / *ha confesado* / *haber* escrito este poema, como un recreo, como una vacación, concediéndose a sí mismo tal recompensa, tras de las horas largas de aplicación exigidas por su gran poema «La Jeune Parque»... Dominical descanso, después del laborar de seis días //. (O-186-33.)

// La elegante condesa d'Egmont / *sintió* / *nacer* en su corazón una vocación imprevista por la vida salvaje y solitaria //. (O-291-46.)

3. EL VERBO

// Cuando nuestro público —y el término incluye aquí a los mismos académicos de Bellas Artes, a los académicos sobre todo—, cuando nuestro público ha dicho «churriguera» / *se figura* / *haber dicho alguna cosa* //. (O-67-18.)

En los casos de oración copulativa (con *ser, estar*) el hallar el conjunto: ser + infinitivo presenta dos segmentos oracionales diferentes, por ejemplo: V + S, como vemos en los enunciados siguientes:

// el error más probable /es / *juzgar* ésa por aquélla //. (M-121-20.)
// Mucho más difícil /es/ aforar aquélla de que goza una sociedad //. (M-120-20.)
// Lo decisivo / es / *poder* contar con ellas //. (M-113-19.)
// Lo más frecuente / sobre todo en Europa /, y no digamos en España, donde se ha perdido el hábito de tratar adecuadamente de estos temas, / es / *enfrentar* el individuo con el Estado //. (M-26-10.)

También con otros verbos distintos de *ser*, se da el caso de constituyentes inmediatos verbo + infinitivo, realizando el infinitivo la función S.

// Pero / de cuando en cuando / *conviene* / *regresar* a ti, regresar / para ser alimentado por tu fuerza //. (O-99-21.)
// Y que / *bastará* / *amarrarse* sólidamente al mástil y, el oído libre, la curiosidad desvelada, complacerme sin riesgo allí en el canto de las sirenas //.

Sin embargo, hay muchos otros casos en que «verbo + infinitivo» constituyen un solo segmento V. (Véase el apartado 3.3. «Realizaciones sintagmáticas del verbo».)

La cohesión entre auxiliar y auxiliado en el caso de «auxiliar + infinitivo» no es tan grande como en el sintagma verbal «auxiliar + participio». Encontramos ejemplos donde aparece un elemento insertado entre ambos componentes:

/ ¿no quiere —*Barroco*— decir /... (O.54-13), / llega —*bastante tarde*— a tocarse /... (O-199-36), / diose a —*largamente*— ensoñar /. (O-277-45).

El sintagma verbal compuesto de «auxiliar + gerundio» lo encontramos representado en el corpus por *ir* + *gerundio* solamente, como se explica en el apartado 3.3.2.3. La cohesión de este sintagma no es tan grande como para no poder llevar un elemento oracional insertado. Veamos el caso siguiente:

/ ha ido —*poco a poco*— sintiéndose /. (M-354-52.)

La segmentación de la función verbo puede plantear otros problemas además de los auxiliares: *las pronominalizaciones*. No consideramos como pronominalizaciones dentro del sintagma verbal a los segmentos en función CD o en función CI cuya realización es un pronombre personal complemento (le, la, lo, les, los, las), dado que están refiriéndose a un grupo de palabras a las que sustituyen y realizan la función de dicho grupo o dicho segmento oracional. Por ejemplo, en la oración:

> ...// y / aún aquellos que actúan así en las grandes líneas de su conducta / *lo* / olvidan / en el detalle de ella, es decir, precisamente en la vida cotidiana porque... //. (M-154-24.)

El segmento / *lo* / sustituye a / estos hechos / y por tanto no pertenece al segmento verbo.

En otro ejemplo:

> // Su carácter mismo / *la* / aleja / de todo pensamiento inercial //. (M-364-54.)

El segmento *la* sustituye a / la filosofía /, y no está incluido en el segmento V.

Podríamos multiplicar los ejemplos, pero no es preciso. Pasemos a continuación a ver cuáles son las pronominalizaciones que están dentro del segmento verbo. En la oración siguiente:

> // Pero / aquí / *se esconde* / otro riesgo no despreciable, y del que son incontables los ejemplos en el mundo actual //. (M-58-15.)

El segmento / se esconde / es un sintagma verbal constituido por un pronombre + una forma verbal simple. Si quitamos / *se* / cambia la sintaxis de la oración: // aquí / esconde / otro riesgo... // y el sujeto elidido sería una tercera persona de singular. En cambio, aquí, el sujeto es / otro riesgo... / dado que si conmutamos por el plural / otros riesgos / el verbo deberíamos conmutarlo por / se esconden /. Resulta de este modo la oposición *esconder /esconderse* cuyas realizaciones sintácticas son diferentes.

En el ordenamiento siguiente:

> // Me atengo, / pues, / a España, / a sabiendas de que sólo doy una abreviatura //. (M-334-49.)

El segmento / me atengo / es un sintagma verbal, cuya pronominalización / me / no puede quitarse ya que si no / atengo / quedaría sin sentido alguno. En este caso no se presenta la oposición atener / atenerse, sino que sólo aparece la forma de infinitivo *atenerse,* cuya reacción preposicional es *a*.

En el ordenamiento siguiente:

> // Al hablar del Estado prepotente / *me refiero* / a aquél cuyas potencias van más allá de lo que es requerido por su función propia, es decir, que interviene en aquellas esferas que corresponden a los individuos o a la sociedad como tal //. (M-40-12.)

El segmento / me refiero / no puede segmentarse / me / refiero /, ya que /referirse / se opone a / referir /. / Referirse / lleva la rección preposicional *a*, mientras que / referir / tiene un régimen directo, o sea puede ir acompañado de un CD.

En el ordenamiento siguiente:

3. EL VERBO

// En todo caso, / cuando un poco más tarde la pedagogía puso en mis manos los primeros textos elementales de Historia Universal / *me percaté* / en seguida / de lo que Alejandría significaba, y, en términos generales, esta Grecia que sobrevive a Grecia //. (O-138-27.)

No podemos segmentar / me / percaté /, ya que no existe de una manera autónoma el verbo *percatar* sino / *percatarse* / que lleva la rección preposicional *de*. Otro ejemplo de sintagma verbal con pronominalización es el siguiente:

// *Se sentía,* / —como yo me siento ahora— yo, intelectual jornalero— / dominicalmente enamorado del Barroco //. (O-190-34.)

En este ordenamiento el segmento / se sentía / no puede escindirse en / se / sentía /, ya que *sentir* se opone a *sentirse* en que aquél puede llevar CD, y en cambio éste puede presentar rasgos diferentes y originar estructuras sintácticas también diferentes.

La oposición semántica como vimos en el caso de / referir-referirse / puede darse en otros muchos ejemplos como / sentar-sentarse /, oposición que justifica la segmentación / se sienta / en el siguiente ordenamiento:

// Ella, que, / para seguirte, / Señor, / se sienta / sobre sus talones //. (O-164-30.)

En los casos propuestos y en otros muchos más que están dentro de la misma línea podemos ver cómo al lado de una forma verbal aparecen en ocasiones ciertos elementos pronominales que forman con ella una unidad sintáctica, es decir un segmento con unidad de función. Estos segmentos, insistimos, se diferencian básicamente de aquéllos en que el pronombre CD o CI no va unido funcionalmente al verbo. Los pronombres CD y CI, en cambio, forman unidad prosódica con el verbo y a veces (imperativo, infinitivo) pueden ser enclíticos del verbo; por eso, no debemos confundir niveles, pues si bien son unidades fónicas, grupos fónicos, / la veo /, /verlo/, igual que / se sienta / o / sentarse /, en cambio a nivel sintáctico la segmentación no coincide en ambos ejemplos; así veremos: / la / veo /, / ver / lo /, pero / se sienta / y / sentarse /.

La cohesión entre los elementos del sintagma verbal en que aparecen pronominalizaciones es grande y no pueden aparecer separados por adverbios o concatenaciones como veíamos en el caso de los auxiliares. Por eso sería agramatical un segmento */ se-ahora-dirá/ o */ se-también-sienta/. Unicamente puede interponerse entre ambos constituyentes del sintagma verbal un pronombre en función CD o CI, como vemos en los dos ordenamientos siguientes:

...// *Se* / las / *mide* / mejor /por el hecho mismo de su magnífica inepcia y del poder sugestivo con que han dominado a las imaginaciones //. (O-263-44.)

// Si su corriente de aire no resfrió a todos, / por lo menos / *se* / les / *llevó* / a todos / la peluca //. (O-369-44.)

La colocación con respecto al verbo de las pronominalizaciones a que nos venimos refiriendo es de anteposición: /se decide/, /se apoderan /, / se halla /, /se erigen /, / nos detendremos/, etc. Pero encontramos algunos casos, muy pocos, de posposición al verbo. Vamos a presentarlos a continuación.

> ...// y / *adviértase* / que eso no depende sólo de los caracteres del sistema político, sino muy principalmente de los de la sociedad a que se aplica //. (M-124-20.)
> // *Adviértase* / además / de un autodidacta a otro / el descenso de nivel //. (O-11-9.)
> // *Explórense* / los lugares habitados por el *Autodidacta*, de Gracián, o los de aquella *Solitaria de las rocas*, que exhumó el abate Bremond //. (O-11-9.)
> // Pero /*dígase* / si alguna forma de conciencia ha tenido menos fracasos y más éxitos que el liberalismo //; *dígase* / si no son los países que le han permanecido sustancialmente fieles aquellos en que se han unido más regularmente la prosperidad y la dignidad, los que nunca se han sumido en la catástrofe ni en la abyección//. (M-206-30.)
> // *Trátese* / de los paisajes melifluos donde se asienta *La cabaña del tío Tom* //, *trátese* / de las colecciones antropológicas del Blumenbach o del Tahití, de Gauguin, o del Perú, donde nació su madre //. (O-10-9.)

En estos enunciados vemos los segmentos / adviértase /, / explórense /, / dígase /, / trátese / que tienen en común el ser modo subjuntivo y expresan una exhortación o un deseo. Pero también en tiempos de indicativo vemos casos de inversión (solamente en el corpus de D'Ors):

> // Y/ *ciérrase* / así / nuestra novela //. (O-47-13.)
> // Obras constantemente evocadas, /*vense*/ abominadas sin cesar //. (O-60-17.)
> // Aquellas mentes inclusive que por menos predispuestas o más frías habían resistido a la predicación filosófica de Juan Jacobo / *diéronse* / por vencidas / al fin / ante aquella predicación más disimulada y a un tiempo más accesible, que no empleaba como instrumento de demostración otras armas que la turbación morosa de una historia sentimental y el halago acústico de una prosa cadenciosa//. (O-292-46.)
> // La simplicidad del negro, su fidelidad, su humildad profundamente conforme con la enseñanza de Cristo /*conviértense*/ aquí / para el gustador de la moral / en otras tantas lecciones y ejemplos //. (O-360-53.)

No corresponde al tema de nuestro trabajo el profundizar en estos usos a nivel estilístico, pero sí es preciso señalar que solamente el afán de D'Ors por hacer muy expresiva la lengua y embellecerla puede justificar el empleo de formas verbales de indicativo con pronombres pospuestos. También vemos posposición de pronombres personales complementos en el caso siguiente:

> // *Vemos / le* / en este punto / partir para el centro de Europa, donde va a disputarse en un torneo la mano de la bella, con anuncio de singular combate o tenzón //. (O-29-11.)

No citamos, por ser de uso normativo, el caso de posposición de pronombres personales detrás de un infinitivo.

A la hora de la segmentación de la oración la función verbo puede presentar otro problema al que nos vamos a referir a continuación. La *estructura léxica* de algunos verbos es *compleja* y no podemos segmentar con un criterio formal lexías como «traer a mal traer», «dejar de lado», etc., ya que están estereotipadas y funcionan como locuciones indivisibles. Veamos algunos enunciados donde aparecen estos segmentos verbales lexicalizados:

// En rigor / *no hizo falta esperar* / a la guerra civil / para que la claridad fuera insuficiente //. (M-3-7.)

El segmento / no hizo falta esperar / es una unidad de funcionamiento en la oración, ya que no podemos segmentar: /no hizo/ falta / esperar /, pues /hacer / es diferente de / hacer falta/ en significado y en rección sintáctica.

...// y / *se darían cuenta* / de hasta qué punto lo que sucede en la Península Ibérica condiciona la marcha general de los asuntos de Occidente//. (M-16-9.)

El segmento / se darían cuenta / no puede dividirse en / se darían / cuenta /, pues igualmente / darse / es opuesto en significado y en funcionamiento sintáctico a / darse cuenta /. Este segmento / darse cuenta / rige un complemento introducido por *de* y en cambio / darse / no lo exige.

// A veces / el español / *cae en la cuenta* / de su generalización constante, de su propensión a exagerar//. (M-82-17.)

El segmento /caer en la cuenta/ difiere desde un nivel de contenido y de rección sintáctica de un segmento /caer/ y por ello lo hemos considerado unitario así /cae en la cuenta/.

// Al mismo tiempo / *dan por supuesto*/ que «no hay libertad» /, sin advertir que esto no puede decirse nunca de una manera absoluta, porque en rigor nunca «hay» libertad, sino que ésta «se hace» ejercitándola //. (M-142-22.)

El segmento V /dan por supuesto/ puede llevar al lado un CD introducido por *que* y en cambio esta estructura no sería factible si segmentásemos / dan/ por supuesto/.

No vamos a presentar en este apartado todos los casos de fórmula verbal estereotipada, ya que nos referiremos a ellos en una de las realizaciones formales del verbo (3.3.4).

3.2.3. *Compatibilidad del verbo con otras funciones sintácticas.*—Dado los caracteres sintácticos del verbo que hemos visto en este mismo capítulo, es fácil suponer que si la función V es imprescindible en la oración, en principio es compatible con todas las demás funciones sintácticas. Entonces es compatible, obviamente, con el sujeto, siendo S y V los elementos esenciales de todo enunciado. El verbo es asimismo compatible siempre con el CC, ya que éste es un elemento facultativo de la oración, con capacidad de ser recursivo y sin restricción o incompatibilidad sintáctica con respecto a ningún elemento.

Tanto S, como V, como CC, en una representación estructural, pueden ir los tres dependientes del símbolo P (phrase). Pero en cambio para que aparezca el segmento A es necesario que entre los rasgos del segmento V se halle el de (+ cop.), es decir que sea un verbo copulativo. De otro lado, si el verbo no es copulativo es compatible con un segmento en función CD y con un segmento en función CI. El verbo, por otro lado, es compatible con un segmento Ag. cuando aquél lleva como realización formal el auxiliar *ser* + *participio pasado*.

3.3. REALIZACIONES SINTAGMÁTICAS DEL VERBO

En nuestro análisis de la oración está claro que el segmento V no coincide con el segmento SV o VP de la gramática generativa. El segmento SV de la gramática generativa coincide con lo que se ha llamado predicado de la oración, por oposición al sujeto, y que engloba los segmentos: verbo, complemento directo, complemento indirecto y atributo (de los cuales solamente el verbo es necesario «a priori» para el proceso comunicativo y los demás pueden generarse o no según las reglas de reescritura del grupo verbal). En consecuencia, al estudiar las realizaciones sintagmáticas del verbo nos centraremos en los elementos que componen dicho segmento y no en elementos adyacentes como el SN en función CD, por ejemplo, que hemos considerado un segmento oracional independiente del verbo.

El segmento V puede reducirse a una forma única o estar compuesto de varios elementos. Podemos distinguir alrededor del verbo dos tipos de elementos:

a) Las pronominalizaciones.
b) Los auxiliares.

No llamamos aquí pronominalizaciones del verbo a los segmentos en función CD o CI, cuya realización es un pronombre personal que se coloca al lado del verbo. Como ya expusimos anteriormente, esos segmentos tienen una función diferente del verbo y son independientes de él. En cambio, hay otros pronombres, principalmente *se*, que no son sustitutos, como los anteriores, sino que modifican al verbo y le acompañan obligatoriamente.

En cuanto a los auxiliares, podemos afirmar, siguiendo a Pottier [15], que su característica esencial es el ser «incidentes» de otro verbo en un mismo grupo verbal o segmento verbo.

El adverbio de negación *no* que incluimos dentro del segmento verbo, ya que le es adyacente, es un constituyente facultativo de la oración. La

3. EL VERBO

gramática generativa presenta como regla de reescritura del constituyente de frase la siguiente:

$$\text{Const.} \begin{Bmatrix} \text{Afirm.} \\ \text{Inter.} \\ \text{Imp.} \end{Bmatrix} + (\text{Neg.}) + (\text{Enf.}) + (\text{Pasiva})$$

Esta fórmula significa que el constituyente de frase (Const.) está formado de un elemento obligatorio ya sea *Afirm.* (afirmación) ya sea *Imp.* (imperativo), ya sea *Inter.* (interrogativo) y de unos constituyentes facultativos que son: *Neg.* (negación) *Enf.* (énfasis) y pasivo.

Si nuestra segmentación no está totalmente en la línea de esta fórmula generativa, en cambio sí consideramos a *no* como elemento que incidiendo formalmente sobre el núcleo del predicado (el verbo) incide en realidad en todo el funcionamiento oracional y a él aludimos en la sintaxis de la frase.

Alarcos Llorach en su artículo «Estructura del verbo español» [16] presenta una serie de correlaciones que organizan la estructura verbal. Estas correlaciones están vistas de acuerdo con diferentes aspectos que atañen al verbo. En el aspecto sintagmático, que es el que nos interesa en este capítulo de nuestro estudio, divide las formas verbales en dos grupos:

a) Formas no-delimitadas (simples).
b) Formas delimitadas (compuestas).

Como estructuración más convincente de las realizaciones sintagmáticas del verbo proponemos la siguiente, que pasaremos luego a explicar:

1. V ⟶ F.V.S.

2. F.V.C.

    2.1. V ⟶ Aux. + Participio.
    2.2. V ⟶ Aux. + Infinitivo.
    2.3. V ⟶ Aux. + Gerundio.
    2.4. V ⟶ Encl. + F.V.

3. V ⟶ F.V. *en coordinación.*

4. V ⟶ *Lexía compleja.*

5. V ⟶ *Infinitivo en función de F.V.*

Llamamos F.V.S. (formas verbales simples) a todas aquellas que sin mediación de ningún otro lexema (como puede ser un verbo auxiliar o un pronombre enclítico) son capaces de indicar modo, tiempo y persona, Coinciden con lo que Alarcos llama formas no-delimitadas. En cambio, llamamos F.V.C. (formas verbales complejas) a todas aquellas que pueden ser segmentadas en elementos como un verbo auxiliar, o un pronombre enclítico.

Tanto las formas verbales simples como las formas verbales complejas se oponen a las llamadas formas nominales del verbo, es decir, el infinitivo, el gerundio y el participio, en que estas formas nominales no son capaces de indicar modo, tiempo, ni persona, mientras que aquéllas sí lo son. Vemos, por lo tanto, dos oposiciones:

De un lado las F.V.S. se oponen a las F.V.C. en cuanto a su realización formal. Por ejemplo:

Digo	he dicho	— Aux. + Participio
	voy a decir	— Aux. + Infinitivo
	voy diciendo	— Aux. + Gerundio
	se dice	— Encl. + F.V.
F.V.S.	F.V.C.	

De otro lado las formas intrínsecamente verbales (F.V.S. y F.V.C.) se oponen a las formas nominales del verbo:

Pueden indicar modo, tiempo y persona.	*Digo* *he dicho* *voy a decir* *voy diciendo* *se dice*	*decir* *dicho* *diciendo*	No pueden indicar modo, tiempo, persona. Pueden funcionar como nombres.
No pueden funcionar como nombres.			
FORMAS VERBALES		FORMAS NOMINALES	

También es preciso señalar [17] que un sintagma verbal puede presentarse con una estructuración homogénea o con una estructuración heterogénea. En la estructuración homogénea no aparecen elementos demarcadores, y en cambio sí aparecen en la estructuración heterogénea (y, o, ni, pero). Se puede considerar por tanto SV homogéneos las realizaciones 1 y 2 con todas sus variantes, y en cambio como heterogéneos los sintagmas verbales como: / escribe y dibuja /, / escribe o dibuja /, / ni escribe ni dibuja /, / no escribe pero dibuja /. Sobre problemas sintácticos que puede conllevar esta realización tratamos en el apartado 3.3.3.

Pasamos a continuación a estudiar las realizaciones sintagmáticas del segmento verbo dentro del corpus analizado en nuestro trabajo.

3.3.1. V ⟶ F.V.S. *(forma verbal simple)*.—La flexión verbal comprende tres modos verbales: indicativo, subjuntivo e imperativo. Cada uno de estos modos está estructurado en una serie de tiempos.

Por la índole sintáctica de nuestro trabajo, no encuentra lugar en él una descripción de un problema estrictamente morfológico como la conjugación del verbo, con todo su conglomerado de desinencias; únicamente

3. EL VERBO

presentamos una descripción de los modos y tiempos que aparecen en el corpus. En este apartado 1 nos referiremos, claro está, a las formas simples del verbo, y en el apartado 2 a las formas compuestas.

Los tiempos del modo indicativo —formas simples— están todos representados en el corpus; tanto en D'Ors como en Marías aparecen formas verbales del presente, del imperfecto, del indefinido, del futuro y del condicional. El presente es el tiempo más frecuente con una gran diferencia, tanto en D'Ors como en Marías, con respecto a los demás. En el corpus de Marías el 83 % de todas las F.V.S. de indicativo está representado por el presente, y en el de D'Ors el 64,2 %. Al presente le siguen en frecuencia el indefinido y el imperfecto en ambos corpus, aunque varía mucho el porcentaje. El futuro en D'Ors es más frecuente con mucho que el condicional, y en cambio en Marías el condicional es superior en frecuencia al futuro. Las motivaciones semánticas y estilísticas de estos datos escapan al tema de nuestro trabajo, aunque son sumamente atractivas. El uso del condicional, tiempo de la irrealidad, mayor con diferencia expresiva en Marías que en D'Ors, es indicio de la necesidad que un discurso más racional que imaginativo puede tener en dicha forma verbal. En cambio en D'Ors, la lengua está más en los derroteros de lo real que lo abstracto y de ahí la mayor aparición de la forma del futuro.

El uso del indefinido con respecto al imperfecto está equilibrado en Marías; en cambio en D'Ors el indefinido prácticamente duplica en número al imperfecto.

Los tiempos simples del Subjuntivo podemos decir que aparecen en un porcentaje mínimo con respecto al indicativo: en Marías representa un 1,6 % del total de los tiempos simples y en D'Ors un 3,3 %.

En cuanto al imperativo, no aparece ningún caso en el corpus de Marías y uno sólo en el de D'Ors.

Presentamos a continuación cuadros estadísticos de la distribución y frecuencia de los tiempos de indicativo de la realización forma verbal simple:

INDICATIVO	MARIAS		D'ORS	
Presente	255	82,5 %	175	61,4 %
Imperfecto	12	3,9 %	26	9,1 %
Indefinido	13	4,2 %	47	16,5 %
Futuro	3	1,0 %	22	7,7 %
Condicional	21	6,8 %	5	1,8 %
SUBJUNTIVO				
Presente	4	1,3 %	9	3,2 %
Imperfecto	1	0,3 %	—	—
IMPERATIVO	—	—	1	0,3 %
Total	309	100 %	285	100 %

DISTRIBUCION DE LOS TIEMPOS DE LAS F.V.S.

TOTAL CORPUS

INDICATIVO		
Presente	430	72,3 %
Imperfecto	38	6,4 %
Indefinido	60	10,1 %
Futuro	25	4,2 %
Condicional	26	4,4 %
SUBJUNTIVO		
Presente	13	2,2 %
Imperfecto	1	0,2 %
IMPERATIVO		
TOTAL	594	100 %

Es interesante destacar el uso de los verbos copulativos *ser* y *estar* entre las formas verbales simples del corpus que hemos analizado. La frecuencia de formas verbales simples de ser y estar en Marías es de un 45,3 % del total de F.V.S. Sin embargo, en D'Ors representan un 21,3 % del total. De estas cifras podemos deducir que los verbos copulativos en sus formas verbales simples están prácticamente igualados con los no-copulativos en el corpus de Marías; en cambio en D'Ors representan algo menos de la cuarta parte del total. Este apasionante tema de la atribución y la predicación como estructuras bien diferenciadas de la frase es tratado con un mayor detenimiento en el capítulo 1.4., en el cual se señala la preferencia de Marías por la estructuración atributiva.

Decíamos al principio que la característica más destacable de las formas verbales, tanto simples como compuestas, es el poseer las categorías de tiempo, modo y persona. Hemos visto ya qué tiempos y dentro de qué modos, y con qué distribución aparecen en el corpus. Veamos a continuación *la categoría persona* qué peculiaridades presenta. La *tercera persona de singular*, forma no-marcada por excelencia, es el comodín de concordancia con casi todas las realizaciones del sujeto. Efectivamente, en la distribución de las personas en que aparecen las F.V.S. es la tercera persona de singular la de más alta frecuencia: *81,6 %* del total de Marías y *75,8 %* en D'Ors. Le sigue en frecuencia la tercera persona de plural: aparece en un 12,9 % en Marías y en un 14,4 % en D'Ors.

3. EL VERBO

DISTRIBUCION DE LAS PERSONAS EN LAS F.V.S.

	MARIAS		D'ORS	
1.ª	12	3,9 %	6	2,1 %
2.ª	—	—	3	1,1 %
3.ª	252	81,6 %	216	75,8 %
1.ª	5	1,6 %	17	6,0 %
2.ª	—	—	2	0,6 %
3.ª	40	12,9 %	41	14,4 %
TOTAL	309	100 %	285	100 %

CORPUS TOTAL

1.ª	18	3,0 %
2.ª	3	0,5 %
3.ª	468	78,8 %
1.ª	22	3,7 %
2.ª	2	0,4 %
3.ª	81	13,6 %
TOTAL	594	100 %

3.3.2. V ⟶ *F.V.C.*—Dentro de esta realización 2 hay una serie de variantes. Ya dijimos en su momento que llamamos formas verbales complejas, por oposición a las F.V.S., a todas aquellas que están compuestas de dos o más lexemas.

Las tres primeras variantes, son:

1. V ⟶ Aux. + Participio.

2. V ⟶ Aux. + Infinitivo.

3. V ⟶ Aux. + Gerundio.

Estas variantes tienen en común el ir introducidas por un verbo auxiliar en forma personal.

Se han venido llamando a estos sintagmas *perífrasis verbales o frases verbales*. Los tres verbos auxiliares por excelencia en el español actual son *ser, estar* y *haber*. Ahora bien, existe una larga serie de verbos que se pueden utilizar como auxiliares y que han sufrido paulatinamente procesos de gramaticalización más o menos profundos. Las posibilidades de combinación de estos verbos con el infinitivo, gerundio o participio pasado de otro verbo dan a nuestra lengua una gran abundancia de formas para expresar los más diversos matices aspectuales de la acción verbal.

En el *Esbozo de una nueva gramática de la Real Academia Española* (pág. 444) encontramos la siguiente definición de verbos auxiliares: «Decimos que un verbo desempeña la función de auxiliar cuando al encabezar una perífrasis verbal pierde total o parcialmente su significado propio». Y más adelante se añade algo sumamente interesante para un trabajo de análisis descriptivo como el nuestro: «Como todos estos verbos —con excepción de *haber*— conservan en la lengua moderna su significado propio, habrá que decir, en cada oración donde aparezca una de tales perífrasis, si su significación se ha perdido u oscurecido en grado suficiente para estimarlos como verbos auxiliares. Por otra parte, la función auxiliar de un verbo, en cada caso, puede ser meramente ocasional, o bien puede representar un esquema sintáctico en vías de consolidación más o menos generalizada en la lengua.» Hay unos niveles de gramaticalización del verbo auxiliar, desde la total gramaticalización en el verbo *haber* —he ido—, pasando a *ser* —es recibido—, *estar* —está escrito—, *tener* —tengo que leer—, *ir* —voy leyendo—, etc., hasta otros verbos que se unen casi siempre al infinitivo —*quiero* leer, *pueden* leer, *suelen* leer, etc—, los cuales añaden al concepto del infinitivo una modificación que indica la actitud del sujeto ante la acción de leer.

El aspecto como categoría del verbo está expresado la mayoría de las veces mediante las perífrasis o frases verbales. El significado del segmento verbo realizado mediante perífrasis es la «multiplicación de los dos verbos más otro potencial del conjunto» [18]. Roca Pons en su *Estudio sobre perífrasis verbales del español* (pág. 12) dice que el verbo auxiliar sirve, esencialmente, para expresar una modalidad determinada de un concepto verbal, y añade que el proceso seguido por un verbo hasta llegar a ser un verdadero auxiliar es un caso de gramaticalización. Sin embargo, no siempre se llega a una pérdida completa de sentido concreto. Con frecuencia se conserva algún carácter del significado originario, y se plantea el problema de los límites; según el mayor o menor grado de «vaciedad» significativa y otras circunstancias pueden establecerse algunos grupos fundamentales. El mismo autor destaca el carácter analítico de las construcciones perifrásticas, tan en consonancia con las líneas generales que presiden la evolución de las lenguas románicas.

Siguiendo la definición que da Pottier de auxiliar («todo verbo que es incidente de otro verbo en un mismo sintagma verbal»), el sintagma verbal que incluye un auxiliar está constituido de dos elementos de naturaleza combinatoria opuesta [19]: un *modificante* con un número definido de variables + un *modificado* con un número indefinido de variables, por ejemplo:

3. EL VERBO

Este hombre { puede / debe / quiere / suele / ... } + { leer, y en teoría todos los verbos existentes en la lengua.

La gramática estructural al igual que la tradicional da el nombre de auxiliar a una categoría gramatical que comprende los verbos *haber* y *ser* seguidos de participio así como los verbos y locuciones verbales que seguidos de infinitivo (semiauxiliares) expresan el desarrollo o la terminación de una acción, el aspecto incoativo, etc. A este respecto, es preciso tener en cuenta la aportación que Guillaume [20] realizó en el estudio de temas como el aspecto y su relación con las perífrasis verbales de infinitivo, participio y gerundio, estudio al que Alarcos alude en su *Gramática estructural*. De todos modos, este aspecto semántico del verbo escapa en parte al interés esencial de nuestro trabajo.

En gramática generativa, en cambio, el signo Aux. insertado en la descripción del SV no hay que entenderlo como verbo auxiliar, sino que es un constituyente obligatorio del sintagma verbal el cual, a su vez, comprende un constituyente obligatorio de tiempo y constituyentes facultativos como aspecto y modal. El tiempo está constituido de presente o de pasado en combinación facultativa con futuro. El perfecto está compuesto de *haber* o *ser* seguido de un participio pasado. Por último, el modal está constituido de los verbos modales propiamente dichos (poder, deber... + Inf.) o los aspectuales (ir a, acabar de, etc.) seguido de un afijo de infinitivo.

Dentro de esta visión generativista [21] pueden crearse con las diversas reescrituras del auxiliar tanto «leo», como «he leído», «debí leer», «ha debido leer», «ha debido haber leído», etc. Se llama auxiliar *ser* (Aux. ser) a la forma *ser* seguida de un afijo de participio pasado, añadido, en el curso de la transformación pasiva, a las estructuras de frases que admiten la pasiva (verbo seguido de un sintagma nominal).

La incidencia de la forma del sintagma verbal (F.V.S., F.V.C.) en la expresión del tiempo y del aspecto verbal es evidente, dado que parte de los tiempos verbales, los llamados compuestos, indican un tiempo diferente de los simples por tener una forma compleja, y asimismo ciertas F.V.C. sustentan la expresión de todos los matices del aspecto. Por tanto, consideramos acertada esta formulación de los generativistas, aparte de reconocer su capacidad para producir frases verbales.

De todos modos, en nuestra descripción vamos a deslindar las diversas variantes que presenta la realización 2-V ⟶ F.V.C.

3.3.2.1. *V* ⟶ *Aux. + Participio.*—Al lado del participio encontramos como auxiliares a los verbos *haber, ser* y *estar*, principalmente.

Haber + Participio.—«Haber» aparece en los paradigmas de la conjugación regular, donde figura como integrante de los llamados tiempos compuestos. El fenómeno característico de los auxiliares es, como dijimos más arriba, el perder su significación propia, gramaticalizarse y servir para matizar la significación del verbo auxiliado. En este proceso, el verbo *haber* ha perdido su contenido semántico originario, «tener», para pasar a ser el verbo auxiliar por excelencia, incluso el verbo auxiliar de los auxiliares.

¿Pertenecen las formas compuestas al sistema morfológico del verbo o son sólo procedimientos sintácticos fuera de la morfología? Difícil cuestión de responder la que Alarcos [22] plantea en estos términos. Y añade: «Esta pregunta arrastra consigo el problema del sintetismo o analitismo de una lengua. Indudablemente *ha cantado* se nos aparece en la escritura como una expresión analítica; pero en el uso de la lengua, ¿hay alguna diferencia en la percepción unitaria de la significación de *he cantado* y de *canto*? En realidad no cabe hablar de formas compuestas más que como expediente práctico: «cantaré» sería también una forma compuesta en un análisis de grado superior. Esto se debe a la corriente alterna de la lengua, que crea expresiones analíticas poco a poco oscurecidas hasta alcanzar el grado de síntesis necesario para que otra vez se sienta la necesidad del análisis. Para nosotros, pues, las llamadas formas compuestas entran en el sistema de la conjugación.» En nuestra opinión, la diferencia entre *canto* y *he cantado* no está en que la percepción de ambas sea diferente, ya que, efectivamente, tanto uno como el otro segmento pueden constituir un solo grupo fónico, sino en que si bien podemos hallar *he* en varios paradigmas (he cantado, he leído, he dicho...) no así sucede con *canto*, cuya variación sólo puede ser flexional (canto, cantas, canta). Igualmente puede variar el otro elemento de la F.V.C.: cantado (había cantado, hube cantado, habré cantado...). Por tanto, y a nivel sintagmático consideramos que es una forma segmentable a diferencia de *canto*. Bien es cierto, por otra parte, que apenas podemos encontrar un elemento insertado en el sintagma, de no ser en un cierto nivel de la lengua hablada y en oraciones como «hemos también decidido ir a París» [23]. Esta casi imposibilidad de incluir un tercer elemento entre el Aux. *haber* y el participio, lo cual es totalmente factible en el caso del Aux. *ser* y el participio, no puede ser una demostración de que *he cantado* ha pasado ya únicamente al sistema morfológico del verbo, pues en el caso del francés hallamos normalmente adverbios entre el Aux. *avoir* y el participio (Il a *rapidement* réagi; Nous avons *donc* décidé de faire cela, etc.) y en dicho idioma la situación de *avoir* + participio es análoga al español *haber* + participio.

A este respecto, en el *Esbozo de una nueva Gramática de la Real Academia de la Lengua* leemos lo siguiente: «Si nos atenemos a los principios lingüísticos más rigurosos, estas formas llamadas compuestas no constituyen tema propio de la morfología, sino de la sintaxis, ni más ni menos que otras perífrasis verbales.» Consideramos que las F.V.C., en cuanto compuestas de varios elementos con relaciones formales mutuas, pueden ser objeto de estudio de la sintaxis, efectivamente (mejor, de una sintagmática); sin embargo, en cuanto formas integrantes del sistema morfológico de los tiempos del verbo pueden ser estudiados por la morfología y opuestos realmente con mayor o menor proporcionalidad a los correspondientes simples.

Auxiliar – Haber + Participio.—En la realización Aux. (haber) + participio pasado del corpus encontramos los tiempos siguientes:

a) La forma de «Presente de *haber* + participio» *he cantado* ha sido llamada de variadas maneras desde antepresente por Bello, pretérito perfecto por la *Gramática de la Real Academia* y por A. Alonso, pretérito perfecto compuesto por el *Esbozo de una nueva Gramática,* perfecto compuesto por Alarcos, etc. Este tiempo es el más frecuente de la realización a que nos estamos refiriendo.

b) La forma de «Imperfecto *haber* + participio» *había cantado* ha sido llamado antecopretérito por Bello, y pretérito pluscuamperfecto por la mayoría de las gramáticas del español. En el corpus analizado, esta forma temporal le sigue en frecuencia al perfecto compuesto.

c) La forma «presente de subjuntivo de *haber* + participio» es llamada pretérito perfecto, antepresente de subjuntivo, o simplemente perfecto de subjuntivo *haya cantado;* aparece dos veces en el corpus: / no haya sido... estudiada / (O-239-41), / haya sido... educada / (O-404-56). En estos segmentos aparece la fórmula siguiente: Aux. + (Aux. participio). Vemos que aparecen dos auxiliares *ser* y *haber.* La recursividad en los auxiliares solamente permite esta fórmula en español: haber + ser + participio.

d) La forma «imperfecto de subjuntivo de *haber* + participio» *hubiera cantado,* llamada pretérito pluscuamperfecto o antepretérito del subjuntivo, aparece en una sola ocasión dentro del corpus de D'Ors: / hubiera existido /. (O-120-25.)

No hallamos muestra ninguna del pretérito anterior, ni del futuro perfecto, ni del condicional perfecto de indicativo, lo cual viene a confirmarnos la escasa rentabilidad de dichas formas verbales dentro del sistema verbal del español.

En el plano de la categoría *persona* encontramos, como veíamos al analizar las F.V.S., que la 3.ª persona del singular, forma no-marcada, representa la frecuencia más alta.

Ser + Participio.—El grado de gramaticalización de *ser* en cuanto auxiliar es menor, evidentemente, que el de *haber.* Igualmente difieren ambos auxiliares en que si bien *haber* apenas se emplea como F.V.S. (solamente en: hay, había, habrá, etc., impersonales), en cambio *ser* es empleado en calidad de F.V.S. muy frecuentemente y así queda reseñado en la distribución del mismo que damos dentro del apartado de F.V.S.

Un problema capital que se plantea en la variante auxiliar *ser* + participio es el de la pasiva.

La voz pasiva del español, de estructura y naturaleza atributiva, es una perífrasis de participio. En la mayoría de las gramáticas normativas se nos explica el fenómeno de que en la llamada voz pasiva el sujeto no es agente o protagonista de la acción verbal, sino paciente o receptor de la acción que otro realiza. «Por consiguiente —apunta el *Esbozo de una nueva gramática* (pág. 451)— tales perífrasis no expresan sólo una modificación semántica del contenido verbal, sino que producen además modificaciones en la estructura de la oración en que se hallan. Nuestra lengua tiene marcada preferencia por la construcción activa. Por otra parte, el empleo creciente de la pasiva refleja e impersonal, contribuye a limitar la frecuencia de la pasiva con *ser*.»

Alarcos Llorach hace, acerca de la voz pasiva, unas observaciones que juzgamos acertadísimas y que nosotros sustentamos decididamente: «No está claro que en español exista un morfema, fundamental o convertido de pasiva» [24]. Antes de afirmar esto analiza los elementos constituyentes de la pasiva, a saber: dos bases verbales, la del verbo auxiliado y la del verbo auxiliar, cada uno de ellas unidas a diferentes morfemas, pero siendo ambas también dos pleremas. Lo que en la expresión indica el contenido pasivo es sólo la combinación, la función del verbo auxiliar y el participio del auxiliado. Por otro lado, el hecho de que la sustancia conformada en la oración como sujeto desempeñe en la situación real el papel de actor o el de paciente, no parece tener mucha importancia desde el punto de vista gramatical. El sujeto-función gramatical es sujeto porque presenta ciertas relaciones gramaticales, lingüísticas, con el núcleo del predicado, o sea el verbo, no porque en la realidad la sustancia a que se refiere actúe sobre otra o sea afectada por ésta.

Resumiendo nuestra visión personal sobre el tema, diremos que la estructura de la oración pasiva es análoga a la atributiva en la cual la entroncamos dentro de nuestro estudio de la sintaxis de la oración. Preciso es destacar que el participio que acompaña a *ser* presenta una característica sintáctica igual a la del atributo: concuerda en género y número con el sujeto, como puede verse en el enunciado siguiente:

// La *inocencia* / es *juzgada* / como un valor en sí, independiente de la beatitud paradisíaca //. (O-365-53.)

Ya anteriormente reseñábamos la posibilidad de que un elemento extraño al sintagma Aux. *ser* + participio se inserte entre ambos como muestra evidente de su esencia perifrástica. Citamos algún caso:

// Tales son —*por otra parte*— aprovechadas / para informarse de la peregrina persona //. (O-12-10.)
// España / fue —*gradualmente*— invadida / por el politicismo / en los años inmediatamente anteriores //. (M-4-7.)

Estar + Participio.—Desde un punto de vista semántico, el participio con *estar* significa el resultado de la acción o un estado o consecuencia de la acción, del mismo modo que el participio con *ser* significa la acción misma, como sufrida por el sujeto [25].

A nivel sintáctico, el auxiliar *estar* funciona exactamente igual que el auxiliar *ser*; se habla de la pasiva con *estar*, contraponiéndola a la pasiva con *ser* en el *Esbozo de una nueva gramática,* entre otras gramáticas normativas.

Esta perífrasis coincide con la de «ser + participio» en que el participio presenta relación formal de concordancia en género y número con el sujeto, como se ve en los enunciados siguientes:

// Cualquier *solución* «aparte», provinciana o caprichosa / es / utópica // y está *condenada* / al fracaso //. (M-249-37.)

// Todo lo *humano* / en alguna medida / es / un error // y / está *amenazado* / por el fracaso, / porque la vida terrena es constitutivamente imperfecta y frustrada //. (M-205-31.)

3.3.2.2. *V ⟶ Auxiliar + Infinitivo.*—Si la característica semántica principal de un verbo auxiliar es su gramaticalización, o pérdida de su sentido concreto, en el caso de una perífrasis como / voy a contar un cuento /, *ir a* no significa ya movimiento, mientras que en el caso de / puedo contar un cuento /, *poder* no ha perdido su significación peculiar, sino que aporta al sintagma / puedo contar / una característica modal simplemente.

En el *Dictionnaire de Linguistique de Larousse* (pág. 60) se llaman auxiliares de tiempo a los verbos o locuciones verbales que, seguidos de infinitivo, expresan el desarrollo o terminación de una acción, así el aspecto incoativo, resultativo, obligatorio, etc., por ejemplo, *ir a, acabar de, estar a punto de,* etc.

En cambio se llaman auxiliares de modo a aquellos que, como *poder, deber,* etc., expresan modalidades lógicas: el sujeto considera la acción expresada por el verbo como posible, necesaria o resultante de una decisión.

Siempre dentro de un nivel semántico de descripción podemos añadir con Pottier [26] que en oposición al participio que señala término y al gerundio que expresa desarrollo, el infinitivo es el verbo todavía no instalado en el proceso. La distinción entre auxiliares propiamente dichos y los verbos que pueden ir seguidos de un infinitivo sin perder su valor autónomo, sigue diciendo Pottier, es la siguiente: *el auxiliar determina la concordancia de los sujetos y el no-auxiliar determina una discordancia de los sujetos.* Esto puede ser un criterio para la segmentación como función verbo o bien como V + CD de este conjunto de una forma verbal constituida de infinitivo.

Es preciso hacer una clasificación de los auxiliares que acompañan al infinitivo:

1. *Auxiliares de incidencia directa* [27].
2. *Auxiliares de incidencia indirecta.*

3.3.2.2.1. *Auxiliares de incidencia directa.*—Se unen al infinitivo sin necesidad de un elemento funcional. Así: «puedes ir», «suele hablar», etc.

El grado de cohesión entre estos dos elementos no es tan grande como para que no sea posible insertar entre ellos un tercero. Así, encontramos en el corpus casos como:

/ no podía —*ni siquiera*— nombrar /. (M-342-50.)
/ no quiere —*Barroco*— decir /. (O-54-13.)

Los auxiliares directos que hallamos en el corpus son los siguientes, por orden de frecuencia en la aparición: *poder, querer, deber, parecer, permitir, soler, pretender, caber, esperar, procurar, hacer, preferir.*

3.3.2.2.2. *Auxiliares de incidencia indirecta.*—Son aquellos que se unen al infinitivo mediante un elemento funcional. Iremos presentando los que aparecen en el corpus a través de la descripción de las categorías verbales con que se dan.

Dentro del presente de indicativo encontramos las siguientes personas: la primera en frecuencia es la tercera persona de singular y dentro de ella es la perífrasis / *hay que* / la que mayor número de veces hallamos: 14 y todas ellas en Marías. Citamos algunas a título de ejemplo: / no *hay que* decir / (M-13-8), / *hay que* inventar / (M-68-16), / *hay que* tomar / (M-134-22), / *hay que* tener en cuenta / (M-127-21.)

La perífrasis *tiene que* aparece tres veces en Marías y una en D'Ors, las cuales citamos a continuación: / *tiene que* ser / (M-108-19, M-110-19), / *tiene que* extenderse / (M-215-19), / no *tiene que* asociarse / (O-357-52).

Otras perífrasis varias son las siguientes: / *empieza a* temer, tanto como a consolar / (O-20-10), / *empieza a* ser / (O-248-42), / *va a* perderse / (O-231-39), / *llega* a saber / (O-24-11), / *llega ... a* tocarse / (O-199-36), / no *tarda en* reintegrarse / (M-184-28), / *aprende a* convivir / (M-104-19), / *induce a* pensar / (M-189-29), / *ha de* extenderse / (M-212-32.)

Aparte de estos casos de forma no-marcada del presente hallamos un caso de la primera persona de singular: / *trato de* pasar / M-328-48.)

El resto de los tiempos de indicativo están en representación minoritaria. Un sólo caso del imperfecto: / *corrían a* encontrar /. (O-396-55.)

El pretérito simple presenta seis casos de tercera persona de singular: / *tuvo que* ser / (M-269-39), / *vino a* dar / (O-337-51), / *vino a* derramar / (O-288-46), / *empezó por* ser / (O-271-44.), / *empezó a* exaltar / (O-259-43), / *condujo a* / (O-278-45).

El pretérito compuesto está representado por dos casos de primera persona de singular: / *he llegado a* adivinar / (O-92-20), / *he vuelto a* encontrar / (O-142-28). Y además, por cinco casos de la tercera persona del singular: / *ha llevado a* buscar / (M-479-56), / *ha empezado a* cambiar / (M-350-52 y M-349-52). / *ha empezado a* verse / (M-353-52), / *ha empezado a* mitigarse / (M-354-52).

El futuro simple aparece en estas perífrasis de incidencia indirecta en cuatro ocasiones, todas en tercera persona del singular: / *habrá que* preguntarse / (M-72-16), /*tardará en* madurar / (O-7-9), /*acabará por* descubrirse / (O-180-32), / *vendrá a* perfeccionar / (O-257-43.)

3. EL VERBO

El condicional presenta dos casos de la perífrasis impersonal *habría que:* / *habría que* ver / (M-100-18), / *habría que* tener en cuenta / (M-347-51.)

Si clasificamos estas perífrasis de incidencia indirecta según el elemento funcional que une el auxiliar al infinitivo, hallamos los siguientes tipos dentro del corpus:

a) *Aux. + que + infinitivo:* «tener que», «Hay que, habrá que, habría que».

b) *Aux. + de + infinitivo:* «tratar de», «haber de».

c) *Aux. + a + infinitivo:* «inducir a», «empezar a», «volver a», «ir a», «venir a», «correr a», «conducir a», «apresurarse a», «limitarse a», «aprender a», «llevar a», «llegar a».

d) *Aux + en + infinitivo:* «tardar en».

e) *Aux. + por + infinitivo:* «empezar por», acabar por».

3.3.2.3. V ⟶ Aux. + *Gerundio.*—Debemos considerar verdadero complejo de auxiliaridad, como apunta Pottier en el artículo antes aludido, el sintagma que no pueda transformarse en grupo disjunto sin que cambie su significado. Por ejemplo, el segmento / va perdiendo/ (M-44-13) no equivale a / va y pierde /, mientras que en el enunciado siguiente: // Le *muestras* / el camino del cielo / *dejándola* en tierra en su tiernísima derrota // los segmentos / *muestras* / y / *dejándola* / pueden ser sustituidos por: // le *muestras* / el camino del cielo / y *la dejas en tierra en su tiernísima derrota* //.

Desde un punto de vista semántico las perífrasis formadas de auxiliar + gerundio tienen un carácter general, según Roca Pons, durativo e imperfectivo. En ellas se emplea sobre todo el verbo *estar,* así como verbos de movimiento: *ir, andar, venir.* En el *Esbozo de una nueva Gramática* se apunta también que el gerundio dá a estas perífrasis un sentido general de *acción durativa.*

En el corpus analizado hallamos tres casos de Aux. + gerundio: /va perdiendo/ (M-44-13), / nos vamos acercando / (O-367-53) y /ha ido —*poco poco*— sintiéndose / (M-354-52). En este último caso vemos ostensiblemente que también en las perífrasis de gerundio puede insertarse un elemento entre el auxiliar y el gerundio.

De todos modos observamos que los tres casos que aparecen de la variante 3 coinciden en tener como auxiliar al verbo de movimiento por excelencia: *ir (e irse).*

Como conclusión a todo lo anteriormente expuesto sobre las formas verbales complejas en sus tres variantes presentadas, podemos decir que la estructuración del sintagma verbal va progresivamente ensamblando sus componentes para llegar desde las formas más simples a las más complejas. Para aclarar más esta idea, mostramos gráficamente los diferentes escalones de la estructuración verbal:

1. F V C – *«canté».*

2. F V C (Aux.) + participio — «*ha cantado*».
   F V C (Aux.) + participio + participio — «*ha sido cantado*».
3. Aux. [FVC (Aux.) + part.] + infinitivo — «*ha debido contar*».
   Aux. [FVC (Aux.) + part.] + infinitivo (Aux.) + participio — «*ha debido ser cantado*».

Pasados estos tres escalones solamente le queda al verbo por recorrer uno en busca de la máxima complejidad: la posibilidad de ir acompañado de un pronombre enclítico, y ésta es la variante 4 que anunciábamos al principio y que vamos a presentar a continuación.

3.3.2.4. V ⟶ *enclítico* + F.V.—«En ocasiones, dice Roca Pons [28], una partícula como el reflexivo *se* desempeña una función semejante a la de una desinencia o de un auxiliar.»

Alarcos Llorach [29] señala que al lado de verbos como *lavar* que poseen una variación en la referencia personal de su CD y su CI (él dice implemento y complemento), así // la / lava //, frente al reflexivo / se lava / y / le lava las manos / frente a / se lava las manos /, *otros verbos*, en cambio, carecen de tal posibilidad *y exigen obligatoriamente el incremento de una referencia personal idéntica a la del sujeto:* / me arrepiento /, / te arrepientes /, / se arrepiente /, etc., o / nos quejamos /, / os quejáis /, / se quejan /. En estos verbos, *los signos constituyentes no son ninguno autónomo; como sintagmas, son unidades indisolubles,* así no son posibles expresiones como: *arrepiento, *las quejáis, *nos quejan, etc.

A estos casos de pronominalización del sintagma verbal, como: *nos quejamos, se* queja, que no son sustitutos de un sintagma nominal en función CD o CI, y que además sin ellos el sintagma verbal está incompleto, es agramatical, vamos a llamarle en nuestra descripción *enclíticos*, aunque sabemos que tradicionalmente son también enclíticos los pronombres que indican una función sintáctica y que pueden ser separados del verbo (// lo / como //, // te / hablo // ...). Se trata de una elección terminológica que nos ha parecido útil a efectos de una mayor claridad en la estructuración del segmento oracional verbo.

Dentro del término enclíticos incluimos varios tipos:

a) Los enclíticos que acompañan obligatoriamente a verbos que han adoptado la conjugación reflexiva [30] y que tradicionalmente se vienen llamando pronominales. Veamos algunos ejemplos de entre los muchos que aparecen en el corpus:

/ se apoderan / (O-26-11) - *apoderan,
/ se preciaba / (O-300-47) - *preciaba,
/ me percaté / (O-138-27) - *percaté,
/ nos avergonzamos / de / (O-53-13) *avergonzamos / de,
/ me atengo / (M-334-49) - *atengo.

b) Los enclíticos que acompañan a verbos que se caracterizan por la

3. EL VERBO

posibilidad de aparecer solos o bien con incrementación reflexiva. Como muestra citamos algunos casos:

/ me *acuerdo* / (O-154-29),
/ *dióse* a... ensoñar / (O-277-45),
/ se *trata* de saber / (M-193-30),
/ no se *habían insinuado* / (O-192-35),
/ *habíase detenido* / (O-298-47),
/ me *refiero* / (M-40-12),
/ se *cruza* / (M-118-20),
/ se *ejercita* / (O-202-36).

En la mayoría de estos casos el enclítico modifica el lexema verbal como por ejemplo en: / me acuerdo / es diferente de / acuerdo, decido /, / me refiero / es diferente de / refiero, cuento /, / habíase detenido / es diferente de / había detenido, arrestado /.

c) Enclítico *se* dentro de la llamada pasiva refleja en construcciones impersonales. Las construcciones de pasiva refleja (se venden casas) son aquellas que pueden ser sustituidas por una pasiva (son vendidas casas). Desde el punto de vista del contenido, por lo tanto, podemos indicar que el sujeto gramatical no es el agente de la acción, sino el paciente. Y aquí coincidimos con la opinión de Alarcos, el cual dice: «para el español las nociones de «agente» y «paciente» carecen de pertinencia gramatical [31]. El segmento / se venden / de la oración / se venden casas / no pertenece a una serie *me vendo casas, *te vendes casas, *nos vendemos casas, etc. Además, el segmento / casas /, como ya queda indicado en el capítulo del sujeto, realiza la función sujeto, ya que si le conmutamos por / casa / el verbo varía a / se vende /. La relación entre ambos segmentos es la típica de sujeto y predicado. De todos modos en el habla diaria oímos tanto: 1 / se vende pisos /, como 2 / se venden pisos /. La diferencia entre 1 y 2, que sintácticamente es decisiva, desde el punto de vista semántico no tiene valor alguno. En estas vacilaciones, Alarcos intenta poner claridad y llama pasiva refleja a / se venden pisos / y en cambio impersonal a / se vende pisos /. Gili Gaya [32] con acierto ha llamado «pasiva impersonal» a todos los casos en que la partícula *se* no tiene un valor reflexivo. La *Gramática de la Real Academia* los llama «oración segunda de pasiva» y condena construcciones como / se *alquila* cuartos /, alegando que «pecan contra la sintaxis» y ha de decirse / se *alquilan* cuartos / (pág. 259).

Roca Pons diferencia el sentido pasivo de / se construyen casas / del sentido impersonal de / se habla español / y equipara este *se* impersonal al pronombre francés *on* de / on parle français /. De todos modos, añade que entre uno y otro sentidos existe una gran analogía. La decisión la dará la concordancia del verbo. Efectivamente, estamos ante un problema de sintaxis oracional y en dicho capítulo tratamos el tema en sus implicaciones a un nivel superior que el meramente sintagmático que nos ocupa ahora.

La posición del enclítico con respecto al verbo es ir antepuesto generalmente. En el corpus hallamos escasos ejemplos de posposición.

casi todos en D'Ors, lo cual es sumamente sintomático de su estilo arcaizante [33]: / habíase detenido / (O-298-47), / dióse... a ensoñar / (O-277-45), / diéronse / (O-292-44), / vense / (O-60-17), / adviértase / (M-124-20) y / dígase / (M-206-31).

En los casos de imperativo —dígase, adviértase, etc.— es normativa la posposición; en los demás, por no emplearse dentro del habla coloquial, actúan factores de tipo expresivo al servicio del estilo.

Entre el enclítico y la forma verbal puede insertarse un pronombre en función CD o CI, como por ejemplo:

/ se - *las* - mide / (O-263-44),
/ se - *les* - llevó / (O-269-44).

Dentro de esta variante enclítico + forma verbal podemos encontrar obviamente:
— Enclítico + F.V. S.
— Enclítico + F.V. C.

Abundan mucho más las formas verbales simples precedidas por el enclítico. Dentro de estas F.V.S. el tiempo más frecuente es el presente y la persona más frecuente la tercera de singular. Cuando *se* es índice de impersonalidad es precisamente la persona no-marcada la que sustenta la predicación, porque *se* + F.V. en plural es señal de que hay un sujeto con la marca de plural que determina la concordancia del verbo en plural. Por tanto, consideramos que cuando la forma verbal va en singular puede haber duda entre la sustancia pasiva o la impersonal, mientras que si la forma verbal va en plural el carácter del segmento verbo no puede ser impersonal. Veamos unos ejemplos. En el enunciado: // Dos *iconos*, pintados y esculpidos por él /, se *erigen* / a la puerta de su cabaña de solitario // (O-381-54), el segmento / se erigen / concierta con el sujeto / dos iconos / y tiene un valor pasivo, sustituible por / son erigidos /.

En el enunciado siguiente: // se cumplen / ahora / diez años / de la muerte de Ortega // (M-313-46), el segmento / se cumplen / concuerda con el S /diez años / y por tanto no se trata de una impersonal en el sentido de «sin posibilidad de llevar sujeto». Tampoco es sustituible por una pasiva. Se trata de uno de esos verbos / cumplirse / que obligatoriamente llevan el pronombre enclítico *se*; en este caso va al lado de un sujeto que como /diez años/lleva el rasgo distintivo [+ tiempo]. Lo mismo puede decirse: //se cumplen / dos semanas //, // se cumplen / veinte siglos //, etc. Si en el sujeto se presenta el rasgo [+ humano] puede ir sin el enclítico // el hombre / cumplió / lo prometido //. La variación léxica entre / cumplir / y / cumplirse / es evidente.

Si pasamos a estudiar los otros tiempos simples que aparecen en el corpus en compañía de enclítico, vemos que hay muestras de imperfecto como: / se consideraban / (M-338-50), / se sentían / (M-337-50), etc. El pretérito simple con *se* lo hallamos en casos como: / me percaté / (O-138-27), / se volvieron / (O-283-46), etc. El futuro simple precedido de en-

3. EL VERBO

clítico está representado por: / se dirá / (M-57-15), / se encontrará / (O-18-10) y / nos detendremos / (O-370-33).

El imperativo no tiene, propiamente hablando, forma peculiar de tercera persona y la toma del subjuntivo. Por eso, hallamos formas de subjuntivo con el enclítico pospuesto, que clasificamos como imperativo, a saber: / dígase / (M-206-31), / adviértase / (M-124-20), / trátese / (O-10-9) y / explórense / (O-11-9).

Si pasamos a la combinación *enclítico* + *F.V.C.*, encontramos en primer lugar la combinación: Aux. + participio de los tiempos compuestos. Es preciso, de otro lado, señalar la imposibilidad de la combinación: Encl. + Aux. *ser* + participio. Aparecen tres casos de enclítico + pretérito compuesto: / se ha producido / (M-41-12), / se ha llegado / (M-107-19), / me ha parecido / (O-182-32).

Asimismo, aparecen tres casos de enclítico + pluscuamperfecto: / se habían hecho / (M-351-52), / se había abandonado / (M-370-55), / habíase detenido / (O-298-47).

Del condicional compuesto aparece un sólo caso: / no se habrían insinuado /. (O-192-35.)

Es interesante por su originalidad el segmento: / se encontraba traducida / (O-352-52), en el que vemos la combinación enclítico + auxiliar + participio, sin que el auxiliar sea *haber*, sino *encontrar* con sentido de *estar, hallarse*, etc.

La combinación *enclítico* + *auxiliar* + *infinitivo* tiene dos posibilidades como veíamos en 3.3.2.2: auxiliar de incidencia directa y auxiliar de incidencia indirecta. Veamos los auxiliares de incidencia directa, en tiempo presente: / no se *espera encontrar* / (M-92-18), / me *propongo ayudar* / (M-329-18), / se *puede proyectar* / (M-265-38), / no se *puede vivir* / (M-228-35), / no se *puede evitar* / (M-146-23).

Y por último un segmento en que se da recursividad en la auxiliaridad: / no se *puede volver a examinar* /. (M-314-47.)

El auxiliar poder + infinitivo es el de más alta frecuencia como vimos en la realización 2.

Observamos un caso de imperfecto y un caso de condicional también con el verbo *poder*: / no se *podía* —ni siquiera— *nombrar* / (M-342-50), / se *podría extraer* / (M-49-14).

El subjuntivo está representado por un sólo caso del presente: / se... permita recordar /. (O-219-38.)

La auxiliaridad de incidencia indirecta aparece en los siguientes tiempos, el presente: / *me apresuro a responder* / (O-191-35); el imperfecto: / *se iba a plantar* / (O-189-33), / *se iba a sentar* / (O-189-33); el perfecto simple: / *dióse a... enseñar* / (O-277-45); el futuro: / *me limitaré a hablar* / (M-332-49).

Una vez presentada la realización 2 - V ⟶ F.V.C., es decir, forma verbal compleja, con sus cuatro variantes, pasamos a describir la realización 3.

3.3.3. *V* → *F.V. en coordinación.*—Como analizamos en el capítulo dedicado a la sintaxis de la oración, en un enunciado puede haber uno o varios ordenamientos. Cuando hay varios, su relación se establece mediante un elemento de concatenación léxico o prosódico, y cada ordenamiento tiene sus propias funciones sintácticas, representadas por sus diferentes segmentos.

Sin embargo, hay enunciados que sólo tienen un ordenamiento, cuyo segmento V lleva una estructuración heterogénea de coordinación. Por ejemplo: // es decir / la / *prepara y organiza* / como personal //. (M-117-20.)

En el segmento V vemos dos F.V.S. coordinadas y el sujeto de ambos coincide, así como el resto de segmentos que sobre el predicado inciden.

Aparte del segmento citado / prepara y organiza / encontramos los siguientes casos de la realización 3: / aborrecen y temen / (M-220-33), / acontece y se realiza / (M-306-44), / conservaba y conserva / (M-361-53), / traen y... traerán / (O-89-19).

Consideramos también como muestra de segmento verbal en coordinación el caso siguiente, donde aparecen dos participios [formas léxicas del sintagma verbal compuesto de auxiliar + infinitivo (auxiliar + participio)]: /no podía ser discutido ni combatido /. (M-43-13.)

3.3.4. *V* → *Lexía compleja.*—El término de lexía compleja que tomamos de B. Pottier [34] significa: conjunto de dos o más lexías simples que tienen en lengua su propio valor funcional, pero que en conjunto tienen un valor funcional generalmente igual al valor funcional del término situado en lo más alto de la escala jerárquica de valores. Entre los diferentes tipos de lexías complejas se halla la unión de un verbo y un elemento nominal en función de complemento del verbo o en función CC. El valor funcional resultante es de naturaleza verbal por ser el verbo el que posee el más alto grado jerárquico.

En el corpus analizado encontramos varias estructuraciones de la lexía compleja:

a) *V* + *SN:* / *hace falta* / (M-111-19, M-213-32, M-105-19), / *hará falta* / (M-288-41), / no *hizo falta* esperar / (M-3-7), / se *darían cuenta* / (M-16-9), / *tenían conciencia de* / (M-318-48) [35].

b) *V* + *SP:* / dan *por supuesto* / (M-138-22), / se da *por supuesto* / (M-196-30), / puede dar *al traste* / (M-300-43), / cae *en la cuenta* / (M-82-17), / dejará *de lado* / (O-369-53), / traían *a mal traer* / (O-324-50), / habían sido puestos *a la moda* / (O-327-51), / fue dado a conocer / (O-141-27), / se daba *a la mar* / (O-320-50).

Un caso de lexía compleja o de elemento adyacente cuya función es poner de relieve al verbo la hallamos en: / es que prefiere /. (M-229-25.)

3.3.5. *V* → *Infinitivo con valor de F.V.*—En los ordenamientos que a continuación proponemos aparece un infinitivo realizando la función de verbo:

// ¿hacia dónde / *orientarse*? // (M-358-53),

3. EL VERBO

// ¿cómo / *discernir* /, en cada uno de ellos, / la parte de la inteligencia y de la sensibilidad? // (O-22-10),
// ¿cómo / *conceder*/le / un heroísmo cualquiera, ni solamente alguna dignidad? // (O-251-42).

Como rasgo distintivo de todos estos casos está el constituyente *interrogación*. Desde una visión semántica podemos afirmar que equivale a verbos impersonales del tipo: / hay que orientarse /, / hay que discernir /, / hay que conceder /.

3.4. DISTRIBUCIÓN Y FRECUENCIA DE LAS REALIZACIONES SINTAGMÁTICAS DEL VERBO

A continuación presentamos cuadros estadísticos de la forma en que aparecen distribuidas las diferentes realizaciones del verbo en el corpus de Marías, en el de D'Ors y en el total del corpus.

CORPUS DE MARIAS

1.	V ⟶ F.V.S.	309	60,5 %
2.	V ⟶ F.V.C.	186	36,5 %
3.	V ⟶ F.V. coordinada	3	0,6 %
4.	V ⟶ Lexía compleja	11	2,2 %
5.	V ⟶ Infinitivo como F.V.	1	0,2 %
	TOTAL	510	100 %

CORPUS DE D'ORS

1.	V ⟶ F.V.S.	285	64,9 %
2.	V ⟶ F.V.C.	147	33,5 %
3.	V ⟶ F.V. coordinada	1	0,2 %
4.	V ⟶ Lexía compleja	4	0,9 %
5.	V ⟶ Infinitivo como F.V.	2	0,5 %
	TOTAL	439	100 %

CORPUS TOTAL

1. V → F.V.S.	594	62,6 %
2. V → F.V.C.	333	35,1 %
3. V → F.V. coordinada	4	0,4 %
4. V → Lexía compleja	15	1,6 %
5. V → Infinitivo como F.V.	3	0,3 %
TOTAL	949	100 %

De los datos anteriormente presentados podemos concluir que la realización más frecuente de la función verbo es la primera, es decir V → «forma verbal simple», que representa un 62,6 % del total. Le sigue en importancia la realización V → «forma verbal compleja» que representa un 35,1 % del total, siendo el resto de las realizaciones totalmente minoritarias. Debemos destacar que es más frecuente en D'Ors que en Marías la realización 1: V → F.V.S. con un 64,9 % frente a 60,5 % de Marías, y en cambio es en éste más frecuente 1: V → F.V.C. con un 36, 5 % frente a 33,5 % de D'Ors.

NOTAS

[1] Cf. *Introduction à l'étude linguistique de l'espagnol*, pág. 151.
[2] Cf. J. Lyons: *Linguistique générale*. Larousse. París, 1970, pág. 250.
[3] Cf. J. Dubois: *Eléments de linguistique française: la syntaxe*, pág. 71.
[4] Cf. Roca Pons: *Introducción a la Gramática*, pág. 226.
[5] Cf. Hjelmslev: *Principes de Grammaire Générale*, págs. 198-213.
[6] *Mélanges offerts à Paul Imbs*, Strasbourg, 1973, Klincksieck, pág. 373.
[7] Cf. *Presentación de la lingüística*, Alcalá. Madrid, 1968, pág. 59.
[8] Cf. *Curso de lingüística moderna*, pág. 193.
[9] Cf. *Esbozo de una nueva Gramática de la R.A.E.*, pág. 351.
[10] Cf. Pottier, *Introduction à l'étude linguistique de l'espagnol*, pág. 154.
[11] D. Perlmutter, en «Surface Constraints in Syntax», *Linguistic Inquiry*, 1970, trata el tema con detenimiento.
[12] Consideramos igualmente AV los casos en que se introduce otro segmento entre ambos.
[13] *Introduction à l'étude des structures grammaticales fondamentales*, pág. 81.
[14] B. Pottier lo llama adjetivación dentro del grupo verbal, y no debe ser considerado CC dependiente de O, sino de V.
[15] Cf. «Sobre el concepto de verbo auxiliar», *Nueva Rev. de Filología Hispánica*, año XV, pág. 324.
[16] Cf. *Estudios de Gramática funcional del español*, pág. 88.
[17] Cf. Pottier: *Introduction à l'étude des structures grammaticales fondamentales*, pág. 80.
[18] Cf. A. Quilis, C. Hernández y García de la Concha: *Lengua española*, pág. 118.
[19] Cf. Pottier, «Sobre el concepto de verbo auxiliar», *N.R.F.H.*, año XV, pág. 324.
[20] Cf. *Temps et verbe*. Champion, París, 1929, pág. 15.
[21] G. Dubois, J.: *Dictionnaire de linguistique*, pág. 60.

[22] Cf. *Estudios de Gramática funcional del español*, pág. 71.
[23] Este elemento «también» está en calidad de concatenación de referencia a algo anterior, y la entonación indica esta cualidad de fuera de contexto.
[24] Cf. Op. cit., pág. 92.
[25] Cf. Amado Alonso, Op. cit., pág. 121.
[26] Cf. «Concepto de verbo auxiliar», *N.R.F.H.*, XV, pág. 329.
[27] Adoptamos la terminología de Pottier. Cf. Artículo citado de *N.R.F.H.*, XV, pág. 330.
[28] *Introducción a la Gramática*, pág. 267.
[29] Cf. Op. cit., pág. 159.
[30] A este respecto, recordamos que R. Seco, en su *Manual de Gramática*, pág. 97 a 100, inserta un modelo de conjugación de verbo reflexivo.
[31] Cf. Op. cit., pág. 162.
[32] Cf. *Curso Superior de Sintaxis española*, pág. 112.
[33] En el *Manual de Gramática castellana* de R. Seco y dentro de la conjugación reflexiva leemos: me peino (o péinome), te peinas (peinaste), etc.
[34] Cf. *Introduction à l'étude des structures grammaticales fondamentales*, pág. 64.
[35] En este caso podríamos haber segmentado / tenían / conciencia /, pero considerando que «tener conciencia» no es lo mismo que «tener conciencia de» (rección preposicional) lo hemos considerado lexía compleja.

Capítulo 4

4. EL COMPLEMENTO DIRECTO

4.1. Concepto de complemento directo

La noción de complemento directo es definida en las gramáticas tradicionales con un criterio totalmente semántico y no gramatical. La *Gramática castellana*, de A. Alonso y P. Henríquez Ureña, lo define como «el objeto de la acción del verbo», y añade: «otra explicación igualmente usual es: Se llama complemento directo a la persona o cosa en que se cumple la acción del verbo» (pág. 74). M. Grevisse en su gramática *Le bon usage*, considerada ya clásica, da una definición análoga: «el complemento de objeto representa a la persona o la cosa sobre la que pasa la acción del sujeto: esta persona o esta cosa es por tanto el objeto de la acción» (pág. 140).

Desde un punto de vista estrictamente lingüístico, podemos afirmar con Alarcos Llorach [1] que en una oración con complemento directo no «pasa» nada de nadie a nadie: se ponen sólo en cierta relación tales y tales signos. Entre la oración «el hombre bebe» y «el hombre bebe vino» la única diferencia es que la segunda tiene un predicado complejo (V + CD) y la primera lo tiene simple. Carece de sentido decir que tal verbo es transitivo o intransitivo; sin embargo, cabe afirmar que tal predicado es complejo o simple. La llamada «transitividad» es una característica de ciertos predicados, pero no del verbo, o núcleo del predicado, y consiste en la aparición de algún término adyacente, los llamados objetos. Pero dejamos de lado el problema de la transitividad, que es, indudablemente, uno de los más confusos y debatidos de la sintaxis.

Para un estudio sintáctico, consideramos inadecuado plantear el problema del «complemento» en términos puramente semánticos y hay que recurrir a criterios formales. Sin embargo, encontramos actualmente definiciones en las cuales se mezclan criterios semánticos y criterios formales: Corbeil [2] afirma que el objeto o complemento de objeto tiene como función sintáctica determinar al verbo. Semánticamente, existe una cohesión fuerte entre el verbo y el objeto, hasta tal punto que el sentido del verbo puede variar según la presencia o ausencia del objeto. G. Galichet considera que el complemento de objeto determina el proceso precisando su terminación, su prolongación y añade que «la noción gramatical de objeto —como todas las nociones lingüísticas— no es una noción rigurosamente lógica, sino psico-lógica» [3].

Maurice Gross se muestra escéptico con respecto a la noción de complemento directo. Tras de presentar una serie de definiciones del mismo y tacharlas de inoperantes por utilizar criterios semánticos, pasa a presentar diversos aspectos de la noción formal de complemento directo, tomando como punto de partida el criterio transformacional de la cuestión [4]; aludiremos más adelante a algunos de estos criterios transformacionales.

Es claro que los criterios formales de una relación lingüística están constituidos no sólo por criterios explícitos que se hallan en el enunciado mismo, sino también por otros, obtenidos mediante técnicas de sustitución y de transformación. De este modo, M. Frei [5] utiliza la técnica de la sustitución para demostrar que la oposición complemento directo / complemento circunstancial pertenecen, en francés, al dominio de la lengua: «Il travaille le chant» puede transformarse en «Il le travaille», mientras que para «Il travaille la nuit», la transformación «Il la travaille» se presenta como imposible. M. Frei añade al criterio de la sustitución otro, el de la transformación en oración interrogativa: «Il travaille le chant» responde a la pregunta «*Que* travaille-t-il?» mientras que «Il travaille la nuit» responde a la pregunta «*Quand* travaille-t-il?» Rothenberg [6] se hace eco de este artículo de Frei y añade que en su opinión el sustantivo objeto directo puede ser definido desde un punto de vista únicamente formal por un conjunto de criterios del tipo de los señalados por Frei.

1.º *Posición posverbal directa del sustantivo.* Es evidente que con este criterio únicamente podrían incluirse en una misma clase los objetos directos, los complementos circunstanciales de tiempo y el sujeto pospuesto.

2.º La sustitución por los pronombres personales complementos *le, la, les.* Este criterio permite eliminar como posibles objetos directos los complementos circunstanciales de tiempo, el sujeto invertido, etc.

El no emplear *el criterio de transformación pasiva* es una ventaja que permite evitar, entre otras, la eliminación de los objetos de ciertos verbos. Podrá incluirse, por tanto, entre los objetos directos, «le mal» de la frase «Il fuit le mal», por ejemplo, frase para la que resulta inoperante el criterio de la transformación pasiva. Como criterio suplementario presenta Frei el *criterio de transformación en proposición interrogativa* para la demostración de que la oposición complemento directo y complemento circunstancial pertenece, en francés, al sistema de la lengua.

Es evidente que el criterio de transformación pasiva no caracteriza solamente al complemento directo, sino también a ciertos complementos indirectos, como lo ha indicado Jespersen: «L'enfant écoute à sa mère» ⟶ «La mère est écoutée par l'enfant»; «Juan obedece *a Pedro*» ⟶ «Pedro es obedecido por Juan».

4. EL COMPLEMENTO DIRECTO

Tanto Frei como M. Gross, en el artículo al que hemos aludido anteriormente, no aceptan este criterio de la transformación pasiva.

Desde el punto de vista de la gramática generativa, la función de complemento directo ha sido formalizada por Chomsky de la manera siguiente.

En el árbol:

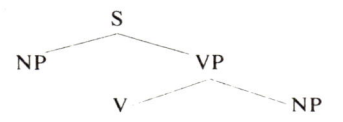

```
        S
       / \
      NP  VP
         /  \
        V    NP
```

el sub-árbol:

```
      S
     / \
    NP  VP
```

define la función sujeto (NP) de la frase (S) y el sub-árbol:

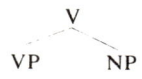

```
       V
      / \
     VP  NP
```

define la función gramatical objeto directo (NP) del predicado o sintagma verbal VP. Esta representación, cuyos símbolos están en inglés: S por «sentence», VP por «verb phrase», NP por «noun phrase» y que están en correspondencia respectivamente con O, SV y SN, no permite distinguir, por el sólo medio de una configuración de árbol, los objetos directos de los complementos circunstanciales del verbo del tipo «todos los días», «el año próximo» que encontraríamos en frases como: «Luis come todos los días». Gross añade que en este caso habría que adoptar la representación:

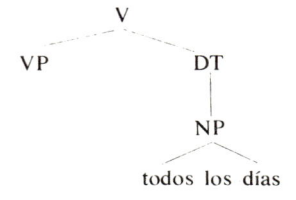

```
          V
         / \
        VP  DT
            |
            NP
           /  \
        todos los días
```

en la cual el símbolo DT está puesto por adverbio de tiempo o complemento circunstancial de tiempo. Muchos son los problemas que quedan planteados por una representación de este género, más o menos especificada con nuevas sub-estructuras y de ello es consciente el propio articulista, M. Gross. El mismo indica cómo algunas investigaciones en curso —como las de Fillmore, Lakoff, Matthews, Ross— permitirán verdaderamente clarificar la cuestión.

Como conclusión a esta visión general del complemento directo en la lingüística actual, lo podemos definir como:
Todo sintagma nominal o una oración transformada, adyacente al verbo, generalmente pospuesto, que puede ser sustituido por uno de los pronombres: lo, la, los, las (le, les), que responde a la transformación interrogativa con qué, y que en una transformación pasiva pasa a ser sujeto.

En nuestra investigación, utilizamos el signo CD para señalar el complemento directo. Alarcos Llorach llama *implemento* a lo que nosotros llamamos CD, en contraste con lo que él llama complemento y suplemento, que nosotros llamamos CI.

Evidentemente, hay una distinción formal entre: / una cosa imposible / y / a su amigo / en las oraciones: // quiere *una cosa imposible* //, // quiere *a su amigo* //. Por tanto, al haber una distinción formal, consideramos que la función es distinta, ya que hemos tomado como básico en lengua todo criterio formal.

Para tratar de demostrar los postulados apuntados por la definición que hemos propuesto para el complemento directo, presentaremos más adelante segmentos del corpus que realizan dicha función sintáctica.

4.2. Rasgos sintácticos del CD

1. Segmento adyacente al verbo, generalmente pospuesto.
2. Segmento sustituible por uno de los pronombres: lo, la, los, las (le, les).
3. Segmento que responde a la transformación interrogativa con *qué*.
4. Segmento que puede pasar a sujeto en la transformación pasiva.

Pasemos a estudiar dentro del corpus analizado, estos supuestos:

4.2.1. *Segmento adyacente al verbo, generalmente pospuesto.*—En la mayor parte de las veces el CD aparece pospuesto y adyacente al verbo. (Para distribución y frecuencia del lugar ocupado por CD en el ordenamiento, remitimos a los cuadros estadísticos del apartado 1.2.3.. Pero veamos tres variantes:

1. Inmediatamente después del verbo.
2. Cuando entre el V y CD se intercala uno o varios segmentos oracionales.
3. Antepuesto al verbo.

4.2.1.1. Citamos algunos de los múltiples casos en que el segmento CD sucede inmediatamente al V:

// los últimos siglos / *han presenciado* / *innumerables revoluciones, motines y golpes de Estado* //. (M-45-13.)
// *levantó* / *el antifaz* / un segundo / ante los ojos enfebrecidos del estudiante //. (O-4-9.)

4. EL COMPLEMENTO DIRECTO

4.2.1.2. Cuando se intercala un segmento oracional entre V y CD:
 a) Elemento CC intercalado. Es el caso más frecuente dada la movilidad de CC en la oración y su posible recursividad. Mencionamos solamente algunos:

// y / entonces / se propone / *como ideal* / lo contrario de lo que existe //. (M-62-15.)
// yo / suelo contestar / *simplemente* /: ¿lo ha intentado usted? //. (M-88-117.)
// Notas recogidas aquí y allá / alimentan / *con alguna entrevista que otra* /, el trabajo de la amorosa cristalización //. (O-16-10.)
// Bajo el título de la Querella del Barroco / se encontrarán / *en este libro* / la crónica de los incidentes del concurso y de la atribución final /. (O-33-11.)

 b) Elemento CI intercalado. Es más abundante esta estructuración en el corpus de Marías. Citamos algún caso:

// Sólo / podemos pedir / *a la vida colectiva* / que disponga para nosotros ese alveolo social //. (M-307-44.)
// Las tres juntas y articuladas / podrían dar / *a España* / una nueva grandeza: la que es posible y digna en el siglo XX, y que no consiste en dilatarse a expensas de los demás, sino con ellos y para ellos //. (M-312-45.)
// Como / conceder/*le* / un heroísmo cualquiera, ni solamente alguna dignidad //. (O-251-42.)
// Si su corriente de aire no resfrió a todos /, por lo menos / se / les / llevó / *a todos* / la peluca //. (O-269-44.)

 c) Elemento A intercalado. Este elemento concuerda con CD pues es un atributo del CD; si fuera A del S, la oración sería atributiva o copulativa.

// Lo cual / volvía / *no sólo frecuente, pero hasta habitual y normal* / el contacto seguido, entre los locos y la servidumbre //. (O-389-55.)

 d) Elemento S intercalado. Apenas encontramos más de un caso en Marías; sin embargo, en D'Ors hay varios:

// No quiere / *esto* / decir / que sea «idealista», ni tampoco que no haya un número crecido de individuos que se mueven principalmente por los estímulos del más sórdido interés //. (M-153-24.)
// Aprende / *aquél* / su nombre, de que no pudo informarse cuando el carnaval churrigueresco //. (O-13-10.)
// Descubre / *aquél también* / el poder de la idea, el encantamiento que de ella viene //. (O-19-10.)
// Hace un instante / tenía / *yo* / el mirar absorto / por el abanico de una palmera que abanicaba con gracia femenina //. (O-181-32.)

 e) Varios elementos intercalados.
 Esta posibilidad de intercalar varios segmentos entre el V y el CD, no se presenta en Marías, cuyo orden sintáctico es más estricto que el de D'Ors; en éste hallamos varios casos, los cuales presentamos a continuación:

CR-CC - CC:
// Ved, / *sin embargo* /, *allá abajo* / *a lo lejos* / una isla desierta //. (O-252-42.)

CC-S:
   // Tras de tantos años de vacilación indolente / llega a saber / *un día* / *el tímido ensoñador* / que la señora de sus pensamientos es muy cortejada y hasta —para decirlo llanamente— que se la ha puesto a la moda en la Corte //. (O-24-11.)

CI-CC:
   // Vemos / *le* / *en este punto* / partir para el centro de Europa, donde van a disputarse en un torneo la mano de la bella, con anuncio de singular combate o tenzón //. (O-29-11.)
   // Preveo / *para Churriguera* /, *en hora próxima* /, una justiciera venganza //. (O-81-19.)

CC-CI-CC-CC:
   ...// y / me traerán / *un día* / *al mundo* / —*con el desbordamiento tumultuoso de tu pasión* / *con su «mal gusto»*, *que cuenta* igualmente— que cuenta igualmente unos cuarteles de nobleza y rememora el caos primitivo como las obras clásicas rememoran el griego Partenon— / un trágico cantar de abismo y océanos... //. (O-80-19.)

CC-CC:
   // Fedra / regulaba / *decentemente* / *en alejandrinos* / las palpitaciones que la pasión hubiera desordenado //. (O-295,47.)

4.2.1.3. *Elemento CD antepuesto al verbo.*

La mayor frecuencia de aparición de CD antepuesto aparece en la realización pronominal de los mismos. Sin embargo, también encontramos otras realizaciones, como el SN o bien O, antepuestas, aunque bien es verdad que en menos ocasiones:

a) *CD-pronombre antepuesto.* Presentamos algunos casos solamente, dado su elevado número, que reflejamos en cuadros estadísticos:
   // es decir, / *la* / prepara y organiza / como personal //. (M-117-20.)
   // ¿*Qué* / ha sido / ese futuro, convertido ya en pasado? // (M-325-48).
   // ¿*Qué más* / pudiera añadirse? //. (O-48-13.)
   // ¡Wildermann, padre mío / *Mucho* / debo a mis maestros //. (O-98-21.)

b) *CD no-pronombre antepuesto al verbo.* Como en el caso:
   // y / *la prueba de ese interés* / puede darla / el pequeño esfuerzo necesario para buscarlo //. (M-323-48).

Vemos en este caso cómo se hace necesario un referente, *la* del SN / la prueba de este interés /; la causa de que exista un doble CD es evitar la confusión con el sujeto, tras haber cambiado su lugar normal en la oración. Fácilmente puede señalarse que, transformando el orden, la oración sería: // el pequeño esfuerzo necesario para buscarlo / puede dar / la prueba de ese interés //.

Otro caso en Marías es el siguiente:
   // *Análogas consecuencias* / arrojaría / el estudio de la proyección internacional —siempre modesta— de la filosofía española //. (M-347-51.)

Los casos de CD-no pronombre antepuesto al verbo en el corpus de D'Ors son los que a continuación presentamos:
   // *Otras constantemente evocadas* / vense / abominadas sin cesar //. (O-60-17.)
   // *Cuanto vale en Michelet acerca de la filosofía de la historia* / se encontraba / ya / en Giambatista Vico //. (O-140-27.)

4. EL COMPLEMENTO DIRECTO 139

// ¿Qué lejano origen, perdido entre los primeros sueños de la humanidad cabía prestarle? //. (O-214-38.)

//«Sed amorosas y seréis dichosas», / aconseja / una de estas figuras / a no se sabe qué hembras cándidas e instintivas, de una bienaventurada perfección vegetal //. (O-382-54.)

//«Sed misteriosas y seréis dichosas», / enseña / el otro icono //. (O-383-55.)

Vemos que el estilo directo, y la interrogación son dos causas que se repiten como motivación de esta colocación antepuesta del CD.

En conclusión, podemos afirmar que el lugar normal de CD en la oración es pospuesto al verbo y que son apenas unos pocos los casos de anteposición, en su mayoría casos de CD-pronombre personal.

Por otro lado, la colocación de los pronombres personales complementos es obligatoria: van antepuestos al verbo, excepto junto a imperativos o infinitivos; por lo tanto, estos casos no son significativos. Los restantes CD antepuestos son escasos, como puede deducirse de los ejemplos presentados, y en su mayoría se dan dentro de oraciones de tendencia enfática y por tanto cercanas al hipérbaton.

4.2.2. *El CD es un segmento sustituible por los pronombres personales lo, la, los, las, (le, les).* Este es uno de los criterios que hemos seguido a la hora de la segmentación. Lo demostraremos con algunos ejemplos:

// Contará / la aventura de un hombre... //. (O-2-9.)
⟶ //—la— contará //.

// Levantó / el antifaz / un segundo / ante los ojos... //. (O-4-9.)
⟶ //—lo— levantó / un segundo / ante los ojos... //.

... // Y / sabe / ahora / que la tal Categoría vive en la región de los suspirantes por el lejano Paraíso perdido //. (O-14-10.)
⟶ //—lo— sabe ahora //.

// Hay que volver a formular / la pregunta: ¿Qué es España? //. (M-66-16.)
⟶ // Hay que volver a formular/la //.

En este caso, el método de la sustitución nos demuestra que la forma verbal compleja: / hay que volver a formular /, compuesta de dos auxiliares: *hay que* + *volver a*, tienen como núcleo semántico: *formular*, y es a *formular* al que se adhiere el sustituto del SN en función CD / la pregunta: ¿Qué es España? //.

El criterio metodológico de sustitución hace imposible la segmentación siguiente:
⟶ // hay / que volver a formular... //.

Porque una oración en que la sustitución del CD pasara a // la / hay //, aquí no sería posible. Queda por tanto en evidencia que este complejo sintagma verbal: *hay que volver a formular,* contiene una doble auxiliaridad.

140   ESTRUCTURAS SINTACTICAS DEL ESPAÑOL

Este hecho se da también en otros casos como en el siguiente ordenamiento:

> // Y / hay que contestar /: *ni lo que se dice ni la inversión mecánica y automática de ello* //. (M-67-16.)

⟶ // Y / hay que contestar/*lo* //.

Aquí podemos presentar también el problema, ya esbozado en el capítulo del sujeto, acerca de las oraciones compuestas de la forma verbal *hay* + un SN: la función desempeñada por dicho SN aparentemente es la de sujeto, pero en realidad es la de CD, como se demuestra cuando se aplica el criterio de segmentación de la sustitución pronominal; el segmento / hay / realiza la función V en oraciones que carecen de sujeto, expreso o elíptico y a las que tradicionalmente se las llama impersonales.

La forma *hace* en oraciones como // hace / frío // es igualmente impersonal, pues el segmento / frío / es CD, ya que puede sustituirse por // lo / hace //. Al mismo tiempo podemos preguntarnos: ¿hasta qué punto la oración // hacen / unos fríos intensísimos //, en la cual se da un sujeto que concuerda con el verbo, es correcta? Desde luego es agramatical, pero la conciencia de algunos hablantes no la rechaza como incorrecta debido, creemos, a una tendencia psicolingüística, que se da en el hispano-hablante, de personalizar la acción verbal y rechazar la impersonalidad. Esto mismo ocurre en la frase «hubieron fiestas», existente en Hispanoamérica.

4.3.3. *Segmento que responde a la transformación interrogativa encabezada por: ¿qué?* —Vamos a verificarlo en varios casos:

> // El que lo hace / es que prefiere / *ajarse en una vitrina mejor que vivir* //. (M-229-35.)

—¿Qué es lo que prefiere?

/ ajarse en una vitrina mejor que vivir /.

> // En general / esta actitud / encubre / *pereza o temor* //. (M-230-35.)

—¿Qué encubre?

/ pereza o temor /.

En el caso de una oración interrogativa como:

> // ¿*Qué lejano origen, perdido entre los primeros sueños de la humanidad* / cabría prestarle? //. (M-214-38.)

La pregunta ha de formularse así:

—¿Qué cabría prestarle?

y llevar a cabo la transformación de la frase en enunciativa, no encabezada con interrogación, sino con un determinante indefinido acompañando al nombre *origen,* núcleo del SN en función CD:

/ un lejano origen, perdido entre los primeros sueños de la humanidad /.

Este criterio de la transformación interrogativa con «¿qué?» presenta

4. EL COMPLEMENTO DIRECTO

poca fiabilidad, dado que sirve también para identificar otras funciones sintácticas, como la de atributo. Por ejemplo:

> // Lo único que esos autodidactas relativos parecen aprender en el seno de la naturaleza —¡Y de la naturaleza de los trópicos!— / es / el «don de lágrimas» y las exquisiteces del pudor //. (O-226-39.)

—¿Qué es el «don de lágrimas» y las exquisiteces del pudor?
/ lo único que esos autodidactas relativos parecen aprender en el seno de la naturaleza—; ¡y de la naturaleza de los trópicos!— /.

Igualmente sirve este criterio para la identificación de la función sujeto, cuando éste tiene una realización formal consistente en una oración. Por ejemplo:

> // Más bien / interesa / que los próximos veinticinco no sean una atrocidad o una estupidez //. (M-234-35.)

—¿Qué interesa? ¿Qué cosa tiene interés?
/ (El hecho de) que los próximos veinticinco no sean... /.

Este caso propuesto lo consideramos segmento sujeto y no CD después de aplicar asimismo el criterio antes apuntado de sustitución por una forma pronominal; es decir no es CD, sino S porque es imposible transformar la frase citada en:

* // no lo / interesa //.

Por todo lo dicho anteriormente, sacamos la conclusión siguiente:

— *El criterio de transformación interrogativa es operante en algunas ocasiones, pero en otras induce a ambigüedad en la segmentación; por lo tanto no es conveniente utilizarlo más que a título de subsidiario del criterio de transformación pronominal.*

Asimismo el criterio primero de *segmento cuyo lugar en la oración es el de pospuesto al verbo será un criterio subsidiario también de los anteriores,* ya que el orden de palabras en el español no es tan estricto como en otras lenguas, en las cuales dicho criterio puede ser absolutamente operante (el francés, por ejemplo).

4.2.4. *Segmento que puede pasar a ser sujeto en la transformación pasiva.*—Los segmentos oracionales que desempeñan la función CD pueden convertirse en sujeto al pasar la oración a la pasiva perifrástica (auxiliar ser + participio) o a la llamada pasiva refleja (enclítico se + forma verbal). Por ejemplo:

> // Y / entonces / el Estado / *ejecuta* / *sus funciones propias* //. (M-38-12.)

→ // sus funciones propias / son ejecutadas / por el Estado //.

> // los últimos siglos / *han presenciado* / *innumerables revoluciones, motines y golpes de Estado* //. (M-45-13.)

→ // innumerables revoluciones, motines y golpes de Estado / han sido presenciados / por los últimos siglos //.

De todos modos, es cierto que en ocasiones la transformación es muy forzada e incluso de dudosa gramaticalidad, como en:

> // el amor propio / le / da / alas //. (O-28-11.)

→ // alas / le / son dadas / por el amor propio //.

// yo / suelo contestar / simplemente: / ¿lo ha pintado usted? //. (M-62-15.)
*// ¿lo ha intentado usted? / es solido contestar / por mí //.

Coincide el CD en esta posible transformación en sujeto de la pasiva con el que hemos llamado CI-1, que suele ir constituido por «a + acusativo de persona», llamando acusativo al objeto verbal a nivel semántico que tradicionalmente se incluye en el complemento directo. (Véase el capítulo del «Complemento Indirecto».)

4.3. REALIZACIONES SINTAGMÁTICAS DE CD

El CD tiene tres posibilidades de realización, las cuales a su vez comportan a veces determinadas variantes:
1. CD → SN.
   1.1. SN homogéneo.
   1.2. SN heterogéneo.
2. CD → SN-Sust.
3. CD → Oración.
   3.1. Oración de infinitivo.
   3.2. Oración introducida por conjunción.
   3.3. Oración en estilo directo.

4.3.1. *La realización SN es la más frecuente y la que caracteriza al CD.*—De tal modo que todo segmento en función de complemento directo o es un SN o es un sustituto del mismo, ya sea un pronombre o una oración transformada en segmento oracional.

El SN puede, a su vez, presentarse con una estructuración homogénea o con una estructuración heterogénea. Pasamos a continuación a describir las características que aparecen en estas dos variantes del SN en función CD.

4.3.1.1. *SN en estructuración homogénea.*—En torno al elemento nuclear, el nombre, se agrupan los demás componentes del SN: presentadores (artículos, posesivos y demostrativos) y atribuciones.

La mayoría de los SN en función CD homogéneos presentan actualizadores, así vemos los posesivos: / Su justificación / (M-331-49), / mi dignidad / (O-98-21) etc.

Otros en cambio llevan un artículo como actualizador, y éste es el caso más frecuente: / *los* ojos / (M-328-49), / *una* integridad / (M-47-13) etc.

Los demostrativos como actualizadores del nombre aparecen en el SN en función CD: / *esa* riqueza / (M-160-25), / *este* deporte / (M-396-58), etc.

El campo referencial de la lengua escrita necesitado de estos deícticos es menor que en la lengua hablada; de ahí viene, en nuestra opinión, el hecho de que los tres niveles raras veces sean utilizados simultáneamente.

Entre los *presentadores extensivos* encontramos: / *cierta* modestia / (M-375-55), / *alguna* inspiración / (M-166-25), / *ninguna* debilidad / (M-

4. EL COMPLEMENTO DIRECTO

268-39), / *no pocas* sorpresas / (M-126-21), / prácticamente todo su vigor / (M-361-53). En estos dos casos últimos aparecen dos adverbios: *no* y *prácticamente*, modificando al presentador. En el corpus de D'Ors no hallamos presentadores extensivos dentro del SN homogéneo en función de CD. Es difícil deducir a partir de esta comprobación caracteres lingüísticos de ambos autores. Sin embargo, proponemos como posible una mayor intención en Marías de concretar y perfilar los conceptos, para aclarar los razonamientos de su ensayo filosófico.

Un hecho que queremos reseñar muy especialmente es el número relativamente elevado de SN homogéneo en función CD que carecen de presentador, tanto en el corpus de Marías como en el de D'Ors. Citamos solamente algunos: / problemas / (M-14-8), / poder / (M-44-13), / anormal debilidad / (M-45-13), / reniegos / (M-77-17), / curso legal / (M-103-19), / derecho / (M-263-38), / fuente más próxima / (O-209-37), / materia / (O-22-10), / razón / (O-32-11), / recreativa compensación / (O-396-55), / sosiego / (O-376-54), / lágrimas / (O-356-52), / armas dialécticas suficientes / (O-267-44), etc.

Pues bien, es esclarecedor comparar la abundancia de casos en que se da ausencia de presentador en el SN ⟶ CD y la escasez en el SN ⟶ S. (Véase apartado 2.3.1.).

El hecho de que el SN ⟶ CD sea un elemento que se inserta dentro del predicado, que es complemento de la función V y por tanto que no tiene la autonomía del sujeto, conlleva una tendencia a adherirse al verbo y a lexicalizarse al lado de éste para llegar al final del proceso: lexías complejas, como vemos en los casos siguientes:

plantea - problemas ⟶ plantear problemas (M-14-8),
murmura - reniegos ⟶ murmurar reniegos (M-77-17),
tiene - curso legal ⟶ tener curso legal (M-103-19),
arranca lágrimas ⟶ arrancar lágrimas (O-356-52),
dará - sosiego ⟶ dar sosiego (O-376-54),
maneja - armas dialécticas ⟶ manejar armas (O-267-44),
dará - razón ⟶ dar razón (O-32-11),
dan - materia ⟶ dar materia (O-22-10).

En cuanto a las *atribuciones*, elementos también constituyentes del SN, aparecen o bien *antepuestas* y pertenecen a la zona del sustantivo, presentándose entonces una *adjetivación epitética:* / un *considerable* campo / (M-180-28), / una *nueva* forma / (M-168-26), / una *relativa* prosperidad / (M-100-18), / una *inmediata* parálisis / (M-116-20), / una *justiciera* venganza / (O-81-19), / un *gran* paso / (O-337-51). O bien aparecen en *posposición* al sustantivo: / un atractivo *insuperable* / (M-380-56), / una sorpresa *formidable* / (M-16-9), / una impresión *desconcertante* / (M-150-23), / el saber *astronómico* / (O-43-12), etc. etc.

Estos elementos componentes del SN ⟶ CD, a los que venimos refiriéndonos, podían ser vistos también en los SN heterogéneos, pues son nada más que un SN homogéneo + uno o varios alargamientos. Sin embargo, no vamos a hacer una descripción de estos SN heterogéneos, en tanto que compuestos de unos elementos que se dan también en la estructuración homogénea: presentadores y atribuciones, a no ser que sea necesario destacar muy especialmente algún aspecto interesante. Trataremos por tanto de describirles en tanto que alargamientos.

4.3.1.2. *SN heterogéneo* ⟶ *CD:*

a) SN *alargado por determinación: SN - 1.*—Entre las posibles preposiciones que introducen las diferentes determinaciones de estos SN heterogéneos se destaca *de* como la más rentable. Vamos a dar en principio ejemplos que aparecen en el corpus de este tipo de determinación con *de*, citamos algunos casos solamente: / una pizca *de* repulsión instintiva / (M-268-39), / la prueba *de* ese interés / (M-323-48), / carácter [7] *de* disponibilidad / (M-113-19).

Estos alargamientos introducidos por *de* pueden ser no sólo sintagmas nominales, sino también oraciones introducidas por *de que* o por *de* + infinitivo, como por ejemplo: / lo contrario *de lo que* existe / (M-62-15), / poca esperanza *de que* esto fuera posible / (M-352-52), / la ventaja *de haber* legado su nombre al continente descubierto por Cristóbal Colón / (O-63-17), etc.

Existe también la posibilidad de que la determinación sea recursiva y se repita el índice funcional *de:* / la aventura *de* un hombre lentamente enamorado *de* una categoría / (O-2-9), / el secreto *del* sentimiento *del* paisaje / (O-290-46), etc.

Es de destacar que no encontramos en Marías ejemplos de esta estructura de recursividad en la determinación dentro de los SN ⟶ CD.

SN alargados por determinación mediante otros índices funcionales diferentes a *de* también se hallan aunque escasamente: / dificultad *para* iniciarse en él / (M-371-55), / la vida *como* libertad / (M-308-44), / mucho más interés *por* ganar dinero que por tenerlo / (M-167-26).

La misma posibilidad que la preposición *de* tiene de ir acompañada de *que* la tienen otras que introducen complementaciones: *en que, con que:* / tan sólo aquella significación, por decirlo así, galante, *con que* se contenta la interpretación general / (O-145-28), / los breves paraísos intermediarios *en que* se evoca el comenzamiento y se prevé el logro, *en que* el Edén reaparece, gracias a la reminiscencia o a la profecía / (O-179-32), etc.

b) *SN alargado por coordinación: SN - ∅.*—Dentro de la coordinación incluimos la mera yuxtaposición de elementos, dado que, como analizamos en el capítulo «Entonación y sintaxis», es la pausa del índice funcional de esta coordinación de índole suprasegmental.

Igualmente hay que señalar cómo la coordinación puede darse o entre nombres: N + N, o entre adjetivos del SN: A + A.

Los índices funcionales de la coordinación pueden ser varios: *y*, que es el más frecuente, *o, incluso, no sólo... sino, inclusive, pero, no... sino.*

4. EL COMPLEMENTO DIRECTO

Citamos a continuación los casos de coordinación más representativos: / la condición social, y por tanto, la libertad / (M-125-21), / el futuro, *incluso* los matices diferenciales españoles / (M-248-36), / un relativo *pero* considerable inutilitarismo / (M-152-24).

En cuanto a los casos de yuxtaposición aparecen algunos como: / lo ingenuo, lo primitivo, la desnudez / (O-236-41), / una influencia corrosiva, tal vez venenosa / (O-242-42), etc.

c) *SN alargado por complementación: SN - 2*.—Son ante todo el índice funcional *que* y la pausa indicadora de *aposición* los casos de complementación más frecuentes. Como ya indicábamos en la descripción de este tema de la aposición en el SN ⟶ S, todo segmento en aposición a otro puede ser encabezado por el segmento *«que es»*, así, por ejemplo: / un *poema* admirable: Palma / (O-184-32), —un poema admirable / que es / Palma— y viene, por tanto, a coincidir con la complementación introducida por *que relativo* y sus variantes. Veamos qué casos de *aposición* se dan en los SN - 2 en función CD dentro del corpus analizado: / aquel famoso artículo: «En este país» / (M-83-17), / esta otra pregunta: ¿Qué vamos a hacer? / (M-74-16), / caminos incalculables, *meandros* tortuosos, erizados de curiosas terminologías / (M-395-58), / sus funciones propias: *fomentar* lo que el individuo inventa y la sociedad realiza y *ejercer* el mando / (M-38-12).

Se da también el caso de una aposición introducida por preposición, que sin la pausa sería una determinación, pero que con la pausa se convierte en aposición y por tanto con la posibilidad de insertar el segmento / que es / o / que está /, como en este caso: / el *paso*, al *nordeste* de América, entre el estrecho de Behring y la bahía de Hudson / (O-321-50).

En cuanto a las complementaciones introducidas por *que,* destacamos algunos casos: / una expresión *que* debiera ser aclarada / (M-39-12), / formas políticas *que* las excluyen igualmente / (M-137-22), etc.

Igualmente clasificamos dentro de SN alargado por complementación ciertas correlaciones como «tanto ... como», «más ... que», «el mismo... que», «tan ... que», «otro ... que», «mayor ... que», etc. Por ejemplo: / *tantos* miramientos *como* él / (O-311-48), / al *mismo* estante *que* el Robinson / (O-342-51), / *otro* recurso histórico *que* alejarme y tentar con el pie... la tierra firme, la dura roca *que*, sustentándome, me defiende contra mí mismo / (O-76-17), / una hazaña *mayor que* la de los grandes reyes y los capitanes insignes / (O-254-42), etc.

d) *SN heterogéneo constituido por combinación de alargamientos*.—Trataremos de estructurar todo lo que nos sea posible estos SN que se presentan, en ocasiones, con una extrema complejidad. Para ello les agrupamos a partir de los dos primeros alargamientos que aparecen. Así pues, encontramos las clases siguientes:

SN - 1 - ∅.—Citamos algunos de los casos que aparecen bajo esta fórmula: / la decisión *de* un individuo *o* un plan estatal / (M-29-11), / una extraña vergüenza *de* sus quehaceres *y* preocupaciones / (M-171-26), etc.

SN - 1 - 2.—Anotamos como casos representativos de esta fórmula: / otra serie *de* atributos: pluralidad, heterogeneidad, falta de acuerdo, posible ausencia de concordia, variación, vitalidad / (M-25-10), / la carencia *de* innumerables libertades, *que* no han encontrado «ahí» y no echan de menos / (M-137-22), / la posesión *de* una verdad fecunda: *a saber, que* el Barroco está secretamente animado por la nostalgia del Paraíso perdido / (O-174-31). En este ejemplo arriba propuesto vemos que la complementación viene señalada por tres índices y por tanto la marca es redundante: en primer lugar la pausa representada gráficamente por los dos puntos; segundo el elemento concatenador «a saber» y tercero el índice *que*.

SN - 2 - ∅.—Entre los casos que se presentan podemos citar los siguientes: / dos cosas: la primera, *que* es prudente evitar una engañosa impresión de inminencia; la segunda, *que* no interesa tanto el tránsito como lo que haya después de él / (M-226-34), / un cierto valor permanente, más *amplio* y susceptible de ser convertido casi en definición / (O-57-17), etc.

SN - ∅ - 2.—Citamos algunos casos: / una enérgica personalidad *y* una originalidad *que* le viene precisamente de tener sus raíces sólidamente hincadas en un suelo histórico / (M-242-36), / nuestro presente *y* el porvenir *que* se extiende ante nosotros / (M-326-48), / dos fiebres sublimes *y* paralelas: Werter y Atala / (O-335-41), / una fuerza mejor *y* peor *que* la dialéctica / (O-268-44), etc.

SN - ∅ - 1.—Presentamos algunos ejemplos: / innumerables revoluciones, motines y golpes *de* Estado / (M-45-13), / al futuro y añadir la decisión *de* que sea porvenir / (M-68-16), / la masificación, la homogeneización *del* país / (M-297-43), etc.

4.3.2. *CD* ⟶ *SN - Sust.*—Entre los sustitutos de un SN que pueden realizar función de complemento directo destacan por su frecuencia e interés los pronombres personales. Ya Bello en su *Gramática de la lengua castellana*[8] alude a ellos así: «es una de las materias de más dificultad y complicación que ofrece la lengua». Distingue también Bello cuatro casos en el pronombre personal: nominativo, complementario acusativo, complementario dativo y terminal[9]. En la nota 121 de Cuervo se afirma que las formas *la, lo, las, los* son acusativos netos, como que continúan los casos latinos *illam, illum, illas, illos. La Gramática de la R. Academia* señala que son los pronombres personales las únicas palabras que han conservado en parte la declinación latina, por lo que tienen distintas formas, según el oficio que desempeñan en la oración. Para Pottier[10] los llamados pronombres personales son presentativos en la primera y segunda persona, o retrospectivos en la tercera. Son presentativos porque descansan, se apoyan sobre sí mismos y retrospectivos porque suponen una determinación anterior.

Pues bien, la realización SN — Sust. del CD está representada en su mayor parte por el pronombre acusativo[11]. Así hallamos las formas

4. EL COMPLEMENTO DIRECTO

átonas del pronombre personal en 28 ocasiones, en contraste con sólo seis pronombres indefinidos y seis pronombres interrogativos.

a) *Pronombres personales.*—Encontramos en el corpus analizado las formas siguientes: *te* - (una vez), *la* (nueve veces), *las* - (dos veces), *lo* (catorce veces), *los* - (dos veces).

La gran frecuencia de la forma *lo* en comparación con las otras viene quizá dada por sus grandes posibilidades como elemento sustitutivo. Resumiendo, solamente *lo* es capaz de sustituir una oración y es en este hecho en lo que estriba su funcionalidad y de ahí la frecuencia de su empleo.

b) *Pronombres indefinidos.*—Aparecen los siguientes: / *varias* / (M-252-37), se refiere a «soluciones» de 251-37, / *otra* todavía mayor / (M-16-19), se refiere a «una sorpresa formidable», de 16-9, / todo *esto* / (M-389-57), / *alguno* de sus vínculos de familia / (O-14-10), / *alguno* de los esquemas predilectos del barroquismo / (O-133-27), / mejor que entenderlo / en el ordenamiento: // hacía / mejor que entenderlo // (O-133-27); en este caso va elíptico *algo;* / *cuanto* vale en Michelet acerca de la filosofía de la historia / (O-140-27), puede ser sustituido por: *todo lo que*.

c) *Pronombres interrogativos.*—El pronombre interrogativo *qué* es el único que aparece con función CD en el corpus analizado. Suele tener una significación neutra como en los casos hallados en D'Ors: // ¿*Qué* / nos / dará / la aventura / al cerrarse la narración de la aventura? // (O-51-13), // ¿*qué* / significa / en la historia de las artes / ese término: «Gótico florido» // (O-126-25), // ¿*qué* más / pudiera añadirse? // (O-48-13).

d) *El artículo con función pronominal.*—El artículo toma un valor de pronombre en algunos casos en los que acompañando a la partícula *que* sustituye a un nombre o sintagma nominal antes mencionado, el cual es alargado por complementación. Este es el caso del ejemplo que a continuación proponemos: // Al considerar la situación de la *libertad* en una sociedad determinada / hay que tener en cuenta / *la que falta y la que se tiene* // (M-127-21); / la que falta y la que se tiene / hace referencia a / la libertad /.

En otras ocasiones, como en la forma *lo que,* no hace referencia el artículo a algo nombrado anteriormente, sino que sustituye a: *aquello que, eso que, las cosas que,* como vemos en los ejemplos que a continuación citamos: // Y / se desconozca / *lo que es una gran riqueza y promesa* // (M-70-16), // Quisiera examinar / *lo que para mí es más valioso y prometedor de España: la vida cotidiana* // (M-71-16).

El valor de transpositor de la partícula *que* queda intensificado por el artículo *lo,* y en ocasiones *el* —aunque en el corpus analizado *el que* no aparece encabezando un CD—. Pero en cambio otras veces no es un mero elemento enfático, sino que es un sustituto real de otro sintagma nominal al que hace al mismo tiempo referencia, o de un imaginario o neutro: eso, esto, aquello, esas cosas, etc., al cual se le añade una oración de relativo o adjetiva, en calidad de alargamiento de complementación. De todos modos el artículo sigue siendo, como afirma Alarcos Llorach [12], un signo morfológico delimitativo y nominalizador del sintagma nuclear de un grupo nominal.

4.3.3. *CD → O.*—Se llaman subordinadas sustantivas en el *Esbozo para una nueva Gramática de la R. Academia* (pág. 514), a las oraciones incorporadas a la principal que desempeñan la función gramatical que puede ser desempeñada por un sustantivo (sujeto, complemento objetivo del verbo, complemento con preposición de un sustantivo adjetivo). Aquellas que tienen oficio de complemento directo se las llama oraciones complementarias directas. La construcción de estas oraciones, sigue diciéndose en el *Esbozo*, es diferente según que el período se halle en estilo directo o en estilo indirecto. Llámase directo el estilo cuando el que habla o escribe reproduce textualmente las palabras con las que se ha expresado el autor de ellas. En el estilo indirecto el narrador refiere por sí mismo lo que otro ha dicho. Esta misma terminología ha sido utilizada por Gili Gaya, entre otros.

En la lingüística estructural se llama completivas a las frases insertadas dentro de otras frases, en el interior de las cuales juegan el papel de un sintagma nominal sujeto o complemento. La completivización, para la gramática generativa, es una transformación consistente en insertar en un sintagma nominal o verbal una frase que desempeña el papel de una completiva [13]. Al morfema *que*, por ejemplo, se le llama elemento completivizador y se introduce en el curso de una transformación completiva. Otro completivizador puede ser el afijo infinitivo.

Así pues, teniendo en cuenta los casos de CD - → O que se nos presentan, lo hemos estructurado de esta forma:

1. CD → O de infinitivo.
2. CD → O introducida por conjunción.
3. CD → O en estilo directo.

4.3.3.1. *CD → O de infinitivo.*—El infinitivo es una forma verbal con capacidad de funcionar como nombre. Como verbo puede ser núcleo de una oración, como en este caso, subordinada. Como nombre, no necesita un elemento funcional para insertarse en la oración en calidad de CD, función ésta característica de un sintagma nominal.

Una oración cuyo núcleo sea el infinitivo tiene un sujeto que puede coincidir o no con el del V principal; puede, además, estar acompañado de diferentes complementos. Por todo ello consideramos que es una oración y no un simple sintagma verbal lo que forman estos infinitivos de la realización 1 del CD. Sin embargo, no todo infinitivo adjunto al verbo realiza la función de CD. En casos como: «puede salir», «suele ir», «empieza a leer», etc., el infinitivo forma un todo indisoluble con la forma personal del verbo, la cual pasa a ser auxiliar. Los diferentes complementos de la oración modifican al segmento en función V, compuesto de auxiliar + infinitivo. Para una visión más completa de este tema, remitimos al apartado 3.3.2.2.

4. EL COMPLEMENTO DIRECTO

Es sumamente difícil, en ocasiones, el decidir si un infinitivo forma parte del segmento verbo o es un segmento diferente en función CD. Y es sobre todo arduo en el caso de los verbos que la *Gramática de la Real Academia*, así como el *Esbozo de una nueva Gramática* (pág. 450) llaman *verbos modales:* deber, querer, saber, poder y demás verbos cuyo contenido semántico es «voluntad» o «deseo». El averiguar hasta qué punto estos verbos están gramaticalizados y han perdido parcialmente su significado es un terreno sumamente oscuro.

Pottier sostiene que en el dominio de la auxiliaridad ninguna distinción es válida sino en la medida en que se manifiesta en un momento determinado del discurso y, por consiguiente, exista en realidad como hecho de lengua. «El auxiliar determina la concordancia de los sujetos —añade Pottier— y el no auxiliar determina una discordancia de los sujetos» [14]. Para él, serán, por tanto, elementos del verbo, y no segmentos diferentes muchos de los infinitivos que acompañan a verbos no considerados como auxiliares por otros autores. Alarcos Llorach, en cambio, no utiliza sólo este criterio, sino otro consistente en verificar sustituciones y transformaciones de la oración constituida por V + infinitivo, a fin de indagar si el infinitivo es implemento o un mero constituyente del verbo que presentaría forma compleja o perifrástica.

Vamos a presentar diversos casos de nuestro corpus, en que se da esta realización de CD:

> // Por lo que a mí me toca, fiel servidor que me digo de la razón, / oso / *proclamar mi respeto por las heroicas violencias de la pasión* //. (O-73-18.)
> // Con el tiempo / no obstante / espero / *alcanzar el poder de copiar la inteligente y voluptuosa lección de Ulises* //. (O-77-18.)
> // Cree / *haber sentenciado, con expresión ritual, a cualquier colmo de mal gusto sin excusa* //. (O-68-18.)
> // Pues bien: / Valéry siempre lúcido / ha confesado / *haber escrito este poema, como un recreo, como una vocación, concediéndose a sí mismo tal recompensa, tras de las horas largas de aplicación exigidas por su gran poema «La Jeune Parque». Dominical descanso, después del laborar de seis días* / (O-186-33.)
> // La elegante condesa de Egmont / sintió / *nacer en su corazón una vocación imprevista por la vida salvaje y solitaria* //. (O-291-46.)

4.3.3.2. *CD* ⟶ *O introducida por conjunción.*—Así como en el estilo directo la oración subordinada en función CD está simplemente yuxtapuesta, en cambio, en estilo indirecto, se precisa una marca de subordinación, un elemento transpositor de la oración subordinada en simple segmento del ordenamiento.

Entre las conjunciones que transforman oraciones en un simple segmento CD hay que destacar a *que*. Para Alarcos [15] hay un / *que* [1] / transpositor de una oración a término nuclear nominal (nos preocupa: no trabajan ⟶ nos preocupa *que* no trabajen), diferente de un / *que* [2] / transpositor de una oración a término adyacente en un grupo nominal (los alumnos no trabajan, nos preocupan ⟶ los alumnos *que* no trabajan nos preocupan). El transpositor / *que* [1] /, que podemos llamar en terminología tradicional «conjunción», diferente del / que ² / llamado «relativo», convierte la oración a la que acompaña en nombre.

Así como hemos visto, en el capítulo dedicado al sujeto, la realización «O introducida por *que*», la vemos también entre las realizaciones del CD.

Al convertirse en CD estas oraciones pueden ser sustituidas por un pronombre personal y responden a la transformación interrogativa con ¿qué? Veámoslo en algunos casos concretos.

> ... // y esta condición / hizo / *que casi nadie quisiera ver las cosas* // (M-4-7).

→ y esta condición / *lo* / hizo.

> // Cuando es inadecuada y dura mucho / puede hacer / *que la sociedad se engañe sobre sí misma y piense de sí propia en vista de la imagen que el Estado le da* // (M-56-15).

—¿Qué puede hacer cuando es inadecuada y dura mucho?
—Que la sociedad se engañe sobre sí misma...

> // Tras de tantos años de vacilación indolente / llega a saber / un día / el tímido ensoñador / *que la señora de sus pensamientos es muy cortejada y hasta —para decirlo llanamente— que se la ha puesto a la moda en la corte* //. (O-24-11).

→ tras de tantos años de vacilación indolente llega a saber / *lo* / un día / el tímido ensoñador.

> // Añadamos / para demostrar que el peso de semejantes maldiciones no cae exclusivamente sobre un lector literario / *que pareja injusticia de la suerte ha caído sobre Boileau* // (O-65-17).

→ añadámos/*lo* / para demostrar que el peso de semejantes maldiciones no cae exclusivamente sobre un lector literario.

Sin embargo, no podemos realizar esta sustitución en ordenamientos como los siguientes, donde la «O introducida por qué» es S. Por ejemplo:

// Oportet haereses esse - Conviene / que haya herejes // (O-104-22).

—No podemos decir: los conviene,
—Pero sí podemos decir: // que haya herejes / es / conveniente //.

En este ordenamiento el segmento / que haya herejes / está realizando la función sujeto. Según puede verse en *Esbozo de una nueva Gramática* (pág. 515), ya en latín se usaban principalmente estas oraciones como sujeto de ciertos verbos (opotet, licet, necessest) y el español ha conservado esta preferencia.

> // Se dirá / y se dirá bien /, que al cabo la sociedad reacciona contra esas imágenes que no pueden prevalecer // (M-57-15).

—No podemos decir: / se *lo* dirá bien / sin cambiar el sentido. Es una pasiva refleja y obviamente no puede contener el segmento CD.

Otra conjunción que puede introducir un O → CD es *si*. Este morfema suele acompañar a verbos como *preguntar* o *decir*. Encontramos solamente un caso, y éste en J. Marías:

> // La economía española / es / mezquina para muchos y estrecha para la gran mayoría //, pero / uno / se pregunta / *si no habría que hacer otras cuantas para la economía vital* //. (O-150-23).

4. EL COMPLEMENTO DIRECTO

Puede sustituirse por:

⟶ pero / uno / se / *lo* / pregunta.

En el caso que presentamos a continuación la oración no es CD, sino S:

// Pero / dígase / si alguna forma de convivencia ha tenido menos fracasos y más éxitos que el liberalismo //. (M-206-31.)

Efectivamente, no puede conmutarse por:

— // pero, dígase/lo //

o por: // pero / se / lo / diga //, sin cambiar el sentido de la oración.

El motivo es que esta oración encabezada por *si* es sujeto del ordenamiento, y el V puede ser conmutado por una forma pasiva («dígase» es pasiva refleja): // sea dicho / si alguna forma de convivencia ha tenido menos fracasos y más éxitos que el liberalismo //.

Hallamos en el corpus otra conjunción, por último, que puede encabezar oraciones en función CD: / *por qué* /.

// He comprendido /así / *por qué el siglo XVIII, mi querido siglo XVIII, el de las sólidas empresas filantrópicas y utilitarias, el de las ciencia y la razón, fue también el que se complugo en crear los jardines botánicos* //. (O-187-33.)

El segmento encabezado por / por qué / puede ser sustituido por / *lo* / y resulta: // *lo* / he comprendido / así //.

En cuanto a las alteraciones que se producen en el modo y tiempo verbal de la oración completiva, no vamos a analizarlas, del mismo modo que no analizamos los segmentos constituyentes de dicha oración subordinada.

4.3.3.3. CD ⟶ O *en estilo directo.*—No hay marca formal alguna en la lengua escrita, sino una mera yuxtaposición. En el plano de la lengua hablada hay marca fonológica: la pausa y la entonación. (Remitimos al capítulo dedicado a estos aspectos.) Vamos a limitarnos simplemente a citar algunos de los casos en que aparecen. Gráficamente queda indicado por dos puntos y comillas, o comillas simplemente:

// «*En todas partes cuecen habas*» / dice / el español / después de recapacitar y comparar su situación con las ajenas // y / en seguida / agrega /: «*y en mi casa a calderadas*» //. (M-86-17.)

// Yo / suelo contestar / simplemente /: «¿*lo ha intentado usted*»? //. (M-88-17.)

// Uno de ellos / me dijo: / «¿*Y no cree usted que se debe racionalizar la economía?*» // (M-290-42.)

// «*Sed misteriosas y seréis dichosas*» /, enseña / el otro icono...» //. (O-383-55.)

Los verbos que se prestan a este tipo de construcciones de estilo directo son aquellos como: decir, añadir, contestar, agregar, proponer, etc., cuyo contenido semántico conlleva una idea de diálogo.

4.4. Distribución y frecuencia de las realizaciones sintagmáticas del CD

Presentamos a continuación los datos estadísticos correspondientes a la distribución, y frecuencia con que las diferentes realizaciones sintagmáticas de CD aparecen en el corpus.

CORPUS DE MARIAS

1. CD → SN	140	67 %
2. CD → SN - Sust.	24	11,5 %
3. CD → O	45	21,5 %
Total	209	100 %

CORPUS DE D'ORS

1. CD → SN	147	71,7 %
2. CD → SN - Sust.	25	12,2 %
3. CD → O	33	16,1 %
Total	205	100 %

TOTAL CORPUS

1. CD → SN	287	69,4 %
2. CD → SN - Sust.	49	11,8 %
3. CD → O	78	18,8 %
Total	414	100 %

Si comparamos el corpus de Marías y el de D'Ors vemos que es más elevada la frecuencia de la realización 1. CD → SN en D'Ors y en cambio la realización 3. CD → O es más frecuente en Marías que en D'Ors.

En cuanto al conjunto de todas las realizaciones, podemos ver en el cuadro referente al total del corpus que prácticamente el 70 % de los casos de CD están realizados por un sintagma nominal. Le sigue en orden de frecuencia la realización del complemento directo mediante una oración. Por último, los sustitutos nominales tienen la frecuencia más baja: 11,8 % de todas las realizaciones.

4. EL COMPLEMENTO DIRECTO

NOTAS

[1] *Estudios de Gramática funcional*, pág. 111.
[2] *Les Structures syntaxiques du français moderne*, pág. 16.
[3] *Physiologie de la langue française*, pág. 74.
[4] «Remarques sur la notion d'objet direct en français», *Langue Française*, 1969, págs. 63-73.
[5] «Désaccords», *Cahiers Ferdinand de Saussure*, 18, 1961, págs. 35-55.
[6] «Essai d'une définition formelle du substantif objet direct», *Etudes de linguistique appliquée*, 6, pág. 97.
[7] Nótese aquí la ausencia de presentador como ya aludimos en el SN homogéneo.
[8] Parágrafo 901-957.
[9] Op. cit., parágrafo 240.
[10] Cf. *Introduction à l'étude linguistique de l'espagnol*, notas 87 y 107.
[11] Obsérvese que solamente en la tercera persona se conservan diferencias heredadas de los casos latinos acusativo y dativo, como dice Gili Gaya, *Curso superior de sintaxis española*, pág. 175.
[12] Cf. *Estudios de Gramática funcional del español*, pág. 192.
[13] Cf. J. Dubois: *Dictionnaire de linguistique*, pág. 104.
[14] Cf. «Sobre el concepto de verbo auxiliar», *Lingüística moderna y filología hispánica*, pág. 194.
[15] Op. cit., pág. 193.

Capítulo 5

5. EL COMPLEMENTO INDIRECTO

5.1. Noción de complemento indirecto

La característica formal que las gramáticas suelen atribuir al complemento indirecto es la aparición de un elemento funcional, o preposición, que le relaciona con el verbo. Las preposiciones *a* o *para* son las únicas que se presentan siempre como signos tangibles de la existencia de CI, en lengua española. Sin embargo, pueden aparecer problemas a la hora de analizar un ordenamiento, si sólo se espera encontrar un CI cuyo índice formal sea: *a* o *para*.

Lucien Tesnière considera al complemento indirecto como el tercer actante y señala: «Desde el punto de vista semántico, el tercer actante es aquél en cuyo beneficio o detrimento se cumple la acción. A este respecto, el tercer actante se conocía hace tiempo, en la gramática tradicional, bajo el nombre de complemento indirecto, que ha sido recientemente reemplazado por el de complemento de atribución» [1].

Al igual que el complemento directo, el complemento indirecto es definido en las gramáticas tradicionales con un criterio más bien semántico, y no con un criterio funcional. Efectivamente, tanto el complemento directo como el indirecto pertenecen a la esfera del verbo y completan su sentido, de tal modo que una oración como // Carlos / dio / un caramelo /a tu hermano // queda totalmente incongruente si suprimimos los elementos CD / un caramelo / y CI / a tu hermano / y resulta // Carlos / dio //. Ambos segmentos CD y CI pertenecen al área sintáctica del predicado en una división primaria sujeto-predicado y al área del grupo verbal o frase verbal en una terminología como P = GN + GV. Todas estas precisiones, que son de naturaleza sintáctica, pueden ser comprobadas apelando al sentido total de la frase, a la cual se somete, como veremos más adelante, a pruebas de conmutación o sustitución. Sin embargo, en una definición de una función sintáctica, en la que sólo se aducen caracteres semánticos, hay en cierto modo un desajuste. Las definiciones para ser aceptables habrán de ajustarse al nivel de estudio al que se refieren. Si se trata de describir el objeto de una acción, desde el punto de vista semántico, podemos hallarlo

en varias realizaciones sintácticas: o bien una oración: // ama / al prójimo //, o bien un sintagma nominal alargado por un complemento / el amor al prójimo /. Y lo mismo podemos decir en el caso de que haya dos objetos de la acción: // entrega / este libro / a Juan // que puede tener otra estructura sintáctica diferente, aún conservando la misma estructura semántica: / la entrega de este libro a Juan /.
De todas formas, aún en las definiciones tradicionales como las que a continuación presentaremos, ya se alude veladamente a algunas reglas sintácticas, que podían ser utilizadas como reglas de reescritura en una gramática sintagmática. Veamos algunas definiciones clásicas: La *Gramática de la Real Academia* (pág. 190) lo define así: «Se designa con el nombre de complemento u objeto indirecto el vocablo que expresa la persona, animal o cosa en quien se cumple o termina la acción del verbo transitivo ejercida ya sobre el acusativo y también la de verbos intransitivos.» Amado Alonso y Henríquez Ureña en su *Gramática castellana* (pág. 77) dan una definición análoga: «El complemento indirecto representa la persona o cosa a que se dirige o destina la acción, o, también, en cuyo provecho o daño se hace». Gili Gaya da la siguiente definición: «El complemento indirecto expresa la persona o cosa que recibe daño o provecho de la acción del verbo, o el fin a que dicha acción se dirige»[2]. En el *Esbozo de una nueva Gramática* se dice: «Se designa con el nombre de complemento u objeto indirecto al vocablo que expresa la persona, animal o cosa en que se cumple o termina la acción del verbo transitivo ejercida ya sobre el objeto directo. Nótese que las palabras directo e indirecto deben entenderse en el sentido estrictamente gramatical con que se aplican a los complementos objetivos del verbo. El primero se llama directo, porque en él se cumple y termina la acción del verbo y *ambos forman una unidad sintáctica: «verbo* + objeto directo». Esta unidad puede llevar otro complemento (indirecto), que será indirecto en relación con el verbo sólo, y directo en relación con el conjunto unitario formado por el verbo y su acusativo. Este es el sentido tradicional de los términos gramaticales directo e indirecto» (pág. 371). No consideramos que estos términos queden muy claros tal como se explican, sino que más bien seguirá habiendo el mismo número de dudas a la hora de saber si es complemento directo o indirecto tal o cual segmento que va introducido por la preposición *a*. Sin embargo, vemos un avance destacable, con respecto a la *Gramática*, el que se considere ya en su aspecto sintagmático al grupo verbal.
Es cierto que dentro de la lingüística actual se vuelve de nuevo a estudiar los puntos de contacto entre la sintaxis y la semántica —semántica generativa, «case grammar» de Fillmore...—. Nosotros hemos preferido no utilizar exclusivamente un criterio semántico a la hora de definir un segmento en función de CI, de igual modo que con el resto de las funciones. Por tanto, si adoptamos en nuestra terminología el nombre de complemento indirecto no es porque consideremos que dicho complemento «recibe indirectamente la acción del verbo», lo cual dicho así puede originar gran número de ambigüedades. No está dicha aseveración en nuestro

5. EL COMPLEMENTO INDIRECTO

propósito. La característica formal de esta función CI es estar realizada por un SP. Y es precisamente por esto por lo que lo llamamos complemento indirecto, ya que se trata de un grupo nominal, que va ligado al verbo *mediante* un elemento funcional, la preposición, es decir indirectamente, desde un punto de vista formal. En esta característica se diferencia precisamente de CD, ya que dicha función se realiza como un sintagma nominal adyacente al verbo sin que medie entre ambos ningún elemento preposicional. Si esto lo presentamos en reglas de reescritura hallamos que el GV, grupo verbal, puede ir constituido así:

GV = V + SN

y llevará como función adyacente al verbo un CD, o bien, puede ser:

GV = V + SP

y llevará como función adyacente al verbo un CI. Puede ir así:

GV = V + SN + SP

y llevará ambas funciones CD y CI constituyentes del grupo verbal.

Igualmente podemos encontrar un grupo verbal con dos segmentos en función CI y la regla será:

GV = V + SP + SP

Pondremos ejemplos de todas estas posibilidades presentándolas por medio de indicaciones sintagmáticas.

// La realidad social / mostraría / otra serie de atributos // (M-23-10).

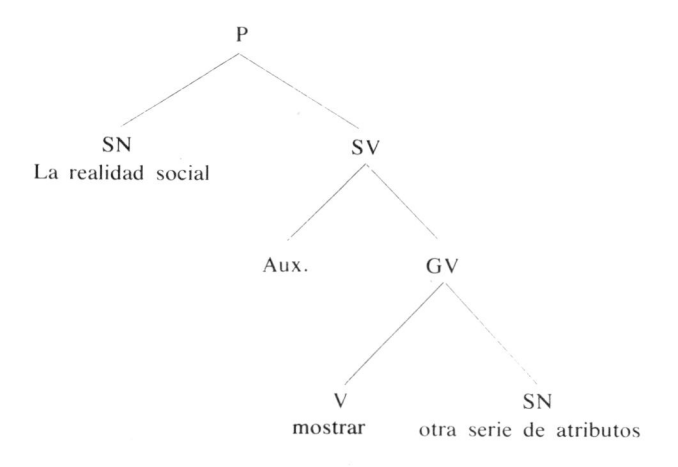

```
              P
            /   \
          SN     SV
   La realidad social
                 / \
              Aux.  GV
                   /  \
                  V    SN
               mostrar  otra serie de atributos
```

La fórmula funcional en nuestra convención sería: S - V - CD.

// Y / eso / daba / al Estado / una autoridad plena // (M-47-13).

```
              P
             /
         SN     SV
         Eso   /
              Aux.    GV
                     /
                    V    SP    SN
              dar al Estado una autoridad plena
```

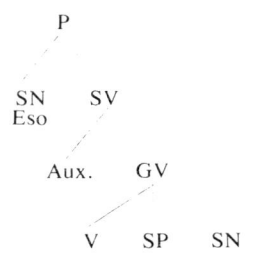

La fórmula funcional sería: S - V - CI - CD.

// España / pertenece / a Europa // (M-98-18).

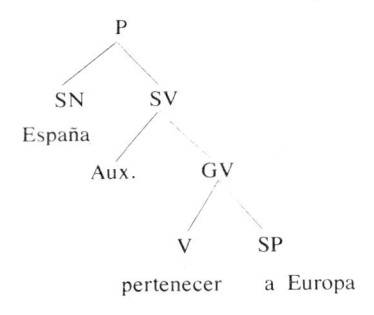

```
              P
             /
         SN     SV
        España  /
              Aux.    GV
                     /
                    V       SP
                 pertenecer a Europa
```

La fórmula funcional sería: S - V - CI.

// Un detalle estilístico / nos / ayudaría / a comprenderla // (M-390-57).

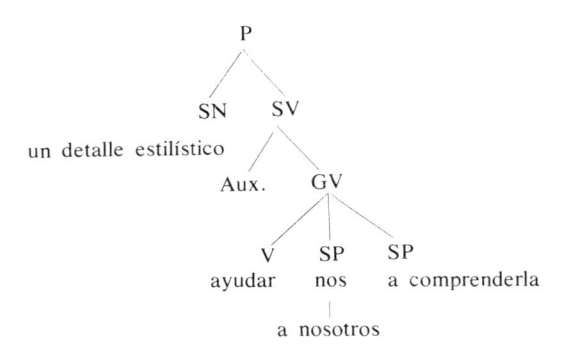

```
                   P
                  /
              SN      SV
       un detalle estilístico
                      Aux.   GV
                            /
                          V    SP    SP
                        ayudar nos  a comprenderla
                                |
                           a nosotros
```

La fórmula funcional sería: S - CI - V - CI.

Aparentemente no se presentan problemas. Pero en cambio en la realidad sí los puede haber, ya que la realización característica de CC es también SP.

5. EL COMPLEMENTO INDIRECTO

J. Dubois propone que estos SP en función de circunstante van dominados por el signo P y no por GV: son sintagmas preposicionales de frase, no del grupo verbal [3]. Gráficamente lo veremos en el ejemplo siguiente:

// En general /, esta actitud / encubre / pereza o temor // (M-230-35).

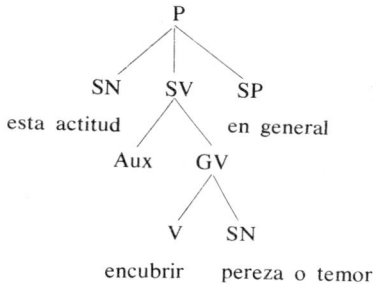

```
                    P
         ┌──────────┼──────────┐
        SN         SV          SP
    esta actitud  ╱ ╲      en general
                Aux  GV
                    ╱ ╲
                   V   SN
               encubrir  pereza o temor
```

cuya regla de reescritura sería: P ⟶ SN + SV + (SP).

Todo esto, que a nivel de representación puede parecer simple, da lugar a una serie de dificultades a la hora de segmentar y diferenciar qué sintagmas preposicionales tienen función CI y cuáles tienen función CC. Este aspecto decisivo en nuestro análisis lo tratamos más ampliamente en el apartado 5.2.3. de este capítulo.

Asimismo hay otra dificultad en el español: los llamados tradicionalmente complementos directos de persona introducidos por la preposición *a:* // veo / a mi padre //, // escucha / a tu amigo //, // quiero / a ese niño //. A este tipo de SP adyacentes al verbo, aludimos también en el apartado 5.2.2.

5.2. Rasgos sintácticos del elemento CI

Dentro de este apartado trataremos de presentar las características básicas del segmento en función CI; además haremos una subdivisión de los CI para tratar de aclarar las características peculiares de cada una de estas subclases. Por último, presentaremos los problemas de segmentación que pueden aparecer en un análisis sintáctico como el que hemos llevado a cabo.

5.2.1. *Características sintácticas de la función CI.*—Como ya hemos apuntado anteriormente, hay unos puntos claves que distinguen el complemento indirecto del resto de las funciones sintácticas de la oración. Destacan como básicos y de cuyo cumplimiento depende la segmentación los siguientes:

1. El segmento CI es un elemento componente del grupo verbal (GV). La función de complemento indirecto no es necesaria para todos los grupos verbales como lo es el verbo. Sin embargo, en los que aparece, completa

el sentido del verbo de tal modo que si la retiramos la oración o queda sin sentido alguno, o queda con un sentido diferente.

2. El segmento CI se realiza como un SP (sintagma preposicional) o por un pronombre personal complemento.

3. Cuando el segmento CI es consabido puede ser sustituido por un referente pronominal precedido o no de una preposición. Cuando la realización del CI es un pronombre complemento puede ser sustituido por un SP.

A continuación trataremos de demostrar que se cumplen estas tres condiciones en los segmentos CI del corpus analizado. Para no hacer demasiado extenso este capítulo realizaremos estas demostraciones con un número de ordenamientos representativo de los mismos:

// entonces / el politicismo / afectaba / *al torso de la sociedad española* //. (M-9-8.)

1. La oración: // entonces / el politicismo / afectaba // resulta incompleta de sentido. El segmento / al torso de la sociedad española / es componente del GV, predicado de la oración.

2. / al torso de la sociedad española / es un SP que puede reescribirse como: Prep. + SN.

3. Al sustituir el segmento CI por *le*, la oración puede pasar a: entonces / el politicismo / le / afectaba //.

// el estado de la sociedad española / induce / fácilmente / *a confusiones* //. (M-89-17.)

1. Si suprimimos el segmento CI / a confusiones / la oración queda incompleta de sentido: // el estado de la sociedad española / induce fácilmente //. El segmento / a confusiones / pertenece al GV.

2. / a confusiones / es un SP compuesto de Prep. + SN.

3. En el caso de ser un elemento consabido el CI puede pasar la oración a: // el estado de la sociedad española / induce / fácilmente / *a ellas* //.

// Aquí, / los celos / se apoderan / *del cuitado* //. (O-26-11.)

1. Si suprimimos el segmento CI / del cuitado / la oración queda incompleta de sentido al faltarle un elemento: // aquí, / los celos / se apoderan //.

2. / del cuitado / es un SP compuesto de la Prep. *de* + SN.

3. En el caso de ser consabido el segmento CI, la oración pasa a: // aquí / los celos / se apoderan / de él //.

// el amor propio herido / *le* / da / alas //. (O-28-11.)

1. El sentido de esta oración si quitamos el segmento / le / cambia

hacia una afirmación generalizadora y por tanto la oración en sí no significa lo mismo. El segmento / *le* / es componente del grupo verbal y no puede, en este caso, ni siquiera cambiar su posición antepuesta al verbo.

2. El segmento CI tiene una realización del pronombre complemento.

3. Para explicitar el elemento CI pronominal / *le* / lo sustituimos por / *a él* /, es decir un SP.

> / Un tribunal de Pares / dará / razón / *a quien se muestre más sutil en adivinar los quereres de la preciada categoría* /, en mejor servicio amoroso de sus gracias //. (O-32-11.)

1. Queda incompleto el sentido de la oración si retiramos el segmento a quien se muestre más sutil en adivinar los quereres de la preciada categoría / y resulta así: // un tribunal de Pares / dará / razón / en mejor servicio amoroso de sus gracias //.

2. El segmento CI tiene una realización SP en la cual aparece Prep. + SN (Sust.): en + quien (el que) + O que es una complementación de el SN sustituto / *a quien* /.

3. Al ser consabido el CI la oración pasar a ser: // un tribunal de Pares / le / dará / razón /, en mejor servicio amoroso de sus gracias //.

5.2.2. Clases de segmentos CI.—Es preciso decir que entre todos los complementos indirectos existen pequeñas diferencias en el comportamiento sintáctico a las que vamos a referirnos a continuación. Consideramos segmentos en función CI a tres tipos de complementos diferentes según la gramática tradicional. Por tanto, vamos a explicitar esta subdivisión para que no pueda achacársenos que nuestro afán de generalización no nos ha permitido descender a matices interesantes. Estas tres clases son:

CI - 1.—El tradicionalmente llamado complemento directo de persona, como el que aparece en la oración: // veo / *al niño* //. Su elemento funcional es la preposición *a*.

CI - 2.—El tradicionalmente llamado complemento indirecto, de las oraciones: // lo / entrego / *para Juan* //, // ofrezco / el libro / *a mi padre* //. Su elemento funcional son las preposiciones *a* y *para*.

CI - 3.—El que podemos llamar complemento verbal de rección léxico-formal de las oraciones: // hablamos / *del niño* //, // se apoderó / *del libro* //, // el examen / consiste / *en una traducción* //. Su elemento funcional es variado, depende de la rección verbal. No hay que olvidar el hecho de que esta subdivisión no puede encubrir el que se trata de una sola función sintáctica que hemos llamado complemento indirecto, ya que todos estos tres tipos coinciden en las mismas características anteriormente explicadas.

En la clasificación que Alarcos [4] hace de las funciones sintácticas coincide nuestro CI-1 con el implemento, el CI-2 con el complemento y CI-3 con el suplemento. Más adelante volveremos sobre la división de Alarcos.

Pasamos a continuación a explicitar estas subclases:

CI - 1.—Entre los problemas delicados de la gramática del español aparece el del empleo de la preposición *a* ante un cierto número de objetos del verbo. Niculescu estudió esta realización preposicional en las lenguas románticas y en su artículo puede hallarse lo más esencial de la bibliografía sobre el tema [5]. Merece destacarse el trabajo de Pottier «L'emploi de la préposition *a* devant l'objet en espagnol» [6] en el que, mediante una serie de criterios de orden semántico, explica esta característica actuación del español, en la que subyace un problema de confluencia semántico-sintáctica:

— Empleo de *a* como señal de singularización del objeto, de eficiencia del verbo o de énfasis del elemento de relación. Así // La princesa espera *a* su hijo a la puerta del palacio // frente a: // la esposa de don Juan Carlos espera para el año próximo su tercer hijo //.

La *Gramática de la Real Academia* señala que: «el castellano, al desprenderse del latín comenzó por emplear la preposición *ad*, convertida en *a*, para el dativo, y después la empleó también para el acusativo, primero con nombres de persona y después con los de animales y cosas personificadas. La evolución en este particular no ha terminado todavía, y como la misma preposición sirve también para indicar el complemento indirecto, nace de aquí la confusión, y hasta perplejidad a veces, como se ve en los siguientes ejemplos: 'Ha sido forzoso dejar al enemigo en rehenes al conde'. ¿Quién es aquí el dado en rehenes? 'Recomiende usted a mi sobrino al señor director'. ¿Quién es el recomendado, el director o el sobrino? Y lo peor es que esto ocurre con alguna frecuencia, y que empleando tal giro no se encuentra preservativo ni remedio. *La conversión de la oración por pasiva* —sigue diciendo la gramática académica— *no siempre es posible* y menos aún la supresión de la preposición *a* antes del acusativo, como quieren algunos.» (pág. 191). El criterio que da el *Esbozo de una nueva Gramática* (pág. 372) para diferenciar estos complementos introducidos por *a*, si son directos o indirectos —no olvidemos que no coincide con nuestra estructuración— es el consistente en invertir la construcción de la oración, poniendo el verbo en pasiva y como sujeto la palabra que se dude si es complemento directo o indirecto. Bello afirma también (párrafo 731) que el acusativo de la construcción activa se convierte en sujeto de la construcción pasiva. Por tanto, al parecer, una transformación pasiva en la que CD ⟶ S sería la prueba tangible de reconocimiento de un segmento CD introducido por *a*. No obstante, el mismo Bello ya cae en la cuenta de las múltiples excepciones a esta regla y afirma (párrafo 739) lo siguiente: «Hay construcciones intransitivas de dativo: 'Les lisonjea la popularidad de que gozan'. No sería bien dicho *'los* lisonjea'. Y, sin embargo, sería perfectamente aceptable la inversión pasiva: 'Lisonjeados por la popularidad de etc.' *Esta inversión no es señal inequívoca de acusativo.*» ¿Es que el CI —en tanto en cuanto coincide parcialmente con el dativo de Bello— puede a veces pasar a sujeto en una transformación pasiva? Entonces este criterio no es específico del CD acusativo y no tiene validez

5. EL COMPLEMENTO INDIRECTO

total. Por tanto, no se nos puede decir que si en la oración // quiero / a mi madre // consideramos CI al segmento / a mi madre / y éste puede pasar a S en una transformación pasiva, debería ser CD, dado que en otros casos no se cumple dicha regla y, por tanto, no es general.

En todas las gramáticas normativas del español se dan una serie de reglas sobre el uso de la preposición *a* en los complementos directos, a las que siguen varias excepciones y casos de vacilación.

Sin embargo, un hablante, aún sin saber si está utilizando en un determinado momento un complemento directo o indirecto (tomados estos términos en su sentido tradicional), sí sabe cuando ha de emplear un SN o un SP. Esta elección tiene para el hablante un valor esencialmente funcional y lo funcional es esencialmente lingüístico. El hablante reconocerá como agramatical una oración como / escucho a la canción / y como gramatical / escucho a tu hermano /. Hay una diferencia formal entre el SN que debía ir como CD en / escucho la canción / y el SP que debía ir como CI en / escucho a tu hermano /.

Alarcos considera, siguiendo en esto a la gramática tradicional, que son implementos (CD) los llamados complementos directos de persona introducidos por la preposición *a*. Citamos textualmente [7]: «En algunas ocasiones, y por motivos originariamente semánticos, el implemento aparece señalado por un índice funcional peculiar, la llamada preposición /a/. En realidad, el papel de ésta no es indicar que el sintagma a que precede sea implemento, sino simplemente que no es sujeto. Como la estructura oracional sujeto + núcleo + implemento se basa en un análisis de la realidad en 'actor + actividad + objeto (affectum o effectum)', puede ocurrir que los entes expresados por los signos léxicos referentes al actor y al objeto sean en la realidad capaces de actividad: por ejemplo, en una situación en que intervengan los seres 'el perro' y 'el lobo' y la actividad 'perseguir'. No podemos decir: * el perro persigue el lobo. Es preciso deshacer la ambigüedad mediante la indicación explícita de cuál de los dos sintagmas (el perro, el lobo) no es sujeto, y entonces se dirá 'el perro persigue *al* lobo', o bien 'al perro persigue el lobo'. Aceptamos como tal la hipótesis de Alarcos, aunque no dejamos de encontrar posibles razones para rebatirla. El sistema sintáctico español podría haber encontrado ante una confusión de este tipo otras soluciones, como la de guardar un orden estricto S/V/CD al igual que en francés: «Marie aime Pierre» y el CD sería el término que va detrás del verbo. Además en el caso de: / los lobos persiguen el perro / ya no puede darse confusión, dado que el sujeto en plural concuerda con el V y la ambigüedad no se produce. Más adelante, Alarcos justifica su decisión de llamar «complementos» a los tradicionalmente llamados CI, oponiéndoles a los implementos, ya que *«como hay distinción formal, la función es distinta»*. Pues efectivamente, si hay una distinción formal entre: / quiero *pan* / y / quiero *a mi madre* / suponemos que la función es distinta en uno y otro caso y que esto mismo debería aplicarlo al caso de implemento de persona. Alarcos alude a los referentes pronominales de los implementos y de los complementos como diferentes, es decir, los referentes pronominales de CD varían en género y número de acuerdo con el nombre al que sustituyen: le, lo, la, les, los, las, y en cambio los referentes del complemento son (le, les) con la única variación en número. Con todo, nos queda la duda de hasta qué punto puede tener validez como criterio probatorio de CD o CI el sistema casual de los pronombres complementos, el cual se halla en un estado vacilante en gran número de hablantes que en muchas ocasiones desconocen el caso de cada forma (de ahí, el laísmo tan común).

Ya observó Cuervo que el dativo castellano había ampliado considerablemente sus funciones a expensas del acusativo. La conciencia de las diferencias entre ambos casos se ha borrado incluso en los pronombres, a pesar de haber conservado esta parte de la oración una parte de la declinación orgánica, pues, efectivamente, si están borradas las diferencias entre ambos casos, solamente las diferencias formales serán ostensibles y decisorias en la tarea de analizar sintácticamente un enunciado.

En cuanto al fenómeno del leísmo, Salvador Fernández Ramírez señala que «la intrusión de *le* en la función de acusativo se realiza preferentemente cuando la mención del pronombre es de persona, no de cosa, favorecida precisamente por el hecho de que los dativos pronominales consisten predominantemente en menciones personales» [8]. Lapesa dice que «es preciso reconocer la acción de otro factor que ha intervenido desde muy antiguo que es la tendencia a restablecer la distinción entre el masculino singular y el neutro, igualados por la evolución fonética de *illum* y de *illud* en la forma ambivalente *lo*; para lograrlo se ha intentado esbozar un paradigma con *le* masculino, *la* femenino y *lo* neutro, semejante al de él / ella /- ello, éste / ésta / esto, / ése / ésa / eso, aquél / aquélla / aquello. De ahí que el leísmo se limite casi al masculino y cunda más en singular que en plural, donde no hay neutro romance y donde la oposición los / las guarda perfectamente correspondencia con la de ellos / ellas, éstos / éstas, ésos / ésas, aquéllos / aquéllas» [9]. Este sistema coherente sin oposición de caso, no ha triunfado en todo el dominio hispánico, pero existe en algunas áreas.

Como característica peculiar de CI-1 podemos presentar la posibilidad (y por tanto no la obligatoriedad) de entrar como sujeto en una transformación pasiva. Citemos algunos casos en que se da esta posibilidad:

...// y / han visto / tras de él / *más bien que el alma, al «doble», a la sombra que asiste invisible —o casi— a cada individualidad física* //. (O-380-54).

— ► // más bien que el alma, el doble, la sombra que asiste invisible —o casi— a cada individualidad física / ha sido vista / por ellos //.

// Las madres / por mucho tiempo / bautizaron / *a sus recién nacidos* / con los nombres de Pablo y Virginia //. (O-289-46).

— ► // sus recién nacidos / eran bautizados / por mucho tiempo / con los nombres de Pablo y Virginia / por las madres //.

5. EL COMPLEMENTO INDIRECTO 165

CI - 2.—La característica formal que tradicionalmente se ha atribuido al complemento indirecto es el uso de las preposiciones / *a* / y / *para* /. En el *Esbozo de una nueva Gramática* se dice: «el complemento indirecto puede ir con verbos transitivos y lleva siempre las preposiciones *a* o *para*, excepto cuando sea un pronombre átono». Más adelante se añade: «Con verbos intransitivos, o usados como tales, designa este complemento la persona, animal o cosa a quien se refiere la acción, en el concepto general de daño o provecho» (pág. 375). En nuestra subdivisión, el CI - 2 es el único que se halla totalmente de acuerdo con el complemento indirecto de las gramáticas normativas tradicionales.

Sin embargo, es preciso destacar que encontramos la función CI no sólo en oraciones predicativas (V ± CD ± CI), sino también en oraciones atributivas (V + A); en cambio, los elementos CI-1 y CI-3 no los vemos en este último tipo de oraciones. Presentamos a continuación algunos casos de aparición simultánea de A y CI-2:

// Pero / es / *más dulce* / *para el corazón afligido* / dejar correr libremente el llanto //. (O-296-47.)
// Pocas lecturas / en efecto / pueden resultar / *hasta ese punto conturbadoras* / *para las imaginaciones un poco finas y castigadas* / como la de un libro tenido por casto, pero impregnado de lascivia secreta //. (O-274-45.)
// Pero / las consideraciones económicas / no son / *las primarias* / *para la gran mayoría* //. (M-154-24.)
...// y / se considera / *necesaria* / *para la vida* //. (M-160-25.)

En los ejemplos citados anteriormente el elemento CI no puede ser considerado como un SP complemento del adjetivo pues, aunque en ocasiones van al lado ambos elementos, sin embargo podemos variar el lugar de colocación de CI y la oración sigue siendo gramatical y comprensible.

Por otro lado, encontramos a menudo CI al lado de CD, o en terminología de J. Dubois [10] un complemento primario, al lado de uno secundario, formando así una oración tradicionalmente considerada como transitiva. Así en:

// Deja / *un considerable campo* / *a su espontaneidad, a sus caprichos, hasta a sus humores* //. (M-180-28.)
// Sólo / podemos pedir / *a la vida colectiva* / *que disponga para nosotros ese alveolo social* //. (M-307-44.)
// Al estilo de la barbarie, persistente, permanente debajo de la cultura / ¿no le / daremos / *el nombre de Barroco?* //. (O-96-21.)
// La conciencia de una tradición ritual, junto con un amor clandestino que data de ayer / inspira / *este exorcismo* / *a la mano que dibuja un signo mágico, a la vez que las presentes líneas fugaces* //. (O-85-19.)

En los CI introducidos por la preposición / para / hallamos una característica: no siempre pueden ser sustituidos por los pronombres complementos átonos sin preposición como los CI-1. Veamos algunos casos donde sí es posible tal sustitución.

// Preveo / *para Churriguera* / en hora próxima / una justiciera venganza //. (O-81-19.)

— → // le / preveo / en hora próxima / una justiciera venganza //.

// Para los mismos sabios / encantadoras perspectivas / parecieron abrirse //. (O-285-46.)

— → // encantadoras perspectivas / parecieron abrírseles //.

// Pocas lecturas / en efecto / pueden resultar / hasta ese punto conturbadoras / para las imaginaciones un poco finas y castigadas /. (O-274-45.)

— → // Pocas lecturas / en efecto / les / pueden resultar / hasta ese punto conturbadoras como la de un libro tenido por casto, pero impregnado de lascivia secreta //.

// Pero / es / más dulce / para el corazón afligido / dejar correr libremente el llanto //. (O-296-47.)

— → // Pero / le / es / más dulce / dejar correr libremente el llanto //.

En otros casos, tal sustitución es imposible y ha de conservarse en la elisión la preposición a la que acompaña un pronombre tónico. Veamos algunos ejemplos:

// Uno y otro / son / ahora / para nosotros / únicamente efemérides en la historia del exotismo canonizado //. (O-344-51.)

No — → // uno y otro / nos / son / ahora / únicamente efemérides en la historia del exotismo canonizado //.

// para ellos / la libertad / no es / un uso //. (M-135-22.)

No → // la libertad / no / les / es / un uso //.

// pero / el esoterismo / ha tenido / un atractivo insuperable / para muchos //. (M-380-56.)

No → // pero / el esoterismo / les / ha tenido / un atractivo insuperable //.

// para ellos / la libertad / no es / un uso //. (M-135-22.)

No → // la libertad / no / les / es / un uso //.

Hallamos oraciones donde aparecen dos CI-2:

// Por lo pronto / para grandes grupos apresurados o timoratos / ha sobrevenido / un curioso tabú / a todo el vocabulario de cuño orteguiano //. (M-391-67.)

Sin embargo, este hecho es sumamente raro. Remitimos para ello el apartado 5.2.4. dedicado a la compatibilidad del CI.

CI-3.—Según afirma A. Alonso y H. Ureña en su *Gramática castellana:* «es común considerar que todo complemento del verbo que no sea directo ni indirecto, debe clasificarse como circunstancial. Pero hay que hacer la excepción, por lo menos, del complemento agente o de acción» (pág. 77). Por otro lado, el *Esbozo de una nueva Gramática* nos indica que «el complemento indirecto puede ir con verbos transitivos y lleva

5. EL COMPLEMENTO INDIRECTO

siempre las preposiciones *a* o *para* excepto cuando sea un pronombre átono» (pág. 375). Entonces, si en la oración: // quiero / flores / *para Luisa* //, el segmento / para Luisa / es un CI y pertenece, por tanto, al grupo verbal GV y no es un circunstante de la frase, ¿qué función tiene el segmento / de las flores / en la oración: // se apoderó / *de las flores* //?. Siguiendo un criterio semántico bien podía decirse que / de las flores / completa el sentido del verbo, ya que / se apoderó / por si sólo, sin referente ninguno al complemento, no tiene significación ninguna. Igualmente podemos tratar de demostrar que hay CI no introducido por *a*, o *para*, sino por otras preposiciones, con otro ejemplo; en la oración: // recuerdo *su cara de niño* //, el segmento / su cara / es un complemento del verbo, concretamente un CD. Pues bien, en la oración: // me acuerdo / *de su cara de niño* //, el segmento / de su cara de niño / es igualmente un complemento del verbo, concretamente un CI.

Alarcos Llorach, en su citado libro *Estudios de Gramática funcional* (pág. 117), dice que existen algunos términos adyacentes que ofrecen los mismos rasgos y que se deben separar de los aditamentos. El aditamento (CC), por su carácter relativamente marginal, no modifica la estructura del predicado, mientras los otros segmentos, a los que llama suplementos sí: su conmutación por cero hace variar el valor de la oración. Pone entre otros ejemplos de suplementos el segmento / del tiempo /, en la oración: // hablaba / *del tiempo* //. / Hablaba / es predicado distinto a / hablaba del tiempo /. Desde el punto de vista del contenido parece tratarse de una relación proporcional a la que se indica con el implemento:

$$\frac{/ \text{hablaba del tiempo} /}{/ \text{hablaba} /} = \frac{/ \text{comía uvas} /}{\text{comía} /}$$

«Pero —añade Alarcos— no los podemos designar con el mismo término de implemento, a pesar de su semejanza de contenido, porque *sus relaciones formales con el núcleo no son idénticas.*»

Existe un grupo de verbos que llevan un complemento introducido por una preposición, dentro de una gradación de obligatoriedad. Esta obligatoriedad mayor o menor la podemos llamar *régimen* del verbo o *rección*, por ejemplo: apoderarse + de, consistir + en, tratar + de, etc. En gramática generativa, entre los rasgos léxicos de las reglas de subcategorización del verbo, se encuentra al lado de: (± tr.) o transitivo, (± sujeto hum.), (+ durativo), etc., un rasgo que Dubois define así (± attr.), es decir, verbo acompañado o no por un complemento atributivo o preposicional. Por ejemplo, el verbo / apoderarse / sería (− tr., + attr.) pues ha de ir no con un CD, sino con un CI ⟶ SP del GV.

Llamaremos rección [11] a la propiedad que tiene el verbo de estar acompañado por un complemento cuya forma de introducción está determinada. La rección es un concepto sumamente importante dentro de la caracterización de las estructuras gramaticales de una lengua dada. Siguiendo la descripción de varios aspectos de este concepto gramatical que hace B. Pottier en su *Introduction à l'étude des structures grammaticales fonda-*

mentales, podemos decir que hay rección cuando la presencia de una lexía hace probable —en diversos grados— la aparición de un elemento del discurso determinado: preposición, tipo de sintagma. La rección léxico-semántica, al estar unida al lexema y no a la categoría gramatical, es a menudo constante, cualquiera que sea ésta: *la división ... en, entre, dividir ... en, entre.*

La rección léxico-formal se refiere a la noción de transitividad y de complemento directo e indirecto. Se aplica a diferentes categorías gramaticales:

1. Lexía sin objeto:
   a) Verbal intransitiva: *marchar.*
   b) Sustantival-intransitiva: *la marcha.*
2. Lexía con objeto, sin preposición:
   a) Verbal transitiva directa: *dividir la tarta.*
3. Lexía con objeto, con preposición:
   a) Un sólo objeto: Lexía transitiva indirecta verbal: *obedecer al padre, creer en Dios.* Lexía transitiva indirecta nominal: *la obediencia al padre, la creencia en Dios.*
   b) Dos objetos: objeto 1 + prep. + objeto 2: *dar un libro al vecino,* prep. + obj. 1 + prep. + obj. 2: *hablar de algo a alguien.*

De las lexías presentadas por Pottier nos interesan las lexías verbales para el estudio de los CI, ya que los segmentos que realizan esta función pertenecen al área del predicado y, por tanto, son elementos adyacentes al verbo. Entre las recciones que pueden tener los verbos españoles, vamos a destacar las que nosotros encontramos en el corpus analizado:

Rección A: / llevar a / (M-105-19), / llegar a / (M-107-19), / atenerse a / (M-330-49), / referirse a / (M-40-12, M-273-40, O-222-38), / asistir a / (M-357-53), / integrarse a / (M-184-28), / sobreponerse a / (O-94-21), / limitarse a / (O-146-28), / resistir a / (O-293-47), / renunciar a / (O-322-50), / pasar a / (O-328-51), / responder a algo / (O-191-35), / condenar a algo / (M-249-37), / inducir a algo / (M-89-17), / volver a / (M-84-17), /pertenecer a / (M-98-18, O-150-29), / empujar a / (O-309-48), / ayudar a / (M-390-57).

Rección DE: / proceder de / (M-17-9), / tratarse de / (M-192-29, M-262-54, O-10-9, etc.), / resentirse de / (M-25-10), / hablar de / (M-35-12, M-289-42, O-55-13, etc.), / sorprenderse de / (M-2-7), / ocuparse de / (M-79-17), / caer en la cuenta de / (M-82), / darse cuenta de / (M-16-9), / datar de / (O-116-24), / avergonzarse de / (O-53-13), / recibir de alguien / (O-223-38), / apoderarse de / (O-26-11), / acordarse de / (O-154-29), / prescindir de / (O-358-52), / libertar de / (O-362-53), / percatarse de / (O-138-27), / presumir de / (M-70-15).

Rección EN: / convertirse en / (O-360-53), / insistir en / (O-398-56, M-277-40), / pensar en / (M-397-56), / consistir en / (O-312-49, M-148-23), / entrar en / (M-285-41), / basarse en / (M-262-38), / ocuparse en / (O-83-19).

Rección CON: / cruzarse con / (M-118-20), / contar con / (M-104-19), / identificarse con / (M-370-54), / bastar con / (M-112-19).

5.2.3. *Problemas de segmentación.*—Si siguiésemos el criterio tradicional de análisis sintáctico serían muchos los problemas que se nos presentarían a la hora de dilucidar si tal o cual segmento realiza función de complemento directo o indirecto. Gili Gaya apunta ya que la distinción entre complemento directo y complemento indirecto ofrece dificultades en los casos en que el primero lleva la preposición *a*, puesto que no queda entonces signo gramatical que distinga uno de otro [12]. Sin embargo, en el criterio gramatical que hemos adoptado ya no se dan esas dudas, puesto que la marca evidente de CI es la preposición y la ausencia de la misma es marca de un complemento verbal en función CD.

En cuanto a acudir a la pronominalización para demostrar la diferencia de CD y CI, consideramos que no es absolutamente seguro como criterio, dado que el sistema casual heredado del latín no está vigente en todo el dominio hispánico y le hace competencia otro sistema fundado en el género: masculino (le), femenino (la) y neutro (lo). Existe entre muchos hablantes gran vacilación, siendo leísmo y laísmo dos fenómenos casi absolutamente implantados.

Veamos unos casos como demostración de la mayor vigencia del sistema genérico:

1. Se acepta a Luis – se *le* acepta.

2. Se entrega un regalo al jefe – se *le* entrega un regalo.

En el caso 1, la gramática tradicional ve un C. directo, pues puede hacerse la transformación: Luis es aceptado. El pronombre sustituto es *le*. No podemos decir * se lo acepta, a Luis. En el caso 2 la gramática tradicional ve un C. indirecto y, sin embargo, el sustituto es también *le*. *Le* es sustituto normal de un segmento / a él /, o sea un CI, es decir, desde el punto de vista formal, un SP, cuyo elemento nuclear tiene género masculino.

En cuanto a *la*, vemos algunas diferencias. Analicemos los casos siguientes:

1. En casa se acepta a mi novia. Se la acepta.

2. Se entrega un regalo a la señora. Se le entrega un regalo (o se la entrega un regalo).

La puede sustituir a un segmento / a ella /.

En cuanto a las diferencias entre un CI y un CC, hay que señalar que dado que ambos pueden coincidir en la realización formal como sintagma preposicional, puede ser a veces difícil decidir cuál de las dos funciones desempeña un segmento dado.

En terminología de L. Tesnière un segmento en función CI pertenece a la clase de los actantes, es decir, «las personas o las cosas que participan en el proceso a diversos grados» [13], mientras que un segmento en función

CC pertenece a la clase de los circunstantes, los cuales «expresan las circunstancias en que se desarrolla el proceso» [14].

Un posible criterio para la diferenciación de CI y CC es el que propone Alarcos [15]: «con frecuencia la característica formal de estos aditamentos (CC) consiste en una de las llamadas preposiciones: / a, con, de, en, por... /. Existen, sin embargo, algunos términos adyacentes (CI) que ofrecen esos mismos rasgos y que debemos separar de los aditamentos.» El citado autor propone unos ejemplos: / hablan de noche / y / hablan de política /, en los cuales el sintagma / de noche / formalmente igual a / de política / no tiene, en cambio, la misma función sintáctica. Esta función que, como dijimos anteriormente la llama Alarcos suplemento y nosotros CI, en su variante CI-3, necesita conservar una referencia pronominal: / hablan de ella /. Sin embargo, en la oración: / hablan de noche / es el adverbio pronominal / entonces / el que toma la misma función de complemento circunstancial: / hablan entonces /.

Así como el CC es siempre un elemento facultativo, sin el cual el sentido de la frase no cambia más que accidentalmente, el elemento CI es, en ocasiones, obligatorio, dado el régimen del verbo. Asimismo, no sólo es este criterio semántico el único aducible, sino también uno sintáctico: el lugar ocupado por el CC es libre, pero el de CI está supeditado al verbo, del cual es complemento.

Hadlich dice que hay motivo justificado para mantener la diferencia entre complemento indirecto y complemento circunstancial, aún cuando ambos se manifiestan mediante sintagmas preposicionales. Y añade: «todavía no se han elaborado los detalles precisos de la forma en que el lexicón será capaz de establecer la distinción entre complementos y circunstanciales, pero parece claro que nos encontramos frente a restricciones selectivas de ciertos elementos léxicos. Lo que debemos decir es que si, por ejemplo, *insistir, quejarse* y *soñar* aparecen con complementos, estos complementos deben ser *en, de* y *con,* respectivamente. No hay restricciones para su aparición con circunstanciales, de no ser el requisito de la compatibilidad semántica que debe mantenerse para todos los verbos. Estas restricciones habría que tenerlas en cuenta, si los rasgos selectivos que expresan los entornos permisibles para cada verbo contuviesen un rasgo como (+ – en SN) para *insistir,* (+ – de SN) para *quejarse,* etc.» [16]. Sin embargo, el circunstancial presenta la recursividad como regla básica, es decir, contiene en la reescritura la opción de incluir otro circunstancial al que debe aplicarse de nuevo la regla proporcionando otra nueva opción para incluir el circunstancial y así sucesivamente.

Resumiendo, vemos cómo pueden utilizarse tres criterios para distinguir CC de CI, los cuales no son siempre aplicables los tres al tiempo.

1. El CC es sustituible por un adverbio en la mayoría de los casos, mientras que el CI necesita un referente pronominal ya sea con o sin preposición.

2. El lugar que ocupa en la oración el CC es fácilmente conmutable, mientras que el CI puede variarse más difícilmente.

5. EL COMPLEMENTO INDIRECTO   171

3. Si prescindimos de CC, el sentido sustancial de la oración no varía, mientras que si prescindimos de CI queda incompleto el sentido o varía totalmente.

A continuación vamos a tratar de demostrarlo con ejemplos:
Un SP introducido por la preposición *en* puede ser CI como en la oración siguiente:

> 1. // La simplicidad del negro, su fidelidad, su humildad profundamente conforme con la enseñanza de Cristo / conviértense / aquí / para el gustador de la moral / *en otras tantas lecciones y ejemplos* //. (O-360-53.)
> 2. // Las obras de Blumenbach / no ocupan / ciertamente / *en nuestra biblioteca* / el mismo estante que el Robinson //. (O-342-51.)

Aplicando los criterios anteriormente presentados, vemos como en 1 el segmento CI es sustituible solamente por / *en ellas* / mientras que en 2 el segmento CC es sustituible por: / *allí* / y / *en ella* /.

Asimismo, si variamos el lugar que ocupan en la oración dichos segmentos vemos que es muy forzada y casi agramatical la construcción:

> // En otras tantas lecciones y ejemplos / la simplicidad del negro, su fidelidad, su humildad profundamente conforme con la enseñanza de Cristo / conviértense / para el gustador de la moral //.

Sin embargo, el segmento CC / en nuestra biblioteca / de la oración 2 puede variar en su colocación sin forzar en absoluto el orden normal:

> // En nuestras bibliotecas / las obras de Blumenbach / no ocupan ciertamente / el mismo estante que el Robinson //.

En cuanto al sentido de la oración, si prescindimos del segmento CI, la oración 1 queda incompleta:

> // La simplicidad del negro, su fidelidad, su humildad profundamente conforme con la enseñanza de Cristo / conviértense / aquí / para el gustador de la moral /... //.

Sin embargo, en la oración 2 podemos prescindir del elemento CC sin dejar incompleto el sentido:

> // Las obras de Blumenbach / no ocupan / ciertamente / el mismo estante que el Robinson //.

A continuación contrastamos dos SP introducidos por la preposición *con* uno en función CI y otro en función CC.

> 1. // No se identifica / tampoco / *con una terminología que* permita largos desarrollos dialécticos sin poner pie en el suelo, sin contacto con la realidad //. (M-360-54).
> 2. // Se / lo / juzga / *con frecuencia* / desde puntos de vista que no se ajustan a la situación real, que son utilizables en condiciones distintas /. (M-90-18.)

El segmento / con una terminología que permita largos desarrollos dialécticos sin poner pie en el suelo, sin contacto con la realidad / es un CI que va unido al verbo, el cual tiene la rección *con: identificarse con.* Si suprimimos dicho segmento el sentido de la frase queda incompleto: // no se identifica / tampoco //.

En cambio, el segmento / *con frecuencia* / puede suprimirse y la oración sigue teniendo sentido: // se / lo / juzga / desde puntos de vista que no se ajustan a la situación real, que son utilizables en condiciones distintas //.

Si eludimos dichos segmentos, en la oración 1 ha de quedarse una referencia pronominal: / con ella / y en la oración 2 puede sustituirse por un adverbio: / frecuentemente /.

En cuanto al criterio de colocación dentro de la oración, y dada la libertad ciertamente grande de los segmentos en español, si se compara con lenguas románicas como el francés, es posible variar este elemento CI de la oración 1: // con una terminología que... / no se identifica / tampoco //. Con todo, la oración resulta algo forzada. En cambio, el elemento CC de la oración 2 puede colocarse perfectamente así: // Con frecuencia / se / lo / juzga / desde puntos de vista que no se ajustan a la situación real, que son utilizables en condiciones distintas //, o bien: // Se / lo / juzga / desde puntos de vista que... / con frecuencia //.

Su carácter de elemento inserto en el área verbal liga el CI al verbo, mientras que el CC, al depender de la oración (P), es más libre en su colocación.

A continuación veamos el contraste de los SP introducidos por la preposición *de*, uno en función CI y otro, en función CC.

    1. ... // hablo / *del Estado en su verdadera función, no de la mera usurpación de sus funciones por un poder más o menos arbitrario* //. (M-35-12.)
    2. // *De Lisboa* / la pareja / vuela / hacia Francfort y hasta Viena //. (O-40-12.)

En la oración 1, el segmento / del Estado en su verdadera función, no de la mera usurpación de sus funciones por un poder más o menos arbitraria / tiene función CI, ya que el verbo presenta la rección: *hablar de*. Podemos sustituir este segmento CI por: / de él /. En cuanto al lugar que ocupa en la oración si lo conmutamos queda ésta algo forzada: // del Estado en su verdadera función, no de la mera usurpación de sus funciones por un poder más o menos arbitrario / hablo //.

Respecto a la oración 2, el segmento / de Lisboa / desempeña la función CC y puede ser sustituido por / de allí /. Puede fácilmente conmutarse su colocación: // La pareja / vuela / de Lisboa / hacia Francfort y hasta Viena //.

Si prescindimos de este segmento CC la oración queda completa: // La pareja / vuela / hacia Francfort y hasta Viena //.

Sin embargo, si en la oración 1 prescindimos del segmento CI, el sentido queda incompleto en el contexto de la frase a la cual pertenece este ordenamiento u oración: // El Estado / opera / mediante leyes // y / su fuerza / es / la acción jurídica // - hablo / ... //.

Por último, veamos el contraste entre dos SP introducidos por la preposición *a*, uno en función CI y otro en función CC.

    1. // La falta de política / ha llevado / *a una politización general de la vida, que me parece sumamente peligrosa* //. (M-105-19.)

5. EL COMPLEMENTO INDIRECTO 173

2. // Sólo que / *al siguiente día* / ya / el voluble / había olvidado / su fiebre //. (O-5-9.)

El segmento / a una politización general de la vida, que me parece sumamente peligrosa / realiza la función CI, pues sin este segmento el sentido del ordenamiento queda incompleto: // La falta de política / ha llevado / ... //.

Dicho segmento puede ser sustituido por: / *a ella* / y en cuanto al lugar que ocupa en la oración es casi fijo, ya que sería prácticamente agramatical la secuencia siguiente: // A una politización general de la vida, que me parece sumamente peligrosa / la falta de política / ha llevado //.

Sin embargo, el segmento / al día siguiente / de la oración 2 realiza la función CC. No cambia el sentido de la oración si le suprimimos: // Sólo que / ya / el voluble / había olvidado la fiebre //.

Por otro lado, puede variar su colocación libremente: // Sólo que / ya / el voluble / había olvidado / su fiebre / al día siguiente //. Este segmento / al día siguiente / puede ser sustituido por el adverbio / *entonces* /.

5.2.4. *Compatibilidad de CI con otros complementos.*—Dentro de los criterios de la gramática tradicional es imposible que en una oración se presente más de un elemento CI. Esto se explica fácilmente si se piensa en la mínima posibilidad de realización formal que le queda al complemento indirecto tradicional: preposición *a* y preposición *para*, solamente, y eso teniendo en cuenta que muchos SP complementos del verbo e introducidos por *a* son considerados como complemento directo de persona. Sin embargo, en la estructuración que nosotros presentamos, al tener el CI mayor número de posibilidades formales, encontramos casos de compatibilidad del mismo, concretamente en sus variantes CI-2 y CI-3, como se ve en los casos siguientes:

// Para evitar complicaciones excesivas / *me* / limitaré a hablar / *de España* / sin tener en cuenta siquiera la significación de los españoles que viven fuera, sometidos a otros sistemas de presiones //. (M-332-4a.)

El segmento / *me* / sustituye a / a mí /. El segmento / *de España* / está completando el sentido del verbo *hablar*, cuya rección es la preposición / *de* /.

Otro caso en que se da compatibilidad de CI-2 y CI-3 es el siguiente:

// *Nos* / hemos libertado / al mismo tiempo / *de la otra cuestión, la de la calidad intelectual* //. (O-362-53.)

El segmento / nos / sustituye a / *a nosotros* / y lleva un CI, complemento introducido por la preposición *de* que es un rección: *libertar de*.

Otro ejemplo de compatibilidad del CI-2 y CI-3 es el siguiente:

// Y un juicio de valor / *le* / asciende / *a la jerarquía de héroe puro,* / en contraste con la inferioridad moral, con la perversidad vanidosa de los señores blancos //. (O-359-52.)

El segmento / *le* / sustituye a / a él / y el segmento / *a la jerarquía de héroe puro* / va introducido por la preposición *a*, rección del verbo: *ascender a*. Sin este CI-3 queda incompleto el sentido de la oración y no es, por tanto, un CC.

En lo referente a la *compatibilidad de CI y CC* podemos señalar que el complemento circunstancial, por ser un elemento facultativo y al cual puede aplicarse la regla de la recursividad, es perfectamente compatible con una función CI en una misma oración. Veamos algún ejemplo entre tantos fácilmente encontrables:

> ... // *Desde 1936* / no se habla / *en España* / *con suficiente holgura* / *de ella misma* //. (M-2-7.)

En este ordenamiento hallamos tres segmentos en función CC: / desde 1936 /, / en España / y / con suficiente holgura /, al lado de uno en función CI / de ella misma /.

> // *Entonces* / el politicismo / afectaba / *al torso de la sociedad española* //. (M-9-8.)

Vemos un CC: / entonces / y un CI: / al torso de la sociedad española /.

> // Aquí / los celos / se apoderan / *del cuitado* //– (O-26-11).

Compatibles / aquí / que es CC y / del cuitado / que es CI.

> // ¿Qué / nos / dará / la aventura / *al cerrarse la narración de la aventura?* //. (O-51-13.)

Vemos que son compatibles el segmento en función CI / nos / y el segmento en función CC / al cerrarse la narración de la aventura //.

El *complemento directo* puede ser perfectamente *compatible con* el tradicionalmente llamado complemento indirecto que nosotros hemos llamado *CI-2*. Veamos algún ejemplo:

> // Cuando se habla, por ejemplo, de economía —y en general de todos los asuntos colectivos— / muchos teóricos / *nos* / ofrecen / como alternativa / *la decisión de un individuo o un plan estatal* // (M-29-11.)

El segmento / nos / tiene función CI y el segmento / la decisión de un individuo o un plan estatal / tiene función CD:

> ... // Y / eso / daba / *al Estado* / *una integridad de poder plena*, / aunque sus recursos y potencias fuesen muy modestos //. (M-47-13.)

El segmento / al Estado / tiene función CI y el segmento / una integridad de poder plena / tiene función CD.

> // Un tribunal de Pares / dará / *razón* / *a quien se muestre más sutil en adivinar los quereres de la preciada Categoría* / en mejor servicio amoroso de sus gracias //. (O-32-11.)

El segmento / razón / tiene función CD y el segmento / a quién se muestre... / función CI.

> // Los últimos capítulos de la novela / *nos* / cuentan / *la maravilla del viaje de bodas* //. (O-36-11.)

El segmento / nos / tiene función CI y el segmento / la maravilla del viaje de bodas / función CD.

El CI-1 que desde el punto de vista semántico es un acusativo, («recibe la acción del verbo») no es compatible con un CD, pues sólo podía darse esto si la relación de ambos fuera en coordinación y entonces no serían dos segmentos diferentes sino uno sólo en estructuración compleja, como en la oración // veo / mis gafas y a mi padre usándolas //.

5. EL COMPLEMENTO INDIRECTO 175

En cuanto a la incompatibilidad de CI-3 y CD es fácilmente comprensible: unos verbos tienen rección preposicional: // me acuerdo / de tus canciones // y otros verbos son de construcción directa // recuerdo / tus canciones //. En cambos casos, la función semántica es un objeto y dos objetos, como vimos anteriormente, no pueden aparecer más que en un sólo segmento y unidos por coordinación.

5.3. Realizaciones sintagmáticas

Las realizaciones sintagmáticas del CI son tres, como en el caso del CD. Coinciden ambos segmentos en la realización 2 —pronombre— (SN - Sust.) y en la realización 3 —oración—, aunque los índices formales de ambas realizaciones son distintas en CD que en CI. Lo que diferencia realmente a ambas funciones sintácticas es la realización 1, que en CD es un SN y en CI es un SP.

Cada una de las tres realizaciones que proponemos a continuación presentan variantes que iremos especificando:
1. CI ⟶ SP
   1.1. SP = Preposición + SN.
   1.2. SP = Preposición + SN-Sust.
2. CI ⟶ SN-Sust.
3. CI ⟶ Oración.

5.3.1. *CI ⟶ SP*.—Los sintagmas preposicionales que representan esta realización 1 del CI están constituidos por una preposición más un sintagma nominal o su sustituto. Por tanto, se dan dos variantes de dicha realización:
1.1. SP = Preposición + SN.
1.2. SP = Preposición + SN-Sust.

El primer elemento de estas variantes coincide en ambas: la preposición y por tanto comenzamos el capítulo ocupándonos de ella, para luego pasar a ocuparnos de las diferencias entre las dos variantes.

Las *preposiciones* que encontramos en los SP en función CI del corpus analizado son las siguientes:

A.—Es la preposición más abundante de todas las que constituyen los SP en función CI. Es comprensible dado que puede encontrarse en todos los tipos de CI que hemos presentado:

CI-1.—Es decir, acusativo con / a /, como en los casos siguientes:
   // Durante muchos años / no se podía ni siquiera nombrar / *a Ortega* / en una Universidad //. (M-342-50.)
   // En rigor, / no hizo falta esperar / *a la guerra civil* / para que la claridad fuera insuficiente //. (M-3-7.)
   // Conozco / *a la hermana (de esta Magdalena del pintor de Parma)...* //. (O-165-30.)
   // Las madres / por mucho tiempo / bautizaron / *a sus recién nacidos* / con los nombres de Pablo o de Virginia //. (O-289-46.)

CI-2.—Es mucho más abundante el número de casos que se hallan de la preposición *a* en esta subclase de CI, que coincide con el tradicionalmente llamado complemento indirecto:

... // Pero / prefiero dejar / este deporte / *al lector* //. (M-396-58.)
// El profesor / pregunta / *al alumno:* / a ver, la filosofía de Kant //. (M-320-48.)
// ¡Wilderman, padre mío! / mucho / debo / *a mis maestros* / les / debo / mi dignidad //. (O-98-21.)
// *Al estilo de la barbarie, persistente, permanente debajo de la cultura* / ¿no la / daremos / el nombre de barroco? // (O-96-21.)

CI-3.—La rección *a* de un verbo encuadra los CI en la tercera clasificación que hemos hecho a fin de estructurar este campo; sin embargo, hay muchos verbos que piden un acusativo introducido por *a*, lo cual a veces puede presentarnos el problema de dilucidar si se trata de un caso de CI-1 o de CI-3; en general, suele solucionarse dicho problema viendo si es posible llevar a cabo la sustitución del segmento por un pronombre complemento y en ese caso es CI-1.

Citamos algunos de los CI-3 introducidos por *a* que encontramos en el corpus:

// Pero / pronto / se repone / y / vuelve / *a la actitud inicial* //. (M-84-17.)
// El estado de la sociedad española / induce / fácilmente / *a confusiones* //. (M-89-17.)
... // Y / a la postre / renunció / *a su proyecto* / cuando ya había llegado al Norte / para volver a vivir con las tribus indias, que le habían tratado muy bien //. (O-322-50.)
// Su aprendizaje en la soledad / no se refiere / *al saber, sino al hacer* //. (O-222-38.)

Después de la preposición *a* es la preposición *de* la más frecuente, seguida de muy cerca por *para*.

DE.—La preposición *de* introduce segmentos en función CI-3, es decir, complemento de un verbo cuya rección preposicional es precisamente *de*. Citamos solamente algunos de estos segmentos:

... // hablo / *del Estado en su verdadera función, no la* mera usurpación de sus funciones por un poder más o menos arbitrario //. (M-35-12.)
// El español / apenas / se ocupa / *del* autobús //. (M-79-17.)
// Prescinde / ya / *de* unas patronales Robinson o Pablo y Virginia //. (O-358-52.)
// nos / hemos libertado / al mismo tiempo / *de la otra cuestión, la de la calidad intelectual* //. (O-352-53.)

Como decíamos anteriormente casi al mismo nivel de frecuencia que la preposición *de*, se halla la preposición *para*. La preposición *para* produce CI-2, ya que es el índice funcional típico del complemento indirecto tradicional. Citamos algunos a título de ejemplo:

// *Para ellos* / la libertad / no es / un uso //. (M-135-22.)
... // y / se considera / necesaria / *para la vida* //. (M-160-22.)
// Tal vez / ha nacido / *para este abismo* //. (O-76-18.)
// Preveo / *para Churriguera* / en hora próxima / una justiciera venganza //. (O-81-19.)

5. EL COMPLEMENTO INDIRECTO 177

La preposición *en* integra SP en función CI, en casos de verbos con esta rección preposicional; son, por tanto CI-3 los que hallamos introducidos por esta preposición *en*. Citamos a continuación algunos casos:

// *En ella* / consiste / la riqueza principal de la sociedad española //. (M-144-23.)
// La concordia / sólo / puede basarse / *en el derecho a ser lo que es* //. (M-262-38.)
// Ahora / pensamos / *en esto: en lo que puede resultar de una sociedad sistemáticamente formada y educada con la colaboración pedagógica de los locos* //. (O-397-56.)
//Insisto / *en la necesidad de acoger este documento sobre la fe de Paul Gauguin y de la fidelidad de sus recuerdos, con cierta precaución* //. (O-398-56.)

La preposición *con* integra igualmente SP en función CI, dentro de la variante CI-3, complemento de un verbo con esta rección preposicional. Hallamos solamente tres casos, los tres en Marías, entre ellos los siguientes:

... // Ni cuenta / *con* ellos //. (M-104-19.)
/ La consideración de la sociedad desde el punto de vista de su carácter público / se cruza / *con otra, no menos interesante, desde el punto de vista de la libertad* //. (M-118-20.)

La preposición *por*, tradicionalmente considerada como introductora del complemento agente, se presenta, en ocasiones, dentro de oraciones que no son pasivas. Por ejemplo, veamos dos casos que aparecen dentro del corpus de Marías:

// Después / habrá de preguntarse / *por el horizonte que se abre ante nosotros, o mejor dicho, que tenemos que abrir* //. (M-72-16.)
// No tengo / ninguna debilidad / *por ellos* //. (M-268-39.)

En el caso de M-72-16 se presenta un CI-3 y la rección *por* del verbo / preguntar por /. En el caso M-268-39 aunque pudiera parecer que era un sólo segmento / ninguna debilidad por ellos / creemos que no es así, ya que / por ellos / puede cambiar de posición y la oración no cambia: // por ellos / no tengo / ninguna debilidad // o bien: // no tengo / por ellos / ninguna debilidad /.

De este mismo tipo encontramos una oración en la que la preposición que introduce el CI es *ante*.

// Más bien / siento / *ante todos* / una pizca de repulsión instintiva //. (M-268-39.)

La preposición *sobre* introduce también algunos CI en oraciones cuyo verbo tiene la rección preposicional / sobre / como en:

// Sus amores / no influyeron / solamente / *sobre la sensibilidad de los contemporáneos* //. (O.273-45.)
// El libro / ha tenido / *sobre los espíritus* / una influencia corrosiva, tal vez venenosa //. (O-242-42.)
// Allí / un Barockmuseum / adoctrina / *sobre la virulencia de la inspiración barroca y de su ritmo idéntico, en los más apartados pasajes del mundo y hasta de más allá del mundo...* //. (O-41-12.)
// No quiero volver / *sobre lo que allí decía* //. (M-322-48.)

Una vez descrito el funcionamiento de la preposición como elemento

funcional del SP, pasamos a describir el elemento nuclear, el sintagma nominal. Aparecen dos variantes, como se apunta más arriba:
1. SP = Prep. + SN.
2. SP = Prep. + SN-Sust.

5.3.1.1. *SP = Prep. +SN.*—Dentro de la estructuración homogénea del SN es preciso presentar casos de ausencia de presentadores y de atribuciones, es decir, segmentos en que únicamente aparece el elemento nuclear: el nombre. Por ejemplo: / de novela / (O-55-12), / a confusiones / (M-89-17), etc. En estos casos el complemento tiene una relación estrecha con el verbo *(inducir a confusiones, hablar de novela)* de tal modo que pueden llegar a ser unidades léxicas.

Dentro de la estructuración heterogénea del SN destacamos en primer término algunos alargamientos por *coordinación*, bien sea de N + N como en los casos siguientes: / a - *su espontaneidad,* a - *sus caprichos,* hasta a - *sus humores* (M-180-28), /a - los *indios* y a - la *selva* virgen / (O-328-51), / al - *saber,* sino al *hacer* / (O-222-38), / de - unos patronales *Robinson* o *Pablo* y *Virginia* / (O-358-52), / en - otras tantas *lecciones* y *ejemplos* / (O-360-53).

Igual que vemos en los SP en función CC, compuestos de Prep. + SN, vemos aquí en los alargamientos por coordinación de elementos nominales, la posibilidad de repetición de la preposición: la fórmula de casos como / a - los indios y a - la selva virgen / puede ser la siguiente: SP (Prep. + SN) + SP (Prep. + SN).

Entre los alargamientos por *determinación,* destacamos algunos: / al - torso *de la sociedad española* / (M-9-8), / para - la exaltación *de la sensibilidad* / (O-329-51), etc.

No sólo es la preposición *de* indicio de determinación sino otras como en estos casos: / en - el derecho *a ser lo que es* / (M-262-38), / a - la sutilísima corrupción traída *por una sacudida literaria tan intensa* / (O-293-47), etc. En algún caso la determinación puede estar encabezada por una preposición seguida de oración: / a - las condiciones generales *para que se ponga adecuadamente en marcha una sociedad como la española* / (M-273-40). Se da también el caso de repetición de la determinación, por ejemplo: / a - la suma *de* las mujeres *del* pasado, *del* presente, *del* porvenir / (O-146-28).

Entre los alargamientos por *complementación* se dan complementos de oración relativa y complementos de aposición. Destacamos los siguientes: / de - los paisajes melifluos *donde se asienta la cabaña del tío Tom* / (M-10-9), / de - la otra cuestión, *la de la calidad intelectual* / (O-262-53), / a - la mano *que dibuja un signo mágico a la vez que las presentes líneas fugaces* / (O-85-19), / de - muchas causas, *la mayoría de las cuales convergen en una: la confusión entre el Estado y la sociedad* / (M-17-9), / sólo a la libertad *que falta* / (M-129-21). La estructura comodín / quiero decir / puede sustituir a una complementación de relativo o a una aposición, como en el caso siguiente: / a - las columnas metafóricas, *quiero*

5. EL COMPLEMENTO INDIRECTO

decir, con elementos constructivos demasiado claramente tomados del mundo vegetal (O-71-18).

Hay un buen número de estos SN en estructuración heterogénea en los que se da gran complejidad en cuanto al número de alargamientos —dos, tres, e incluso más— que se suceden unos a otros. Encontramos, por tanto, recursividad no sólo en la coordinación, en la determinación y en la complementación, sino en todas ellas combinadas. El máximo de repetición de alargamientos lo hallamos en el siguiente ejemplo, cuya fórmula sería casi inútil presentar por el alto número de complementaciones por aposición: / a - la hermana *de* esta Magdalena *del* Pintor *de* Parma, dichosa y vencida; dichosa porque vencida. Abierta, desfalleciente, los ojos en blanco, las manos sin fuerza, las rodillas tremantes, el corazón arrugado /. (O-165-30.)

   5.3.1.2. *SP = Prep. + SN-Sust.*—Dentro de la primera realización sintagmática del CI (CI ⟶ SP) hemos visto anteriormente la primera variante. Pasamos a continuación a estudiar la segunda en la cual se presenta un SP compuesto de una *preposición* más un sustituto del SN. Estos sustitutos del SN pueden presentarse sólos o bien seguidos de los diferentes alargamientos que pueden acompañar a todo SN.

   Entre los sustitutos del SN vemos pronombres personales como: / de - ello / (O-53-13), / para - él / (O-205-36), etc.; o pronombres demostrativos como: / para - esto / (M-360-53), / de - aquél / (O-223-38), o con alargamientos: / a - *aquél cuyas* potencias van más allá de lo que es requerido por su función propia, es decir, que interviene en aquellas esferas que corresponden a los individuos o a la sociedad como tal / (M-40-12), / para - *aquel que* sabe entender los misterios del Eleusis y la religión de Isis... / (O-167-30), / en - *esto:* en lo que puede resultar de una sociedad sistemáticamente formada y educada con la colaboración pedagógica de los locos / (O-397-56), / para *todo aquél a quien* molestan las jerarquías o no se sienten con suficiente empuje para escalar de hecho las más altas / (M-378-55).

   Por último, hallamos también el *artículo en función pronominal* en los casos siguientes: / a - *lo* cual / (O-191-35), / de *lo que* Alejandría significaba, y en términos generales, esta Grecia que sobreviene a Grecia / (O-138-27), / sobre - *lo que* allí decía / (M-322-48), / en - *lo que* Kant llamaba el seguro camino de la licencia / (M-285-41), / de - *lo que* no se tiene o debería ser motivo de rubor / (M-70-16), / a - *todo el que* la reconozca y no pretenda ignorarla / (M-375-55).

   5.3.2. *CI ⟶ SN - Sust.*—Esta segunda realización del CI como pronombre o sustituto del SN —que en este caso sustituye a un SP— está abundantemente representada en el corpus que hemos analizado; se trata de los pronombres personales complemento que coinciden en la primera y segunda persona de singular y plural con las formas encontradas en el CD y que en la tercera persona difiere. En el corpus analizado no hay ningún caso de los tan discutidos fenómenos de leísmo, laísmo y loísmo, como puede deducirse del apartado correspondiente del CD y de este que nos ocupa.

Hallamos para la primera persona del singular *me* los enunciados siguientes: M-64-15, M-174-27, M-290-42, M-292-42, M-298-43, M-332-49, O-132-27, O-78-19, O-79-19, O-80-19, O-141-27. En todos estos casos *me* puede ser sustituido por el SP / a mí / y otras veces —menos— por / para mí /.

En la primera persona de plural encontramos la forma pronominal *nos* conmutable por / a nosotros / o / para nosotros /, en los siguientes enunciados: M-29-11, M-130-57, O-51-13, O-36-11, O-302-47, O-343-51, O-362-53.

En cuanto a la segunda persona, no encontramos ningún representante en el corpus analizado, lo cual es comprensible dado el carácter no coloquial, sino ensayístico del mismo.

La tercera persona está ampliamente representada. En el singular por *le*, conmutable por / a él / o / para él /, a ella / o / para ella /, lo hallamos en los enunciados siguientes: M-44-13, M-211-32, M-291-42, O-28-11, O-29-11, O-161-29, O-162-29, O-251-42, O-278-45, O-276-45, O-376-54, O-375-54, O-321-50.

En el plural: *les*, conmutable por / a ellos / o / para ellos / y / a ellas / o / para ellas /, encontramos sólo tres casos: M-188-29, O-98-21, y O-269-44.

5.3.3. CI → O.—Esta tercera realización del CI tiene dos variantes:

1. CI → Oración en infinitivo.
2. CI → Oración introducida por conjunción.

La variante 1 constituida por una oración de infinitivo es mucho más frecuente que la variante 2 constituida por una oración de índice conjuncional. Destacamos entre las oraciones de infinitivo las siguientes, sin complemento: / a - entrar / (O-309-48), / a - convivir / (M-106-19). Otras, en cambio, tienen uno o varios complementos, como las siguientes: a - comprender*la* / (M-390-57), / de - estar descubriendo dos caminos nuevos para penetrar en la realidad, el segundo sobre todo lleno de posibilidades inesperadas / (M-318-48), / a - completar con una visión abarcadora imágenes posiblemente parciales, cuyo sentido aislado parece distinto / (M-329-49), / en - verse encerrados, cerca del ángulo inferior o interior de alguna de las grandes páginas infolio del Systema / (O-312-49) etc.

Todos los casos de CI en realización 1 son del tipo CI-3, es decir, que dependen de un verbo con rección preposicional. Igualmente ocurre con los dos casos que hallamos de la realización 2 (CI → oración introducida por conjunción): / con - que haya posibilidades / (M-112-19), / de - hasta qué punto lo que ha sucedido en la Península Ibérica condiciona la

5. EL COMPLEMENTO INDIRECTO

marcha general de los asuntos de Occidente / (M-16-9). En estos dos casos propuestos tras de la preposición-rección del verbo va una conjunción *que* que transforma en un segmento oracional con función CI a toda una oración. Por otro lado, ya está reseñado este fenómeno en otros capítulos, pues es claro que la partícula funcional *que*, como muy bien apunta Alarcos, «transpone la oración al nivel inferior de elemento de oración, confiriéndole la función que desempeña normalmente el nombre». Mientras que la partícula relativa *que*, indicio de complementación en un sintagma nominal, «transpone la oración al nivel inferior de elemento del sintagma nominal, confiriéndole la función cumplida en general por el adjetivo» [17].

5.4. DISTRIBUCIÓN Y FRECUENCIA DE LAS REALIZACIONES SINTAGMÁTICAS DE CI

Presentamos a continuación cuadros estadísticos de la distribución y frecuencia con que aparecen las diversas realizaciones sintagmáticas del complemento indirecto en el corpus analizado:

CORPUS DE MARIAS

CI → SP	84	82,4 %
CI → SN-Sust.	12	11,8 %
CI → Oración	6	5,8 %
TOTAL	102	100 %

CORPUS DE D'ORS

CI → SP	80	74,8 %
CI → SN-Sust.	22	20,6 %
CI → Oración	5	4,6 %
TOTAL	107	100 %

TOTAL CORPUS

CI → SP	164	78,5 %
CI → SN-Sust.	34	16,3 %
CI → Oración	11	5,2 %
TOTAL	209	100 %

En el corpus de Marías la variante SP del complemento indirecto es más frecuente: 82,4 %, en contraste con el de D'Ors: 74,8 %. En cambio, la variante SN-Sust. es más frecuente en D'Ors: 20,6 % que en Marías, 11,8 %.

En cuanto al corpus total podemos concluir que la función CI está representada en más del 75 % de las veces por un sintagma preposicional, siendo sólo de un 16,3 % la frecuencia de la variante SN-Sust. y totalmente minoritaria la de oración: 5,2 %.

Merece la pena destacar que mientras la realización oración del complemento directo representa el 18,8 % del total de apariciones, en el complemento indirecto es mucho menor la aparición de esta realización: 5,2 %.

NOTAS

[1] *Eléments de Syntaxe Structurale*, París, pág. 109.
[2] Cf. *Curso superior de sintaxis española*, pág. 62.
[3] Cf. *Eléments de linguistique française: syntaxe*, pág. 81.
[4] Cf. *Estudios de gramática funcional del español*, pág. 114.
[5] Cf. *Sur l'objet direct prépositionnel dans les langues romanes*, págs. 167-185.
[6] Cf. *Bulletin de la Société de Linguistique de Paris*, 1968, págs. 83-95.
[7] Cf. op. cit., pág. 115.
[8] Cf. *Gramática española*, pág. 198.
[9] Cf. «Leísmo, laísmo, loísmo», *Festschrift Wartburg*, pág. 541.
[10] Cf. *Eléments de linguistique française*, pág. 83.
[11] Cf. J. Dubois: *Dictionnaire de linguistique*, pág. 407.
[12] Cf. op. cit., pág. 185.
[13] Op. cit., pág. 105.
[14] Op. cit., pág. 125.
[15] Op. cit., pág. 116.
[16] Cf. *Gramática transformativa del español*, pág. 76.
[17] Cf. op. cit., pág. 193.

Capítulo 6

6. EL ATRIBUTO

6.1. Concepto de atributo

El atributo queda enmarcado como función específica de las *oraciones atributivas*. Como puede verse en el capítulo dedicado a la sintaxis de la oración, toda oración puede ser atributiva: sujeto + predicado (cópula + atributo), o bien predicativa: sujeto + predicado (verbo ± complementos). Existen estructuras en las que pueden combinarse ambos tipos y entonces aparece una función atributo adyacente al complemento directo.

Adrados llama *conectivas* a estas oraciones atributivas, porque establecen una «relación entre nombre y nombre, o nombre y adjetivo, manifestándola como un juicio u opinión» [1].

Igualmente se las llama oraciones *copulativas* muy frecuentemente, y los verbos *ser* y *estar* son llamados *cópulas*, porque su misión se reduce a servir de lazo o nexo entre el sujeto y el atributo, sin que su contenido semántico añada algo importante al atributo. La cópula se limita a especificar los caracteres verbales básicos en todo enunciado.

Pues bien, en la estructura oracional predicativa, el núcleo de significación es el verbo, el cual puede ir solo o acompañado de complementos. En la estructura oracional atributiva el núcleo de significación es un nombre o un adjetivo.

Amado Alonso establece la diferenciación arriba indicada dividiendo el predicado en: predicado verbal y predicado nominal [2].

Rodolfo Lenz afirma que en la oración atributiva la representación total se analiza en un sujeto sustantivo y un atributo adjetivo, mediante el cual se expresa la cualidad; y continúa diciendo cómo el verbo-cópula que aparece en las oraciones atributivas es, lógicamente, no sólo superfluo sino a menudo falso. La cópula tiene únicamente valor gramatical [3]. En este sentido, Lyons opina que la función principal del verbo copulativo *ser* es servir de *locus*, en la estructura de superficie, para las marcas de tiempo, de modo y de aspecto, y demuestra esta aseveración con unos ejemplos del ruso, del griego y del latín [4]. El verbo *ser* y el verbo *estar*, en las oraciones en que funcionan como cópulas, no son constituyentes de la estructura profunda, sino verbos «postiche» puramente gramaticales, lo cual permite decir que sintagmas nominales como / la rosa roja / son derivados, por transformación, de los marcadores sintagmáticos subyacentes a frases como // la rosa / es / roja //.

En el *Esbozo de una nueva Gramática de la lengua española* (pág. 364) se da al atributo el nombre de *complemento predicativo*, el cual entra a formar parte esencial del predicado nominal, oponiéndose, como hemos visto en Amado Alonso, al predicado verbal. Se añade en dicho libro que el complemento predicativo es el núcleo o base del predicado, mientras que en los predicados verbales el núcleo o palabra esencial es el verbo. El predicado nominal califica o clasifica al sujeto y es tan estrecha la unión entre ambos, que en español el sujeto y el complemento predicativo conciertan en género y número. Hay otros verbos, además de los copulativos *ser* y *estar*, que pueden desempeñar el oficio de nexo o enlace entre el sujeto y el complemento predicativo. Se trata de verbos de estado, de situación, de movimiento, de apariencia y de otras significaciones como: «sus padres vivían *felices*», «los huéspedes quedaron *contentos*», «mi amigo se halla *exiliado* en Francia», «los perros llegaron *sedientos*», etc. Tales verbos conservan generalmente su significado propio, aunque no siempre, puesto que en expresiones como: / anda enamorado, entusiasmado, loco, pensativo /, el verbo / andar / no conserva su sentido «moverse de un lugar a otro». Nótese que las oraciones que forman estos verbos tienen de común con las de ser y estar la concordancia del adjetivo con el sujeto; pero se diferencian de ellas en que el núcleo de la predicación recae en el verbo.

La gramática generativa, que propone el término «grupo verbal» (GV) como equivalente al tradicional «predicado», presenta la siguiente regla de reescritura del grupo verbal [5]:

$$GV \begin{cases} \text{Cópula} + \begin{cases} SN \\ SA \\ SP \end{cases} \\ V + (SN) + (SP) \end{cases}$$

Esta fórmula significa que el grupo verbal, GV, se reescribe: 1) ya sea por un constituyente obligatorio, cópula, seguido de otro constituyente obligatorio que es un sintagma nominal (SN), un sintagma adjetival (SA) o un sintagma preposicional (SP); 2) ya sea por el constituyente obligatorio verbo (V), seguido de un constituyente «facultativo», sintagma nominal (SN), cuya elección dependerá de los rasgos inherentes de V y de (o de) un constituyente facultativo, sintagma preposicional (SP), cuya elección depende de los rasgos de V.

Esta formulación plantea que el grupo verbal representa una elección fundamental entre el constituyente cópula y el constituyente verbo, cada uno de los cuales conllevan una rescritura diferente.

La cópula, el verbo, el sintagma nominal, el sintagma adjetival, el sintagma preposicional son categorías, pero las reglas de reescritura en las cuales entran estos constituyentes les dan determinadas funciones. El SN, SA, o SP, que siguen inmediatamente a la cópula tienen la función de atributo de la frase. La realización SN y la realización SA son, evidentemente, dos de las realizaciones del atributo.

En cuanto al SP que Dubois ejemplifica con la oración francesa «Pierre est *à la maison*», correspondiente a la oración española «Pedro está *en casa*», no vemos una oración atributiva sino que el verbo *estar* (en francés *être*) equivale a «encontrarse», «hallarse» y es por tanto una oración predicativa que puede analizarse así / Pedro / como sujeto, / está / en casa / predicado (/ esta / - V y / en casa / - CC).

En el apartado dedicado a las realizaciones sintagmáticas veremos qué posibilidades le queda al atributo de realizarse como SP en español.

En cuanto a la definición de atributo puede darse una sobre base semántica, como la tradicional: «elemento que expresa la cualidad, la naturaleza o el estado que se refiere o atribuye al sujeto por mediación del verbo» [6].

La definición de atributo que da Lázaro Carreter en su *Diccionario de términos filológicos* es la siguiente: «Adjetivo, sustantivo o palabra empleada en función nominal que se une a un sustantivo u oración sustantivada mediante un verbo copulativo» (pág. 66).

Preferimos decididamente como definición la propuesta por Alarcos [7]: «término adyacente al verbo que concuerda con el sujeto y que léxicamente es el centro del predicado»; esta definición, con todo, tiene como inconveniente el de que el atributo no concuerda siempre con el sujeto, como en el caso de que aquél sea un SN, según veremos más adelante. La definición de atributo en calidad de función sintáctica puede desducirse de los rasgos que estudiaremos seguidamente.

6.2. Aspectos sintácticos del atributo

6.2.1. *Rasgos distintivos de la función atributo.*—Esta función sintáctica tiene, en oposición a otras de la oración, una serie de rasgos o caracteres que lo diferencian y distinguen fácilmente. Vamos a ir especificándolos y presentándolos, a partir del corpus que hemos analizado.

6.2.1.1. En primer lugar, es un *segmento que puede estar en relación sintáctica con el sujeto o con el complemento directo;* cuando la realización formal del atributo es un sintagma adjetival, éste concuerda siempre en género y número, o bien con el sujeto, o bien con el complemento directo al que hace referencia.

6.2.1.1.1. En las oraciones atributivas cuyo verbo es alguno de los copulativos *ser* o *estar,* se relaciona siempre con el sujeto. Veamos sólo algunos de los numerosísimos ejemplos de atributo junto a *ser* o *estar:*

// Las *opiniones* sobre la realidad efectiva de España / son / sobremanera *deficientes* y *desorientadoras* //. (M-1-7.)

// Las *posibilidades* de decir y escuchar /*son* / / en los últimos años / un poco *mejores* que en los decenios precedentes //. (M-7-8.)
... // La *música* entera, la de todos los tiempos, la de cualquier escuela /¿no *será* / a su vez / *barroca*? //. (O-18-10.)
// Pero / tanto en la vida real como en la ideología auténtica / cualquier *conclusión* /es / un *recomienzo* //. (O-50-13.)

6.2.1.1.2. En oraciones no integradas por los copulativos *ser* y *estar*, el atributo puede estar en relación o bien, igualmente, con el sujeto o bien en relación con el complemento directo. Damos primero algunos de los ejemplos hallados en que se da el primer caso: *Atributo relacionado con el sujeto en oraciones no copulativas:* [8]

// Cuando se compara la situación española con la de algunos países occidentales / esto / *resulta evidente* //. (M-96-18.)
// *Esto* /parece / *perogrullesco* //. (M-128-21.)
... // Y / *esto* / quiere decir / *democrático*, lo cual requiere la articulación en partidos de las grandes corrientes de opinión //. (M-269-39.)
// Salvo grupos muy marginales / *cuantos* cultivaban en serio la filosofía / se sentían /*vinculados* al estímulo y la enseñanza de Ortega //. (M-337-50.)
// Morente, Fernando Vela, Zubiri, Gaos, Recaséns Siches, Xirau de Barcelona, los *colaboradores más jóvenes o menos notorios de estos maestros* / se consideraban / *unidos* en una empresa común, definida por la libertad y por tanto, por la independencia intelectual //. (M-338-50.)
// Es llamada / *barroca* / *la perla irregular* //. (O-97-21.)
// Ante este Universo / se encuentra / *sólo* //. (O-201-36.)
// Se halla / en eso / muy *lejano* a Segismundo, el Príncipe de «La vida es sueño», en quien la pedagogía ha precedido a la experiencia //. (O-203-36.)
// Las *mujeres* / ante esa narración / se volvieron / *locas* de ternura y molicie //. (O-283-46.)
// Hasta ellos / el *asunto* / había permanecido / casi *intacto* //. (O-304-48.)
// La *razón* de estas diferencias y su origen pigmentario / quedó / por otra parte / *ignorada* / hasta Blumenbach //. (O-306-48.)

6.2.1.1.3. En oraciones no copulativas hay casos en que el *atributo aparece relacionado con el complemento directo*. Todos los casos de este tipo que hallamos son los siguientes:

(Esa riqueza)... // y / se considera / *necesaria* / para la vida //. (M-160-25.)
// No / *la* / hace / *posible* //: / *la* / hace / *inevitable* //. (M-283-41.)
// Hay que mantener / *clara* / la *conciencia* de que los problemas económicos son inmediatos y apremiantes, pero que con ellos no termina la historia, sino que en verdad empieza; que una vez resueltos aparecen los más graves, inseparables de la condición humana, desde el tedio hasta el sentido de la muerte //. (M-302-43.)
// La ausencia de todo género de apoyos y conexiones políticas de esa filosofía *la* / hacían / *inadecuada* para ensayar un «cambio de postura» //. (M-363-54.)
// *Obras* constantemente evocadas /, vense / *abominadas* sin cesar //. (O-60-17.)
// ¡Pobre Andrenio, / cuán *disminuido* / *te* / veo! //. (O-228-39.)
// Lo cual / volvía / no sólo *frecuente*, pero hasta *habitual* y *normal* / el *contacto* seguido, entre los locos y la servidumbre de la casa y, sobre todos, los niños de la familia //, (O-389-55.)

6.2.1.2. *El atributo puede concertar o no concertar en género y número con el sujeto cuando éste es un sintagma nominal (SN).* Como se demuestra en los casos que a continuación presentamos, esto es absolu-

6. EL ATRIBUTO

tamente cierto, en contra de lo que se dice en el *Esbozo de una nueva Gramática de la R. A.*, pág. 364: «Por consiguiente, el predicado nominal califica o clasifica al sujeto; y es tan estrecha la unión entre ambos, que en español el sujeto y el complemento predicativo (A) *conciertan en género y número*, y en latín concertaban además en caso nominativo.» Veamos algunos ejemplos en que no concuerda el sujeto (SN) con al atributo (SN):

// *Liberalismo* / no es / *atomización*, sino al contrario: *estructura* compleja no amorfa //. (M.216-33.)

// La única *defensa* efectiva / es / *el reconocimiento* de las estructuras reales: clases, regiones, grupos de intereses, grupos de opinión //. (M-218-33.)

// El *estatismo*, / por el contrario, / es / *la forma* de entregar a la decisión de unos cuantos individuos —políticos o tecnócratas— las decisiones... //. (M-219-33.)

// No, / *España* / no es / un *fenómeno* de feria, sino un país que ha dado no pocas pautas al mundo y ha contribuido enérgicamente a hacerlo //. (M-245-36.)

// *La paz* / es / *un domingo* //. (O-133-24.)

// *Pero* / tanto en la vida real como en la ideología auténtica / cualquier *conclusión* / un *recomienzo* //. (O-50-13.)

6.2.1.3. El atributo relacionado con el sujeto es un segmento oracional que puede ser sustituido por el pronombre *lo*.—Esta conmutación vamos a verificarla solamente en algunos casos a título de ejemplo:

a) En casos de *atributo en realización SA dentro de oraciones copulativas:*

// Las opiniones sobre la realidad efectiva de España / son ' sobremanera deficientes y desorientadoras // (M-1-7).

⟶ // Las opiniones... / *lo* / son //.

// Y / ésta / a diferencia del bon sens de que hablaba Descartes / no está demasiado bien repartida // (M-235-35).

⟶ // ésta / no / *lo* / está //.

... // la música entera, la de todos los tiempos, la de cualquier escuela /¿no será / a su vez / barroca? // (O-18-10).

⟶ // la música entera... / ¿no / *lo* / será / a su vez //.

// Y / ella / también / mujer ya arrepentida en el pecado, lasciva en el arrepentimiento, ella también / es / por definición / barroca // (O-163-29).

⟶ // y ella / también / mujer... / *lo* / es / por definición //.

b) En casos de *atributo en realización SA dentro de oraciones no copulativas:*

// Esto / parece / perogrullesco // (M-128-21).

⟶ // Esto / *lo* / parece //.

// Y / esto / quiere decir / *democrático*, lo cual requiere la articulación en partidos de las grandes corrientes de opinión // (M-269-39).

⟶ // Eso / *lo* / quiere decir //.

// Cada vez / resulta / menos evidente / la identificación entre... // (M-355-52).

⟶ // Cada vez / *lo* / resulta / menos //.

// Hasta ellos / el asunto / había permanecido / casi intacto // (O-304-48).

⟶ // Hasta ellos / el asunto / *lo* / había permanecido //.

// Después de todo / ¿no quiere / Barroco / decir / en el fondo / *inocente*? //
(O-54-13).

→ // Después de todo / ¿no / *lo* / quiere / Barroco / decir / en el fondo? //.

Esta regla de sustitución solamente no se cumple en los casos en que el verbo va acompañado del enclítico *se*; así en los siguientes ejemplos vemos que la sustitución por *lo* da lugar a una oración agramatical:

// Y / se considera / *necesaria* / para la vida / (M-160-25).

→ *// Y / se / lo / considera / para la vida //.

// Salvo grupos muy marginales / cuantos cultivaban en serio la filosofía / se sentían / *vinculados* al estímulo y la enseñanza de Ortega / (M-337-50).

→ *// Salvo grupos muy marginales / cuantos cultivaban en serio la filosofía / se / *lo* / sentían //.

// Se halla / en eso / muy *lejano* a Segismundo, el Príncipe de «La vida es sueño», en quien la pedagogía ha precedido a la experiencia / (O-203-36).

→ *// *Se* / *lo* / halla / en eso //.

// Las mujeres / ante esa narración / se volvieron / *locas* de ternura y molicie // (O-283-46).

→ *// Las mujeres / ante esa narración / se *lo* / volvieron //.

c) En casos de *atributo en realización SN dentro de oraciones copulativas y no copulativas*, citamos algunos ejemplos:

// La felicidad / es / *asunto* personal // (M-306-44).

→ // La felicidad / *lo* / es //.

// es / una disculpa / para no hacer lo que hay que hacer // (M-231-35).

→ // *Lo* / es / para no hacer lo que hay que hacer //.

... // Pero / es / simplemente *conformismo* / cualquiera que sea su disfraz // (M-142-23).

→ // Pero / *lo* / es / cualquiera que sea su disfraz //.

... // Y / no significaría / *dificultad* considerable / dado el nivel de eficacia y prosperidad en que se encuentran los países de Europa Occidental y los Estados Unidos // (M-287-41).

→ // Y / no / lo / significaría / dado el nivel... //.

Al igual que en *b*, es imposible en este caso la conmutación por *lo* cuando el verbo lleva el enclítico *se*. Así se puede ver en los ordenamientos siguientes:

// La escritora / se llamaba / Harriett Beecher // (O-349-52).

→ *// La escritora / se / *lo* / llamaba //.

// El estilo de la civilización / se llama / *clasicismo* //.

→ *// El estilo de la civilización / se / lo / llama //.

d) El *atributo relacionado con el complemento directo* no puede ser tampoco sustituido por el segmento *lo*. Volviendo a los pocos casos encontrados y citados en el apartado 6.2.1.1. c) veamos cómo la sustitución por *lo* da lugar a oraciones agramaticales:

// No, la / hace / *posible* // (M-283-41).

→ *// No /*lo* / la / hace //.

6. EL ATRIBUTO 189

// Lo cual / volvía / no sólo *frecuente*, pero hasta *habitual* y *normal* / el contacto seguido entre los locos y la servidumbre de la casa y, sobre todo, los niños de la familia (O-189-55).
→ *// Lo cual / *lo* / volvía / el contacto... //.
// Obras constantemente evocadas / vense / *abominadas* sin cesar // (O-60-17).
→ *// Obras constantemente evocadas / lo / vense //.

6.2.1.4. *El atributo de las oraciones copulativas es un segmento oracional que encontramos generalmente separado del sujeto por el verbo (± otros segmentos diferentes).* Por otro lado, si llevamos a cabo un cambio de lugar del verbo copulativo al final de la oración puede resultar en lengua escrita una frase agramatical. Veamos algunos ejemplos que ilustran nuestra afirmación:

// La creencia social compacta / había sido / hasta entonces / que el rey es quien tiene derecho a mandar // (M-47-13).
→ *// La creencia social compacta / hasta entonces / que el rey es quien tiene derecho a mandar / *había sido* //.
// Lo que ocurre / *es* / que si Crisis y Risala proceden del cuento, el cuento a su vez procede de alguna parte // (O-213-38).
→ *// Lo que ocurre / que si Crisis y Risala proceden del cuento, el cuento a su vez procede de alguna parte / es //.
// Este empleado del hotel, tan atento a la disciplina de los timbres, / ¿no será precisamente el genio del lugar? // (O-90-20).
→ *// ¿Este empleado del hotel, tan atento a la disciplina de los timbres / precisamente el genio del lugar / no será? //.
// Lo que importa / es / que la esencia dominical se difunda a toda la semana // (O-114-24).
→ *// Lo que importa, que la esencia dominical se difunda a toda la semana / es /.

El atributo puede ir al lado del sujeto siempre que el verbo anteceda a ambos, o sea, bajo la fórmula *VAS* o *VSA*, pero no hallamos SAV o ASV (véase el capítulo dedicado a sintaxis de la oración).

6.2.2. *Problemas de segmentación.*—Si tenemos en cuenta las posibles realizaciones del A, que presentamos más adelante, el atributo no puede ser confundido en la segmentación con ninguna otra función cuando su realización es un sintagma adjetival, dado que este SA es una forma característicamente atributiva.

Sin embargo, en tanto que el atributo puede tener una realización SN y que en ella coincide con otras funciones (S, CD, CC), pueden presentarse algunos problemas de segmentación.

6.2.2.1. Veamos en primer término la diferenciación *de sujeto-atributo*, ambos SN, en una oración copulativa. No podemos recurrir al criterio del orden de palabras, según el cual el sujeto antecede al verbo y el atributo le sucede, pues es bien conocida la libertad de colocación del español en este aspecto, ya que encontramos tanto SVA como AVS entre las fórmulas de los análisis de nuestro corpus. Unicamente el criterio 4.º: A = segmento oracional sustituible por el pronombre *lo*, puede servir para un acertado análisis. Y así lo vemos en casos como los siguientes:

// El Estado / es / *la expresión de la sociedad, su representación* // (M-54-15).
→// El Estado / *lo* / es //. No: // Lo / es / la expresión de la sociedad, su representación //.

// España / no es / *un país subdesarrollado, sino mal* desarrollado // // (M-101-18).
→// España / lo / es //. No: // No / lo / es / un país subdesarrollado, sino mal desarrollado //.

Un problema de segmentación puede presentarse cuando el sujeto y el atributo de una oración están realizados formalmente por una oración traspuesta en SN mediante *que*, o introducida por el artículo en función pronominal: *lo que*:

// *Lo que importa* / es / que la esencia dominical se difunda a toda la semana // (O-114-24).
→ // *Lo* / es / que la esencia dominical se difunda a toda la semana //.

En este caso, como en otros muchos, el segmento atributo / lo que importa / es fácilmente conmutable por un adjetivo: / *importante* / y esta posibilidad de conmutar por un adjetivo identifica como atributo a un segmento de este tipo.

6.2.2.2. Otra posible dificultad en la segmentación puede venir de la consideración como *atributo o como complemento directo* al analizar un segmento SN, en una oración (no-copulativa), cuyo verbo puede ir acompañado de atributo. Por ejemplo:

// Este libro / pudiera ser llamado / *novela, novela auto-biográfica* (O-1-9).

Hemos analizado en función A el segmento / novela, novela autobiográfica / y no CD, ya que puede ser sustituido por el pronombre *lo* y no por *la*, como sería de esperar en caso de que fuera un CD y así tenemos:
→// Este libro / *lo* / pudiera ser llamado //. No: → // Este libro / la / pudiera ser llamado //.

En el caso del enunciado // El estilo de la civilización / se llama / clasicismo // (O-95-21) el segmento / clasicismo / lo consideramos A y no CD, pues si bien no puede ser sustituido por / lo /, dada la restricción que plantea el enclítico *se* [9], tampoco puede llevarse a cabo la sustitución típica del CD —en este caso / *lo* /— y en la cual no se presenta restricción junto al enclítico, como vemos en la oración siguiente: // Luis / se mira *su grano* // → // Luis / se / *lo* / mira //. En esta oración el segmento / su grano / en función CD en sustituible por / *lo* / al lado del enclítico *se*.

El mismo caso lo vemos en // La escritora / se llamaba / Harriett Beecher // (O-349-52); el segmento / Harriett Beecher / está realizando la

6. EL ATRIBUTO

función de atributo por las mismas razones que hemos aducido anteriormente.

6.2.2.3. Por último, añadiremos que la realización SN del *CC* no puede ser confundida con un *SN atributo* porque el componente léxico (+ tiempo) de aquél no aparece en éste. En nuestro corpus no hallamos segmentos en que puede haber problemas, pero en lengua puede darse una oración como: // Esta semana / es / el Congreso //, en la cual el segmento / esta semana / es CC, por ser conmutable por / durante esta semana /, y la esencia gramatical de / es / no es de mera cópula, sino que está tomado en el sentido de «se celebra». Además, no podría realizarse la sustitución del segmento / esta semana / por *lo* ya que el ordenamiento // lo / es / el Congreso //, no tendría el mismo sentido.

6.2.3. *Compatibilidad con otros segmentos oracionales.*—El atributo aparece: a) en oraciones compuestas por un sujeto y por un verbo copulativo o no copulativo; b) en oraciones compuestas por un sujeto, un verbo no copulativo y un complemento directo.

6.2.3.1. Para ver ejemplos de compatibilidad de *atributo y complemento directo* remitimos 6.2.1.1. c), apartado en que se presentan todos los casos hallados en el corpus de concordancia del atributo con CD.

6.2.3.2. El *CC* es perfectamente compatible con el *atributo* ya que, como analizamos en el capítulo dedicado al complemento circunstancial, éste es un elemento facultativo y dotado de recursividad. Así encontramos, dentro del corpus analizado, casos en que el CC y el A aparecen en la misma oración, como por ejemplo:

// Las posibilidades de decir y escuchar / son / *en los últimos años* / un poco mejores que en los decenios precedentes (M-7-8).
// La creencia social compacta / había sido / *hasta entonces* / que el rey es quien tiene derecho a mandar //. (M-47-13.)
// *Ante este universo* / se encuentra / solo //. (O-201-36.)

6.2.3.3. Puede darse también compatibilidad de A con CI como en los casos siguientes:

// *Para ellos* / la libertad / no es / un uso sino a lo sumo una actividad excepcional y privada //. (M-135-22.)
// Es / muy difícil / *para un español* / plantear las cosas en términos estrictos de economía / yo diría que porque la actitud «económica» continuada le produce una extraña fatiga //. (M-155-24.)
// Pero / es / más dulce / *para el corazón afligido* / dejar correr libremente el llanto //. (O-296-47.)
// Uno y otro / son / ahora / *para nosotros* / únicamente efomérides en la historia del exotismo canonizado //. (O-344-51.)

Hemos de señalar que el tipo de CI que hemos visto en el corpus como compatible con el atributo es el CI - 2. Sin embargo, el CI - 1 puede ser, en lengua, perfectamente compatible, como en la oración:
// Yo considero / bueno / a *Juan* //.
Sin embargo, el CI - 3 es incompatible con A.

6.3. REALIZACIONES SINTAGMÁTICAS DEL ATRIBUTO

```
1.  A ⟶ SN:
    1a) A ⟶ SN.
    1b) A ⟶ SN-Sust.
2.  A ⟶ SA.
3.  A ⟶ O.
4.  A ⟶ SP.
```

6.3.1. A ⟶ SN:

1a) Los sintagmas nominales en función de atributo pueden presentar, al igual que los que realizan la función sujeto, o complemento directo una estructuración homogénea o una estructuración heterogénea.

Entre los SN *en estructuración homogénea* destaquemos algunos casos en que únicamente aparece el nombre sin ningún tipo de presentador [10] (introductor, actualizador o extensivo), ni atribución: / clasicismo / (O-95-21), / Harriett Beacher-Stowe / (O-349-52), / verdad / (M-197-30), / condición / (M-182-28).

En otros segmentos con realización SN aparecen *presentadores introductores:* / *simplemente* conformismo / (M-142-23), / *más bien* un ser humano abstracto / (O-261-43).

Abundan algo más los SN en que aparecen *presentadores extensivos* como: / *otras tantas* alcobas / (O-37-11), / Gauguin *mismo* / (O-386-55), / *otra* historia / (O-272-44), /*qué* asco / (O-106-22).

Entre los actualizadores, es el artículo, como sucede en todos los SN que desempeñan otras funciones sintácticas, el que se presenta con mayor frecuencia. Es de señalar la mayor frecuencia de aparición de los artículos indefinidos. Vemos ausencia de actualizador en algunos sintagmas nominales que llevan atribución: / vida *cotidiana* / (M-143-23), / dificultad *considerable* / (M-287-41), / asunto *personal* / (M-306-44), / gran *conquista* / (O-329-51), etc.

Otras veces la atribución va en un SN que sí lleva actualizador: / una actitud *insostenible* / (M-160-25), / un explorador *maldito* / (O-63-17), / el extremo *opuesto* / (M-52-14), etc.

Las atribuciones pueden, a su vez, ir modificadas por cuantificadores como en: / el error *más probable* / (M-121-20), / un personaje *muy curioso* / (O-310-48), etc.

En los sintagmas nominales con estructuración heterogénea se hallan alargamientos por determinación, coordinación y complementación, al igual que en otras funciones. No vamos a insistir por tanto en este punto dado que no presenta características diferenciales.

6. EL ATRIBUTO

1b) *A* ⟶ *SN-Sust*.—Es de destacar la presencia del artículo *lo* en función pronominal como actualizador que acompaña a un adjetivo o sintagma adjetival que queda transformado en un sintagma nominal en su funcionamiento. Estos sustitutos del SN en función atributo presentan estructuración homogénea o heterogénea del mismo modo que los SN. Así vemos estructuración homogénea en: / lo más grave / (M-102-18), / lo más curioso / (M-34-11), / lo más frecuente / (M-26-10), / lo decisivo / (M-278-41), / lo malo / (M-235-35), / lo mejor / (M-140-22). Y, sin embargo, el resto de estos sintagmas, es decir, la mayoría de los SN-Sust., aparecen alargados y por tanto en estructuración heterogénea, como podrá deducirse de los ejemplos que presentamos más adelante.

Entre los sustitutos de SN o *pronombres* se dan los que tienen un sentido *indefinido:* / *una* de las tentaciones más peligrosas / (M-254-37), / *uno* de sus dos lóbulos inseparables / (M-246-36), / *algo* secular; inmemorial, mejor dicho / (O-115-24), / *quién* habitualmente «las canta claras» / (O-118-24). También un pronombre *demostrativo* como en: / *Aquélla* en que el individuo no tiene posibilidades de actuación y donde el Estado por su parte es prepotente / (M-37-12).

6.3.2. *A* ⟶ *SA*.—La realización del atributo como sintagma adjetival podemos decir que es la más representativa y típica de esta función sintáctica. Ninguna otra función sintáctica está realizada formalmente por un sintagma adjetival.

El sintagma adjetival está formado por un *constituyente obligatorio, el adjetivo,* que puede ir acompañado de otros elementos como son: el adverbio o el sintagma preposicional (SP).

J. Dubois [11] presenta como regla de reescritura del SA, la siguiente:

SA ⟶ (Adv. degré) + GA + (SP), fórmula de la que se deduce cómo el GA (grupo adjetival) es un constituyente obligatorio, mientras que son constituyentes facultativos: el adverbio de gradación y el sintagma preposicional (SP).

La regla de reescritura de GA es formulada de la manera siguiente: GA ⟶ Adj. + (SP), lo cual quiere decir que el grupo adjetival está formado por un constituyente obligatorio: el adjetivo y por un sintagma preposicional facultativo.

Sin embargo, nosotros disentimos de la estructura de Dubois, ya que consideramos que en el grupo adjetival puede ir, a su vez, un adverbio no de grado sino de otros tipos y que va modificando directamente al adjetivo, como por ejemplo en: / *tiernamente* mecido / (O-271-44), / *dominicalmente* enamorado del barroco / (O-190-34), / *siempre* lúcido / (O-186-33), / *abrumadoramente* escolástico / (M-340-50), / *singularmente* poderoso / (M-43-13), / *prácticamente* incontrastable / (M-43-13), / *estrictamente* diferentes / (M-18-9).

Dubois da para el francés la siguiente representación estructural del sintagma adjetival, dentro de una proposición atributiva:

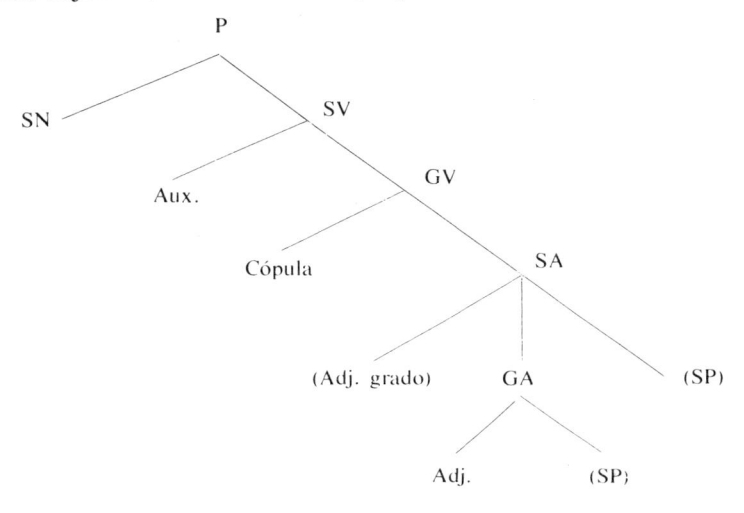

```
                    P
         ┌──────────┴──────────┐
        SN                    SV
                      ┌────────┴────────┐
                     Aux.              GV
                              ┌────────┴────────┐
                           Cópula              SA
                                        ┌───────┼───────┐
                                   (Adj. grado) GA     (SP)
                                              ┌─┴─┐
                                             Adj. (SP)
```

Nosotros proponemos que el análisis de SA en español es así:

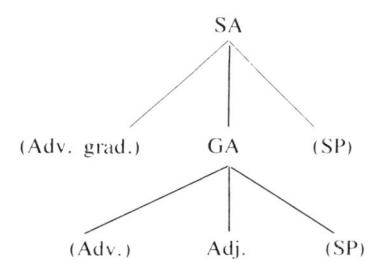

```
                    SA
         ┌──────────┼──────────┐
    (Adv. grad.)   GA         (SP)
                 ┌──┼──┐
              (Adv.) Adj. (SP)
```

En los anteriores esquemas van entre paréntesis los elementos facultativos, es decir, aquellos cuya aparición no es obligatoria en el sintagma. Si seguimos en nuestra descripción la estructuración que hemos presentado más arriba, vamos que dentro del sintagma adjetival el único elemento imprescindible es el adjetivo, el cual no tiene, como el nombre, la posibilidad de ser sustituido por otro segmento. En el corpus de Marías aparecen 31 segmentos en función A constituidos solamente por un adjetivo y en D'Ors 18 del mismo tipo. Otras veces hallamos el grupo adjetival alargado por coordinación, como en los casos siguientes: / posibles y hacederas / (M-310-44), / expreso, manifiesto / (M-269-39), / reales y efectivos / (M-228-35), / inevitables *y además* convenientes / (M-165-25), / doble y paradójico / (M-136-22), / enérgicas y decisivas / (M-18-9), / *no sólo* frecuente, *pero* hasta habitual *y* normal / (O-389-55), / íntimo, tierno *y* secretamente voluptuoso, heroico, elocuente / (O-330-51).

6. EL ATRIBUTO

En otras ocasiones el grupo adjetival se halla alargado por *complementación*, como en los casos que presentamos a continuación:

/ democrático, lo cual requiere la circulación en partidos de los grandes corrientes de opinión /. (M-269-39.)

/ Doble: *adaptación* a esas normas de la mayoría de los cultivadores de la filosofía; desviación hacia otras disciplinas —sociología, historia, filosofía del derecho, de las ideas políticas, etc., de los que no estaban dispuestos a ajustarse a esa manera de entender la filosofía, pero no querían renunciar a una carrera normal, sobre todo universitaria /. (M-343-50.)

/ Dichosa y vencida; dichosa porque vencida. Abierta, desfalleciente /. (O-165-30.)

La estructuración del sintagma adjetival, que puede estar constituido por alargamientos del adjetivo (núcleo del SA) como son la coordinación y la complementación, ya vistas, puede presentar unas características formales específicas del SA y no compartidas por ningún otro tipo de sintagma. Son las siguientes:

1.ª Entre los componentes del grupo adjetival (GA) encontramos a veces un SP que es —podría decirse— una *rección preposicional* del adjetivo o lo que las gramáticas tradicionales llaman complemento del adjetivo. Dubois lo representa como un rasgo (+ attr.) o complemento de atribución. Veamos algunos casos: / *inadecuada para* ensayar un cambio de postura / (M-363-54), / *reveladores de* la distancia existente entre la Universidad e instituciones anejas y la sociedad española efectiva / (M-346-51), / *unidos en* una empresa común definida por la libertad y por tanto por la independencia intelectual / (M-338-50), / *vinculados al* estímulo y la enseñanza de Ortega / (M-337-50), / *insuperable del* disentimiento / (M-261-38), / *apático frente* a la política / (M-9-8), /más *contrario* a la condición de la vida humana / (M-194-30), / *locas de* ternura y de molicie / (O-283-46), etc.

Los SP dependientes del adjetivo a los que nos estamos refiriendo por ir compuestos de Prep. + SN, pueden ser más o menos complejos dependiendo del número de alargamientos que integren dicho sintagma nominal componente del SP.

2.ª Si ascendemos en el análisis estructural tal como lo vemos en el árbol presentado hallamos como primer componente (en el orden de palabras) del sintagma adjetival el *adverbio de gradación*. El adverbio de gradación puede acompañar al grupo adjetival, ya vaya éste integrado por un adjetivo solo, o bien por un adverbio + adjetivo, o bien por un adverbio + adjetivo + SP. Veamos algunos de los múltiples casos en que adverbios como: «más», «muy», «bastante», «menos», etc., acompañan al grupo adjetival: / *demasiado* grande / (M-374-55), / *menos* fuerte *aún* / (O-224-39), / *casi* intacto / (O-304-48), / *sobremanera* deficientes y desorientadores / (M-1-7), etc.

Realizando la función de adverbio de gradación se encuentra, en la frase exclamativa, las partículas *qué, cuán:* /qué soso / (O-106-22), / *qué* bien / (O-185-33), / *cuán* disminuido / (O-228-39), / *cuán* rico / (O-394-55), etc.

Dos adverbios pueden hallarse unidos modificándose uno a otro, como vemos en los casos siguientes: / *mucho más* difícil / (M-120-20), / *relativamente poco* ejercitada, desde luego, *menos* de lo posible / (M-176-27), / *menos bien* respaldado / (M-354-50), / *aún más* intenso // (M-15-9), / *demasiado bien* repartida / (M-235-35).

Pueden ir dos adverbios en coordinación como en el caso: / *más* o *menos* barroco / (O-180-22).

El adjetivo «mayor» equivalente al sintagma / más grande / puede aparecer igualmente acompañado de un adverbio: / mayor aún / (M-97-18), / todavía mayor / (M-146-23).

Es interesante destacar un caso de sustantivo en función adjetival modificado por el adverbio / muy /: / *muy* siglo XVIII, y suizo, por añadidura, y troglodita y vegetariano, únicamente en la proporción en que las damas de la Corte son pastoras / (O-224-39).

3.ª *Sintagma preposicional de comparación.*—Siguiendo la representación SA ⟶ (Adv. grad.) + GA + (SP), hallamos el elemento facultativo SP. Este sintagma preposicional depende en su presencia de la existencia del adverbio de grado con el que está en correlación. Corresponde a lo que la gramática tradicional llama complemento de comparación. Entre los rasgos destacados por Dubois es preciso que el adverbio de grado comprenda el de [+ comp.] (comparación) y entonces el grupo adjetival será seguido por un SP. Si por el contrario dicho adverbio cuenta con el rasgo [— comp.] no se puede escoger el SP constituyente de SA. En nuestro corpus hallamos como adverbios de gradación con el rasgo [+ comp.] los siguientes: *tan, peor, mejor, más;* citamos algunos casos de aparición: / un poco *mejores que* en los decenios precedentes / (M-7-8), / *tan grande que* muchos aceptan... / (M-34-11), / *peor que* en la mayoría de los países de la Europa occidental y algunos de América / (M-147-23), / *tan súbito como* el de decoración de un escenario / (M-341-50), / *tan irreal y poco viable como* el atomismo individualista que finge hombres singulares y abstractos dotados de una libertad también abstracta / (M-257-38), / *tan diferente, tan especial, como* interesadamente se dice / (M-241-36), / *tan activo, como* en las horas en que el presente amador y futuro exégeta oye misa / (O-17-10), /*casi tan litúrgico como* la Cuaresma / (O-101-22), / *más adamítico que* Andrenio todavía, puesto que no nacido de mujer acaso, como si fuese el primer ser humano de la tierra / (O-204-36), / *más patente que* en los momentos agudos de fiebre barroca / (O-238-41).

6.3.3. *A* ⟶ *O.*—Las posibilidades de que desempeñe la función atributo un segmento que es una oración, solamente se cifran en dos:

3.1. *Oración de infinitivo.*
3.2. *Oración introducida por que.*

3.1. Solamente hallamos cuatro casos de oración de infinitivo traspuesta a la función sintáctica atributo. Son los siguientes: / *ganar* en el extranjero y gastar en España / (M-163-25), / *aguantarse*, sino recono-

6. EL ATRIBUTO

cerlo y *darle* su estatuto social y jurídico: regiones, clases, grupos sociales, grupos religiosos, intereses, opiniones / (M-256-37), / bien podría *ser* /... (O-193-35), / *poner* fuera de la ley a quien obedece a una ley distinta a la nuestra / (O-317-49).

Estas oraciones de infinitivo tienen sus diferentes complementos y únicamente la función sujeto no queda siempre especificada, dado que la persona no aparece como morfema verbal del infinitivo.

3.2. Oraciones introducidas por *que:* una vez más la partícula funcional *que* transforma en un segmento oracional a toda una oración. Encontramos cinco casos en Marías y dos en D'Ors, de los cuales citamos como más representativos los siguientes: / *que* el rey *es* quien tiene derecho a mandar / (M-47-13), / *que* cada vez *se recurre* en ellas al criterio de lo que hoy se lleva / (M-387-57), / *que* la esencia dominical *se difunda* a toda la semana / (O-114-24), / *que* si Crisis y Risala *proceden* del cuento, el cuento a su vez procede de alguna parte / (O-213-38).

6.3.4. A ⟶ *SP*.—Encontramos tres casos en Marías en que la preposición *de* encabeza un SP en función atributo. Son los casos siguientes (damos la oración entera para que la función A se vea, en el conjunto, más claramente):

... " Y en muchos casos es / *de radical disparidad* ". (M-19-9.)

Para hablar sólo de mí mismo / mi actitud / durante decenios / ha sido / *de total alejamiento del Estado* —hasta el punto de no haber tenido ni siquiera un puesto docente oficial— //. (M-20-9.)

... " Y es / *de total inserción en la sociedad española* ". (M-21-9.)

En los casos presentados vemos como *ser de* puede ser conmutado semánticamente por: *representar*.

Dentro del corpus de D'Ors hallamos un ejemplo también con la preposición *de* introduciendo el SP en función de atributo:

Claro que es / *del Corregio, padre de tantas barroquerías voluptuosas* ". (O-158-29.)

El segmento / ser de / *puede conmutarse aquí por* pertenecer a.

En los casos de otros SP que aparecen en oraciones atributivas como, por ejemplo, en una figurada // Luis / está / en Madrid //, no los consideramos A sino circunstantes, dado que el verbo *estar* aquí no es cópula, sino que está en su acepción intransitiva equivalente a «encontrarse en». Por otro lado, este mismo segmento / en Madrid / puede ir con otro verbo: // Luis / trabaja / en Madrid //. Sin embargo, en la oración // Luis / es / de Madrid //, el segmento / de Madrid / es atributo y rección del verbo *ser* y puede equivaler a una oración como: // Luis / es madrileño //.

6.4. Distribución y frecuencia de las realizaciones sintagmáticas del atributo

Presentamos seguidamente, cuadros estadísticos de la distribución y frecuencia con que aparecen con el corpus las diferentes realizaciones formales del atributo.

CORPUS DE MARIAS

1. A → SN	71	44,4 %
2. A → SA	79	49,4 %
3. A → O	7	4,4 %
4. A → SP	3	1,8 %
Total	160	100 %

CORPUS D'ORS

1. A → SN	38	43,7 %
2. A → SA	44	47,1 %
3. A → O	4	5,7 %
4. A → SP	1	3,5 %
Total	87	100 %

TOTAL CORPUS

1. A → SN	109	44,2 %
2. A → SA	123	48,6 %
3. A → O	11	4,8 %
4. A → SP	4	2,4 %
Total	247	100 %

De estos datos podemos concluir que están prácticamente igualadas en frecuencia las dos realizaciones A → SN y A → SA, mostrando ésta una ligera superioridad. En cambio, la realización A → O y A → SP son totalmente minoritarias.

6. EL ATRIBUTO

NOTAS

[1] Cf. *Lingüística estructural*, pág. 284.
[2] Cf. *Gramática castellana*, pág. 80.
[3] Cf. *La oración y sus partes*, pág. 55.
[4] *Linguistique générale*, pág. 247.
[5] Cf. J. Dubois: *Eléments de linguistique française: la syntaxe*, pág. 73.
[6] Cf. Grevisse: **Précis de grammaire française**, pág. 26.
[7] *Estudios de Gramática funcional del español*, pág. 120.
[8] A fin de ver con qué tipo de verbos se da esta construcción, presentamos un ejemplo de cada uno de los verbos repetidos.
[9] Véase, en este mismo capítulo dedicado al atributo, el apartado 6.2.1.3.c).
[10] Véase el capítulo dedicado al sujeto.
[11] *Eléments de linguistique française: la syntaxe*, pág. 126.

Capítulo 7

7. EL COMPLEMENTO CIRCUNSTANCIAL

7.1. Concepto de complemento circunstancial

L. Tesnière define el complemento circunstancial como la unidad o la serie de unidades que expresan las circunstancias de tiempo, de lugar, de modo, en las cuales se desarrolla el proceso expresado por el verbo. El *circunstante* será, por lo tanto, bien un adverbio, bien un equivalente del adverbio. El circunstante se opone a los «actantes» que designan a los elementos que de un modo u otro participan en el proceso. El número de complementos circunstanciales no es fijo como el de actantes: en una frase puede no haber ninguno, pero puede haber un número indefinido. La traslación de un verbo en sustantivo, cuando ese sustantivo es circunstante, da como resultado una subordinada circunstancial [1].

«Desde el punto de vista de la forma, —señala Tesnière—, el actante es en principio un sustantivo, se basta a sí mismo y depende del verbo, mientras que el circunstante, no pudiendo ser más que un adverbio debe, en principio, si es sustantivo, recibir la marca adverbial por medio de una preposición. La preposición es por tanto el elemento que realiza la traslación de sustantivo en circunstante. A menudo en lenguas que carecen de caso, la *traslación* del sustantivo en adverbio se produce sin marca preposicional.» Esto lo veremos totalmente explícito en la descripción de las variadas fórmulas de realización del circunstante dentro del corpus elegido para nuestro trabajo.

Igualmente podemos afirmar que la conjunción lleva a cabo la transformación de una oración en circunstante. La comprobación de esta afirmación se puede hacer por medio de la sustitución y la conmutación como criterios metodológicos básicos.

Alarcos utiliza el término de *aditamento* como equivalente de lo que venimos llamando complemento circunstancial o circunstante [2]. Considera como aditamentos los segmentos de una oración cuya presencia o ausencia no afecta a la estructura esencial de aquélla y que además gozan de cierta movilidad de situación. Se trata, por tanto, de elementos relativamente marginales, que añaden, adicionan algo al contenido global manifestado, sin perturbar la estructura de la oración ni la de sus elementos esenciales, o sea el sujeto y el predicado.

J. Lyons apunta que los *elementos adjuntos* de la frase —de lugar, de tiempo, de modo, de causa, etc.— son facultativos; son unos constituyentes de la frase que no son estructuralmente indispensables: se puede prescindir de ellos sin afectar al resto de la frase [3].

La gramática generativa da el nombre de circunstantes a los sintagmas preposicionales *(PP —prepositional phrase—)* complementos de grupo verbal o de frase; sin embargo, el sintagma preposicional de la estructura profunda, según J. Dubois [4], puede no presentar ninguna preposición realizada en superficie y llenar esta función un simple adverbio o una oración.

La regla de reescritura del sintagma preposicional que podemos representar por SP es: SP → Prep. + SN, lo cual significa que SP está constituido por dor formantes obligatorios, de los cuales uno es la Prep. (abreviación de preposición principal) y el otro SN (sintagma nominal).

R. L. Hadlich [5] dice: «los circunstanciales no forman parte de la frase verbal (FV) dado que su relación con los verbos es menos estrecha que la de los complementos verbales». Y añade más adelante: «los elementos representativos básicos de los circunstanciales son los adverbios. Sirven los circunstanciales para expresar las circunstancias en las que se lleva a cabo la acción del SV. Aunque los conceptos expresados por los circunstanciales varían ampliamente, es corriente dividirlos en cuatro grupos que expresan tiempo, lugar, modo y cantidad. Justifica el establecimiento de estas categorías el hecho de que coinciden con los cuatro adverbios interrogativos más importantes (cuándo, dónde, cómo, cuánto). El procedimiento para la subcategorización e incrustamiento de los nombres dentro de las oraciones se aplica igualmente a los adverbios. Cada adverbio va marcado en el lexicón |+ Adv.| y va clasificado como |+ tiempo|, |+ lugar|, |+ modo| o |+ cantidad|. Los circunstanciales pueden representarse no solamente por los adverbios, sino también por sintagmas preposicionales, así como por sintagmas nominales».

La aportación de la gramática transformacional al concepto de esta función de complemento circunstancial no es significativa, ya que no añade nada nuevo a lo propuesto por Tesnière.

En lo que respecta a las gramáticas del español, podemos señalar que la Gramática de la Real Academia habla de los complementos circunstanciales como aquellos que indican el modo y demás circunstancias en que se ha verificado la significación del verbo, especificando que pueden estar realizados por un adverbio, un grupo preposicional, una oración o un acusativo sin preposición [6].

Pottier llama sintagma circunstancial (SC) a los segmentos que cumplen la función sintáctica de que nos estamos ocupando, y señala que un SN llega a ser SC por intermedio de un relator (elemento funcional, preposición). Un enunciado puede igualmente llegar a ser SC y son sustitutos circunstanciales adverbios como: donde, así, allí... [7].

7. EL COMPLEMENTO CIRCUNSTANCIAL

7.2. Rasgos sintácticos del CC

Hay que destacar como los rasgos sintácticos más característicos del complemento circunstancial los siguientes:
1. Es un *elemento facultativo* de la oración, no indispensable en la estructura de ningún tipo de ordenamiento y *dotado de recursividad*.
2. Es un elemento autónomo, con gran movilidad de situación en el ordenamiento.

7.2.1. Dentro de un ordenamiento, cualquier que sea su estructura (atributiva, predicativa simple o compleja), no es necesaria la presencia de CC y así hay en el corpus analizado muchos de ellos en los que no aparece dicha función sintáctica. Sin embargo, pueden aparecer en un mismo ordenamiento varios segmentos realizando la función CC. Veamos qué tipos de ordenamientos puede haber con respecto a la ausencia o la presencia de dicho elemento.

Los datos estadísticos concretos de estos aspectos de la aparición en el enunciado de los CC se presentan en el apartado 1.2.6.

7.2.1.1. *Ordenamientos en que no aparece CC*. Veamos algunos casos:

// El politicismo actual / es / muy minoritario y deliberado // (M-10-8).
// La perturbación que está falta de claridad produce / es / considerable // (M-12-8).
// ¿Se limita / su alcance / a la suma de las mujeres del pasado, del presente, del porvenir? // (O-146-28).
// Se ríe / de las exigencias del principio de contradicción // (O-156-29).

7.2.1.2. *Ordenamientos en los que aparece CC:*

a) Ordenamientos con un CC. Citamos cuatro como representativos:

// *Sobre el torso que le es común con otros pueblos* / se levanta / su modulación peculiar, que importa retener y salvar, sin caer en la teratología // (M-243-36).
// El consensus, fundamento de la legitimidad / *al venir la crisis de ésta* / tuvo que ser / expreso, manifiesto // (M-269-39).
// Se halla / *en eso* / muy lejano a Segismundo, el Príncipe de «La vida en sueño», en quien la pedagogía ha precedido a la experiencia // (O-203-36).
// He / *aquí* / a un Adán que sale de un Paraíso para un viaje de ida y vuelta // (O-206-37).

b) Ordenamientos en que aparecen dos segmentos CC. Anotamos sólo algunos:

// *Después de haberlo hecho toda la vida* /, Larra / recapacita / *un día* // (M-83-17).
// La primera edición del texto original de la Risala, su primera versión latina, debidas las dos a Edward Pococke / aparecían / *en Oxford* / *veinte años después de haber aparecido en Zaragoza la primera parte del Criticón* // (O-208-37).
// Robinson Crusoe / fue publicado / *en 1719* /, *justamente a la hora en que la humanidad parece más alejada de la prehistoria* // (O-218-38).
// Tú, que en la Risala tenías traza de gran filósofo /, *en Jungle's Book* / casi / no haces / más papel que el orangután // (O-229-39).

c) Ordenamientos en que aparecen tres segmentos CC, como:

// A medida que el Estado crece y se incrementa /, a medida que va siendo cada vez más rico, eficaz y potente / y va asumiendo multitud de tareas y funciones /, va predicando / Poder // (M-14-13).

// Si sus pobres y fatigados hombros han perdido la toga /, en torno de su cabeza ennoblecida / florecerá / ahora / un nimbo de luz // (O-255-43).

d) Ordenamientos con cuatro CC, como:

// Y / sólo / se pueden proyectar / civilizadamente / y a largo plazo / cuando se es titular inequívoco de derechos que están más allá de cualquier arbitrariedad // (M-265-38).

// ... y / adoró / a la vez como una novedad a la moda y como una eterna imagen / el grupo delicioso de Pablo y Virginia, de las madres viudas y de los negros honrados / columpiándose todo en el propio dolor /, al cobijo de una naturaleza caliente / bajo un dosel de palmeras pomposas y de meteoros // (O-297-47).

7.2.2. Por ser un elemento autónomo y de gran movilidad, el lugar que ocupa en una oración es muy variado también:

a) *CC comenzando ordenamiento*, como en los siguientes casos:

// Esta vez /, sin embargo /, hay / una gran diferencia con la situación de hace treinta años // (M-8-8).

// Entonces / el politicismo / afectaba / el torso de la sociedad española // (M-9-8).

// En Europa /, la existencia de un punto de fricción en una comunidad que coincide en las cosas esenciales, por debajo de una erupción —inquietante, pero epidémica— de nacionalismo /, plantea / problemas, cuya gravedad se manifestará en los próximos cuatro o cinco años // (M-14-8).

// Cuando se habla, por ejemplo, de economía —y en general de todos los asuntos colectivos— / muchos teóricos / nos / ofrecen / como alternativa / la decisión de un individuo o un plan estatal // (M-29-11).

b) *CC terminando ordenamiento.* Presentamos algunos ejemplos:

// España / fue gradualmente invadida / por el «politicismo» / en los años inmediatamente anteriores // (M-4-7).

// Ahora bien /, las cosas / no pasan / de ninguno de estos modos // (M-30-11).

// ¿Qué / nos / dará / la aventura / al cerrarse la narración de la aventura? // (O-51-13).

// Si conocemos Poetas Malditos / podemos / igualmente / encontrar / esa nota de maldición / en otros artistas, en otros creadores intelectuales // (O-58-17).

c) *CC inmediatamente antes del verbo*, como en:

// Desde el siglo XVIII /, más aún durante el siglo XIX y el XX /, se ha producido / un desplazamiento de la función del Estado, a la cual me he referido con algún detalle en «La estructura social» // (M-41-12).

// La economía, la ciencia, la técnica /, mal que bien / pueden subsistir // (M-60-15).

// Cómo / se parecen / Alejandría y el siglo XVII // (O-111-24).

d) *CC inmediatamente después del verbo:*

// Las influencias recíprocas de uno y otra / son, / naturalmente /, enérgicas y decisivas // (M-18-9).

// Es /, paradójicamente /, lo que suelen hacer muchos que se llaman «socialistas» pero son estatistas // (M-28-10).

// El caos / está / siempre / centinela abierta / en las bodegas de la mansión del cosmos // (O-86-20).

// Me encuentro / en una capital germánica // (O-88-20).

7. EL COMPLEMENTO CIRCUNSTANCIAL

7.2.3. *Problemas de segmentación:*

7.2.3.1. La función de circunstante aparece desempeñada por *secuencias muy simples o muy complejas;* puede ser representada por variadas formas, desde el adverbio —unidad autónoma y mínima— hasta un sintagma o grupo sintagmático, e incluso una oración transformada en un segmento con función circunstancial por medio de un elemento que Alarcos llama «transpositor» y que se puede llamar igualmente elemento transfuncional o índole funcional.

Hay muchos casos en que aparece dentro de un mismo ordenamiento un CC de forma simple y otro CC de forma compleja, como por ejemplo:

// *Hoy,* / *con el territorio disminuido y la población aumentada,* / ambos países / tienen / un nivel de vida que jamás soñaron //. (M-295-42.)

Encontramos la forma simple / hoy / y la forma compleja / con el territorio disminuido y la población aumentada / en la cual el elemento *con* es el que hace que el grupo de palabras que le sigue pase a desempeñar la función CC.

Veamos otro caso:

// ¿*Cómo* / hacíamos / *para que* la sociedad española superara sus deficiencias sin perder lo que entre nosotros hace que la vida valga la pena vivirla? //. (M-224-35.)

Hay un CC simple: / cómo, / y hay un CC complejo: / para que la sociedad española superara sus deficiencias sin perder lo que entre nosotros hace que la vida valga la pena vivirla /. En este último CC vemos como el elemento transformador / para que / hace que el enunciado que le sigue pase a desempeñar la función de CC. Es decir que el CC es toda la oración transformada en una unidad de nivel inferior mediante la presencia del índice funcional / para que /.

7.2.3.2. *Identificación del SN* ⟶ *CC en contraste con SN* ⟶ *CD.*—Se dan casos de problemas en la segmentación como el de un SN tras el verbo con el cual no concuerda, y que puede ser bien un CC o bien (más normalmente) un CD. Unicamente la posibilidad de conmutación por un sustituto nominal, posible para el CD e imposible para CC, puede dar luz en este aspecto.

Veamos casos concretos en los que solamente dicha posibilidad de sustitución marca la función correspondiente de dos SN:

// Levantó / el antifaz / un segundo //. (O-4-9.)

Los segmentos / el antifaz / y / un segundo / son ambos sintagmas nominales (Det. + N.); sin embargo, el 1.º puede ser reemplazado por un sustituto. // Lo / levantó / un segundo // y en cambio esto no es posible hacerlo con el 2.º: // Levantó / el antifaz //.

Al tratar de la realización SN del CC veremos qué características semánticas tienen estos SN que realizan dicha función.

7.2.3.3. *Diferenciación entre el CI y el CC.*—Cuando ambas funciones sintácticas están realizadas por sintagmas preposicionales (CC ⟶ SP,

CI → SP), como en el caso de las oraciones: 1) // les / traen / de Barcelona //, 2) // se apoderaron / de Barcelona //, puede presentarse dificultad para analizar el segmento / de Barcelona /, que es CC en 1 y CI en 2.

En líneas generales, el CI tiene una relación semántica con el verbo, mientras que el CC expresa una circunstancia mucho más casual, como señala Hadlich [8], y podríamos conmutarle por otros muchos sintagmas diferentes (ahora, despacio, tranquilamente, desde Toledo, etc.). La característica básica de CC es su *recursividad,* característica que no tiene el CI.

En el enunciado siguiente: // La sociedad / actúa / mediante las vigencias //, y / consiste / en un sistema de presiones difusas // (M-36-12), el segmento / en un sistema de presiones difusas / es un complemento del verbo, pues sin él queda incompleto el sentido de la frase. Además no puede variarse el orden de colocación de dicho CI, ya que un ordenamiento como // y / en un sistema de presiones difusas / consiste // sería prácticamente agramatical. Sin embargo, un SP compuesto de *en* + *SN* es más habitualmente CC, como en el ordenamiento: // *En estos años* /, la generalización más frecuente, sobre todo por parte de los jóvenes /, se expresa / así: Aquí no hay nada que hacer // (M-87-17). El segmento / en estos años / puede ser quitado sin variar esencialmente el sentido de la frase. Asimismo puede variarse el lugar de dicho segmento en la frase y el resultado es perfectamente gramatical: // La generalización más frecuente sobre todo por parte de los jóvenes / se expresa / *en estos años* / así: Aquí no hay nada que hacer //, o bien: / la generalización más frecuente sobre todo por parte de los jóvenes / , *en estos años* /, se expresa / así: Aquí no hay nada que hacer //.

Otro caso interesante es el del verbo *contar con* que vemos en el ordenamiento siguiente: ... // ni cuenta / con ellos //... (M-104-19). Si prescindimos del segmento / con ellos / y resulta: / ni cuenta // cambia incluso el contenido semántico de *contar* que pasa a ser «numerar» en vez de «confiar» (contar con alguien). El régimen del verbo *contar,* como «numerar», es un CD como por ejemplo: «contar el dinero», «contar las manzanas», etc. Por otra parte, un SP compuesto de *con* + *SN* lo más frecuentemente es CC, como en: // Se lo / juzga / *con frecuencia* / desde puntos de vista que no se ajustan a la situación real, que son utilizables en condiciones distintas // (M-90-18). Si se prescinde del segmento / con frecuencia / el ordenamiento no cambia de sentido, ni queda incompleto. Además, dicho segmento puede cambiarse de lugar sin que el orden normal del enunciado quede afectado en absoluto. Así: // Con frecuencia / se / lo / juzga / desde puntos de vista que no se ajustan a la situación real, que son utilizables en condiciones distintas //. Es más, dicho segmento puede ser sustituido por otro / frecuentemente / que es siempre complemento circunstancial.

7.3. Realizaciones sintagmáticas del CC

El CC es la función que presenta el mayor número de variantes formales. Pasamos a continuación a especificar dichas realizaciones.

7. EL COMPLEMENTO CIRCUNSTANCIAL

7.3.1. *CC → SP*.—Esta realización representa el 36 % del total de CC en el corpus de Marías y el 44,2 % en el de D'Ors (véanse cuadros estadísticos).

Es claro que la preposición es un elemento relacionante o un índice funcional mediante el cual un sintagma nominal o un sintagma verbal pasan a desempeñar una función distinta de las que le son propias, y en este punto coinciden la mayor parte de los gramáticos [9].

Estos sintagmas preposicionales se subdividen en:
1.1. SP → Prep. + SN.
1.2. SP → Prep. + SV.
1.3. SP → Prep. + S Adv.

Veamos cuáles son las características de cada una de estas variantes de la realización principal *SP*.

7.3.1.1. *SP→Prep. + SN*.—Esta es la realización más frecuente dentro del conjunto de SP. Para la descripción de esta realización comenzaremos por el primer elemento: la preposición. Entre las preposiciones encontradas en esta variante hay algunas como: *en*, cuya frecuencia es elevadísima y otras de uso muy escaso como: *contra, dentro, hacia, sin*, etc. Presentamos las preposiciones que aparecen y su frecuencia:

Total:	288	100	%
En	131	45,5	%
A	32	11,1	%
Por	24	8,3	%
Con	23	8,0	%
De	15	5,2	%
Ante	10	3,5	%
Desde	9	3,1	%
Bajo	7	2,4	%
Sobre	6	2,1	%
Tras de	6	2,1	%
Entre	5	1,7	%
Según	4	1,4	%
Hasta	4	1,4	%
Hacia	3	1,0	%
Sin	3	1,0	%
Para	3	1,0	%
Dentro	2	0,7	%
Contra	1	0,4	%

En cuanto al segundo elemento componente del *SP*, es decir el SN, encontramos dos variantes:

A) SN, cuyo núcleo es un nombre.
B) SN (Sust.), cuyo núcleo es un sustituto del nombre.

Tanto dentro de *A* como de *B* se presentan o bien estructuración homogénea o bien estructuración heterogénea mediante alargamientos.

A) Entre los SN, cuyo núcleo es un nombre, aparecen en primer lugar *SN de estructuración homogénea* [10] como los siguientes: / *en*-otra dirección / (M-165-25), / *desde*-el siglo XVIII / (M-41-12), / *con*-toda su preponderancia / (M-45-13), / *por*-su contenido intrínseco / (M-367-54).

En ocasiones se dan dos preposiciones juntas que siguen teniendo la misma función de relación que una sola, como *tras de:* / *tras de* su uniforme servil / (O-90-20), / *tras de* un breve intermedio / (O-205-36).

Aparecen dos preposiciones separadas pero íntimamente relacionadas como: / *de* - un autodidacta *a* otro / (O-220-38), / *de* la bolsa *a* la pintura / (O-375-54), / *de* la pintura *al* profetismo / (O-375-54), / *de* París *a* Pont-Aven, *de* Pont-Aven *a* Arles / (O-375-54).

En todos los casos citados, *de* equivale a *desde* y exige en muchos casos un complemento regido por otra preposición como *a* o *hasta*.

Es sumamente interesante señalar que algunos de los SN componentes del SP, a los que nos venimos refiriendo, carecen de un elemento esencial del SN: los presentadores. Así, se presentan casos como: / *de* - sustancia social / (M-210-32), / *con* - suficiente holgura / (M-2-7), / *en* - buena medida / (M-179-28), / *con* - extraña facilidad / (M-44-13), etc.

Esta ausencia de presentador está relacionada con el proceso de gramaticalización en el que están inmersas locuciones adverbiales que veremos más adelante y entre las que pudiéramos citar: al contacto con, al cobijo de, a propósito de, por culpa de, en dedicatoria a, sin duda, entre paréntesis, a largo plazo, etc. Estas locuciones, ya lexicalizadas, son sintagmas preposicionales en su origen, cuyo SN carece de presentador.

En cuanto a los SN en estructuración heterogénea, los tipos de alargamiento por determinación, complementación o coordinación coinciden en principio con los SN en función de sujeto. Sin embargo, hay algunos aspectos característicos del SN componente del *SP,* que iremos viendo más adelante.

Entre los SN con estructuración heterogénea *por determinación* se da también, como es lógico, y dentro de la zona del nombre, algún caso de ausencia de presentadores. Veamos algunos ejemplos: / en-circunstancias *de* manifiesta estrechez / (M-184-28), / por-razones *de* eficacia / (M-187-29), / para-renuevo *de* mi seguridad / (O-76-18), / según-lógica *de* argumentación / (O-263-44).

Sin embargo, abundan más los casos en que aparecen los presentadores como en: / a-los pocos meses *de* su muerte / (M-316-47), / ante-el silencio *del* estudiante / (M-320-48), / en-el espejismo *de* una isla / (O-331-51), / con-el Genio *del* Cristianismo / (O-325-50).

Igualmente hallamos SN alargados por *coordinación* ya sea con la partícula *O:* / en-los últimos cinco *o* seis años / (M-357-5); o bien con la partícula *y:* / con-el territorio disminuido *y* la población aumentada / (M-295-32), / *en*-la pereza *y*-*en* el recogimiento / (O-174-3).

Característica común a algunos alargamientos por coordinación es la repetición de la preposición como en este último caso citado y en los que citamos a continuación por yuxtaposición: / en-una expresión, en-su estilización / (O-405-56), / en-otros artistas, en-otros creadores intelectuales / (O-58-17). Consideramos que la yuxtaposición y la coordinación se diferencian solamente en que en aquélla es la pausa el elemento relacionante y en ésta es una conjunción de coordinación.

Como elementos coordinadores hallamos otros como *al igual que, bien que,* que vemos en: / en-estas revoluciones científicas *al igual que* en las políticas / [11] (O-308-48), / en-una hora deliciosa, *bien que* fugitiva / (O-3-9), en el que la locución *al igual que* equivale a cualquiera de los elementos coordinadores.

En cuanto a los *alargamientos por complementación,* citaremos únicamente algunos casos peculiares de los sintagmas preposicionales constituidos de preposición y sintagma nominal en los que se repite la preposición que aparece en cabeza del sintagma, como en los casos siguientes: *en* un punto *en que* la misma cuestión de la felicidad se les antoja a los lectores indiferente / (O-364-53), / *en* el momento *en que* la rehúsas / (O-160-29) / *En* la medida *en que* lo es / (M-122-20), / *hasta* el punto *en* que acontezca, si está de Dios que acontezca, el de la Ciudad de Dios / (O-232-40).

En algunos de los SP encontramos sintagmas nominales heterogéneos en los que se combinan entre sí las tres fórmulas de alargamiento en estructuraciones más o menos complejas, como las ya vistas en los SN con función sujeto y que por tanto vamos a dejar de lado.

B) *SN (Sust.).*—Esta variante es menos frecuente sin embargo, aparecen casos ya sea con una estructuración homogénea como los siguientes: / en-*eso* / (O-203-36), / según-*él* / (O-211-37), / hasta-*ellos* / (O-304-48), / por-*eso* / (M-183-28). En el caso de / conmigo / (M-289-42), la preposición se ha fusionado totalmente al pronombre de modo que son prácticamente un solo lexema. A este respecto, en el *Esbozo de una nueva gramática de la Real Academia* puede leerse que: «en *conmigo, contigo, consigo* se ha consumado la fusión en una palabra, por la dificultad de identificar el componente -*go* o el grupo -*migo*» (pág. 205).

Dentro de una *estructuración heterogénea* vemos alargamientos por coordinación: / entre - uno y otro / (M-258-38), asimismo hallamos alargamientos por determinación: / en - cada uno *de* ellos / (O-22-10), / de - ninguno *de* estos dos modos / (M-30-11). También aparecen alargamientos por complementación: / entre - las *que* están aquejadas *de* notorias deficiencias / (M-98-18), / por - lo *que* a mí toca, fiel servidor *que* me digo de la razón / (O-73-18).

7.3.1.2. *SP* ⟶ *Prep. + SV.*—Representa esta variante dentro de la realización 1, un 15,5 % en Marías y un 10,5 % en D'Ors.

Los SV que van detrás de la preposición son infinitivos no sustantivados, por eso no los consideramos SN, sino SV, seguidos o no de diferentes complementos. Citamos algunos: / *al* cerrarse la narración de la aventura / (O-51-13), / *sin* decidirnos de todas maneras a encontrar esa nota inocente fuera de lugar / (O-53-13), / *hasta* haberle conducido a las islas de Oceanía / (M-376-54), / *por* conseguir la inclusión en el índice de las obras de Ortega, lo que hubiera llevado aparejada su prescripción sistemática / (M-351-52), / *tras de* aburrirse con el preceptor en la biblioteca / (O-396-55).

Entre las preposiciones que acompañan a estos SV compuestos de un (infinitivo ± complementos) su distribución y frecuencia es la siguiente:

Para	22	55,0 %
Al	9	22,5 %
Sin	5	12,5 %
Tras de	2	5,0 %
Hasta	1	2,5 %
Por	1	2,5 %
TOTAL	40	100 %

De estos datos fácilmente se deduce que es precisamente la estructura: *para* + *infinitivo* la más frecuente de esta realización.

7.3.1.3. *SP* ⟶ *Prep.* + *S-Adv.*—Por ser un número más reducido damos todos los casos encontrados. El sintagma adverbial es un grupo de palabras cuyo núcleo principal es un adverbio o locución adverbial. Puede estar compuesto, por lo tanto, por un simple adverbio, por varios, o por una locución adverbial, como en el último caso que citaremos, «hace poco»: / hacia dónde / (M-358-53), / desde entonces / (M-340-50), / hasta entonces / (M-47-13), / para siempre - para el presente, para el futuro / (M-227-35), / desde ahí / (M-248-36), / de ahí / (M-200-30), / hasta muy poco antes / (M-331-52), / hasta hace poco / (M-163-25).

Presentamos a continuación cuadros estadísticos de la distribución de las variantes de esta primera realización (SP) del complemento circunstancial.

CORPUS DE MARIAS

1.1. SP ⟶ Prep. + SN	98	76,0 %
1.2. SP ⟶ Prep. + SV	20	15,5 %
1.3. SP ⟶ Prep. + Adv.	11	8,5 %
TOTAL	129	100 %

7. EL COMPLEMENTO CIRCUNSTANCIAL

CORPUS DE D'ORS

1.1.	SP ⟶ Prep. + SN	178	89,0 %
1.2.	SP ⟶ Prep. + SV	21	10,5 %
1.3.	SP ⟶ Prep. + S-Adv.	1	0,5 %
	TOTAL	200	100 %

TOTAL DEL CORPUS

1.1.	SP ⟶ Prep. + SN	276	83,9 %
1.2.	SP ⟶ Prep. + SV	41	12,5 %
1.3.	SP ⟶ Prep. + S-Adv.	12	3,6 %
	TOTAL	329	100 %

De los datos presentados puede deducirse que la variante más frecuente y por tanto más característica del SP es la constituida de Preposición + SN. Si comparamos el corpus de Marías y el de D'Ors, vemos que en este último es mayor la frecuencia de esta variante aludida en contraste con las otras variantes que son, lógicamente, menos frecuentes que en Marías.

En línea general podemos afirmar, a partir de las medias obtenidas del corpus total, que en la realización sintagma preposicional del C. circunstancial el índice de frecuencia de aparición más alto es para Prep. + SN, de un 83,9 %, mientras que para Prep. + SV es de 12,5 %, y para Prep + S Adv. es de 3,6 %.

7.3.2. *CC ⟶ S Adv.*—La segunda realización, por orden de frecuencia, de la función CC es el *S Adv.* Este *S Adv.* puede ser, como apuntábamos anteriormente, un simple adverbio, elemento nuclear fundamental de este grupo de palabras que llamamos sintagma adverbial, o bien un adverbio más uno o varios elementos que le siguen y completan su sentido como: otro adverbio, un S Prep., un SN. También englobamos en esta realización *2* de la función CC a las locuciones adverbiales como una variante más del S Adv.

A continuación presentamos las variantes de esta realización:
2.1. S Adv. ⟶ Adverbio.
2.2. S Adv. ⟶ Adv. + Adv.
2.3. S Adv. ⟶ Adv. + SP.
2.4. S Adv. ⟶ Adv. + SN.
2.5. S Adv. ⟶ Locución adverbial.

7.3.2.1. *Adverbio.*—En la definición del adverbio que da la *Gramática de la Real Academia:* «el adverbio es la parte invariable de la oración que sirve para calificar o determinar la significación del verbo o la del adjetivo, y a veces la de otro adverbio», es precisamente el término «parte invariable de la oración» lo que la acerca a otras partes invariables como la preposición y la conjunción; sin embargo, así como éstas por sí solas no pueden «calificar» la significación de la oración y convertirse en un elemento funcional autónomo, el adverbio sí puede llegar a llenar por sí solo la función CC.

Según J. Dubois la categoría tradicional del adverbio agrupa en realidad clases de palabras que no tienen en común más que la invariabilidad [12]. No nos habla de la posibilidad que tiene el adverbio de agrupar en torno a sí otros elementos que adquieran con respecto a él relaciones sintagmáticas.

E. Alarcos da una definición del adverbio sumamente interesante, al aplicar un criterio sintáctico, no ya solamente morfológico y semántico: «es un signo mínimo que cumple sin la adjunción de índices funcionales la función de aditamento» [13]. Esta función de aditamento, como ya dijimos al comenzar este capítulo, coincide con lo que nosotros llamamos CC, circunstante o complemento circunstancial. A continuación añade Alarcos que *otras secuencias no mínimas pueden actuar como aditamento, pero ya no pueden llamarse adverbios, puesto que están constituidas por varios elementos:* unos que pueden ser autónomos en otras funciones, otros cuyo papel es indicar precisamente la función de aditamento. Precisamente con el fin de estructurar algunas de esas «secuencias no mínimas... que no pueden llamarse adverbios» englobamos en la fórmula S Adv. otros segmentos que no son simples adverbios.

Los adverbios que encontramos empleados en el corpus analizado son los siguientes [14]:

a) Adverbios de modo.
b) Adverbios de tiempo.
c) Adverbios de lugar.
d) Adverbios de cantidad.
e) Adverbios de afirmación, negación y duda.

Pasamos a la presentación de los adverbios por este orden:

7.3.2.1.1. *Adverbios de modo.*—La mayor parte está constituida por adverbios terminados en *-mente.* Los adverbios en-*mente,* en una visión diacrónica, pasaron de un SN en caso ablativo (y por tanto función CC en líneas generales), dentro del latín, a un adverbio en español y en las lenguas romances. Este es otro caso de conversión de una palabra o un sintagma en una categoría diferente a la de la lengua de origen, pero con la característica de que tanto el sintagma original como el resultado actual desempeñan la misma función; otro ejemplo análogo al de los adverbios en -mente lo representa el adverbio *ahora* que inicialmente era *hac hora,* un SN en ablativo y ha pasado a adverbio. En lengua francesa el origen

7. EL COMPLEMENTO CIRCUNSTANCIAL 213

del adverbio *aujourd'hui* es un SP (au jour d'hui) con función CC, y de nuevo vemos un trasvase de realizaciones, dentro de una misma función. Se relaciona también este hecho con el origen de muchas locuciones adverbiales que son en su origen sintagmas preposicionales.

Bien conocida es la gran vitalidad de los adverbios en *-mente*, dado que su aplicación a un número extensísimo de adjetivos dota a la lengua de la posibilidad de marcar matices precisos en el sentido de un enunciado. Sin embargo, su repetición puede resultar monótona.

La *Gramática de la Real Academia* (pág. 123) apunta que estos adverbios pueden ser de modo, de tiempo o de afirmación. La inmensa mayoría de ellos son de modo, aunque veremos alguno entre los adverbios de tiempo y de duda más adelante.

Citamos algunos, entre los muchos que aparecen en el corpus: / altamente / (O-15-10), / claramente / (O-124-25), / civilizadamente / (M-265-38), / análogamente / (M-33-11), / paradójicamente / (M-28-10).

Aparecen otros adverbios de modo no terminados en *mente* como: / bien / (O-149-28), / mejor / (O-263-44), / ¿Cómo? / (O-251-42), / así / (O-194-36). Este adverbio *así* presenta en dos ocasiones un alargamiento detrás de dos puntos: / *así:* unidad, homogeneidad unánime, ausencia de toda discrepancia, inmovilidad / (M-22-10), / *así:* aquí no hay nada que hacer / (M-87-17).

El adverbio / sólo /, con significación de «solamente», es adjetivo, en otras ocasiones con significación «en estado de soledad». Este adverbio sólo presenta un aspecto interesante desde el punto de vista gramatical. Los adverbios se relacionan con el verbo de forma análoga a la del adjetivo con el nombre, hasta tal punto que al adverbio se le ha llamado alguna vez adjetivo verbal. De ahí que algunos adjetivos como *solo*, *bajo* (en voz baja), *alto* (en voz alta), *temprano* (presto), *claro* (claramente) y otros desempeñan función adverbial de CC.

7.3.2.1.2. *Adverbios de tiempo*.—Citamos algunos de los que aparecen: / siempre / (M-209-32), / hoy / (M-9-8), / ahora / (M-313-47), pronto / (M-84-17), / entonces / (M-38-12), / aún / (M-44-13), / ya / (O-3-9). Es de destacar que los adverbios de tiempo son más frecuentes en D'Ors que en Marías.

Entre los adverbios de tiempo hallados, encontramos dos terminados en *-mente:* / inmediatamente /, con el sentido de poco más tarde / (O-357-52) y (M-80-17) / simultáneamente /, con el sentido de *al mismo tiempo*.

7.3.2.1.3. *Adverbios de lugar*.—El más empleado dentro del corpus analizado es, con gran diferencia: / aquí /, que aparece en trece ocasiones en función de CC de ordenamiento. Citemos entre otras las referencias siguientes: M-134-22, M-58-15, O-35-11, O-52-13, etc. Este segmento / aquí / lo hallamos once veces en D'Ors y únicamente dos en Marías.

Igualmente otro adverbio de lugar: / allí / aparece cuatro veces en D'Ors: O-31-11, O-41-12, O-137-27 y O-348-52, mientras que no lo hallamos ninguna en Marías.

Otros adverbios de lugar que aparecen son: / antes / (M-201-317), / ahí / (O-219-38) y / acullá / (O-249-42).

Coincide esta abundancia de usos de adverbios de lugar en D'Ors con la abundancia de adverbios de tiempo, en contraste con la escasez de los mismos en Marías. En un estudio profundo de valoración literaria del tiempo seguramente podría verse cómo el carácter más pictórico del ensayo de D'Ors le lleva a emplear con mayor frecuencia localizaciones espacio-temporales, y en cambio el carácter más filosófico y abstracto del ensayo de Marías le induciría a apenas hacer uso de dichas concesiones.

7.3.2.1.4. *Adverbios de cantidad.*—Aparecen muy escasamente. Citamos todos los encontrados dentro de esta función CC:

/ Tanto / (M-303-43 y M-227-40), / menos que la historia de la literatura / (O-281-46).

Este adverbio *menos* puede ir modificando a un adjetivo, a un nombre, pero no como segmento autónomo en función CC, sino dentro de un SN con otra función.

7.3.2.1.5. *Adverbios de afirmación, negación o duda.*—Entre los de *afirmación* hallamos: / ciertamente / (M-211-32) y entre los de *negación* no damos como segmento aislado *no*, por considerarlo constituyente del *sintagma verbal de la oración negativa*, más que un complemento de circunstancia de la oración. La negación [15] es un modo de la frase de base —asertiva y declarativa, interrogativa e imperativa—, consistente en negar el predicado de la frase. Sin embargo, sí consideramos como segmentos autónomos en función CC otros adverbios de negación como son los siguientes: / nunca / (M-133-21), / jamás / (O-17-10).

Ambos adverbios pueden ser sustituidos por un SP: «en ningún momento», mientras que *no* no puede ser sustituido por un SP análogo, ya que es un elemento que modifica sustancialmente, no circunstancialmente, el sentido del verbo.

Entre los adverbios de *duda* encontramos solamente los siguientes: / acaso / (O-267-44) y un adverbio terminado en -*mente:* / probablemente / (O-371-54).

7.3.2.2. S Adv. ⟶ Adv. + Adv.—Un adverbio modifica la significación de otro adverbio al que acompaña. Como se puede deducir de los ejemplos que presentamos, se trata la mayoría de las veces de un Adv. de cantidad: *más, menos, casi,* etc., al lado de un adverbio de cualquier otra especie. Citamos los casos en que se da esta variante: / más bien / (M-234-35), / más aún / (O-355-52), / muy lejos / (O-361-53), / más allá / (M-78-17), / más lejos / (M-80-17 y O-255-41), / bastante tarde / (O-199-36), / casi siempre / (M-149-23), / muy pronto / (O-198-36), / casi naturalmente / (O-196-36), / bastante precozmente / (0-141-27).

Hay un caso en que no es de cantidad el primer adverbio, sino de lugar: / allá abajo / (O-252-42).

Los adverbios pueden aparecer también en coordinación como en:

7. EL COMPLEMENTO CIRCUNSTANCIAL   215

/ más o menos indirectamente / (O-404-56), / entera o parcialmente / (M-129-21), / individual y colectivamente /.

En estos dos casos vemos cómo el español tiene la posibilidad de eludir la terminación *mente* del primero de dos adverbios en *mente* coordinados.

7.3.2.3. S Adv ⟶ Adv. + SP.—Un adverbio e incluso dos adverbios pueden también modificar a todo un sintagma preposicional compuesto de *Prep.* + *SN* o bien de *Prep.* + *SV* (como en el caso de preposición + infinitivo). Veamos a continuación los casos más significativos que aparecen dentro del corpus analizado: / *dentro*-de ella / (M-98-18), / *más allá-de* las voces que se han atribuido durante mucho tiempo el derecho de interpretarlo entre nosotros / (M-357-52), / *antes - de* 1936 / (M-339-50), / *justamente - a* la hora en que la humanidad parece más alejada de la prehistoria / (O-218-38), / *sólo - en* los folletines vulgares o en los centros infantiles / (O-49-13), / *como - en* el vino / (O-45-13), / *aquí - en* Oceanía / (O-377-54), / *lejos - de* España / (M-320-47), / *más bien - en* forma de «disponibilidad» para el futuro / (M-180-27), / *mucho más cerca - de* cualquier sociedad europea que de las de otros continentes / (M-99-18), / *aún aparte - de* ella / (M-100-18), / *principalmente - en* los grupos que por su vocación u oficio tendrían la misión de aclarar las cosas en vez de confundirlas / (M-10-8), / *después - de* haberlo hecho toda la vida / (M-83-17), / *tanto - en* la vida real *como* - en la ideología auténtica /.

7.3.2.4. S Adv. ⟶ Adv. + SN.—Algunos adverbios no necesitan la preposición para unirse al SN y modificarle, y de ahí que se dé esta fórmula. Son escasos dichos adverbios y en nuestro corpus sólo aparecen: *como, mediante, durante* y *salvo*. Veamos algunos casos en que se presentan: / *salvo* - grupos muy marginales / (M-241-50), / *mediante* - leyes / (M-35-12), / *mediante* - las vigencias / (M-36-12), / *durante* - muchos años / (M-346-50), / *durante* - tres decenios / (M-20-9), / *durante* - demasiado tiempo / (M-365-53), / *durante* - más de una centuria / (O-404-56).

En estos cuatro segmentos en que aparece *durante*, aparece éste acompañado por sintagmas con significación temporal.

Con respeto al primer adverbio de los arriba mencionados, *como*, lo hallamos con una mayor frecuencia, en diez ocasiones. Citamos algunas de ellas: / *como* - la noción médica del artritismo / (O-64-17), / *tanto como*- esto (O-64-15), / *únicamente como* - un germen de oscuridad / (O-7-9).

En estos dos últimos casos vemos de nuevo: *Adv. + Adv.:* tanto como, únicamente como.

7.3.2.5. Adv. ⟶ *Locución adverbial*.—En Gramática tradicional, una locución es un grupo de palabras (nominal, verbal, adverbial), cuya sintaxis particular da a estos grupos el carácter de grupo fijo y que corresponden a palabras únicas.

Podríamos decir que locuciones adverbiales son todo sintagma que ha sufrido una transformación en adverbio o, lo que es lo mismo, una adverbialización. La ampliación constante del campo adverbial a costa de otros elementos del lenguaje se manifiesta, especialmente, en la formación de locuciones adverbiales de gran extensión, según señala Criado de Val [16]. Del mismo modo que en ocasiones se adverbializa un adjetivo, como ya vimos al presentar la realización *adverbio* (ir *temprano*, hablar *alto*, hablar *lento*, etc.), así también puede adverbializarse un SP en torno al tiempo, en secreto, etc.

La característica fundamental de estas locuciones es el orden fijo en que acaban por cristalizar sus elementos —añade Criado de Val— [17], los cuales forman una unidad semántica inseparable de tal forma que, en muchos casos, incluso desaparece y vacila la separación ortográfica: *sobre todo, en seguida, asimismo*, etc.

Es un proceso constante en el lenguaje la creación de nuevas locuciones adverbiales. *La Gramática de la Real Academia* aplica el término de *modos adverbiales* a «ciertas locuciones que hacen en la oración oficio de adverbios y abundan mucho en nuestra lengua tales como: a sabiendas..., en efecto..., de pronto...» (pág. 265).

El Diccionario de términos filológicos, de Lázaro Carreter [18], haciéndose eco de J. Casares, presenta una división de las locuciones en locuciones significantes y locuciones conexivas. Las locuciones significantes, como su nombre indica, están dotadas de significación y pueden subdividirse en sustantivas, adjetivas, verbales, participiales, adverbiales, pronominales y exclamativas. Las locuciones conexivas sirven como nexo gramatical y pueden ser conjuntivas (llamadas tradicionalmente modos conjuntivos) y prepositivas.

Haciéndonos en parte eco de esta clasificación vamos a presentar las locuciones adverbiales que aparecen en el corpus con la estructuración siguiente:

1. Locuciones adverbiales fijas.
2. Locuciones adverbiales conexivas.

7.3.2.5.1. *Locuciones adverbiales fijas.*—Están lexicalizadas y en muchas ocasiones son invariables. Vamos a tratar de estructurar las que aparecen en el corpus por el tipo de elementos que contienen:

Locuciones comenzadas por en: / en secreto / (O-117-24), / en símbolo / (O-145-28), / en rigor / (M-3-7), / en general / (M-234-35), / en seguida / (O-138-27, M-86-17).

Locuciones comenzadas por de: / de una vez para siempre / (M-244-36), / de hecho / (M-197-30), / de todos modos / (O-142-28), / de cuando en cuando / (O-99-21), / de siglo en siglo / (O-59-17), / de pronto / (O-9-9).

Locuciones comenzadas por a: / a la inversa / (M-184-28), / a veces / (O-100-21), / al presente / (O-361-53), / al fin / (O-292-46), / a superficie / (O-278-45), / al mismo tiempo / (M-161-25), / a un mismo tiempo / (O-152-29), / a lo sumo / (M-135-22), / a largo plazo / (M-265-38), / a punto / (M-144-28), / a lo lejos / (O-252-42).

Locuciones con otras preposiciones: / bajo disfraz / (O-3-9), / entre

7. EL COMPLEMENTO CIRCUNSTANCIAL

paréntesis / (M-228-35), / *por* defunción / (O-163-29), / *por* lo pronto / (M-391-57), / *sin* duda / (O-234-41, M-177-27), / *con* frecuencia / (M-90-18), / *sobre* todo / (M-192-29), / *desde* antiguo / (M-368-54).

Locuciones constituidas por un ordenamiento sintáctico u oración: / hace poco tiempo / (M-289-42), / hace un instante / (O-181-32), / quién lo duda /, equivale a *indudablemente* (M-182-28), / claro está /, equivale a *claramente* (M-376-55), / claro que /, equivale a *claramente* (O-158-29), / es claro que /, equivale a *claramente* (O-390-55), / cierto que / equivale a *ciertamente* (O-260-43), / parece que / equivale a *aparentemente* (O-353-52), / es probable que / equivale a *probablemente* (O-239-41), / conste que / equivale a *indudablemente* (O-333-49), / ¿no ocurrirá que / equivale a *¿acaso no?, ¿quizá no?* (O-70-16), / ¿no ha ocurrido que / equivale a *¿acaso no?, ¿Quizá no?* (O-404-56), / es posible que / equivale a *posiblemente* (M-77-17), / parece que / equivale a *aparentemente, al parecer* (O-387-55), / creo que / equivale a *en mi opinión* (M-16-9, M-165,25, M-227-35, M-274-40), / yo creo /, equivale a *en mi opinión* (M-233-35), / ahí es donde / equivale a *en ese punto* (M-247-36).

Locuciones constituidas por un sintagma adverbial: / mal que bien / (M-60-15), / poco a poco / (M-354-52).

Locuciones constituidas por un SN: / cada vez / (M-355-52), / lanza dialéctica en ristre / (O-30-11), / tal vez / (O-76-18).

7.3.2.5.2. *Locuciones conexivas.*—Estas locuciones conexivas tienen un valor relacionante que las asemeja a las preposiciones. Algunas de ellas pueden ser locuciones fijas cuando no van seguidas de SP, como: al lado / al lado de, por debajo / por debajo de, al menos / al menos en, en contraste / en contraste con, etc.

Estas locuciones son a las locuciones fijas lo que los simples adverbios son a la realización adverbio más sintagma preposicional.

Presentamos los casos que aparecen en el corpus:

Locuciones comenzadas por la preposición a: / *al límite de* los que deben ser, por hoy, término y apoteosis de nuestra historia / (O-367-53), / *a cambio de* este beneficio de una reconquistada inocencia / (O-366-53), / *al menos de* nuestro tiempo y dentro de una tradición histórica / (M-308-44), / *al lado de* aquellas que pueden habernos venido de anécdota biográfica personal / (O-371-54), / *a la vez como* una novedad a la moda y *como* una eterna imagen / (O-297-47), / *a lo largo de* los siglos / (M-75-16), / *a propósito de* los tiempos macedónicos de la historia griega / (O-137-27), / *al cobijo de* una naturaleza caliente / (O-297-47), / *al contacto con* los demás ingredientes de la sociedad / (M-104-19), / *a sabiendas de* que sólo hay una abreviatura / (M-334-49), / *a pesar de* todos los pesares / (M-178-28).

Locuciones comenzadas por la preposición en: / *en cuanto a* los errores / (M-207-32), / *en dedicatoria a mi* ejemplar de «Un cuento árabe, fuente común de Ibn-Tofail y de Gracián» / (O-191-35), / *en guisa de* etiqueta infamante / (O-312-49), / *en contraste con* la inferioridad moral, *con* la perversidad vanidosa de los señores blancos / (O-359-53), / *en torno de* su cabeza ennoblecida / (O-255-43), / *en conexión* estrecha con el sistema total de las condiciones económicas objetivas de la producción y el mercado / (M-32-11), / *y no digamos en* España, donde se ha perdido el hábito de tratar adecuadamente de estos temas / (M-26-10).

Locuciones comenzadas por otras preposiciones: / *por debajo de* un nivel / (M-279-41), / *de parte de* aquel refutador grosero que demostraba el movimiento andando / (O-62-17), / *sobre todo en* Europa / (M-26-10), / *desde hace unos decenios* / (M-285-41), / *con arreglo a* las normas recibidas y que nos encontramos dispuestos a aceptar personalmente y en ciertos aspectos a afirmar con toda energía / (M-147-23), / *por culpa del* árbol de la ciencia —es decir— por el ejercicio de la curiosidad y de la razón / (M-172-32).

CORPUS DE MARIAS

2.1.	S Adv. ⟶ Adverbio	64	41,6 %
2.2.	S Adv. ⟶ Adv. + Adv.	8	5,3 %
2.3.	S Adv. ⟶ Adv. + SP	12	7,8 %
2.4.	S Adv. ⟶ Adv. + SN	14	9,2 %
2.5.	S Adv. ⟶ Loc. Adv.	55	35,9 %
	TOTAL	153	100 %

CORPUS DE D'ORS

2.1.	S Adv. ⟶ Adverbio	99	56,9 %
2.2.	S Adv. ⟶ Adv. + Adv.	9	5,2 %
2.3.	S Adv. ⟶ Adv. + SP	8	4,6 %
2.4.	S Adv. ⟶ Adv. + SN	12	6,9 %
2.5.	S Adv. ⟶ Loc. Adv.	46	26,4 %
	TOTAL	174	100 %

TOTAL CORPUS

2.1.	S Adv. ⟶ Adverbio	163	49,8 %
2.2.	S Adv. ⟶ Adv. + Adv.	17	5,2 %
2.3.	S Adv. ⟶ Adv. + SP	20	6,1 %
2.4.	S Adv. ⟶ Adv. + SN	26	8,0 %
2.5.	S Adv. ⟶ Loc. Adv.	101	30,9 %
	TOTAL	327	100 %

7. EL COMPLEMENTO CIRCUNSTANCIAL

De los datos presentados puede deducirse que la variante más frecuente de esta realización 2 es el sintagma adverbial constituido únicamente por un adverbio, seguida por la variante: locución adverbial, siendo el resto de variantes de escasa relevancia.

7.3.3. *CC → SN*.—El bajo porcentaje con que se presenta esta variante es sumamente significativo. La realización SN es típica de otras funciones sintácticas como son el sujeto o el complemento directo del verbo.

La característica general a todos los casos de SN con función CC que se presentan en el corpus analizado es la siguiente: en todos ellos se da el rasgo semántico (+ tiempo). No encontramos excepciones a esta regla.

Estos SN pueden tener una estructuración homogénea o heterogénea como los SN que desempeñan cualquier otra función. En los segmentos que presentamos se dan casos de alargamiento por determinación y complementación. Es igualmente posible, en lengua, un alargamiento por coordinación del tipo: / *un día y una noche* /.

Dentro de esta realización SN hay dos variantes:
3.1. SN.
3.2. SN + Adv.

7.3.3.1. *SN*.—Presentamos todos los casos que aparecen: / un *día* / (M-83-17, O-176-32, etc., / cierto *día* de mayo / (O-169-31), / un *segundo* / (O-4-9), / un cuarto de *siglo* / (O-7-9), / el *día* en que Blumenbach abrió su jaula simbólica al pobre ornitorrinco / (O-319-49), / el mismo *año* en que el nuevo siglo nacía / (O-326-50), / algunas *veces* / (O-356-52), / una *vez* / (M-157-24), / esta *vez* / (M-8-8).

7.3.3.2. *SN + Adv.*: / Poco *tiempo* después / (O-320-50), / cincuenta *años* más tarde / (O-278-45), / veinte *años* después de haber aparecido en Zaragoza la primera parte del Criticón / (O-208-37), / cinco *siglos* antes que Andrenio / (O-204-36), / un *instante* tan sólo / (O-370-53), / pocos *años* después / (M-349-52), / dos *años* más tarde / (O-352-52), / tantos *años* después de haberse resuelto el problema político que dio un día a la novela de Beecher-Stowe interés de actualidad / (O-356-52).

La proporción de 19 casos encontrados en D'Ors frente a cuatro en Marías, es indicio, una vez más, de que la localización temporal es sumamente prioritaria en el corpus analizado de D'Ors.

Presentamos a continuación los cuadros estadísticos de distribución de las variantes de esta realización:

CORPUS DE MARIAS

3.1. SN	3	75 %
3.2. SN + Adv.	1	25 %
TOTAL	4	100 %

CORPUS DE D'ORS

3.1. SN	12	63,2 %
3.2. SN + Adv.	7	36,8 %
TOTAL	19	100 %

TOTAL CORPUS

3.1. SN	15	65,5 %
3.2. SN + Adv.	8	34,5 %
TOTAL	23	100 %

Esta realización SN se halla en una frecuencia mayor (de 65,5 % frente a 34,5 %) en la variante sintagma nominal que en la variante SN + adverbio.

7.3.4. *CC* ⟶ *Oración*.—La oración en función de complemento circunstancial ha sido llamada tradicionalmente subordinada circunstancial por su posibilidad de sustituir a un adverbio, o a un SP en función CC. Para la gramática generativa las oraciones subordinadas son frases insertadas en el lugar de los N de los sintagmas preposicionales constituyentes de P [SN + SV + (SP)]; son frases nominalizadas que ocupan el puesto del N del SP, grupo o sintagma nominal componente del SP, en la terminología que hemos tomado en nuestra investigación.

Hemos considerado que desempeñan la función CC no sólo oraciones introducidas por conjunción, sino también aquellas que son constituidas por un gerundio o por un participio en construcción tradicionalmente llamada «absoluta». Por tanto vamos a hacer tres divisiones:

4.1. Oración introducida por elemento funcional.
4.2. Oración de gerundio.
4.3. Oración de participio en construcción absoluta.

7.3.4.1. *CC* ⟶ *O. introducida por elemento funcional*.—Estas oraciones subordinadas circunstanciales, que también han sido llamadas adverbiales [19], son transpuestas a nivel inferior, es decir, pasan a desempeñar la función oracional CC, mediante un nexo, o transpositor en terminología de Alarcos, que se llama *conjunción* de subordinación en gramática tradicional.

En lingüística distribucional [20] se da el nombre de *conector* al operador susceptible de hacer de dos frases de base una sola frase transformada. Por ejemplo, el morfema *SI* es un conector en la transformación:
«Juan viene, estoy contenta» ⟶ «Estoy contenta si Juan viene».

Entre conjunción y *conector*, términos que designan el mismo concepto, preferimos tomar el tradicional de conjunción.

7. EL COMPLEMENTO CIRCUNSTANCIAL   221

En la clasificación de las subordinadas circunstanciales tomamos un criterio esencialmente semántico de igual modo que en la clasificación de los adverbios. Haciendo una presentación paralela a la llevada a cabo con éstos, encontramos los siguientes tipos de oraciones subordinadas circunstanciales:

a) *Subordinadas de tiempo.*—Las conjunciones que constituyen este tipo de oraciones en el corpus son:

Cuando que aparece en D'Ors en 21 ocasiones y en Marías en 14. Citamos algunos casos pues sería extremadamente repetitivo dar todos y no aportaría, en cambio, nada nuevo a la exposición que nos ocupa: / *Cuando* se abre a sus ojos el gran teatro del Universo / (O-200-36), / *Cuando* el liberalismo habla, por ejemplo, de alimentación del Poder / (M-202-31).

Lo general es que *cuando* aparece comenzando la oración, sin embargo se da un tipo de cláusula en la que aparece de distinto modo: / fue en aquella hora primaveral *cuando* / (O-174-31), / fue a partir de entonces *cuando* / (O-259-43). En estos dos casos el enunciado a partir de *cuando* lo consideramos oración principal y en cambio la estructura oracional anterior es meramente presentación con énfasis de un elemento circunstancial. De todas maneras puede discutirse esta segmentación que proponemos y que en nuestra opinión es totalmente aceptable ya que una oración como // cuando es de noche / me gusta / pasear // puede conmutarse por // es de noche cuando / me gusta / pasear //. La inversión es un procedimiento sintáctico para poner de relieve este elemento circunstancial.

Mientras aparece en dos ocasiones en D'Ors y otras dos en Marías: / *mientras* en muchas partes el hombre presume de estar muy ocupado, de no tener tiempo / (M-171-26), / *mientras* nos encaminamos hacia el renovado Paraíso, hacia la celeste Jerusalén / (O-179-32).

Siempre que.—Esta vez es la conjunción *que* el transpositor de la oración y el adverbio *siempre* el que aporta el sentido al conjunto *siempre que*. Hay que destacar la facilidad con que la preposición, la conjunción y el adverbio se juntan entre sí y se transforman unos en otros. Aparece sólo en una ocasión, dentro del corpus de D'Ors: / *siempre que* encontramos reunidas en un solo gesto varias intenciones contradictorias /. (O-150-29).

Antes de que.—Igual que en *siempre que* hemos de clasificar a este grupo de palabras como conjunción aunque aisladamente *antes* y *de* no lo son; es precisamente, y una vez más, *que* el transpositor esencial. Estas conjunciones compuestas son llamadas por la *Gramática de la Real Academia* «modos conjuntivos». Aparece «*antes de que*» en el corpus de D'Ors y una sola vez: / *antes de que* apareciese el libro entero /. (O-326-50.)

Tan pronto como.—Otro caso de conjunción compuesta que aparece en el corpus de Marías, una vez: / *tan pronto como* sople sobre él un viento de prosperidad ya anunciado por una perceptible brisa / (M-297-43).

b) *Subordinadas de lugar.*—Aparece únicamente *donde* como elemento relacionante, el cual es un adverbio relativo en terminología de la *Gramática de la Real Academia:* / *donde* éste no es posible / (M-261-38), / *donde* hay que plantear el problema / (M-247-36), / *donde* se oye el arrullo de las tórtolas / (O-38-12).

c) *Subordinadas de modo.*—El enlace *como* es el más común en el material analizado; en ocasiones aparece el grupo *como si* y forma subordinadas intermedias modales y condicionales. También aparece la conjunción *según*. Citamos algunos casos de «como»: / *como* yo me siento ahora, yo, intelectual jornalero / (O-190-34), / *como* enseñó Ortega hace cerca de medio siglo / (M-210-32).

En todos los casos mencionados, *como* puede ser sustituido por el SP / de la manera que /, / de la misma manera que /. Hay otros casos en los que «como» tiene un matiz causal y puede ser sustituido por: / ya que /, / debido a que / y son estudiados en las subordinadas causales.

Presentamos a continuación subordinadas que comienzan por *como si* y a las que hemos aludido anteriormente. El verbo en subjuntivo es común a los dos casos hallados: / *como si* no tuviera nada que hacer / (M-172-26), / *como si* no fuera más cierto que el mundo va hacia muchas cosas diferentes, que tiene capacidad de ensayo, creación, justificación y, sobre todo, pluralidad /. (M-196-30.)

Según sólo aparece en una ocasión: / *según* puede verse /. (O-6-9.)

d) *Subordinadas concesivas.*—*Aunque* es la más empleada entre todas: / *aunque* quizá tenga que sacrificar algunas horas de sueño / (M-172-26), / *aunque* algunos indicios anunciaban que el sistema compacto que las había sustentado pudiera algún día quebrantarse / (M-361-53).

Además de / aunque /, hallamos otras conjunciones compuestas como *a pesar de que,* que sólo aparece en una ocasión: / *a pesar de que* difícilmente podrían atribuirlo a la actual planificación en muchos órdenes /. (M-187-29.)

Con tal que.—Sólo aparece en una ocasión: / *con tal que* esté respaldada por formas humanas adecuadas /. (M-298-43.)

Cualquiera que.—Aparece una vez en Marías y otra en D'Ors: / *cualquiera que sea* su disfraz / (M-142-23), / *cualquiera que sea* el origen contingente y la sinceridad de las tesis preconizada por Rousseau y para siempre famosa en los fastos del espíritu, acerca de la superioridad del estado natural en el hombre respecto de las conquistas de su civilización /. (O-254-43.)

e) *Subordinadas finales.*—La conjunción *para que* es la única usada en el corpus analizado y los cuatro casos aparecen en Marías. Citamos algunos: / *para que* la claridad fuera insuficiente / (M-3-7), / *para que* entonces la mayoría de las cosas de la vida no sean políticas / (M-101-19).

f) *Subordinadas condicionales.*—Es la conjunción *si* la que aparece encabezando estas oraciones y su frecuencia es elevada en comparación con otros tipos de subordinadas; se da 10 veces en D'Ors y 13 en Marías. Anotamos algunos casos: /*si* todos los caminos llevan a Roma / (O-39-12), / *si* bien se mira / (O-404-56), / *si* se prefiere / (M-210-32). / *si* se pudiera determinar con precisión las consecuencias americanas de los últimos treinta años de historia española / (M-16-9).

g) *Subordinadas causales.*—Las conjunciones que introducen estas oraciones pueden ser sustituidas por: *debido a que, a causa de,* etc. Aparecen las siguientes conjunciones: *Porque.*—Es la más abundante ya que se repite en 13 ocasiones; sin embargo, hay que destacar que la distribución de éstas es muy desproporcionada: 12 en Marías y uno sólo en D'Ors. La relación semántica causa-efecto que esta conjunción representa es importante para la temática de índole filosófica y el desarrollo con dominio de razonamientos que aparecen en Marías. Así: / *porque* las formas vigentes de la sociedad española tienen otro carácter / (M-154-25), / *porque* en todos conviene echar estas cartas / (M-140-22).

Pues.—Solamente la observamos una vez en D'Ors: / *pues* fue en una especie de baile de máscaras, la orgía del churrigueresco español, cuando ella le apareció por vez primera /. (O-3-9.)

Por lo que.—Un solo caso en D'Ors: / *por lo que* concierne a nuestro propio cuerpo, a la andadura y aventura de nuestra sangre /. (O-44-12.)

Por tanto.—Solamente un caso, en Marías: / y *por tanto* no se reconoce /. (M-92-18.)

Como.—Con significado de «ya que, debido a que...»: / *como* a estos efectos son jóvenes en España todos los que no han conocido otra situación / (M-132-21), / *como* la vida humana es libertad / (M-122-20), / *como* esto sólo puede ser una solución excepcional o transitoria / (M-164-25).

h) *Subordinadas comparativas.*—Solamente encontramos una: / *cuanto más* se insista en la importancia de lo económico / (M-284-41). El elemento en relación con este segmento está en función de atributo y es / más esencial /.

7.3.4.2. CC ⟶ Gerundio.—El gerundio español es un tema muy discutido y sumamente interesante. Andrés Bello lo define como «un derivado verbal que hace el oficio de adverbio» [21]. Para Gili Gaya así como el infinitivo es un sustantivo verbal, el gerundio es un adverbio verbal: la función más general del gerundio es la de modificar al verbo como un adverbio de modo [22]. Sin embargo, dentro de su función circunstancial el gerundio no deja de ser verbo y por tanto núcleo central de una oración en la que se dan otros segmentos. Las características formales de estas oraciones de gerundio pueden ser de una gran complejidad, con múltiples alargamientos —como el caso que les presentamos más adelante O-237-41— o de gran simplicidad —como el caso M-316-47 que les presentamos también—, el cual comprende sólo dos complementos: *filosofía* y *en la Universidad de Yale.*

En muchas ocasiones el gerundio es equivalente al verbo de una subordinada circunstancial. Desde el punto de vista semántico expresa lo significado por el verbo con un carácter adverbial de modo. J. Bouzet en su artículo «Le gérondif espagnol dit de postériorité» [23] llama gerundio puntual a casos como «*cayendo* se rompió una pierna», en el cual el gerundio es un segmento con función CC. Opone este gerundio puntual a un gerundio de duración: este gerundio de duración forma parte del segmento verbo constituido por Aux. + gerundio (anda diciendo). El gerundio puntual suele responder a la pregunta ¿Cómo?, en tanto que para responder a la pregunta ¿cuándo? el español suele usar *al* + infinitivo. Añade Bouzet que el gerundio español en tanto que hecho de lengua es una forma verbal impersonal y atemporal; pero en el discurso, se inscribe en la perspectiva temporal de la frase y puede ir acompañado de sujeto y complementos.

Para R. Seco el gerundio constituye una oración subordinada de carácter adverbial [24]. Esta idea que nosotros sustentamos es casi coincidente en todas las gramáticas. El gerundio va acompañado de diversos complementos, a su vez. El sujeto del gerundio a veces coincide con el del verbo principal y otras no.

En gramática generativa la transformación gerundiva inserta una oración en el sintagma preposicional de una frase matriz con el valor de complemento circunstancial.

El uso del gerundio en función CC dentro de los dos autores que incluye nuestro corpus analizado no es muy distante: ocho veces en D'Ors y cinco en Marías. Citamos los casos de aparición del gerundio: / *enseñando* filosofía en la Universidad de Yale / (M-316-31), / *oyendo* la monotona cantinela de los errores y fracasos del liberalismo / (M-204-31), / simplemente *derivando* las consecuencias o requisitos del tipo de consensus que significa y que constituye su justificación y su valor / (M-139-14), / *diciendo* que siempre hay alguna libertad, por lo menos la que uno se toma / (M-139-22), / *mostrando* con hechos la falsedad de las ideas que han costado a la humanidad incalculables sufrimientos y, lo que es peor, un envilecimiento sin ejemplo / (M-295-42), / *columpiándose* todo en el propio dolor / (O-297-47), / *arrogándose* un derecho en una noción más amplia, más comprensiva, más simpática de lo humano / (O-309-48), / *asegurando* así a la obra un gran favor entre el público ingenuo de los teatros populares / (O-355-52), / *trayéndole* frescuras del Paraíso: desde el Edén de la isla Borbón, en que lloraba la ternura de Bernardin de Saint Pierre, hasta las soledades de Tahití donde el pintor Paul Gauguin, harto del París «fin de siglo», busca el más profundo secreto de su corazón en la belleza sin velos de la naturaleza y de la mujer oceánica / (O-237-41), / *diciéndole*: no me toques / (O-161-29), / *dejándola* en tierra en su tiernísima edad / (O-162-29), / *dominando* desde muy arriba las frondas, que ahora olvidaban / (O-170-31).

7.3.4.3. *CC* ⟶ *Participio absoluto*.—El participio en su construcción adjetiva puede llevar expreso un sujeto y constituye entonces una

7. EL COMPLEMENTO CIRCUNSTANCIAL

oración subordinada adverbial, que puede llamarse, como señala Rafael Seco, construcción absoluta, recordando su paralela latina: ablativo absoluto. La *Gramática de la Real Academia* lo llama participio absoluto. El participio en construcción absoluta puede expresar una circunstancia de tiempo como en: / *llegado* a Baltimore / (O-322-50), por: una vez que llegó a Baltimore; / información *tomada* / (O-116-24), por: una vez que se tomó la información; / el premio *adjudicado* / (O-35-11), por: una vez que se adjudicó el premio; / la prueba conclusa / (O-35-11), por: una vez que se concluyó la prueba.

En ocasiones puede sustituir a una subordinada causal, como en: / *dado* el nivel de eficacia y prosperidad en que se encuentran los países de Europa occidental y los Estados Unidos /, por: debido a, a causa del nivel de eficacia...

Como puede verse por los casos presentados, que son los únicos que aparecen en dicha variante, el sujeto (SN) de esta subordinada circunstancial puede ir antes o después del participio: *antes:* / información tomada / el premio adjudicado / la prueba conclusa /; *después:* / dado el nivel... /, o bien puede no ir expreso por coincidir con el del ordenamiento principal como en: / llegado a Baltimore /.

Presentamos a continuación cuadros estadísticos de la distribución y frecuencia de las variantes de esta realización:

CORPUS DE MARIAS

4.1.	Oración introducida por conjunción	65	91,6 %
4.2.	Oración de gerundio.	5	7,0 %
4.3.	Oración de participio absoluto.	1	1,4 %
	TOTAL	71	100 %

CORPUS DE D'ORS

4.1.	Oración introducida por conjunción.	47	79,7 %
4.2.	Oración de gerundio.	7	11,9 %
4.3.	Oración de participio absoluto.	5	8,4 %
	TOTAL	59	100 %

TOTAL CORPUS

4.1.	Oración introducida por conjunción.	112	86,2 %
4.2.	Oración de gerundio.	12	9,2 %
4.3.	Oración de participio absoluto.	6	4,6 %
	TOTAL	130	100 %

De los datos presentados fácilmente puede deducirse que la variante 4.1 (oración introducida por un elemento funcional o conjunción) es altamente prioritaria, ya que representa un 86,2 % en el total del corpus, en contraposición a las otras dos variantes, representadas por índices muy bajos.

7.4. CUADROS ESTADÍSTICOS DE LA DISTRIBUCIÓN Y FRECUENCIA DE LAS REALIZACIONES FORMALES DE LA FUNCIÓN CC

CORPUS DE MARIAS

1.	SP	129	36,1 %
2.	S Adv.	153	42,9 %
3.	SN	4	1,1 %
4.	Oración	71	19,9 %
	TOTAL	357	100 %

CORPUS DE D'ORS

1.	SP	200	44,2 %
2.	S Adv.	174	38,5 %
3.	SN	19	4,2 %
4.	Oración	59	13,1 %
	TOTAL	452	100 %

TOTAL CORPUS

1.	SP	329	40,7 %
2.	S Adv.	327	40,4 %
3.	SN	23	2,8 %
4.	Oración	130	16,1 %
	TOTAL	809	100 %

Del análisis de estos datos podemos concluir que la realización preferida por Marías para el CC es el sintagma adverbial, en tanto que en D'Ors aparece más frecuentemente el sintagma preposicional como realización del CC. Asimismo es mayor el uso de oraciones transformadas en CC en Marías que en D'Ors.

En el corpus total vemos que se hallan equiparadas en frecuencia las realizaciones SP y S Adv. (40 %): la realización CC ⟶ O representa menos de la mitad de la frecuencia de las anteriores y por último la realización SN es minoritaria.

7. EL COMPLEMENTO CIRCUNSTANCIAL

NOTAS

[1] Cf. *Eléménts de Syntaxe structurale*, págs. 125-127.
[2] Cf. *Estudios de gramática funcional del español*, pág. 219.
[3] Cf. *Linguistique générale*, pág. 264.
[4] Cf. *Eléments de linguistique générale*, pág. 113.
[5] *Gramática transformativa del español*, pág. 72.
[6] Cf. pág. 202.
[7] Cf. *Gramática del español*, pág. 25.
[8] Cf. Op. cit., pág. 76.
[9] Para las funciones de las preposiciones véase M. L. López: *Problemas y métodos de las preposiciones*.
[10] Cf. en el capítulo dedicado al sujeto, apartado 2.3.1.1.
[11] Nótese de nuevo la repetición de la preposición *en* tras el elemento coordinador.
[12] *Dictionnaire de Linguistique*, pág. 15.
[13] *Estudios de gramática funcional del español*, pág. 219.
[14] Seguimos la clasificación de la *Gramática de la Real Academia*, pág. 121, sin incluir los adverbios de *orden*, pues pueden ser incluidos en los de lugar o en los de tiempo, ya que expresan orden con referencia al espacio o a la duración.
[15] Según afirma J. Dubois, en *Dictionnaire de linguistique*, pág. 334.
[16] *Gramática española*, pág. 201.
[17] Op. cit., p. 201.
[18] Cf. pág. 268.
[19] Cf. Gili Gaya: *Curso superior de sintaxis española*, pág. 283, y también *Gramática de la Real Academia*, pág. 353.
[20] Cf. Dubois: *Dictionnaire de linguistique*, pág. 114.
[21] Cf. *Gramática castellana*, pág. 117.
[22] Cf. *Curso superior de sintaxis española*, pág. 169.
[23] *Bulletin Hispanique*, LV, 349-374.
[24] Cf. *Manual de gramática española*, pág. 235.

Capítulo 8

8. EL COMPLEMENTO AGENTE

8.1. Concepto de complemento agente

Se ha llamado complemento agente o sintagma agentivo al elemento adyacente al verbo constituido por «ser» o «estar» más participio, que va introducido por la preposición *por* y puede ser transformado en sujeto, al variar las características formales del verbo de la llamada forma pasiva a la activa.

El concepto de complemento agente está ligado al importante problema lingüístico de la voz pasiva. Para Pottier la voz expresa la relación entre el sujeto y el predicado, relación semántico-gramatical. Propone un esquema muy revelador que puede servirnos como ilustración, acertada en nuestra opinión, de este tema:

```
                    ATRIBUTIVA
                ←—————————————
    SUJETO                        PREDICADO
                —————————————→
                     ACTIVA
```

El atributivo orienta el predicado hacia el sujeto. El activo orienta el sujeto hacia el predicado, y el efecto de sentido es el de un mayor alejamiento. Añade dicho autor que esta distinción es independiente de la sustancia semántica de los morfemas lexicales: «Pedro manda una carta» es tan activo como «Pedro recibe una carta». Estos dos enunciados se oponen a «Pedro es mandado» y «Pedro es recibido» [1].

Esta oposición entre oración predicativa y oración atributiva que es tan rentable no sólo desde el punto de vista estrictamente sintáctico, sino desde el semántico, la hemos estudiado en el capítulo que dedicamos a «Sintaxis de la oración».

Dentro de esta división, las oraciones tradicionalmente llamadas pasivas quedan insertadas dentro de las atributivas. A este respecto merece ser destacada la opinión de Alarcos, el cual afirma que desde el punto de vista gramatical no parece tener mucha importancia el hecho de que la sustancia conformada en la oración como sujeto desempeñe en la situación real el papel de actor o el de paciente [2]. Lo que en la expresión indica el contenido pasivo es sólo la combinación, la junción del verbo auxiliar y el participio. El morfema de pasiva, si existe en español, no tiene, en la expresión, más formante que esta combinación indicada de dos pleremas determinados: el contenido «ser» y el contenido del participio, unidos a otros distintos elementos. El segundo elemento señalado puede variar en género y número concordando con el segmento sujeto, característica ésta por la que coincide con el atributo. *«No está, pues, muy claro* —apunta Alarcos— que *en español exista un morfema, fundamental o convertido de pasiva.* No quiere esto decir, por otro lado, que el español sea incapaz de manifestar este contenido, pero sí que éste carece de forma lingüística diferenciada en castellano» [3]. Concluye dicho autor diciendo que las llamadas estructuras pasivas se identifican —en cuanto a sus elementos y relaciones gramaticales— con los predicados caracterizados por la atribución.

También Roca Pons señala que la voz, en español, presenta algunos problemas, pues nuestro idioma carece de una forma claramente definida para la expresión de la voz pasiva. Asimismo no queda claro el carácter de las otras perífrasis con el participio [4].

Gili Gaya opina que «una oración pasiva, con o sin expresión del ablativo agente, es simplemente una oración atributiva. Entre *esta mujer es hermosa* y *esta mujer es admirada* no existe ninguna diferencia gramatical. Cuando queremos expresar el ablativo agente y decimos *esta mujer es admirada por todos,* habremos añadido al predicado un complemento, como si dijésemos *esta mujer es hermosa para todos,* o *es hermosa por sus virtudes.* El valor funcional del elemento sintáctico añadido será el mismo, cualesquiera que sean los matices de significación que cada complemento exprese» [5].

En el *Esbozo de una nueva Gramática de la Real Academia* puede leerse: «las perífrasis verbales «ser + participio» y «estar + participio» no expresan sólo una modificación semántica del concepto verbal, sino que producen además modificaciones en la estructura de la oración en que se hallan» (pág. 451). Efectivamente, la pasiva además de conllevar una modificación semántica peculiar, del mismo modo que cada perífrasis verbal, presenta modificaciones estructurales: por una parte la concordancia del participio con el sujeto, y es por esto por lo que clasificamos las oraciones pasivas entre las de estructuración atributiva; por otra parte el poder llevar un complemento adyacente característico, introducido por la preposición *por*.

El complemento agente puede ser considerado como una complementación del atributo y el hecho de que ambos elementos (atributo y complemento agente) constituyen una unidad se refleja en que los representa un referente único en caso de elipsis [6]. Por ejemplo: // La situación de la filosofía / antes de 1936 / estaba / *condicionada* por la inspiración y el magisterio *de Ortega* //. (M-335-50) // La situación de la filosofía // antes de 1936 / *lo* / estaba //

Nosotros consideramos acertada esta segmentación que propone Alarcos; sin embargo, hemos preferido considerar como un solo segmento: / estaba condicionada / formado por una forma verbal compleja (auxiliar «estar» + participio) y otro segmento / por la inspiración y el magisterio de Ortega /. El motivo de nuestra preferencia no es de tipo semántico sino estrictamente formal, gramatical: este segmento / por la inspiración y el magisterio de Ortega / puede transformarse en sujeto al pasar tan sólo la forma verbal de ir auxiliada por estar (o ser) a no ir auxiliada: // La inspiración y el magisterio de Ortega / condicionaban / la situación / de la filosofía / antes de 1936 //.

Sin embargo, no es posible realizar esta transformación en el caso de que un atributo lleve otro tipo de complemento.

8.2. Características sintácticas del complemento agente

Ya al describir la función agente hemos destacado cuáles son los especiales rasgos sintácticos que vamos a describir más detenidamente, centrándonos en los casos encontrados dentro del corpus.

1.º Elemento adyacente a un segmento verbo constituido o bien por el auxiliar *ser* o *estar* o bien por la llamada pasiva refleja (enclítico *se* + forma verbal).

Veamos algunos ejemplos. Auxiliar *ser:*

1) // España / *fue* gradualmente *invadida* / *por el politicismo* / en los años inmediatamente anteriores //. (M-4-7.)
2) ...// Y / su mando / no podía ser *discutido* ni *combatido* / *por ninguna otra fuerza* //. (M-43-13.)
3) // El trópico y los negros // habían *sido puestos* a la moda / en la literatura francesa / *por Pablo y Virginia* //. (O-327-51.)
4) // Parece que / en las primeras ediciones / el efecto de la narración / era *debilitado* / *por la prolijidad de los discursos y de las disertaciones de tendencias evangelistas, que la autora había creído su obligación introducir* //. (O-353-52.)

Auxiliar *estar:*

5) // La segunda guerra mundial / *estuvo movida,* / sobre todo, *por la idea de racismo* —un disparate científico— y *por la noción del Lebensraum,* del «espacio vital» que Alemania y Japón necesitaban y los movía a invadir a sus vecinos y hasta a los que no lo eran //. (M-294-42.)
6) // La situación de la filosofía / antes de 1936 / *estaba condicionada* / *por la inspiración y el magisterio de Ortega* //. (M-335-50.)

Enclítico se + forma verbal:

7) // El estudio del pensamiento de Ortega / *se había abandonado* / *por la mayoría de los cultivadores oficiales de la filosofía en España* //. (M-370-55.)

2.º Segmento que tiene la posibilidad de transformarse en sujeto al pasar de pasiva a activa.

Los enunciados antes presentados pueden convertirse en los siguientes:

1) // *El politicismo* / invadió / España / en los años inmediatamente anteriores //.

2) // *Ninguna otra fuerza* / podía discutir ni combatir su mando //.

3) // *Pablo y Virginia* / habían puesto de moda / en la literatura francesa / al trópico y los negros //.

4) // Parece que *la prolijidad de los discursos y de las disertaciones de tendencias evangelistas, que la autora había creído su obligación introducir,* / habían debilitado / en las primeras ediciones / el efecto de la narración //.

5) // *Sobre todo la idea de racismo y la noción de Lebensraum,* del espacio vital que Alemania y Japón necesitaban y los movía a invadir a sus vecinos y hasta a los que no lo eran / movieron / la segunda guerra mundial //.

6) // *La inspiración y el magisterio de Ortega* / condicionaban / la situación de la filosofía / antes de 1936).

7) // *La mayoría de los cultivadores oficiales de la filosofía en España* / habían abandonado / el estudio del pensamiento de Ortega //.

8.3. Problemas de segmentación

El complemento agente, por su característica realización formal, difícilmente puede ser confundido con otro elemento oracional; solamente puede, en un momento dado, parecer un *complemento circunstancial*, pero su calidad de complemento del verbo y su posibilidad de transformarse en sujeto antes aludida, lo identifican como tal. Veamos un caso concreto de CC introducido por la preposición *por*:

> // Trato de pasar / rápidamente / los ojos / *por una serie de* fenómenos muy diversos, extendidos durante un período bastante largo, que no todos recuerdam, que muchos no han tenido nunca presente en su conjunto //. (M-328-48.)

Es imposible que el segmento / por una serie de... / se transforme en sujeto. Por otro lado, el verbo de la oración no lleva ni «ser» ni «estar» como auxiliares, ni el enclítico «se» de la llamada pasiva refleja.

Por llevar una preposición como índice funcional podría, en algún caso, confundirse con un CI, más concretamente un CI - 3 o complemento indirecto de rección preposicional, como por ejemplo:

> // Después / habrá que preguntarse / *por el horizonte que se abre ante nosotros o, mejor dicho, que tenemos que abrir* //. (M-72-16.)

Claramente puede verse que es imposible transformar en sujeto el segmento CI subrayado.

8.4. Realizaciones sintagmáticas

Solamente hallamos una sola realización formal del complemento agente, cuya fórmula puede ser la siguiente:

Ag. ⟶ SP (*por, de* + SN).

El SP representante del Ag. está necesariamente constituido por la preposición *por*, o en algunos casos *de*, como en «Juan es bien conocido de todos» ⟶ «todos conocen bien a Juan», que introduce un SN, más o menos complejo en su estructuración.

a) *Por* + SN homogéneo, como en los segmentos: / por ninguna otra fuerza / (M-43-13), / por el politicismo / (M-4-7).

b) *Por* + SN heterogéneo.

- SN - 1, sintagma nominal alargado por determinación: / por la mayoría *de* los cultivadores oficiales *de* la filosofía en España / (M-370-55), / por el imperio oficial *de* la escolástica / (M-339-50).

- SN - Ø, sintagma nominal alargado por coordinación: / por Pablo *y* Virginia / (O-327-51).

- SN - 2, sintagma nominal alargado por complementación: / *por* un loco: *por* Juan Jacobo Rousseau / (O-404-56).

- Combinación de varios alargamientos: / Por la inspiración *y* el magisterio *de* Ortega / (M-335-50), / sobre todo, por la idea *de* racismo —un disparate científico— *y* por la noción *de* Lebensraum, *del* espíritu vital *que* Alemania y Japón necesitaban y los movía a invadir a sus vecinos y hasta a los que no lo eran / (M-294-42), / por la prolijidad *de* los discursos *y de* las disertaciones de tendencias evangelistas, *que* la autora había creído su obligación introducir / (O-353-52).

Es de destacar el hecho de que no puede darse otra realización que no sea ésta, y una oración no puede mediante un elemento funcional pasar a desempeñar el papel de Ag. como ocurre en otras funciones sintácticas.

La lengua española prefiere notoriamente la construcción activa a la pasiva. En el corpus analizado la frecuencia total del elemento Ag. es sólo de un 0,3 %. En el *Esbozo de una nueva Gramática de la Real Academia* se señala que en comparación con otras lenguas modernas, el uso de la construcción pasiva es poco frecuente en español, y está sujeto a algunas restricciones que han influido en que ordinariamente se prefiera la construcción activa [7].

NOTAS

[1] Cf. *Gramática del español*, pág. 48.
[2] Cf. Op. cit., pág. 125.
[3] Cf. Op. cit., págs. 93 y 94.
[4] Cf. *Introducción a la Gramática*, pág. 259.
[5] Cf. *Curso superior de sintaxis española*, pág. 109.
[6] Cf. Alarcos, op. cit., pág. 129.
[7] Cf. pág. 379.

Capítulo 9

9. EL VOCATIVO

9.1. Concepto de vocativo

En las lenguas dotadas de casos aparece uno un tanto especial llamado vocativo. Aunque el español no conserva el sistema de casos del latín, hemos elegido este término «vocativo» por ser más ilustrativo y claro, en nuestra opinión, que los términos «apóstrofo» o «apelativo».

El vocativo hemos de enmarcarlo en la función apelativa del lenguaje, dentro de la comunicación directa de locutor a interlocutor.

El lexema «Voc» traducible por «llamada», «apelación», etc., es el punto común de las definiciones que del vocativo se han dado. El Brocense decía del vocativo que «non est secundae personae, sed res aliqua, cum qua sermonem communicamus...» [1]. Andrés Bello señala lo siguiente: «úsase el nominativo para *llamar* a la segunda persona o excitar su atención y se denomina entonces vocativo» [2]. En la *Gramática de la Real Academia* se dice: «Diremos, pues, que está en vocativo el nombre de la persona o cosa personificada a la que dirigimos la palabra en tono de súplica, mandato o invocación» (pág. 170). Las definiciones de gramáticos como Seco [3] o Gili Gaya [4] repiten lo propuesto por la Real Adademia.

Lucien Tesnière define el apóstrofo como «una llamada mediante la cual el hablante atrae la atención de su interlocutor al nombrarle».

J. Dubois describe el vocativo como el caso que expresa la interpelación directa por medio de elementos apelativos [5].

Las referencias apuntadas en todo tipo de definición son prácticamente las mismas, como era de esperar.

Hasta aquí hemos hecho una rapidísima alusión al contenido semántico y situacional que es particular de todo elemento apelativo.

9.2. Características sintácticas del vocativo

Si centramos nuestro punto de mira en su papel dentro de la oración, debemos afirmar con Gili Gaya que el vocativo no es complemento de ninguno de los componentes de la oración, ni guarda con ellos relación gramatical alguna. Los vocativos son como las interjecciones, palabras aisladas del resto de la oración por medio de pausas, refuerzo de intensidad y entonación especial en el lenguaje hablado y de comas en el escrito. Efectivamente no tiene el vocativo una funcian sintáctica en la oración y a veces está en relación semántica con el sujeto, otras con el complemento directo, etc.

Veamos en el corpus qué características presenta este segmento.

Encontramos seis casos de vocativo, todos ellos en el corpus de D'Ors y se hallan en los siguientes enunciados:

    1. // *Señor,* / tu gesto / es / verdaderamente / un algoritmo del Barroco / en este cuadro de mi museo // —ya / está entendido / que el Museo del Prado me pertenece—, // que lleva por título: «Noli me tangere» //. (O-157-29.)
    2. // La Magdalena, / *Señor,* / está / a tus pies //. (O-159-29.)
    3. // *¡Wildermann, padre mío!* / Mucho / debo / a mis maestros //. (O-98-21.)
    4. // Ella que, / para seguirte, / *Señor,* / se sienta / sobre sus talones //. (O-164-30.)
    5. // *¡Churriguera, arquitecto maldito, sirena deliciosa!*... / tus altares en las iglesias hispanas, tus portales madrileños, tu salmantina Casa Municipal / me traen y me traerán un día / al mundo / con el desbordamiento de tu pasión / con su mal gusto —que cuenta igualmente cuarteles de nobleza y rememora el caos primitivo como las obras clásicas rememoran el griego Partenón— / un trágico cantar de abismos //. (O-80-19.)
    6. // *¡Pobre Andrenio,* / cuán disminuido / te / veo! //. (O-228-39.)

Efectivamente, hablando con todo rigor, los segmentos que hemos subrayado no realizan ni función sujeto, ni función verbo, ni función de complemento del verbo, ni función de circunstante. Por otro lado, tampoco van acompañados de ninguna preposición como marco de alguna relación sintáctica, sino que bien al contrario aparecen desligados de los constituyentes oracionales inmediatos por un elemento grafémico-prosódico, la coma, que es indicio de una pausa prosódica que le aisla en la curva de la entonación.

Sin embargo, es preciso señalar que aparece *una relación formal de identidad* entre el segmento vocativo y alguno de los otros segmentos oracionales. Veámoslo en cada uno de los casos presentados:

En el ejemplo 1, el referente posesivo de tercera persona, «tú», dentro del segmento / tu gesto / que realiza la función sujeto, se relaciona con el interlocutor —cuya persona gramatical es la segunda— representado por el vocativo / Señor /.

En el ejemplo 2, igualmente un referente posesivo de segunda persona, «tus», dentro del segmento / a tus pies / que realiza la función CC, se relaciona con el interlocutor representado por el vocativo / Señor /.

En el ejemplo 4, el pronombre personal de segunda persona «te», dentro del segmento / para seguirte / que realiza la función CC se relaciona, de nuevo, con un interlocutor representado por el vocativo / Señor /.

En el ejemplo 5 los referentes «tus» y «tu» relacionan los elementos oracionales en que aparecen con el vocativo / ¡Churriguera, arquitecto maldito, sirena deliciosa! /.

Por último, en el ejemplo 6, el pronombre personal de segunda persona, «te», dentro del segmento en función CI por él sustentado, / te /, se relaciona con el intelocutor representado por el vocativo / Pobre Andrenio /. Asimismo aparece una concordancia en género y número entre el vocativo / Pobre Andrenio / y el segmento en función atributo / cuán disminuido /.

Con respecto al lugar ocupado en la oración por el vocativo, encontramos dos casos al principio de la oración y dos casos en medio. Según el *Esbozo de una nueva gramática de la Real Academia* «puede colocarse en principio, en medio o al fin de la oración. Al principio, llama la atención del interlocutor hacia lo que va a decirse: es la posición más frecuente en el habla coloquial. En medio o al fin de la oración es casi siempre enfático, su papel suele limitarse a reforzar la expresión o a suavizarla según los matices que la entonación refleje»[6]. Consideramos que tanto en posición inicial como medial, el valor enfático del vocativo es análogo en lengua escrita, dado que es totalmente ficticio —y sólo utilizado con fin expresivo— el suponer la presencia de un interlocutor figurado.

En cuanto a los aspectos relacionados con la entonación particular del segmento vocativo, están explicados en el capítulo dedicado a los caracteres prosódicos de la sintaxis oracional.

NOTAS

[1] Cf. Minerva, II, citado por C. García en *Contribución a la historia de los conceptos gramaticales. La aportación del Brocense*, pág. 153.
[2] Cf. *Gramática castellana*, pág. 76.
[3] Cf. *Manual de Gramática española*, pág. 149.
[4] Cf. *Curso superior de sintaxis española*, pág. 190.
[5] Cf. *Dictionnaire de Linguistique*, pág.
[6] Cf. pág. 407.

Capítulo 10

10. ELEMENTOS DE CONCATENACION DE ORDENAMIENTOS

10.1. Concepto de elementos de concatenación

Además de las funciones sintácticas de la oración representadas por segmentos de diferentes realizaciones sintagmáticas que hemos presentado en su correspondiente lugar, aparecen en los enunciados unos segmentos que hemos representado con la fórmula C y con la fórmula CR. Aunque estos segmentos C y CR difieren en sus formas y en sus funciones, responden los dos a la necesidad de concatenación que se presenta en las frases. Son, por tanto, elementos al servicio exclusivo de la sintaxis oracional, sin apenas contenido léxico o, dicho de otro modo, son elementos esencialmente funcionales más que significativos.

Veamos, en primer lugar, el elemento C y sus posibles realizaciones.

En un enunciado como el siguiente: // España / fue gradualmente invadida / por el «politicismo» / en los años inmediatamente anteriores // y / esta condición / hizo / que casi nadie quisiera ver las cosas // (M-4-7), encontramos dos ordenamientos que hemos separado por el signo gráfico //. Entre ambos está insertado el segmento / y / que pone en relación ambos ordenamientos, los encadena. Evidentemente, este elemento / y /, tradicionalmente llamado *conjunción,* aparece también a nivel de segmento oracional: / los días y las noches / y a nivel de sintagma: / los días buenos y claros /. Sin embargo, las conjunciones que aparecen dentro de un segmento oracional no las estudiamos en este capítulo; ya quedan estudiadas en la estructuración heterogénea por coordinación de los diferentes sintagmas.

La posibilidad de que dos o más oraciones constituyan un mismo enunciado (véase análisis sintácticos del corpus) viene dada por la existencia de concatenaciones léxicas o de concatenaciones prosódicas. Tradicionalmente se ha venido oponiendo la *coordinación* a la *yuxtaposición* oracionales como un caso de marca formal de concatenación o ausencia de marca. A este respecto la *Gramática de la Real Academia* dice: «La coordinación se verifica por medio de conjunciones, y cuando éstas se omiten, decimos que las oraciones se hallan yuxtapuestas o unidas por yuxtaposición» (pág. 290).

Nosotros consideramos que la llamada yuxtaposición, efectivamente no tiene, como distintivo, una conjunción, elemento gramatical, pero no por eso carece de distintivo. En la lengua hablada ciertos elementos prosódicos como la pausa y la entonación, entre otros, son los que verifican la concatenación de ordenamientos. Estos elementos prosódicos tienen igual validez lingüística que la que puedan tener los elementos gramaticales. En cuanto a la lengua escrita, hay también unos elementos gráficos que vienen a representar los genuinamente lingüísticos, es decir, los prosódicos. Por ejemplo, en el enunciado: // Sólo y sin tutor, / recibe / las primeras lecciones de la realidad //, / se ejercita / en los primeros disfrutes del poder // (O-202-36), los dos ordenamientos están separados por el signo gráfico /, / es decir, la coma; los caracteres prosódicos de este tipo de concatenación quedan analizados en el capítulo 11.

J. C. Corbeil distingue varios tipos de lo que él llama «charnières» —que puede traducirse por elementos de concatenación— son los siguientes: «ch. de liaison» (C. de coordinación), los cuales unen lo que sigue a lo que precede; los «ch. de traitement (C. de presentación) que anuncian lo que sigue a continuación; los «ch. de rappel» (C. de recuerdo) que remiten a lo dicho anteriormente y, por último, los «ch. de terminaison» (c. de conclusión) que marcan el fin de un desarrollo o de una enumeración [1]. Nosotros consideramos que todas estas divisiones pueden acarrear dificultades de identificación, pues hay algunos elementos de concatenación que pueden pertenecer a dos de los tipos presentados. Por eso hemos considerado oportuno estructurar los elementos de concatenación en dos tipos: 1.º concatenaciones de coordinación o adjunción, y 2.º concatenaciones de referencia haciendo la salvedad de que al decir concatenación de referencia incluimos tanto las de presentación, las de recuerdo como las de conclusión; todas estas tres concatenaciones se refieren a algo dicho anteriormente o a algo por decir, sirven de eslabón (charnière) en el desarrollo del enunciado, y las llamaremos concatenaciones de referencia (CR), referencia a algo anterior o referencia a algo posterior.

10.2. Realizaciones formales del elemento C

Pues bien, dentro de esta línea teórica veamos cuáles son los elementos C que aparecen en el corpus analizado. Como variantes más representativas observamos las siguientes:

1. C ⟶ Concatenación simple.
    1.1. C ⟶ Conjunción.
    1.2. C ⟶ Elemento grafémico-prosódico.
2. C ⟶ Concatenación de referencia.

10.2.1. *Concatenación simple:*

10.2.1.1. *C ⟶ Conjunción.*—La gramática tradicional define la conjunción como una palabra invariable que sirve para relacionar dos palabras o grupos de palabras de la misma función en una misma oración o bien dos oraciones de una misma función o funciones diferentes. La distinción habitual ha sido: conjunciones de coordinación y conjunciones de subordinación.

En gramática generativa, la conjunción es una operación sintáctica consistente en reunir dos estructuras profundas a fin de producir en superficie un enunciado único [2]. Por ejemplo, suponiendo las dos estructuras profundas «el gato corre», «el perro corre», la operación de conjunción por medio de / y / consistirá en reunir las dos estructuras profundas: «el gato corre y el perro corre» y tras una operación de eliminación de los elementos idénticos, un desplazamiento del segundo sintagma nominal sujeto y un reajuste de las marcas de número: «el gato y el perro corren».

Del total de elementos C ⟶ conjunción hallados en Marías y en D'Ors podemos presentar a la conjunción / y / como la más habitual. En Marías representa el 73,8 % del total y en D'Ors el 76,9 % del total. Citamos algunos enunciados compuestos de dos o más ordenamientos concatenados por / y /:

// Pero / pronto / se repone // y / vuelve / a la actitud inicial //. (M-84-17.)
// «En todas partes cuecen habas» /—dice / el español / después de recapacitar y comparar su situación con las ajenas— // y / en seguida / agrega: / «y en mi casa a calderadas» //. (M-86-17.)
// Me encuentro / en una capital germánica // y / habito / un hotel a la moda, provisto de todas las ingeniosidades del confort //. (O-88-20.)
// Lo / sabemos // y / de ello / nos avergonzamos, / sin decidirnos, de todas maneras a encontrar esa nota inocente fuera de lugar //. (O-53-13.)

La conjunción / y / puede unir dos ordenamientos cuyo elemento constituyente sea afirmación o negación; es el elemento de concatenación por excelencia, y asimismo el comodín no-marcado; puede tener como fórmula de representación tanto: Si-*O* + Si-*O*, como Si-*O* + No-*O*, No-*O* + Si-*O*, No-*O* + No-*O* [3]. Su rentabilidad en lengua es muy grande y de ahí se deriva su alta frecuencia de aparición.

Además de la conjunción / y /, le sigue en orden de importancia la conjunción / pero /. Esta conjunción representa un 20 % del total de conjunciones de concatenación en Marías y un 15 % en D'Ors. La conjunción / pero / tiene las mismas posibilidades sintácticas de formulación que / y /, sin embargo, el uso de / pero / viene restringido semánticamente, debido a su contenido oposicional o restrictivo. Citamos varios ejemplos de / pero /, en los cuales se podrá ver alguna de dichas formulaciones:

// Esto / parece / perogrullesco, // *pero* / casi siempre / se omite //. (M-128-21.)
// Es / más cómodo, // *pero* / es / simplemente conformismo / cualquiera que sea su disfraz //. (M-142-23.)

// La sombra de las palmas y la opulencia viciosa de los cactus / ornan / el Jardín Botánico de Lisboa. // *Pero* / si todos los caminos llevan a Roma, / también llevan / todos / al Oriente / (O-39-12.)
// Es llamada / barroca / la gruesa perla irregular. // *Pero* / más barroca, más irregular todavía, / el agua del océano que la ostra metamorfosea en perla, y a veces, inclusive, en los casos de logro feliz, en perla perfecta //. (O-97-21.)

La conjunción *ni* une dos oraciones negativas, o sea, que su fórmula puede ser: No-*O* + No-*O*. Puede ser sustituida por: *y no*. Aparece en el corpus de Marías un enunciado constituido por tres ordenamientos unidos entre sí por *ni*:

// Por tanto / no se expresa, // *ni* / adquiere / su propio perfil // *ni* / se pule / al contacto con los demás ingredientes de la sociedad, // *ni* / cuenta / con ellos // y / así / se limita // y / aprende a vivir //.

La conjunción *sino* está representada en Marías por un solo enunciado:

// Para ellos / la libertad / no es / un uso, // *sino* / a lo sumo / una actividad excepcional y privada //. (M-135-22.)

La fórmula de / sino / es: No-*O* + Si-*O*. La conjunción *más bien* es sinónimo sintáctico, o sea, sustituible por *sino* en el enunciado siguiente:
// No tengo / ninguna debilidad / por ellos, // *más bien* / siento / ante todos / una pizca de repulsión instintiva //. (M-268-39.)

La fórmula de *más bien* es igual que en *sino*: No-*O* + SI-*O*.
La conjunción *mientras que* es sustituible por *pero*. Aparece en el siguiente enunciado de Marías:

// Entonces / el politicismos / afectaba / al torso de la sociedad española, // *mientras que* / hoy / ese mismo torso / es / peligrosamente / apático frente a la política //. (M-9-8.)

La conjunción / *o* /, tradicionalmente llamada disyuntiva, presenta unas posibilidades sintácticas de formulación análogas a las de / y / y a las de / pero / [4]; en cambio las diferencias semánticas marcan ya una oposición. Presentamos un caso:

// Cuando un Pombal, por ejemplo, había trazado el plano de un barrio entero de Lisboa, destruido por un terremoto o aprobado un reglamento para la fábrica de pólvoras, / se iba a plantar / una palmera o un cinamomo // *o*, / simplemente, / se iba a sentar / a la sombra de algún árbol, inundado de sol, / como si hubiera ido, en la noche llena de intrigas, a oír una ópera italiana //. (O-189-33.)

La conjunción «*tanto como*» es sustituible por *y* en un caso de aparición dentro del corpus de D'Ors, y por tanto representable por: Si-*O* + Si-*O*.

// La / empieza a temer // *tanto como* / amar / la //. (O-20-10.)

10. ELEMENTOS DE CONCATENACION

CUADROS ESTADISTICOS DE LA DISTRIBUCION Y FRECUENCIA DE LAS CONJUNCIONES COMO ELEMENTOS DE CONCATENACION DE ORDENAMIENTOS EN EL CORPUS

CORPUS DE MARIAS

Y	76	73,8 %
Pero	21	20,3 %
Mientras que	1	1,0 %
Ni	3	2,9 %
Sino	1	1,0 %
Más bien	1	1,0 %
TOTAL	103	100 %

CORPUS DE D'ORS

Y	30	76,9 %
Pero	6	15,3 %
O	1	2,6 %
A menos que	1	2,6 %
Tanto como	1	2,6 %
TOTAL	39	100 %

CORPUS TOTAL

Y	106	74,6 %
Pero	27	19,0 %
Mientras que	1	0,7 %
Ni	3	2,2 %
O	1	0,7 %
A menos que	1	0,7 %
Tanto como	1	0,7 %
Sino	1	0,7 %
Más bien	1	0,7 %
TOTAL	142	100 %

Del análisis de estos datos podemos concluir que, entre los ordenamientos que componen un mismo enunciado, el elemento léxico de concatenación más frecuente es la conjunción / y /, con un 74,6 %, seguida de / pero / con un 19 %. Esta conjunción / pero / es notoriamente más usual en Marías que en D'Ors.

10.2.1.2. *C* ⟶ *Elementos grafémico-prosódicos.*—Dado que el corpus analizado pertenece a la lengua escrita, nos fijaremos ahora en el sistema gráfico empleado como representación del realmente lingüístico, es decir, del sistema fonológico. En el capítulo que dedicamos al estudio de los aspectos prosódicos de la sintaxis se trata asimismo las características fonéticas de la concatenación. «Los signos gráficos de puntuación (dice R. Seco) no pretenden reflejar exactamente la línea melódica de la frase, como tampoco las letras pretenden describir exactamente la articulación de cada sonido concreto. Así como las letras —imperfectamente, desde luego— tratan de reproducir gráficamente los fonemas, esto es, los sonidos en cuanto dotados de un valor significativo, así también los signos de puntuación procuran indicar en forma gráfica no las curvas de entonación y las pausas que en la materialidad del habla se producen, sino el valor significativo esencial que a ellas va unido» [5].

Antes de pasar a describir los diferentes elementos grafémico-prosódicos del corpus, es preciso destacar que esta realización 2 de la concatenación representa solamente en Marías un 16,2 % del total de elementos C (no incluimos en ello el elemento CR), mientras que en D'Ors es un 47 %. ¿Por qué este uso casi igualado de concatenaciones léxicas y prosódicas en D'Ors y en cambio la gran diferencia entre las concatenaciones léxicas y las prosódicas de Marías? Quizá podría servir este dato para un estudio profundo del estilo de los dos autores, estudio que no es nuestro cometido en esta investigación.

Pasamos a continuación a analizar los elementos grafémico-prosódicos de concatenación de ordenamientos que encontramos en el corpus:

Dos puntos.—En la *Gramática de la Real Academia* se dice que los dos puntos son utilizados: «Cuando se sienta una proposición general y en seguida se comprueba y explica con otras oraciones, se la separa de éstas por medio de los dos puntos, o bien, cuando a una o varias oraciones sigue otra que es consecuencia o resumen de lo que antecede», (pág. 485). Citamos a continuación algunos casos en que los dos puntos son concatenación entre ordenamientos cuya relación semántica responde efectivamente a lo antes citado:

// No puede sorprender / que el liberalismo sea frecuentemente odiado //: / lo aborrecen y temen / todos los que desprecian al hombre // [6]. (M-220-33.)
// No / la / hace / posible //: / la / hace / inevitable // [7].
// ¡Wildermann, padre mío! / Mucho /debo / a mis maestros // : / les / debo mi dignidad //. (O-98-21.)
// Análogamente, / Américo Vespucio / es / un explorador maldito //: / queremos hacerle pagar / caro / la ventaja de haber legado su nombre al continente descubierto por Cristóbal Colón. (O-63-17.)

Punto y coma.—Amado Alonso apunta que este signo gráfico sirve para separar oraciones entre cuyos contenidos hay proximidad [8], y efectivamente algunos casos que encontramos en el corpus presentan esta característica de repetición o proximidad de contenido entre los ordenamientos del mismo enunciado, ya que, de no ser así, el punto y coma separa enunciados diferentes. Veamos los casos más representativos del corpus en que el signo punto y coma sirve de concatenación [9]:

// Hay *algunos* que / sólo / quieren seguir //; / otros / lo mismo sólo que al revés //; / *algunos* / por último, / queremos / otra cosa, pero no otra cosa cualquiera //. (M-240-36.)

10. ELEMENTOS DE CONCATENACION   245

// La movilización de las capacidades humanas, la incorporación al nivel histórico / es / *lo decisivo* //; / es / *lo que* más profundamente distingue a unos pueblos de otros //. (M-278-41.)
// El mundo / empieza a ser / *como Francia* //; / Francia / *como* París //; / París *como* un salón //. (O-248-42.)
// Hay /aquí / una tiranía: la del Estado //, /*acullá*, / hay otra tiranía: la del Buen Gusto» //. (O-249-42.)

En la mayor parte de los casos de punto y coma presentados aparece un fenómeno de elipsis del verbo que viene precisamente justificado por la repetición que entrañan estos ordenamientos.

Coma.—«Este signo señala las pausas que obedecen a una necesidad lógica», apunta R. Seco [10] y efectivamente es necesidad lógica de la oración que haya una pausa entre los ordenamientos que no van separados por una conjunción y pertenecen al mismo enunciado. Dentro de esta línea encontramos en el corpus varios casos, de los cuales presentamos algunos:

// No se encuentra / lo que se espera //, / no se espera encontrar / —y por tanto no se reconoce— / lo que hay //. (M-92-18.)
// Todos los años / son / reales y efectivos //, / no hay / más años que los de nuestra vida //... (M-228-35.)
// Sólo y sin tutor, / recibe / las primeras lecciones de la realidad //, / se ejercita / en los primeros disfrutes del poder //. (O-202-36.)
// Llegado a Baltimore / visitó / Nueva York y Boston //, / subió / por el Hudson / hasta Albany //, / cazó / el búfalo / con los indios //, / recorrió los lagos canadienses //... (O-322-50.)

Otra de las posibilidades de encontrar coma separando dos ordenamientos del mismo enunciado se da en los segmentos parentéticos, como bien señala la *Gramática de la Real Academia:* «Cuando una oración se interrumpe, ya para citar o indicar el sujeto a la obra de donde se ha tomado, ya porque se inserta, como de paso, otra que aclara o amplía lo que se está diciendo, tales palabras, que suspenden momentáneamente el relato principal, se encierran entre comas» (pág. 484). Podemos ejemplificar este uso de la coma en el siguiente caso del corpus:

// Este Blumenbach / era //, / hay que decirlo, // un personaje muy curioso //. (O-310-48.)

Punto.—Podemos decir que, teóricamente, con el punto se acaba la frase o enunciado, y así lo hace constar la *Gramática de la Real Academia:* «Se pone punto final cuando el período forma completo sentido, en términos de poderse pasar a otro nuevo sin quedar pendiente la comprensión de aquél» (págs. 485-486). Efectivamente, esto sucede en el corpus de Marías en el que tanto el punto-seguido como el punto-aparte dividen enunciados y no son elemento de concatenación de ordenamientos del mismo enunciado. Pero en el corpus de D'Ors aparece en múltiples ocasiones yuxtaposición de ordenamientos separados por punto-seguido. Vamos a presentar algunos como ejemplo:

// La paz / es / un domingo //. / La guerra, / una cadena de días laborables //. (O-113-24.)
// En el placer del desnudo / la inocencia / se busca / en secreto //. / Bajo la máscara, / la sinceridad //. (O-117-24.)

// Ved, / sin embargo, / allá abajo, / a lo lejos, / una isla desierta //. / En la isla desierta, / un náufrago desvestido //. (O-252-42.)

En estos tres enunciados citados vemos claramente como el punto desempeña realmente el papel normal de la coma o el punto y coma, ya que en todos ellos aparece una característica sintomática: elipsis del verbo en el segundo ordenamiento, que es debida a la unidad de sentido de ambos ordenamientos contiguos.

En cuanto al llamado «punto-aparte» no encontramos, como es natural, ningún caso en que aparezca como elemento grafémico-prosódico de concatenación.

Guiones.—Amado Alonso [11] diferencia el *guión menor* que sirve para indicar, al final de un renglón, que una palabra no ha terminado y continúa en el renglón siguiente, o se utiliza en determinadas lexías complejas, de la raya, o *guión mayor*, que sirve para separar elementos intercalados en una oración. La *Gramática de la Real Academia* llama *raya* al signo que «empléase también al principio y al fin de oraciones intercaladas completamente desligadas por el sentido, del período en que se introducen» (pág. 153). Pues efectivamente, los ejemplos encontrados en el corpus, y de los cuales proponemos algunos, son casos de oraciones que tienen un sentido «desligado» del resto del enunciado y tienen naturaleza de elementos intercalados:

// Quiere // —/ *he aquí / estas columnas, cuya estructura es una paradoja patética* //— gravitar y volar //. (O-153-29.)

// Quiere // —/ *me acuerdo / de cierto angelote, / en cierta reja de cierta capilla de cierta iglesia de Salamanca* //— levantar el brazo y bajar la mano //. (O-154-29.)

// Señor, / tu gesto / es verdaderamente / un algoritmo del barroco / en este cuadro de mi Museo // —/ *ya / está entendido / que el Museo del Prado me pertenece* //— que lleva por título: «Noli me tangere» //. (O-157-29.)

// Cualquier arte de reminiscencia o de profecía / es / siempre / más o menos barroco // y / la literatura universal //—/*un día / ello / acabará por descubrirse* //— ha erigido, / a la entrada de la selva de lo barroco, / dos altas columnas, que llevan los nombres del poeta Milton y del evangelista San Juan: el Paraíso perdido y el Apocalipsis //. (O-180-32.)

En el corpus de Marías únicamente encontramos el siguiente caso de guiones:

// El Estado / opera /mediante leyes, // y / su fuerza / es / la coacción jurídica // —/ *hablo / del Estado en su verdadera función, no de la mera usurpación de sus funciones por un poder más o menos* arbitrario //. (M-33-12.)

Paréntesis.—La misma función de los guiones, es decir, intercalar un ordenamiento cuyo sentido está desligado del ordenamiento anterior es la del paréntesis. La *Gramática de la Real Academia* señala: «Cuando se interrumpe el sentido y giro del discurso con una oración aclaratoria o incidental, y ésta es larga o sólo tiene conexión remota con lo anterior, se encierra dentro de un paréntesis» (pág. 487). En el corpus de Marías no hallamos ningún caso de paréntesis como indicador de concatenación de dos ordenamientos, y en D'Ors aparece en una sola ocasión:

// En el majestuoso «Systema Naturae», de Linneo, donde el cuadro sinóptico de la creación y el imperturbable aplomo del gran clasificador sólo parecen in-

10. ELEMENTOS DE CONCATENACION

quietados por el existir de algunas bestezuelas —como el murciélago o la ballena o como el ornitorrinco—, que se obstinan en escapar a la perfección de las hermosas simetrías distribuidoras, / el castigo de los tales / consiste / en verse encerrados, cerca del ángulo inferior o interior de alguna de las grandes páginas infolio del Systema // (/ *tengo / bajo los ojos / la reproducción de los cuadros originales, publicada, hace algunos años, por* la Universidad de Uppsala) //, en una especie de jaula, delimitada tipográficamente por un doble filete, / en contraste con la abierta generosidad de las llaves simétricas, donde se agrupan las criaturas naturales mejor educadas //... (O-312-49.)

Puntos suspensivos.—En el corpus de D'Ors aparece un caso de concatenación de dos ordenamientos por medio de puntos suspensivos, es el siguiente:

// Una sorpresa / apunta / en él //: / la música entera, la de todos los tiempos, la de cualquier escuela, / ¿no será / a su vez / barroca? //... / ¿no se encontrará / al servicio y bajo la fascinación de lo barroco? //. (O-18-10.)

La modificación que los puntos suspensivos confieren a la oración es el dejar el sentido en «suspenso»; sin embargo, a veces, «si en una cláusula de completo sentido gramatical se necesita pararse un poco, expresando duda o temor, o para sorprender al lector con lo inesperado de la salida, se indicará la pausa con puntos suspensivos», como se señala en el susodicho libro. En el caso citado, a los puntos suspensivos se añade otro signo delimitador de oraciones: el signo de interrogación.

Signo de interrogación.—Los signos de interrogación se ponen al principio y al final de la oración y por tanto son delimitadores y concatenadores de dos ordenamientos componentes de un mismo enunciado. En Marías no hallamos estos signos en función coordinadora. Veamos los casos que aparecen en D'Ors.

// Este empleado del hotel, tan atento a la disciplina de los timbres, / ¿no será precisamente el genio del lugar? // ¿/ No ocultará, / tras de su uniforme servil, la libertad del hombre de los bosques? //. (O-90-20.)

En el caso que a continuación citamos se da una doble marca: los guiones, indicadores de inciso y los signos de interrogación, demarcadores de oración. El verbo / es / se halla elíptico.

// Me ha parecido // —¿ilusión?— // que la palmera crecía súbitamente un poco, que alargaba el tronco, en una especie de salto //. (O-182-32.)

Los dos enunciados que vamos a proponer presentan asimismo doble marca de concatenación: una léxica «o», «o bien» y una grafémico-prosódica, los signos de interrogación.

// El famoso Ewig-Weibliche, el Eterno - Femenino, / ¿tiene tan sólo aquella significación, por decirlo así, galante, con que se contenta la interpretación general? // ¿O bien / traduce / en símbolo / una constante categoría del espíritu y, por consiguiente, de la historia humana? // (O-145-28.)

// ¿No está escrito / allí / a propósito de los tiempos macedónicos de la historia griega, el Mundo-Mujer? // ¿O / era / tal vez / sobre el tema del Cantar de los cantares y de la vieja Siria? // (O-137-27.)

Podemos concluir de estos últimos ejemplos presentados que las concatenaciones léxicas no excluyen totalmente a las grafémico-prosódicas, sino que en múltiples ocasiones se superponen, como veremos que también se superponen algunas concatenaciones de referencia (CR) con otros elementos C. Presentamos como muestra de esta superposición de marcas los siguientes enunciados:

// Cuando se consideran las diversas formas políticas, / nada / es / más importante que / ver en qué medida dejan subsistir la existencia de una sociedad o la reducen a una versión mitigada del campo de concentración //; y / adviértase que esto no depende sólo de los caracteres del sistema político, sino muy principalmente de los de la sociedad a que se aplica //. (M-124-20.)

// Al mismo tiempo // —y / en esto / estriba / la dificultad— // el español siente / como insoportable pobreza / la forma de relación con lo económico que domina en gran parte de Europa //. (M-161-25.)

// Entonces / el politicismo / afectaba / al torso de la sociedad española //, *mientras que* / hoy / ese mismo torso / es / —peligrosamente— / apático frente a la política //. (M-9-8.)

Exponemos cuadros estadísticos de la distribución y frecuencia que los elementos grafémico-prosódicos de concatenación de ordenamientos dentro del mismo enunciado presentan en el corpus analizado:

CORPUS DE MARIAS

Comas	4	20 %
Dos puntos	8	40 %
Punto	0	—
Punto y coma	7	35 %
Guión	1	5 %
TOTAL	20	100 %

CORPUS DE D'ORS

Comas	9	20,0 %
Dos puntos	10	22,2 %
Punto	11	24,4 %
Punto y coma	4	8,9 %
Guión	5	11,2 %
Signos de interrogación	4	8,9 %
Paréntesis	1	2,2 %
Puntos suspensivos	1	2,2 %
TOTAL	45	100 %

CORPUS TOTAL

Comas	13	20,0 %
Dos puntos	18	27,7 %
Punto	11	16,9 %
Punto y coma	11	16,9 %
Guión	6	9,2 %
Signos de interrogación	4	6,2 %
Paréntesis	1	1,5 %
Puntos suspensivos	1	1,5 %
TOTAL	65	100 %

10. ELEMENTOS DE CONCATENACION

Del análisis de estos datos podemos concluir que la marca grafémica de concatenación de ordenamientos más frecuente son los «dos puntos», seguida de cerca por «la coma», siendo las demás minoritarias y por tanto poco representativas.

10.2.2. C ⟶ CR (concatenaciones de referencia).—Los elementos CR se oponen, en líneas generales, a los elementos de concatenación simple, en que la función de aquéllos es relacionante pero a nivel principalmente semántico, mientras que la de éstos es sintáctica. En los dos casos, y por tratarse de segmentos cuyo esencial papel en el enunciado es servir de eslabón, está justificada su descripción en nuestra investigación sobre la oración.

Como decíamos al principio del capítulo, los CR pueden, desde el punto de vista de su contenido léxico, o bien servir de relación con algo anteriormente dicho, o bien de presentación de algo que va a decirse, o bien de conclusión o terminación en el desarrollo de la frase. Por eso presentamos tres variantes del elemento CR:

2.1. C ⟶ CR - concatenaciones de recuerdo.
2.2. C ⟶ CR - concatenaciones de presentación.
2.3. C ⟶ CR - concatenaciones de conclusión.

10.2.2.1. Entre las concatenaciones de recuerdo que aparecen en el corpus podemos destacar las siguientes: *además, también, tampoco, por otra parte, por otro lado.* Presentamos algunos ejemplos representativos:

Además:

// Camper / fue, / *además,* / el primero en precisar seriamente las semejanzas y las diferencias... //. (O-307-48.)

En el enunciado O-303-48, con el que enlaza, encontramos: // Camper y Blumembach / fueron / los primeros en hablar de razas humanas, en el sentido moderno de la expresión //.

Otro ejemplo, dentro del corpus de D'Ors, es el siguiente:

// Adviértase, / *además* /, de un autodidacta a otro, / el descenso de nivel //. (O-220-38.)

También:

// Y / ella / *también,* / mujer ya arrepentida en el pecado, lasciva en el arrepentimiento, ella también / es, / por definición / barroca //. (O-163-29.)

En este caso vemos que el segmento / también / queda insertado dentro del segmento en función sujeto / ella, mujer ya arrepentida en el pecado, lasciva en el arrepentimiento /.

Tampoco.—Este elemento de concatenación es paralelo a «también» con la particularidad de que relaciona oraciones negativas. Por ejemplo, en el ordenamiento siguiente:

// No se identifica / *tampoco* / con una terminología que permita largos desarrollos dialécticos sin poner pie en el suelo, sin contacto con la realidad //. (M-366-54.)

En el ordenamiento inmediatamente anterior (M-365) descubrimos la negación: // Su interna libetad, su circunstancialidad y perspectivismo / hacen que cada cultivador de esta filosofía tenga su propio punto de vista personal, y *no sea fácil* convertirlo en un sistema de soluciones prefabricadas o de «recetas» //.

Por otra parte, por otro lado.—Ambos elementos de relación son totalmente equivalentes. Veamos en algunos ejemplos su valor de concatenación:

// Nada / más contrario a la condición de la vida humana. // Nada / más aburrido, / *por otra parte* //... (M-194-195-30.)

// Tenían conciencia / de estar descubriendo dos caminos nuevos para penetrar en la realidad, el segundo sobre todo lleno de posibilidades inesperadas; // *por otro lado,* / ciertos fenómenos del ambiente intelectual español que me recordaban aquella vieja anécdota de exámenes //. (M-318-319-48.)

// Servidor y dueño, / si por una parte se deja colonizar / el albedrío humano abre un sendero en la selva, / véngase, / *por otro lado,* / a la menor negligencia //. (O-97-20.)

// Sin embargo, / el hecho mismo de aquélla, su resurrección bajo otro nombre, / claramente / indican / que Pelagio no será jamás completamente vencido. // Es / bueno, / *por otra parte,* / que no lo sea //. (O-124-25).

Igualmente, análogamente, a su vez.—Estos elementos de concatenación son sustitutos y sustituibles de los anteriormente citados «además» y «también», como puede deducirse de los casos que presentamos:

// Es / esencial / que puedan existir, // pero / es / conveniente / que sean pocos, que correspondan... // Es / *igualmente* / conveniente / que haya mucha gente que no pertenezca a ningún partido y apoye eventualmente, según las circunstancias y según su conducta, a uno u otro //. (M-270-271-40.)

// En la nunca cerrada dialéctica pugna, / el instinto de conservación de la humanidad media, / se pone / siempre / de parte de aquel refutador grosero que demostraba el movimiento andando. // *Análogamente,* / Américo Vespucio / es / un explorador maldito //. (M-62-63-17.)

// Una sospecha / apunta / en él //: la música entera, la de todos los tiempos, la de cualquier escuela, / ¿no será / *a su vez* / barroca? //... (O-18-10.)

Por el contrario, a la inversa.—Estos elementos de relación oponen dos segmentos o dos ordenamientos. Veamos algunos ejemplos:

// Es / muy posible / que ciertas acciones y conductas, que tomadas por sí solas ofrecen un aspecto plausible, no lo tengan si se las hace entrar en un proceso más amplio //; *a la inversa,* / sólo esta totalidad / da / su justificación / a otras que, arrancadas a ella, podrían parecer extemporáneas e inexplicables //. (M-330-331-49.)

// La única defensa efectiva / es / el reconocimiento de las estructuras reales: clases, regiones, grupos de intereses / grupos de opinión //;/ el estatismo, *por el contrario,* / es / la forma de entregar a la decisión de unos cuantos individuos —políticos o tecnócratas— las decisiones que competen a la sociedad con sus estructuras propias, desde la prensa hasta las asociaciones, desde los partidos hasta las modas, desde la organización social del gusto y la estimación hasta el mercado // (M-218-219-33.)

En cambio, no obstante, sin embargo, ahora bien, con todo.—Estos elementos de concatenación de referencia opositiva a algo anteriormente

10. ELEMENTOS DE CONCATENACION

mentado son prácticamente equivalentes en el plano sintáctico y en el plano semántico. Citamos algunos ejemplos representativos:

> // Hay que añadir, / *en cambio*, / que ha tenido muy escasa vigencia social //. (M-346-51.)
> // Ved, / *sin embargo*, / allá abajo, / a lo lejos, / una isla desierta //. (O-252-42.)
> // Con el tiempo, / *no obstante*, / espero / alcanzar el poder de copiar la inteligente y voluptuosa lección de Ulises //. (O-77-18.)
> // *Ahora bien*, / las cosas / no pasan / de ninguno de estos dos modos //. (M-30-11.)
> // Acontece, / *con todo*, / que en el curso de sus viajes, al azar de sus experiencias vuelva a encontrar el joven más de una vez a esta aparición y se rinde al prestigio de su misterio //. (O-8-9.)

Por tanto, por eso, de ahí.—Estos elementos de concatenación hacen alusión a un enunciado anterior que está en relación de causa-efecto con respecto al posterior. Veamos algún ejemplo:

> // Es / muy difícil / para un español / plantear las cosas en términos estrictos de economía, / yo diría que porque la actitud «económica» continuada le produce una extraña fatiga. // *Por eso*, / infringe / constantemente / las normas de lo que dispone una buena economía //. (M-155-156-24.)
> // Regiones, grupos sociales, grupos de intereses, grupos de opinión. Todo eso / existe // y no tiene / curso legal; //*por tanto,*/ no se expresa, // ni / adquiere / su propio perfil //... (M-104-105-19.)
> // La generación de nuestros padres / ya / había olvidado / este libro. // *De ahí* / cabalmente /el que yo pudiera encontrarlo y leerlo, de muy niño, en un desván //. (O-130-27.)

Pues.—El segmento *pues*, cuando va entre pausas, es decir, gráficamente, entre comas, equivale a «por tanto» y a «por eso», como vemos en el caso que a continuación presentamos:

> // El liberalismo / tiene que extenderse, / *pues*, / a los grupos, a las fuerzas sociales, a la sociedad en su conjunto como sistema de vigencias, creencias, usos, proyectos //. (M-215-33.)

Entonces, así.—Estos adverbios pronominales que sustituyen generalmente a los sintagmas «en este momento», «de esa forma» y pueden, por tanto, desempeñar la fución CC, aparecen en ocasiones casi totalmente gramaticalizados, en función de simples concatenaciones y con un ligero contenido temporal o modal respectivamente. En el corpus aparecen estos usos en casos como:

> // *Entonces* / escribí / un artículo titulado «El futuro de Ortega», que el lector curioso puede encontrar en el volumen V de mis obras //. (M-321-48.)
> // Pudo / *así* / entrar en relaciones con los Natchez, los Muscovulgos y los Hurones / antes de regresar a Francia, a donde la llamaba la política //. (O-323-50.)

Mientras que.—Como equivalente de la concatenación «por otro lado» y no en calidad de la conjunción circunstancial «durante, en el momento que», como en:

> // Cuanto a los diez años se entiende bien / se olvida / a los catorce // *Mientras que* / siempre / queda / algún rastro de lo que, a tal edad, se entiende a medias //. (O-134-135-27.)

En otro caso.—También equivalente a la concatenación de referencia «por otro lado» aparece esta otra en Marías:

> // Con otras palabras, / el desarrollo económico / es / admirable / cuando es una manifestación del desarrollo humano. // *En otro caso,* / cuando es postizo y «sobre-venido», / , puede dar al traste / con admirables posos decantados en el fondo de una sociedad durante siglos y que constituyen su riqueza mayor enexhaustible //. (M-299-300-43.)

Sólo que.—Equivalente prácticamente a la concatenación «sin embargo» aparece un caso de «sólo que» en D'Ors:

> " Levantó ' el antifaz ' un segundo, ' ante los ojos enfebrecidos del estudiante. " *Sólo que,* ' al día siguiente, ' ya ' el voluble ' había olvidado su fiebre. (O-4-5-9.)

10.2.2.2. C ⟶ CR - *concatenaciones de presentación.*—Estos elementos de concatenación sirven para anunciar, prevenir, relacionar con la parte subsiguiente del enunciado. Entre estos CR de presentación encontramos los siguientes:

Por ejemplo.—Aunque el papel de este eslabón sintáctico es dar paso a un segmento no conocido y normalmente antecede al segmento presentado, puede, en cambio, ir pospuesto como en el caso siguiente:

> // Zenón de Elea, / *por ejemplo,* / es / un filósofo maldito //. (O-61-17.)

Es decir.—Equivalente a la concatenación representada por «o sea» tiene un valor semántico de anuncio de una explicación posterior. El auténtico valor sintáctico de esta partícula es el de marcar la aposición. Veamos algunos ejemplos:

> // Lo decisivo / es / poder contar con ellas, *es decir,* que tengan carácter de disponibilidad //. (M-113-19.)
>
> // No se identifica / tampoco / con una terminología que permita largos desarrollos dialécticos sin poner pie en el suelo, sin contacto con la realidad, // *es decir,* que / por su contenido intrínseco / es / lo contrario de todos escolasticismos de cualquier matiz //. (M-366-367-54.)

Porque, pues, puesto que.—Estas conjunciones que pueden transponer una oración a categoría de un mero segmento en función CC, cuando comienzan frase, es decir, después de pausa, sirven de concatenación que presentará un contenido de tipo causal. Ya antes vimos como «pues» entre pausas es un elemento CR de recuerdo; cuando va después de pausa y comenzando ordenamiento tiene un valor semántico de presentador. Veamos algunos ejemplos de esta realización:

> // ¿Cómo / haríamos / para que la sociedad española superara sus deficiencias sin perder lo que entre nosotros hace que la vida valga la pena ser vivida? // *Porque* / yo quiero / —como el que más— / cambiar //. (M-224-225-34.)
>
> // *Pues* / ¿y / Pablo, el Pablo de Virginia, Adán de cromo, novio de una Eva de pensionado? //. (O-225-39.)
>
> " Y *puesto que* ' para él ' la soledad y caverna ' no fueron ' solamente el principio, sino, tras de un breve intermedio, el desenlace ". (O-205-36.)

10.2.2.3. C ⟶ CR - *Concatenaciones de conclusión*.—Esta variante de las concatenaciones de referencia significa, desde el plano semántico, la terminación de una idea o de una situación anteriormente comenzada. Encontramos en el corpus las formas siguientes:

Finalmente, por último.—Aparecen generalmente al final de una serie de concatenaciones como vemos en los casos siguientes:

> // Filosofía / ha sido / la disciplina de las evidencias y de las ideas claras y distintas, // *pero* / *también* / han reclamado / ese nombre / el pitagorismo, la cábala y la busca de la piedra filosofal. // *Por otra parte,* / la ciencia / usa / un simbolismo que externamente se parece al de las iniciaciones mistéricas. // *Finalmente,* / la ciencia positiva misma, cuyo valor es obvio y que conduce normalmente a un trato inteligente y pragmático con la realidad, / inspira / una veneración casi «numinosa» / a los que no la poseen y no la entienden bien //. (M-381-382-383-56.)
>
> // Hay *algunos* casos que / sólo / quieren seguir //; / *otros* / lo mismo sólo que al revés //, algunos, / *por último,* / queremos / otra cosa; pero no otra cosa cualquiera //. (M-240-36.)

En efecto, desde luego, pues bien, en suma, después de todo, en todo caso.—El tipo de conclusión representada por estas variantes de CR no es fin de una enumeración o una serie, como las anteriores, sino que más bien representan la marca enfática de un racionamiento al que quiere dársele prioridad. Por ejemplo:

> // Los jóvenes, / *en efecto,* / no han tenido / nunca / lo que podríamos llamar «uso de libertad», como se habla de «uso de razón» //. (M-133-21.)
>
> // *Pues bien:* / Valéry, siempre lúcido, / ha confesado / haber escrito este poema, como un recreo, como una vocación, concediéndose a sí mismo tal recompensa, tras de las horas largas de aplicación exigidas por su gran poema «La Jeune Parque»... Dominical descanso, después del laborar de seis días //. (O-186-33.)
>
> // *En suma,* / hay que organizar / el pluralismo //. (M-259-38.)
>
> // *Después de todo,* / ¿no quiere / «Barroco» / decir, / en el fondo, inocente? //. (O-54-13.)
>
> // Lo malo / es / que hay que usar la imaginación //, y / ésta, / a diferencia del «bon sens» de que hablaba Descartes, / no está / demasiado bien repartida // *en todo caso,* / no abunda //. (M-235-236-35.)

Sí.—La partícula afirmativa, fuera del habla coloquial, sirve, como en el caso encontrado en D'Ors, de marca de la enfatización a la que se somete a la oración:

> // *Sí,* / las palmeras / dominaban / a los laureles //, pero / las trompetas marciales, sonantes en algún cuartel vecino, / no ahogaban / el cálido gemir de las tórtolas //. (O-172-31.)

10.3. Posición del elemento C

El lugar que ocupa el elemento C dentro de un enunciado depende esencialmente del tipo de concatenación. La realización 1, C ⟶ Concatenación de coordinación, está situada en un puesto de eslabón de la cadena de oraciones y, por tanto, al final del primer ordenamiento y al principio del segundo ordenamiento. Este hecho es lógico dado que por ser la marca de coordinación ha de ir «uniendo», «coordinando» las partes. De ahí que tanto las conjunciones de coordinación como los elementos grafémico-prosódicos de coordinación deban ir obligatoriamente en el lugar distintivo que les pertenece. No son segmentos de un determinado ordenamiento sino que están al servicio exclusivo del funcionamiento supraoracional. Sin embargo, los elementos CR sí son segmentos de un determinado ordenamiento oracional.

Los elementos CR, como segmentos oracionales, no tienen, en principio, un lugar absolutamente fijo. En el caso de los CR de recuerdo podemos conmutar su puesto en la oración. Veamos algunos ejemplos concretos de esta variante, si bien, para no ser prolijos, no realizaremos estas conmutaciones con todos los casos anteriormente citados, sino con unos pocos como muestra:

// Si Bernardin de Saint-Pierre fue, por añadidura, botánico, / Camper, el antropólogo, / se preciaba /*también* / de artista y filósofo //. // Si Bernardin... / Camper / *también* /de artista y filósofo //.
// Es / bueno, / por otra parte, / que no lo sea //. // *Por otra parte*, / es / bueno / que no lo sea //.// Es / bueno / que no lo sea, / *por otra parte* //.
// Si conocemos Poetas Malditos / podemos / *igualmente* / encontrar / esa nota de maldición / en otras artistas, en otros creadores intelectuales //. (O-58-17.)
// Si conocemos Poetas Malditos, / *igualmente* / podemos encontrar / esa nota de maldición en otros... //.// Si conocemos... / podemos encontrar / *igualmente* / esa nota de maldición en otros... //.
// Otra enseñanza / se contiene / en aquél, / *sin embargo* / otra enseñanza más difusa, ilimitada en cuanto a la edad del alumno y desprovista de exigencia moral en las significaciones //. (O-241-42.) // Otra enseñanza, / *sin embargo,* / se contiene / en aquél / otra enseñanza... //. // *Sin embargo,* / otra enseñanza / se contiene / en aquél, /, otra enseñanza... //.
// *Por eso,* / infringe / constantemente / las normas de lo que dispone una buena economía //. (M-156-24.) // Infringe, / *por eso,* / constantemente / las normas... //.

En los casos hasta aquí presentados no se da, por lo tanto, imposibilidad de conmutación, ya que en todos ellos es posible aislar entre pausas —gráficamente, entre comas— la concatenación de recuerdo correspondiente y esta marca grafémico-prosódica actúa de forma pertinente para identificar el segmento CR, es el procedimiento sintáctico que indica la función del segmento. Pero en alguno de los casos de concatenación de recuerdo aparecidos en el corpus no es posible la conmutación y tiene un lugar fijo al principio de la oración: / *mientras que* /, / *sólo que* /. Estos elementos de concatenación en los que se une, de un lado, la esencia coordinadora de ordenamientos y, de otro, el contenido oposicional de *mientras* y de *sólo,* no puede ir más que introduciendo el ordenamiento; esta característica puede inducir, a la hora de la estructuración, a incluirlos dentro de la variante «1.4.—Conjunción», o bien dentro del «2.1.—Concatenación de recuerdo». Su semantismo referencial nos hizo incluirlos entre los elementos CR, en vez de entre los elementos C.

10. ELEMENTOS DE CONCATENACION

Pasando a los CR de presentación hay que decir que si bien / *por ejemplo* / no tiene un puesto obligado en la oración, en cambio / *es decir* / sí lo tiene, antecediendo al segmento presentado, de igual modo que / *porque* / y / *puesto que* /. En el caso de / *pues* / ya queda dicho como entre pausas puede aparecer libremente en la oración.

En cuanto a los CR de conclusión, casi todos los ejemplos hallados en el corpus pueden ser conmutados a otros puestos oracionales, si bien no a la posición final absoluta. Veamos solamente algún caso a títulos ilustrativo:

// algunos, / *por último*, / queremos / otra cosa, pero no otra cosa cualquiera //. (M-240-36.) // *Por último*, / algunos / queremos / otra cosa... //. // Algunos / queremos, / *por último*, / otra cosa... //.
// Los jóvenes, / *en efecto*, / no han tenido / nunca / lo que podríamos llamar «uso de libertad», como se habla de «uso de razón» //. (M-133-21.) // *En efecto*, / los jóvenes / no han tenido / nunca / lo que... //. // Los jóvenes / no han tenido, / *en efecto*, / nunca / lo que... //.
// *En suma*, / hay que organizar / el pluralismo //. (M-259-38.) // Hay que organizar, / *en suma*, / el pluralismo //. // Hay que organizar / el pluralismo, / *en suma* //.

En el caso del elemento CR / *pues bien* / no es posible la conmutación de lugar.

NOTAS

[1] Cf. *Les structures sintaxiques du français moderne*, pág. 17.
[2] Cf. J. Dubois: *Dictionnaire de linguistique*, pág. 113.
[3] Si-O quiere decir oración afirmativa y No-O, oración negativa.
[4] En lengua son posibles enunciados como:
  «María cose ahora o plancha luego»,
  «María no cose ahora o no plancha luego»,
  «María no cose ahora o plancha luego»,
  «María cose ahora o no plancha luego».
[5] Cf. R. Seco: *Manual de Gramática española*, pág. 298.
[6] El segmento / aborrecen y temen / lo consideramos como un sintagma verbal en coordinación, dado que tienen ambos igual sujeto e igual complemento.
[7] Los dos puntos aquí pueden ser sustiuidos por una conjunción «*sino*».
[8] Cf. *Gramática castellana I*, pág. 211.
[9] A efectos de dar relieve a la repetición que suele caracterizar a los ordenamientos separados por punto y coma, subrayamos los elementos léxicos claves.
[10] Cf. Op. cit., pág. 298.
[11] Cf. *Gramática castellana*, pág. 214.

Capítulo 11

11. ENTONACION Y SINTAXIS

11.1. Relaciones de la sintaxis con la entonación

Los estudios existentes sobre la entonación en las diversas lenguas estaban dirigidos principalmente hacia la enseñanza de la pronunciación y se habían obtenido esencialmente a partir de modelos literarios; pero el panorama de los estudios entonativos cambió fundamentalmente desde hace unos años. Los numerosos trabajos aparecidos en estos últimos tiempos han hecho variar el centro de interés de esta materia involucrando los prosodemas o suprasegmentos en las funciones, tanto lingüísticas como modales de la lengua. A pesar de ello, aún estamos en los primeros pasos del conocimiento de estos factores. La mayoría de las investigaciones atienden a una parcela concreta o se desenvuelven en planos excesivamente teóricos, sin un corpus de análisis lo suficientemente representativo que lo sustente.

Gran parte del retraso de los estudios sobre entonación y acento se debe principalmente a la tremenda complejidad de su análisis. Esta complejidad atañe tanto a la forma como a la sustancia de los elementos prosódicos. En una curva melódica intervienen toda una serie de parámetros objetivos y subjetivos muy difíciles de desglosar. Están lejos los tiempos en que se pensaba que la entonación era exclusivamente el resultado del movimiento tonal: los análisis electroacústicos, la síntesis del lenguaje, las pruebas de percepción y reconocimiento han demostrado que la cuestión no era tan simple. En efecto, en cualquier onda sonora intervienen dos tipos distintos de parámetros: por un lado, los psicofísicos, objetivamente mensurables; por otro lado, los psicológicos, subjetivos, difícilmente reducibles a unidades; en el proceso de comunicación son tan importantes o más los segundos que los primeros.

Los parámetros objetivos son: frecuencia del armónico fundamental, o primer armónico, estructuración de los demás componentes de la onda acústica, intensidad y duración. A estos cuatro parámetros físicos les corresponden los siguientes parámetros psicológicos: tonía, o percepción y reconocimiento de las variaciones de frecuencia del fundamental, timbre, sonía y cantidad.

Del mismo modo que algunos trabajos recientes han puesto de manifiesto que el prosodema acentual en español no es el resultado del parámetro de intensidad, sino de la interacción de varios parámetros entre los que desempeña un papel primordial la frecuencia del fundamental, se está comprobando que la percepción y reconocimiento de la llamada curva melódica no depende sólo de la tonía o tono, sino que también los otros parámetros intervienen en su configuración.

De la misma manera, la forma de la entonación, así como su función, es un problema aún mal delimitado. Desde el establecimiento de las unidades mínimas de entonación, hasta si la entonación debe considerarse incluida en una descripción lingüística, hay opiniones para todos los gustos.

La mayoría de los trabajos realizados en estos últimos años señalan a la entonación un cierto número de funciones que varían según el criterio y el interés de cada investigador. En general se le pueden señalar a la entonación tres funciones perfectamente diferenciables en tres planos también muy distintos: una función en el plano representativo, que es el que aporta las características lingüísticas, y se refiere a la lengua propiamente dicha; en este plano, la entonación comunicaría una estricta información lingüística. La función en el plano representativo aportaría las características personales del individuo (edad, sexo, temperamento, carácter), es decir, una información personal, y también las características del grupo social, es decir, una información socio-lingüística. La función en el plano expresivo mostraría las actitudes y reacciones del locutor en el momento de la conversación: comunicaría una información expresiva.

A nosotros nos interesa en este momento examinar las relaciones que pueden establecerse en el plano representativo entre entonación y gramática, relaciones no muy claramente establecidas.

Casi todas las definiciones dadas de la oración hacen intervenir el suprasegmento entonativo en su estructuración, hasta el punto que Uriel Weinreich llegó a decir que un enunciado sin entonación no es un enunciado sino una mera construcción de elementos [1].

Su pertenencia o no pertenencia al sistema gramatical de la lengua es uno de los problemas que aún tiene planteada la función entonativa.

Abundan las opiniones de que la entonación es importante en el estudio gramatical y que la gramática es importante en el estudio entonativo. Como dice David Crystal: «una estructura gramatical dada tiene una correlación regular con un modelo determinado de entonación; un cambio en la entonación produce una nueva interpretación de la estructura sintáctica de un enunciado sin que sea necesario ningún cambio morfológico» [2]. Pero sobre este principio hay que señalar que las relaciones entre entonación y gramática se pueden establecer a distintos grados: algunas estructuras gramaticales pueden usarse menos que otras y determinados patrones de entonación pueden usarse con más freciencia que otros para establecer contrastes gramaticales. Por eso, en la relación entre gramática y entonación es conveniente seguir dos caminos que parten de dos niveles de análisis distintos pero que son convergentes: uno deriva del nivel fonológico y trata de descubrir los recursos fonológicos de la entonación que origina un significado gramatical; el otro deriva del nivel gramatical e indaga qué sistemas gramaticales se originan por medio de la entonación.

En este problema que nos ocupa, las funciones que se han asignado a la entonación son las siguientes:

11.1.1. *La función integradora.*—Para algunos entonólogos la entonación tiene como función primordial y única la de integrar las palabras para formar una oración, así, por ejemplo, Vasilyev opina que «como ninguna frase puede existir sin entonación y precisamente esta última da a aquélla una forma determinada, la primera y principal función sintáctica de la entonación es componer o formar frases» [3]. Nork atribuye a la entonación como un factor constante «la integración del enunciado» [4].

11.1.2. *La función segmentadora.*—Junto a la función integradora, en estrecha conexión con ella se encuentra la función segmentadora de la entonación que actúa a varios niveles, por sí sola o combinada con otros elementos prosódicos. En esta función, la entonación delimita los enunciados y segmenta el continuum de discurso en un determinado número de unidades por razones fisiológicas, por necesidades de comprensión del mensaje, o por motivos lingüísticos. Lo ideal es que los motivos fisiológicos coincidan con los lingüísticos, pero no hay una coordinación perfecta y constante entre ellos. Este es un problema aún por estudiar. En español, lo único que sabemos es entre qué partes del discurso no se ejerce la función segmentadora.

Con el objeto de que el mensaje resulte lo más comprensible posible, la entonación puede segmentar el enunciado de un determinado número de enunciados y distribuir de este modo la información, por ejemplo: «encontré a Pablo / hace algunos días / a la salida del cine».

La función demarcativa de la entonación es susceptible en algunos casos de llegar a ser distintiva a nivel lexical. Como dice Faure: «puede implicar una segmentación lexical determinada, susceptible al desplazarse, de hacer aparecer palabras enteramente nuevas, como ocurre, por ejemplo, en francés en enunciados como: «mais oui, mon cher, réellement!», opuesto a «mais oui, mon cher Rey, elle ment!»; o como: «elle est rue de la colline», opuesto a «elle est rude, la colline!» [5]. Esta función prosódica puede asumir también una función distintiva a nivel de oración sin que se altere la segmentación lexical en casos como: «Pepe come», opuesto a «Pepe, come»; o «Juan pregunta quien va a entrar», opuesto a «Juan pregunta ¿quién va a entrar?», creándose en este caso la distinción entre el estilo directo y el indirecto.

Actúa también en español, por ejemplo, como un único medio de oponer la oración adjetiva especificativa a la explicativa: «los alumnos que viven lejos llegan tarde», frente a «los alumnos, que viven lejos, llegan tarde», y en general en cualquier tipo de oración parentética.

También la entonación, sola o con otros parámetros fónicos (timbre, por ejemplo), señala el límite de un parágrafo al producirse un cambio de registro entre el que acaba y el que comienza.

La entonación, en sus funciones delimitadoras y segmentadoras no opera independientemente, sino en conjunción con la pausa, en el recurso lingüístico llamado juntura (juntura terminal se suele denominar la inflexión del fundamental en la terminación de un enunciado). Estas delimitaciones pueden ser de un orden jerárquico muy variado: desde el lado más elevado, que es el que se da cuando se produce una porción de texto entre dos junturas con un patrón de entonación final y una pausa relativamente larga, hasta el más pequeño que se produce en las expresiones no conclusas, sin pausa, sin presencia de juntura, y sólo con la presencia de un cambio de entonación.

11.1.3. *Función distintiva.*—La función distintiva de la entonación reside en los movimientos descendentes o ascendentes de la frecuencia del fundamental al final de un enunciado. Un enunciado afirmativo terminará con una juntura terminal descendente, mientras que un enunciado interrogativo lo hará con una juntura terminal ascendente: «viene» se opone así a «¿viene?». Ahora bien, una pregunta espera una respuesta, mientras que un enunciado declarativo no la espera. Es decir, la pregunta representa un enunciado con sentido incompleto, no finito, mientras que la afirmación posee un sentido completo, finito. De ahí que el mismo movimiento tonal ascendente pueda servir, en cuanto indicador de sentido no finito, para expresar relación entre distintas partes de un enunciado.

La función distintiva en el caso de pregunta/afirmación no es siempre constante. Existe, como cualquier otro fenómeno lingüístico, mientras se mantiene la oposición, pero puede neutralizarse bajo determinadas condiciones gramaticales, tales como inversión del orden de palabras, o presencia de una palabra interrogativa. En otras palabras, si el significado de un enunciado está indicado de un modo suficientemente claro por el texto (palabras, estructura gramatical) la entonación no desempeña ningún papel distintivo; pero si el sentido no está suficientemente indicado en el texto, la entonación funciona a pleno rendimiento.

La entonación tiene valor distintivo en la subordinación: una oración transformada en simple segmento oracional presenta un fundamental que termina en movimiento ascendente o suspensivo (siempre que no vaya ante pausa final), como señal de carencia de autonomía sintáctica.

En la coordinación de oraciones también la entonación tiene valor distintivo dado que en la primera de las oraciones no desciende el fundamental tanto como ante pausa final. La pausa es signo de coordinación de oraciones cuando falta un elemento de coordinación léxica, es decir, en la llamada yuxtaposición. De igual modo ocurre en la coordinación o yuxtaposición de segmentos oracionales.

11. ENTONACION Y SINTAXIS

11.2. Corpus de los análisis prosódicos

Los enunciados que componen los 24 textos que presentamos están seleccionados del material que hemos tomado como corpus de nuestros análisis sintácticos; al final de cada uno de estas frases va indicada la referencia del enunciado a que pertenecen dentro del corpus total. Estos textos han sido leídos por tres informantes: E. y M. son mujeres, A. es hombre. Los tres son universitarios y representativos de un habla culta normal. Las lecturas se realizaron con fluidez y sin ninguna característica expresiva especial. Presentamos en el apéndice los análisis prosódicos del informante M, por considerarlo el más representativo.

Texto 1. Y España, país europeo, radicalmente europeo, está por debajo de su nivel, aunque esté muy por encima del de otros países con los cuales no se la puede confundir. (M-279-41.)

Texto 2. Una sospecha apunta en él: la música entera, la de todos los tiempos, la de cualquier escuela, ¿no será a su vez barroca?... (O-18-10.)

Texto 3. Los países que quieren resolver sus problemas económicos —y que no son todos, por supuesto— los resuelven. (M-286-41.)

Texto 4. Yo creo que la empresa que se presenta imperativamente en España, y que la sociedad española va mal que bien realizando, es su movilización total. (M-274-40.)

Texto 5. Análogamente, los hombres y mujeres con formación universitaria, que hasta hace unos decenios eran una exigua minoría, son en algunos países una fracción considerable de la población, que interviene activamente. (M-33-11.)

Texto 6. Sólo las soluciones europeas y occidentales y actuales pueden ser viables. (M-251-37.)

Texto 7. Canciones populares, trajes regionales, costumbres locales encantadoras parecieron, a los ojos de la crítica ingenua, que deriva de Vico, algo secular; inmemorial, mejor dicho. (O-115-24.)

Texto 8. De aquél no recibe conocimiento sino industria. (O-223-38.)

Texto 9. Cuando el deseo de esta voluptuosidad no se contenta con el goce del carácter y sus mascaradas, va más lejos y busca lo ingenuo, lo primitivo, la desnudez. (O-235-41.)

Texto 10. La consideración de la sociedad desde el punto de vista de su carácter público se cruza con otra, no menos interesante, desde el punto de vista de la libertad. (M-118-20.)

Texto 11. A cambio de este beneficio de una reconquistada inocencia, ¿qué importan las miserias de la ignorancia, de la fealdad, del balbuceo? (O-366-53.)

Texto 12. ¡Cuán rico pasto de cuentos, de sueños, de fantasmas! (O-394-55.)

Texto 13. ¡Pobre Andrenio, cuán disminuido te veo! (O-228-39.)

Texto 14. Señor, tu gesto es verdaderamente un algoritmo del barroco en este cuadro de mi museo —ya está entendido que el Museo del Prado me pertenece—, que lleva por título: Noli me tangere. (O-157-29.)

Texto 15. La Magdalena, Señor, está a tus pies. (O-159-29.)

Texto 16. «Sed amorosas y seréis dichosas», aconseja una de estas figuras a no se sabe qué hembras cándidas e instintivas, de una bienaventurada perfección vegetal. (O-382-54.)

Texto 17. El profesor pregunta al alumno: «a ver, la filosofía de Kant», y ante el silencio del estudiante pasa a la pregunta siguiente: «su refutación». (M-320-48.)

Texto 18. Sintieron todos que las formas y las directrices de su propia emoción iban ahora a estar cambiadas sin remedio. (O-266-44.)

Texto 19. No quiere esto decir que sea idealista, ni tampoco que no haya un número crecido de individuos que se muevan principalmente por los estímulos del más sórdido interés. (M-153-24.)

Texto 20. Las influencias recíprocas de uno y otra son, naturalmente, enérgicas y decisivas; pero sus realidades son estrictamente diferentes (Inv.).

Texto 21. Las características de la sociedad y el individuo son, ciertamente, marcadas y decisivas (Inv.).

Texto 22. Cuando se habla, por ejemplo, de economía —y en general de todos los asuntos colectivos—, muchos teóricos nos ofrecen como alternativa la decisión de un individuo o de un plan estatal. Ahora bien, las cosas no pasan de ninguno de estos dos modos. (M-29 y 30-11.)

Texto 23. Sólo que, al día siguiente, ya el voluble había olvidado su fiebre: pronto olvidará también semblante y silueta. Nada aquí, según puede verse, del consabido flechazo. (O-5 y 6-9.)

Texto 24. ¿No se ocupan algunos poetas amigos en nuevamente encender altares a Góngora? Contra la maldición secular, un salvador exorcismo. (O-83 y 84-19.)

La selección de estos textos se ha realizado en función del estudio de una serie de problemas que presentan clara relación entre sintaxis y prosodia y que son los siguientes:

1. La *aposición* de un SN a otro, como alargamiento de complementación que va indicada por pausa (textos 1, 2).

2. *Oraciones de relativo,* es decir, transformadas en elementos adyacentes (complemento) del SN, *explicativas* (texto 5) y *especificativas* (textos 3, 7, 19.)

3. *Alargamientos del SN por coordinación,* ya sea mediante elementos de concatenación léxicos (textos 6, 8, 20, 21), ya sea mediante elementos que hemos llamado grafémico-prosódicos en el capítulo dedicado al estudio de dichos elementos de concatenación (textos 7, 9, 11, 12).

4. *Sintagmas nominales de estructuración muy compleja* por llevar varios alargamientos diferentes (textos 10, 5).

5. Oración *interrogativa* (textos 2, 11, 24).

6. Oración *exclamativa* (textos 12, 13).

11. ENTONACION Y SINTAXIS   263

7. Oraciones *parentéticas*, insertadas dentro de otras (textos 14, 17, 16, 22).
8. *Vocativo* (textos 13, 14, 15).
9. Elementos de *concatenación* de recuerdo (CR) (textos 5, 22).
10. Oraciones en función de CD en *estilo directo* (textos 16, 17).
11. Oraciones en función de CD en *estilo indirecto* (textos 18, 19).
12. Verbo *elíptico* (textos 23, 24).
13. *Oraciones coordinadas* (textos 20, 17).

11.3. ANÁLISIS

Para la grabación hemos utilizado un magnetófono Telefunken -M-5, con un micrófono con previo unidireccional, Bruel and Kjaer. La extracción del armónico fundamental se ha llevado a cabo en el Sona-graph 60-61 B de la Kay Electric CO., utilizando el Scale Magnifier 60-76 C y el Amplitude Display de la misma numeración. El elemento Scale Magnifier tiene como misión la amplificación del campo frecuencial sin variación del tiempo, permitiendo de este modo hacer más visibles los movimientos del primer armónico, o fundamental y de los sucesivos armónicos. De este modo, al mismo tiempo que se observan los cambios de frecuencia, puede comprobarse si existe alguna variación en la estructuración armónica o timbre. La amplificación realizada ha sido de 000 en el límite inferior de frecuencias y 200 en el superior, lo que da como resultado la escala de frecuencias utilizada que representamos en el eje de ordenadas de la figura.

El elemento Amplitude Display permite reflejar la intensidad global de cada segmento en la parte superior del espectro. No hemos transcrito esta línea de intensidad sobre nuestras curvas melódicas, pero cada vez que en la audición del corpus hemos notado que las divergencias entre la frecuencia del fundamental y la percepción eran resueltas por la intensidad, lo hemos hecho notar.

La duración, también importante en el comportamiento melódico, se refleja en los espectrogramas en el eje de abscisas, y sus unidades en centésimas de segundo (c.s.) vienen reflejadas en el eje de abscisas de la citada figura.

Hemos también de hacer notar que en todo momento el análisis instrumental ha ido acompañado del análisis auditivo.

En las curvas de entonación la raya discontinua indica la situación de un segmento sordo, que como tal carece de fundamental. En el eje de los tiempos la raya discontinua indica la pausa que ha realizado cada informante.

11.4. Interpretación

Como dijimos antes, en una curva de entonación se entremezclan los rasgos lingüísticos y los individuales o sociales. Los primeros deben ser comunes a todos los informantes, y son los que vamos a tratar de describir en este apartado, desechando los últimos que, pese a la naturalidad de las lecturas, aparecen en alguna ocasión. Sólo nos referiremos a ellos cuando creamos que en un momento dado ese rasgo individual puede ser pertinente en la interpretación.

En el diseño de las curvas melódicas los grupos fónicos están claramente delimitados entre pausas, que señalamos por medio de P.

Texto 1

Grupo fónico 1: / y España /. Común a informantes A., E. y M. Finalizan en suspensión A. y E., M. en ascendente. Ambas terminaciones se pueden atribuir al mismo tonema ascendente de no-conclusión.

Grupo fónico 2: / país europeo /. Común inf. A., E. y M. La terminación del fundamental es descendente. Un aumento de intensidad considerable para el final de un grupo fónico hace que no se perciba como descendente, sino en suspensión. Es decir, en ningún caso coincide la percepción de este grupo fónico con un final parecido al del grupo fónico 5, que es a su vez fin de enunciado.

Grupo fónico 3: / radicalmente europeo /. Inf. A., E. y M. Terminación ascendente.

Grupo fónico 4: / está por debajo de su nivel /. Inf. A., E. y M. Terminación lentamente descendente en A., y E. Terminación ascendente en M. La terminación en E. y A. queda compensada por un refuerzo intensivo que permite una percepción de carácter suspensivo.

Grupo fónico 5: / aunque esté muy por encima del de otros países con los cuales no se la puede confundir /. A., E. y M. Terminación descendente, tanto de la intensidad como de la frecuencia del fundamental, indicando terminación. Hay que hacer notar que en los tres informantes se produce un aumento de intensidad sobre la última sílaba átona de / países /, que sirve como delimitación dentro del grupo fónico.

Comportamiento gramatical.—El sintagma nominal sujeto / Y España, país europeo, radicalmente europeo / está constituido por tres grupos fónicos (1, 2, 3). Los alargamientos de dicho SN que suponen las dos oposiciones al núcleo nominal: / España / tienen como marca o procedimiento sintáctico precisamente la pausa tonal. El alargamiento sintagmático no lleva una partícula funcional y ni siquiera la concordancia (España-país) como mecanismo gramatical que indique la complementación, sino, insistimos, la pausa.

El nivel de los tres primeros grupos es suspensivo o ascendente, pues el ordenamiento sintáctico no está acabado. En el grupo fónico 4 hallamos el predicado oracional / está por debajo de su nivel /, constituido por el verbo cópula y un complemento verbal.

El grupo fónico 5 coincide con el segmento sintáctico en función CC: / aunque esté muy por encima del de otros países con los cuales no se la puede confundir /. Este segmento es una oración transformada en CC dentro de la cual aparece a su vez otra oración relativa (transformada en elemento adyacente al núcleo / países /); precisamente en este punto / países / se da una delimitación dentro del grupo fónico mediante el aumento de intensidad. Vemos una interesante coincidencia gramatical y prosódica.

Texto 2

Grupo fónico 1: / una sospecha apunta en él /. Común a los tres informantes. Fundamental lentamente descendente.

Grupo fónico 2: / la música entera /. Común a los tres inf. Fundamental lentamente descendente y con tempo lento.

Grupo fónico 3: / la de todos los tiempos /. Común a los tres inf. El fundamental termina en suspensión.

Grupo fónico 4: / la de cualquier escuela /. Común a los tres inf. El fundamental termina en suspensión.

Grupo fónico 5: / ¿no será a su vez barroca? /. Común a los tres inf. La terminación del fundamental es ascendente, propia de un enunciado interrogativo.

Comportamiento gramatical.—El primer grupo fónico es un ordenamiento completo, tiene autonomía y sentido propios y por ello vemos una tendencia descendente del fundamental, aunque lentamente porque el enunciado no ha terminado, y va a comenzar otro ordenamiento coordinado por medio de la pausa (que gráficamente la representan los dos puntos).

Los grupos 2, 3 y 4 forman un sintagma nominal en construcción heterogénea en el que aparecen dos alargamientos de complementación indicada por la pausa, es decir, aposiciones como en el texto 1.

El grupo fónico 5 está constituido por el predicado (V + A) del ordenamiento. La terminación ascendente del fundamental es precisamente el rasgo que determina que sea interrogativo dicho ordenamiento.

Texto 3

Grupo fónico 1: / los países que quieren resolver sus problemas económicos /. Común en los tres informantes. En todos los informantes el fundamental asciende hasta / países / donde, a partir de la sílaba átona, comienza un lento descenso.

Grupo fónico 2: / y que no son todos, por supuesto /. Común a los tres inf. En E., y M. termina el fundamental en ascendente. A. termina en suspensión, pero con fuerte intensidad sobre la sílaba —*tó*—, lo que redunda en una percepción ascendente. En E. y M. se nota la presencia de dos movimientos tonales individuales: en E. sobre / *no* / y en M. sobre /*por* /.

Grupo fónico 3: / los resuelven /. Común a los tres inf. Fundamental descendente acompañado de un fuerte descenso de la intensidad.

Comportamiento gramatical.—El grupo fónico 1 coincide con un SN alargado por una oración relativa especificativa. No hay pausa entre el núcleo / países / y el alargamiento / que quieren resolver sus problemas económicos /. Pero el núcleo del sintagma tiene la máxima altura intensiva.

En cuanto al grupo fónico 2, se trata de un alargamiento del sintagma nominal / los países / de coordinación indicada por *y* y por la pausa. El fundamental en suspensión y en ascendente indican que el próximo grupo fónico completará la estructura oracional que hasta el momento no consta más que de sujeto.

El grupo fónico 3 está constituido por el predicado (CD + V); cierra la figura tonal descendiendo al haber completado la estructura oracional.

Texto 4

Grupo fónico 1: / yo creo que la empresa que se presenta imperativamente en España /. En los inf. A. y E.; en el inf. M.: / yo creo que la empresa que se presenta /. En los tres informantes se observa un movimiento acusado en la secuencia / yo creo / (menos acusada en A. como se muestra en todos los análisis). En A. y E. el fundamental asciende desde el principio, mostrando a partir de la sílaba —*cre*— un descenso que se prolonga en las sucesivas, hasta la *é* tónica de / empresa / que como tal tónica muestra el fundamental más alto en los tres. El movimiento del fundamental en la misma secuencia, en M. es inverso; es decir, desciende desde el principio del enunciado hasta la vocal de / créo / en la que se inicia una inflexión ascendente. El grupo fónico de M. termina en una sílaba de tempo rápido, y en suspensión, debiendo añadir también una intensidad de los mismos decibeles que la *é* tónica precedente; su percepción casi da la sensación de terminación ascendente, A. y E. terminan este grupo fónico en suspensión. A. con un ligero descenso de 12 Hz. compensados largamente por el tempo lento de los tres últimos segmentos de E.

El grupo fónico 2 de M. / imperativamente en España / termina con un fundamental ascendente.

Grupo fónico 2: / la que la sociedad española va mal que bien realizando /. En los inf. A. y E. En A. el grupo fónico termina con movimiento ascendente; en E. en suspensión.

Grupo fónico 2a: En el inf. M.: / la que la sociedad española /. El fundamental termina con un ligero descenso en tempo muy lento compen-

11. ENTONACION Y SINTAXIS 267

sado con una intensidad de los mismos decibeles que la sílaba tónica anterior: se percibe en suspensión.
Grupo fónico 2b: Informante M.: / va mal que bien realizando /. El fundamental termina con movimiento ascendente.
Grupo fónico 3: / es su movilización total /, común en los tres inf.; terminación descendente, en un tempo relativamente rápido.
Comportamiento gramatical.—En el grupo fónico 1 aparece una oración relativa especificativa que no presenta pausa. En cambio, el grupo fónico 2 es una aposición del primero y por ello aparece pausa en los tres informantes.
El hecho de que el informante M. haga una pausa antes de / imperativamente / hace suponer que este segmento CC de la oración rela tiva queda deslindado del verbo como veremos en otros textos.
El grupo fónico 3 está constituido por el predicado (V + A) como en otras ocasiones anteriores.

Texto 5

Grupo fónico 1: / Análogamente /, común en los tres inf.; el fundamental termina con movimiento ascendente.
Grupo fónico 2: / los hombres y mujeres con formación universitaria /, común en los tres inf. En A. el fundamental termina en suspensión; en E. termina con movimiento ligeramente descendente, con tempo lento y con intensidad similar a la de la sílaba tónica anterior. Lo mismo puede decirse de M.
Grupo fónico 3: Inf. A. y E.: / que hasta hace unos decenios era una exigua minoría /. Terminan su fundamental con movimiento ascendente.
Grupo fónico 3a: Inf. M.: / que hasta hace unos decenios /. Termina con ligera ascensión del fundamental.
Grupo fónico 3b: Inf. M.: / eran una exigua minoría /. Termina con el fundamental fuertemente ascendente.
Grupo fónico 4: Inf. A.: / son en algunos países una fracción considerable de la población /. Hay que destacar el movimiento de inflexión ascendente-descendente sobre / son /; en segundo lugar, la elevación tonal e intensiva sobre la sílaba átona de *países,* que señala una delimitación, y en tercer lugar la terminación con movimiento ascendente del fundamental.
Grupo fónico 4a: Inf. E. y M.: / son en algunos países /. En E. el fundamental termina en suspensión con una intensidad de nueve decibeles más que el segmento tónico anterior. En M. termina con un fundamental ascendente, sobre todo con una marcada diferencia de frecuencia en las dos últimas sílabas en relación con la sílaba *pa*: la diferencia es de 98 decibeles.
Grupo fónico 4b: Inf. E. y M.: / una fracción considerable de la población /. Ambos terminan con fundamental ascendente.

Comportamiento gramatical.—En el grupo fónico 1 hallamos como único constituyente una concatenación de recuerdo - análogamente - que pone en relación semántica (hace referencia) al enunciado anterior con el presente.

Los grupos fónicos 2 y 3 forman un SN alargado por una oración de relativo explicativa y de ahí que no forme un sólo grupo fónico, sino dos, debido a que aparece una pausa entre el núcleo nominal / hombres y mujeres / y dicho alargamiento / que hasta hace unos decenios eran una exigua minoría /.

En cuanto al resto del texto, que es un grupo fónico en A., constituye la estructura V + CC + A., estructura que M. y E. han dividido así V + CC, grupo fónico 4a y A., grupo fónico 4b. La tendencia del segmento CC a aislarse de lo que le sigue o lo que le antecede, puede probarse en otros casos.

Texto 6

Grupo fónico 1: Inf. E.: / sólo las soluciones europeas y occidentales y actuales /. Debemos destacar en este grupo fónico su terminación en un fundamental suspensivo, pero con notable elevación frecuencial desde el segmento tónico anterior (65 Hz.). En segundo lugar, hemos de señalar que existe una delimitación entre / europeas y occidentales y actuales /; está marcada por varios recursos: tempo más lento en las sílabas —*péas*— y —*táles*—, intensidad marcada sobre las mismas sílabas, y movimiento tonal descendente.

Grupo fónico 1a: Inf. M. y A.: / sólo las soluciones europeas /. Debemos señalar que en M. el grupo fónico termina en suspensión y que las sílabas —*péas*— se realizan con un tempo considerablemente lento. En A. el fundamental desciende muy lentamente en un tempo lento.

Grupo fónico 1b: Inf. A.: / y occidentales y actuales /. El grupo fónico termina con movimiento tonal ascendente, debiéndose señalar una inflexión descendente-ascendente entre el final de / occidentales / y el principio de / actuales /. Por otra parte, las dos últimas sílabas de occidentales / poseen un tempo muy lento y una fuerte intensidad.

Grupo fónico 1c: Inf. M.: / y occidentales /. Termina en suspensión.

Grupo fónico 1d: Inf. M.: / y actuales /. Termina con movimiento ascendente.

Grupo fónico 2: Inf. A., E. y M.: / pueden ser viables /. El fundamental termina con movimiento descendente y considerable disminución de la intensidad.

Comportamiento gramatical.—El grupo fónico 1 contiene un sintagma nominal en el que aparecen varias atribuciones del nombre / soluciones / coordinadas por la concatenación léxica / y /. Aunque pertenecen al mismo grupo fónico hay otros recursos prosódicos, diferentes de la pausa, que indican la concatenación, como son el tempo lento y la intensidad fuerte.

En el grupo fónico 1a ya vemos pausa tras / europeas / señalando el alargamiento de coordinación. Igualmente aparece el mismo fenómeno en el grupo fónico 1c y 1d.

En cuanto al grupo fónico 2, en el cual coinciden todos los informantes, hay que señalar que aparece el predicado (V + A) una vez más.

Texto 7

Grupo fónico 1: Inf. A., E. y M.: / Canciones populares /. A. termina con un ligero descenso del fundamental compensado con una fuerte intensidad; E. y M. terminan en suspensión.

Grupo fónico 2: Inf. A., E. y M.: / trajes regionales /. Los tres terminan en suspensión.

Grupo fónico 3: Inf. A., E. y M.: / costumbres encantadoras /. A. y E. terminan con movimiento ascendente; M. en suspensión con la sílaba última a nivel más bajo que la tónica precedente, indicando la no terminación del enunciado, como hemos dicho varias veces.

Grupo fónico 4: Inf. A., E. y M.: / parecieron a los ojos de una crítica ingenua que deriva de Vico /. La terminación del fundamental es ascendente. Por otra parte hay que señalar una inflexión melódica descendente-ascendente entre / parecieron / y / a los ojos... /.

Grupo fónico 5: Inf. A., E. y M.: / algo secular /. A. y M. terminan en suspensión; E. con un ligero descenso compensado por la intensidad.

Grupo fónico 6: Inf. A., y E. y M.: / inmemorial mejor dicho /. Movimiento final descendente.

Comportamiento gramatical.—Los tres primeros grupos fónicos son una serie de sintagmas nominales coordinados por la pausa, es decir, yuxtapuestos si se quiere emplear el término tradicional. Todos ellos terminan en suspensión o en un movimiento ligeramente ascendente, pues no son completos en sí mismos como tales sintagmas, sino que forman, desde un nivel gramatical, un sintagma nominal en función de sujeto, cuya estructuración es heterogénea y el procedimiento empleado para el alargamiento es la coordinación.

El grupo fónico 4 está constituido por el segmento verbo y un segmento CC. De nuevo pausa tras el complemento circunstancial.

El grupo fónico 5 coincide con el atributo, el cual lleva a su vez una aposición / inmemorial, tan solo / que va precedido de pausa y constituye el grupo 5.

Texto 8

Grupo fónico 1: Inf. E. y M.: / de aquél no recibe conocimiento sino industria /. Termina con movimiento tonal descendente como es lógico.

Hay que señalar en E. una fuerte inflexión ascendente-descendente del fundamental que tiene su cumbre en la vocal tónica de / conocimiento /. En M. un movimiento ascendente en la última sílaba de / conocimiento /.
Grupo fónico 1a: Inf. A.: / de aquél no recibe conocimiento /. Termina con un ligerísimo movimiento descendente.
Grupo fónico 1b: Inf. A.: / sino industria /. Termina el fundamental en descendente.
Comportamiento gramatical.—Los tres informantes indican de algún modo la coordinación que realiza el elemento de concatenación / sino / del sintagma nominal / conocimiento sino industria /. A. lo marca haciendo pausa y por tanto dividiendo la frase en dos grupos fónicos; E. mediante la inflexión ascendente-descendente en / conocimiento / y M. mediante un movimiento ascendente en / conocimiento /.

Texto 9

Grupo fónico 1: Inf. A.: / cuando el deseo de esta voluptuosidad no se contenta con el goce del carácter y sus mascaradas /. Este grupo termina con un movimiento del fundamental claramente ascendente. Hay que señalar un movimiento brusco de ascenso sobre la última de / voluptuosidad /.
Grupo fónico 1a: Inf. E. y M.: / cuando el deseo de esta voluptuosidad /. El fundamental termina en suspensión.
Grupo fónico 1b: Inf. E. y M.: / no se contenta con el goce del carácter /. Los dos terminan en suspensión.
Grupo fónico 1c: Inf. E. y M.: / y sus mascaradas /. Termina con movimiento ascendente.
Grupo fónico 2: Inf. E. y M.: / van más lejos y buscan lo ingenuo /. Terminan en suspensión.
Grupo fónico 2a: Inf. A.: / va más lejos /. Termina en suspensión.
Grupo fónico 2b: Inf. A.: / y busca lo ingenuo /. Termina en un lento descenso.
Grupo fónico 3: Inf. A., E. y M.: / lo primitivo /. Termina con un ligero descenso casi en suspensión.
Grupo fónico 4: Inf. A., E. y M.: / la desnudez /. Termina con movimiento del fundamental descendente y con marcada intensidad.
Comportamiento gramatical.—El grupo fónico 1 coincide con un segmento oracional CC, cuya realización es una oración. La segmentación llevada a cabo por los informantes E. y M. hace tres grupos fónicos del segmento citado: el primero coincide con el sujeto de la oración transformada en CC, el segundo con el predicado (V + CD) y el tercero un alargamiento por coordinación del SN en función CD. De todos modos, tanto en el grupo fónico 1 como en 1c el movimiento ascendente del fundamental indica claramente que la oración introducida por / cuando / no tiene autonomía sintáctica y por tanto no acaba en movimiento descendente su fundamental.

Los grupos fónicos 2a y 2b están constituidos respectivamente por dos ordenamientos, separados por el elemento de concatenación léxica / y /. Los grupos fónicos 3 y 4 están constituidos por alargamientos del SN / lo ingenuo /; alargamientos de coordinación cuya marca no es léxica, sino prosódica, la pausa y por eso todos los informantes coinciden, pues es distintiva a nivel sintáctico.

Texto 10

Grupo fónico 1: / La consideración de la sociedad desde el punto de vista de un carácter público /. Coincidente en los tres informantes. En todos termina el fundamental con movimiento ascendente. Hay que señalar también en los tres una acusada inflexión de descendente-ascendente entre el final de / sociedad / y el principio de / punto /.
Grupo fónico 2: / Se cruza con otra /. Inf. A., E. y M. En M. el fundamental termina en suspensión. En A y en E. con un ligero movimiento descendente.
Grupo fónico 3: Inf. A., E. y M.: / no menos interesante /. A. y M. terminan con movimiento ascendente. En E. en suspensión.
Grupo fónico 4: / Desde el punto de vista de la libertad /. Inf. A., E y M. Los tres acaban con movimiento tonal descendente.
Comportamiento gramatical.—El grupo fónico 1 engloba un sintagma nominal complejo, integrado por cuatro alargamientos por determinación. Con todo, la inflexión descendente-ascendente que aparece a partir de / sociedad / sirve de delimitación entre el núcleo primario del sintagma / la consideración de la sociedad / y la determinación segunda / desde el punto de vista... /.
El grupo fónico 2 coincide con el predicado constituido por el verbo más un complemento indirecto de rección: / se cruza con otra /.
El grupo fónico 3 está constituido por la aposición / no menos interesante / que gráficamente va entre comas y prosódicamente va entre pausas.
El grupo fónico 4 es un alargamiento por determinación del sintagma nominal sustituto / otro / que había quedado cortado por la arriba citada aposición atributiva. De nuevo, tres determinaciones en el mismo grupo fónico: el hecho de que una partícula funcional sea la marca de los mismos hace que no sea necesaria una marca prosódica que indique la estructura gramatical del grupo nominal.

Texto 11

Grupo fónico 1: Inf. A., E., y M.: / a cambio de este beneficio de una reconquistada inocencia /. Los tres terminan en suspensión.
Grupo fónico 2: / ¿qué importan las miserias de la ignorancia /. Coin-

cidente en los tres informantes; A. y M. terminan con un ligero movimiento descendente. En E. termina en suspensión.

Grupo fónico 3: Inf. A., E. y M.: / de la fealdad /. A. termina con un ligero movimiento descendente; E. y M. en suspensión.

Grupo fónico 4: Inf. A., E. y M.: / del balbuceo /. Los tres acaban con un movimiento del fundamental fuertemente ascendente.

Comportamiento gramatical.—El grupo fónico 1 coincide con un sintagma preposicional, cuya estructuración es heterogénea pues engloba alargamientos por determinación que llevan su marca, como decíamos anteriormente, y no necesitan de ningún procedimiento prosódico para indicar su estructura.

Los grupos fónicos 2, 3 y 4 constituyen el núcleo oracional (CD + V + S) en forma interrogativa y por tanto acaba en movimiento ascendente al final, es decir el grupo 4. El que en vez de ser un sólo grupo sean tres es debido a que hallamos coordinación entre las determinaciones de SN / las miserias /, es decir: / de la ignorancia /, / de la fealdad /, / del balbuceo. Es la pausa imprescindible para marcar la coordinación, ya que de otro modo / de la fealdad / sería considerado como determinación de / ignorancia / y el sentido cambiaría / la ignorancia de la fealdad /, y de igual modo / fealdad del balbuceo /.

Texto 12

Grupo fónico 1: / ¡Cuán rico pasto de cuentos /. Inf. A., E. y M. En A. y E. terminan con un fundamental descendente; M. con una pequeña elevación en la última sílaba, estando a un nivel frecuencial más bajo que la sílaba tónica precedente.

Grupo fónico 2: Inf. E.: / de sueños, de fantasmas /. Termina con fundamental descendente. Se percibe un descenso del fundamental en / sueños / y un tiempo más lento en la última sílaba de la misma secuencia con relación a las precedentes y a las siguientes.

Grupo fónico 2a: Inf. A. y M.: / de sueños /. Los dos acaban en suspensión.

Grupo fónico 2b: / de fantasmas /. Inf. A. y M. En los dos aparece una terminación descendente del fundamental.

Los tres informantes presentan en este enunciado una realización en tempo muy lento.

Comportamiento gramatical.—La oración exclamativa ha sido caracterizada siempre, desde el punto de vista melódico, en función de los movimientos frecuenciales del fundamental [6]. Pero también puede darse el caso, como sucede aquí, que lo pertinente para el reconocimiento de esta oración como exclamativa sea su realización en un tempo lento.

Hallamos nuevamente, al igual que en el texto anterior, un grupo de elementos, constituyentes de un sintagma nominal, que van coordinados por un procedimiento prosódico: o bien la pausa como en los informantes A. y M., o bien por la pausa y el tempo lento en el informante E.

Texto 13

Grupo fónico 1: Inf. A., E. y M.: / Pobre Andrenio /. El fundamental presenta un descenso progresivo y lento desde el principio hasta el final, siendo la diferencia entre los extremos de unos 100 Hz. en los tres informantes.

Por otra parte, hay que señalar el tempo lento de realización de la última sílaba en los tres informantes.

Grupo fónico 2: Inf. A., E. y M.: / ¡Cuán disminuido te veo! /. El mismo descenso lento y progresivo que en el grupo anterior. La misma lentitud en el tempo de la sílaba final.

Hay que señalar como característica común en todos los informantes y grupos fónicos la monotonía de la curva melódica.

Comportamiento gramatical.—Nuevamente hallamos tempo lento en esta oración exclamativa. El grupo fónico 1 está constituido por un vocativo / pobre Andrenio / el cual, por no pertenecer a la sintaxis de la oración y ser un elemento aparte, debe ir aislado prosódicamente. Gráficamente lo refleja la coma.

Texto 14

Grupo fónico 1: Inf. A., E. y M.: / Señor /. En A. presenta una tremenda monotonía horizontal, terminando en suspensión. En E. y M. se caracteriza por un movimiento circunflejo. Hay que señalar que este grupo, pese a su brevedad, presenta una frecuencia del fundamental más bien baja.

Grupo fónico 2: Inf. A., E. y M.: / tu gesto es verdaderamente un algoritmo del barroco en este cuadro de mi museo /. Los tres terminan con movimiento en leve descenso, compensado en M. por un aumento de intensidad.

Grupo fónico 3: Inf. A., E. y M.: / ya está entendido que el museo del Prado me pertenece /. Los informantes A. y E. terminan en suspensión; el informante M. con un ligero descenso compensado con un aumento de intensidad.

Hay que señalar que las frecuencias medias del fundamental en los grupos fónicos 1 y 2 son de 150 Hz. para A., 204 Hz. en E. y 242 Hz. en M. Las del grupo parentético son: en A. 118 Hz., en E. 174 Hz. y en M. 215 Hz., lo que indica, además, una frecuencia fundamental notablemente más baja en el citado grupo parentético.

Grupo fónico 4: Inf. A., E. y M.: / que lleva por título /. A. y M. terminan con movimiento ascendente; E. con movimiento ligeramente descendente.

Grupo fónico 5: Inf. A., E. y M.: / noli en tangere /. Movimiento descendente.

Comportamiento gramatical.—El primer grupo fónico está constituido por un vocativo, al cual nuevamente le vemos aislado por la pausa.

El grupo fónico 2 lo constituye toda la oración de estructura atributiva en la cual se inserta una oración parentética que constituye el grupo fónico 3 y que no lleva marca gramatical de su esencia de tal, sino una marca prosódica interesante: el descenso de frecuencias del fundamental en toda ella, y además la marca característica, la pausa, que la constituye en un grupo fónico único.

El grupo fónico 4 es una oración relativa que dentro del ordenamiento es una simple complementación del núcleo nominal / este cuadro /. El grupo fónico 5 es una aposición a / título / la cual va después de pausa que es, como apuntábamos anteriormente, su rasgo distintivo.

Texto 15

Grupo fónico 1: Inf. E. y M.: / La Magdalena Señor /. Terminan en fundamental ascendente. Hay que señalar un movimiento descendente-ascendente entre / Magdalena / y / Señor /.

Grupo fónico 1a: Inf. A.: / la Magdalena /. Acaba en suspensión.

Grupo fónico 1b: Inf. A.: / Señor /. Termina con movimiento ascendente.

Grupo fónico 2: Inf. A., E. y M.: / está a tus pies /. Finaliza con movimiento descendente.

Comportamiento gramatical.—El vocativo / Señor / que en A. es un grupo fónico, va unido a / la Magdalena / en E. y M.; sin embargo, en E. y M. va marcada su condición de elemento no-oracional, casi parentético, mediante la inflexión descendente-ascendente del fundamental entre / Magdalena / y / Señor /.

El grupo fónico 2 está constituido por el resto de la oración y acaba en movimiento descendente, como es característico del final oracional, y señal de sentido completo y por tanto de autonomía sintáctica del segmento.

Texto 16

Grupo fónico 1: Inf. A.: / Sed amorosas y seréis dichosas /. Termina en descenso. Hay que destacar una considerable elevación de frecuencia en el fundamental acompañada de un incremento de la intensidad.

Grupo fónico 1a: Inf. M.: / Sed /. Termina con movimiento descendente.

Grupo fónico 1b: Inf. M.: / amorosas /. Finaliza con una fuerte elevación.

Grupo fónico 1c: Inf. E.: / sed amorosas /. Acaba con una entonación claramente circunfleja.

Grupo fónico 1d: Inf. E. y M.; / y seréis dichosas /. Final descendente.

Estos grupos se caracterizan en conjunto por una elevada frecuencia del fundamental.

Grupo fónico 2: Inf. A.: / aconseja una de estas figuras a no se sabe qué hembras cándidas e instintivas /. Concluyen en suspensión. Hay que señalar en / figuras / una elevación del fundamental acompañada de un incremento de intensidad.
Grupo fónico 2a: Inf. E. y M.: / aconseja una de estas figuras /. Terminan con movimiento ascendente.
Grupo fónico 2b: Inf. E. y M.: / a no se sabe qué hembras cándidas e instintivas /. En E. termina en suspensión y en M. con movimiento ascendente.
Grupo fónico 3: Inf. A., E. y M.: / de una bienaventurada perfección vegetal /. Termina con movimiento tonal descendente.
Comportamiento gramatical.—El grupo fónico 1 es una oración completa que no lleva pausa, pero la coordinación se marca por medio de un aumento de intensidad. En cuanto los grupos fónicos 1a, 1b y 1c son realizaciones de los informantes M. y E. que segmentan la oración, quizá para hacerla más expresiva debido a su tono imperativo / Sed /. La oración constituida en el grupo 1 está en función de CD en estilo directo. La pausa antes de empezar / aconseja... / es la marca gramatical.
El grupo 2 contiene toda la oración de la cual el grupo fónico 1 no es más que un segmento. El grupo fónico 2a contiene el verbo / aconseja /, al cual se pospone el sujeto / una de estas figuras / y el complemento indirecto / a no se sabe qué hembras cándidas e instintivas / constituye un grupo fónico aislado, el 2b.
El grupo fónico 3 es una determinación de / hembras / que por no ir adyacente a dicho núcleo necesite de la pausa.

Texto 17

Grupo fónico 1: Inf. A., E. y M.: / el profesor pregunta al alumno /. Desde la cumbre tonal en la sílaba tónica de / profesor /, el fundamental desciende lentamente en los tres informantes.
Grupo fónico 2: Inf. A., E. y M.: / a ver /. Terminación descendente y frecuencia fundamental más alta que el final del grupo anterior.
Grupo fónico 3: Inf. A., E. y M.: / la filosofía de Kant /. La cumbre melódica está situada en la sílaba tónica de / filosofía /. En los tres informantes termina en descenso.
Grupo fónico 4: Inf. A., E. y M.: / y ante el silencio del estudiante pasa a la pregunta siguiente /. Terminación descendente. Hay que señalar en los tres informantes un aumento de frecuencia del fundamental y de intensidad en la sílaba —*te*— de / estudiante /.
Grupo fónico 5: Inf. A., E. y M.: / su reputación /. Finalizan con movimiento descendente en A. y E. Sin embargo, en M. termina con movimiento fuertemente ascendente, interpretándolo como una pregunta.
Comportamiento gramatical.— El grupo fónico 1 concluye al pasar al estilo directo, es decir, cuando el complemento directo, realizado formal-

mente por una oración, no lleva una partícula funcional que marque dicha transformación, y precisamente la pausa y la mayor altura del fundamental del grupo fónico 2 son las marcas de que dicha función es realizada por la oración que se inserta. En el grupo fónico 2 aparece un elemento de concatenación de referencia, concretamente de presentación o anuncio de algo posterior: / a ver /, que va entre pausas debido a dicho carácter concatenador.

El grupo fónico 4 está constituido por una oración coordinada a la anterior, y cuyo complemento directo, también en estilo directo, forma el grupo fónico 5, que va entre pausas, como en el caso de los grupos 2 y 3.

Texto 18

Grupo fónico 1: Inf. E.: / Sintieron todos que las formas y las directrices de su propia emoción /. Termina con movimiento ascendente. Hay que señalar una entonación circunfleja sobre / sintieron /, cuya rama descendente se extiende hasta / que /. A partir de aquí una inflexión ascendente llega hasta / formas /; nuevamente desciende lentamente desde la ó tónica de esta palabra hasta que en la vocal final de / formas / comienza un movimiento ascendente; es decir, entre el final de / formas / y el comienzo de / y / hay una inflexión descendente-ascendente.

Grupo fónico 1a: Inf. A.: / Sintieron /. Movimiento circunflejo sobre las dos últimas sílabas.

Grupo fónico 1b: Inf. A.: / Todos que las formas y las directrices de su propia emoción /. Termina con movimiento ascendente. Entre el final de / formas / y el principio de / y / hay una ruptura tonal de 26 Hz.

Grupo fónico 1c: Inf. M.: / Sintieron todos /. Acaba con un ligero movimiento descendente, casi suspensivo.

Grupo fónico 1d: Inf. M.: / que las formas y las directrices de su propia emoción /. Termina en suspensión con notable intensidad. Hay que señalar el acusado descenso durante la palabra / formas / de 78 Hz. entre su principio y su final, descenso que se interrumpe para comenzar la inflexión ascendente a partir de / y /.

Grupo fónico 2: Inf. A., E. y M.: / iban ahora a estar cambiadas sin remedio /. Sólo hay que señalar la terminación progresiva y descendente desde / estar / hasta el final.

Comportamiento gramatical.—Hay variaciones importantes en la estructuración prosódica que realizan los tres informantes. Con todo, notamos que marcan de algún modo la transformación en elemento CD de la oración / *que* las formas y las directrices de su propia emoción iban ahora a estar cambiadas sin remedio /. En el caso de E., una entonación circunfleja cuya rama descendente se extiende hasta / que /, índice funcional de dicha transformación. En M. se hace pausa antes de / que / precisamente.

El grupo fónico 2 coincide con el predicado de la oración en función CD.

Texto 19

Grupo fónico 1: Inf. A., E. y M.: / No quiere esto decir que sea idealista /. En A. y E. lenta terminación descendente. En M., en suspensión. En los tres se observa un movimiento tonal sobre la sílaba tónica de / decir /, movimiento que es ascendente en A. y M., y descendente en E. También es preciso señalar, aunque parezca rasgo individual, pero común en los tres, un movimiento circunflejo sobre la sílaba tónica de / idealista /.

Grupo fónico 2: Inf. A. y M.: / Ni tampoco que no haya un número crecido de individuos que se mueven principalmente por los estímulos del más sórdido interés /. Termina con movimiento tonal descendente. Hay que destacar en los dos informantes un movimiento notablemente ascendente sobre la última sílaba de / individuos /, así como una ruptura tonal ascendente en las dos últimas sílabas de / tampoco /. También en los dos un movimiento circunflejo acusado sobre la palabra / mueven / con la cumbre tonal en la sílaba tónica. Igualmente en ambos un movimiento ascendente del fundamental en las sílabas últimas de / principalmente / a partir del acento de —*pál*—.

Grupo fónico 2a: Inf. E.: / Ni tampoco que no haya un número crecido de individuos /. Termina en suspensión. Al igual que en los informantes anteriores, hay una ruptura tonal a partir de la sílaba tónica de / tampoco /, que se mantiene en la átona siguiente.

Grupo fónico 2b: Inf. E.: / que se mueven principalmente por los estímulos del más sórdido interés /. El fundamental termina en descenso. Hay que señalar una inflexión circunfleja sobre / se mueven / con cumbre melódica en la *é* tónica y otra inflexión circunfleja sobre / principalmente / con cumbre en el segmento *é* tónico.

Comportamiento gramatical.—De nuevo aparece una oración en función CD del ordenamiento y en estilo indirecto. La partícula funcional / que / se destaca, pues antes de ella los tres informantes muestran un movimiento tonal.

El grupo fónico 2 comienza por el elemento de concatenación de recuerdo / ni tampoco /, el cual va enmarcado por pausa al principio y por una ruptura tonal sobre / tampoco /.

Texto 20

Grupo fónico 1: Inf. A. y E.: / Las influencias recíprocas de uno y otra /. Los dos terminan con movimiento tonal ascendente. Hay que señalar en ambos informantes un movimiento descendente-ascendente entre / uno / y / otra /.

Grupo fónico 1a: Inf. M.: / Las influencias recíprocas /. Acaba en suspensión con incremento intensivo.

Grupo fónico 1b: Inf. M.: / de una y otra son /. Hay que señalar en / son / su tempo lento, su inflexión ascendente desde el comienzo de la vocal hasta su mitad, aproximadamente en 65 Hz. y su terminación suspensiva; en el resto del grupo hay que destacar el movimiento circunflejo que abarca desde el principio hasta la cumbre en la sílaba —*na*— de / una / y su descenso hasta la sílaba —*tra*— de / otra /.

Grupo fónico 2: Inf. E.: / son naturalmente /. Destacamos la terminación final ascendente y un movimiento acusadamente descendente a lo largo de la secuencia / son /.

Grupo fónico 2a: Inf. A.: / son /. Termina en suspensión.

Grupo fónico 2b: Inf. M. y A.: / Naturalmente /. Finaliza en ascendente.

Grupo fónico 3: Inf. A., E. y M.: / Enérgicas y decisivas /. En los tres informantes descenso lento y progresivo desde la parte final de / enérgicas / hasta la terminación del grupo.

Grupo fónico 4: Inf. A. y E.: / pero sus realidades son estrictamente diferentes /. Termina en fundamental descendente. Hay que mencionar el aumento de frecuencia sobre la sílaba final de / son /, que muestra una inflexión descendente-ascendente entre / son /, que se continúa sobre la sílaba —*es*— siguiente y la ruptura tonal ascendente en la sílaba —*tric*— de / estrictamente /.

Grupo fónico 4b: Inf. M.: / son estrictamente diferentes /. Terminación descendente.

Los grupos parentéticos / naturalmente / y / estrictamente / muestran las siguientes frecuencias medias del fundamental: A. 131 Hz., E. 199 Hz., M. 250 Hz., contando las frecuencias de las partes finales de los grupos notoriamente ascendentes. Estas medias comparadas con las de las frecuencias del fundamental del entorno (A. 146 Hz., E. 241 Hz., M. 265 Hz.) muestran una realización fundamental acusadamente inferior.

Comportamiento gramatical.—Podemos destacar que el segmento en función CC / naturalmente / va entre pausas (A. y M.), con descenso del nivel de frecuencias y terminando en un movimiento ascendente; es prácticamente un elemento parentético.

La constitución de los grupos fónicos 1 y 2 es variada en el grupo fónico 3, integrado por el atributo / enérgicas y decisivas /. Asimismo, coinciden en hacer pausa ante el elemento de concatenación / pero /. La oración atributiva final forma un grupo fónico en E. y A.; en el informante M. la oración atributiva va dividida por pausa: forma un grupo fónico el sujeto / pero sus realidades / y otro el predicado (V + A) / son estrictamente diferentes /.

Texto 21

Grupo fónico 1: Inf. E.: / Las características de la sociedad y del individuo son ciertamente marcadas y decisivas /. Terminación descendente. Hay que destacar un movimiento circunflejo sobre / individuo / que presenta la cumbre melódica a partir del segmento tónico. Un tempo marcadamente lento en la secuencia / son /, con movimiento descendente y una acusada elevación de frecuencia del fundamental a lo largo del adverbio en —mente que tiene su cumbre en la última sílaba átona.

Grupo fónico 1a: Inf. M.: / Las características de la sociedad y del individuo son ciertamente /. Termina el fundamental en ascendente y suspensivo. Hay que señalar: 1.º una ruptura acusada de frecuencias del fundamental entre el final de / sociedad / y el principio de / y / (éste menor en 65 Hz.); 2.º ascenso progresivo desde / y / hasta / individuo / y descenso en la última sílaba; 3.º en la secuencia / son / un fundamental monótono con realización muy lenta que contrasta con el tempo más rápido del adverbio siguiente; 4.º el comienzo a unos 80 Hz. más elevado del fundamental en / ciertamente /. Es decir, la secuencia / son / destaca de entre las secuencias que la preceden y siguen por un fundamental de frecuencia considerablemente más bajo y un tempo de realización mucho más lento.

Grupo fónico 1b: Inf. A.: / Las características de la sociedad y del individuo /. Terminación ascendente.

Grupo fónico 1c: Inf. A.: / son /. Terminación descendente, tempo lento.

Grupo fónico 1d: Inf. A.: / Ciertamente /. Acusadas inflexiones melódicas en comparación con lo habitual en el informante A y terminación ascendente.

Grupo fónico 1e: Inf. M. y A.: / Marcadas y decisivas /. Terminación descendente.

Comportamiento gramatical.—Esta oración que es un sólo grupo fónico en E., forma en A. cuatro grupos fónicos y en M. dos.

En todos ellos se distingue la secuencia / ciertamente / por su carácter parentético, bien mediante elevación del nivel de frecuencia del fundamental (E. y M.), bien por pausa (A.).

El sintagma nominal sujeto lógicamente va dentro del mismo grupo fónico en los tres: / las características de la sociedad y del individuo /; asimismo va unido el segmento en función atributo / marcadas y decisivas /.

Texto 22

Grupo fónico 1: Inf. E. y M.: / Cuando se habla, por ejemplo, de economía /. E. termina en descenso; M. en ascenso. Los dos informantes muestran entonación circunfleja sobre / habla / recayendo la cumbre melódica sobre el segmento tónico. Al examinar estas curvas se tiene la sensación de que el / por ejemplo / queda destacado del resto del contorno melódico. Pero esta puesta de relieve se realiza por medio de procedimientos diferentes en cada informante: En E. aparece un movimiento circunflejo que se inicia en el final de / por / y que tiene su cumbre en el segmento tónico —*é*—. Desde este punto desciende lentamente hasta que el contorno termina nuevamente con un movimiento circunflejo que se inicia en la sílaba —*no*— de / economía / teniendo su cumbre en *í* tónica. En M. se produce también esta entonación circunfleja pero aquí abarca sólo los segmentos —*ém*— de / por ejemplo / descendiendo hasta que a partir de la sílaba / de / sube hasta la cumbre en la sílaba —*co*— desde donde desciende para subir en la parte final del grupo.

Grupo fónico 1a: Inf. A.: / Cuando se habla /. Terminación descendente lenta. También como en E. y M. se produce un movimiento circunflejo sobre las secuencias / se habla /.

Grupo fónico 1b: Inf. A.: / por ejemplo, de economía /. Termina en suspensión.

Grupo fónico 2: Inf. E., A. y M.: / en general de todos los asuntos colectivos /. A. y M. terminan en movimiento ascendente; E. en suspensión. Hay que destacar la inflexión melódica ascendente sobre la sílaba tónica de / general / en A. y E., y el movimiento circunflejo sobre la misma sílaba, seguido de un ascenso tonal pronunciado sobre la sílaba tónica de / todos / (52 Hz.) en M.

Grupo fónico 3: Inf. A. / muchos teóricos nos ofrecen como alternativa la decisión de un individuo /. Terminación ascendente suspensiva. Señalamos la ruptura tonal que se establece entre el final de / ofrece / y el principio de / como / y también el ascenso del fundamental en las dos últimas sílabas de / alternativa /. Estos dos índices parecen delimitar la secuencia / como alternativa / realizándola además con un fundamental más bajo que su entorno.

Grupo fónico 3a: Inf. E. y M.: / Muchos teóricos nos ofrecen como alternativa /. Los dos informantes terminan en suspensión con un fundamental de frecuencia más elevada que la anterior, acompañando además en M. un aumento intensivo.

Grupo fónico 3b: Inf. E.: / La decisión de un individuo o de un plan estatal /. Terminación descendente lenta, pudiéndose señalar una inflexión desdendente-ascendente sobre el nexo / o /.

Grupo fónico 3c: Inf. M.: / la decisión de un individuo /. Terminación ascendente.

Grupo fónico 3d: Inf. A. y M.: / O de un plan estatal /. Terminación lenta y progresivamente descendente.

Grupo fónico 4: Inf. A. E., y M.: / Ahora bien /. Terminación lenta y progresivamente descendente desde el primer segmento tónico / ó /.

Grupo fónico 5: Inf. A. E. y M.: / Las cosas no pasan de ninguno de estos dos modos /. Terminación descendente. Habría que destacar como rasgo individual pero común en los tres (puede ser expresivo) un aumento acusado de frecuencia del fundamental sobre / pasan / que tiene su inicio en A. y M., sobre / no /.

Comportamiento gramatical.—El segmento / por ejemplo /, que hemos llamado concatenación de presentación, se pone de relieve por varios procedimientos prosódicos ya reseñados.

El grupo fónico 2, coincidente en los tres informantes, es un alargamiento por coordinación del segmento: / de economía /; dicho alargamiento va considerado como un elemento parentético y de ahí su aislamiento y su bajo nivel frecuencial del fundamental.

El elemento de concatenación / ahora bien / constituye el grupo fónico 4, quedando aislado del resto de la secuencia.

Texto 23

    Grupo fónico 1: Inf. A., E. y M.: / Sólo que, al día siguiente /. Terminación ascendente en A. y M., lentamente descendente en E., pero con aumento de intensidad. Es destacable en los tres informantes el tempo lento del adverbio inicial, así como el de la parte final del grupo fónico. También la secuencia / sólo / muestra un fundamental decididamente descendente.
    Grupo fónico 2: Inf. A. y E.: / Ya el voluble había olvidado su fiebre /. En A. hay que señalar el aumento de la frecuencia en la secuencia con acento —*úble*— de / voluble / acompañado de incremento intensivo en su última sílaba. Los mismos fenómenos en —*ádo*— de / olvidado /.
    Grupo fónico 2a: Inf. M.: / Ya el voluble /. Terminación en ascendente.
    Grupo fónico 2b: Inf. M.: / Había olvidado su fiebre /. Acaba en suspensión.
    Grupo fónico 3: Inf. A., E. y M.: / Pronto olvidará también semblante y silueta /. Terminación descendente. Debemos señalar en A. y M. aumento de frecuencia del fundamental y de intensidad en la última sílaba de / también /.
    Grupo fónico 4: Inf. A., E. y M.: / Nada aquí /. En A. terminación descendente, con una intensidad en / aquí / similar a la de la sílaba —*da*— de / nada /. En E. y M. terminación ascendente.
    Grupo fónico 5: Inf. A., E. y M.: / Según puede verse /. Terminación suspensiva en E., ascendente en M. y ligerísimamente descendente en A.
    Grupo fónico 6: Inf. A., E. y M.: / Del consabido flechazo /. Terminación lenta y progresivamente descendente.
    Comportamiento gramatical.—Importa destacar cómo la concatenación entre los dos primeros ordenamientos se marca mediante la pausa en que coinciden todos los informantes, la cual gráficamente la indican los dos puntos /: pronto olvidará también semblante y silueta /. El aumento de frecuencia en la última sílaba de / también / pone de relieve a este elemento de concatenación de recuerdo. Asimismo interesa señalar el aislamiento del segmento / según puede verse /, de carácter parentético.

Texto 24

    Grupo fónico 1: Inf. A.: / ¿No se ocupan algunos poetas amigos en nuevamente encender altares a Góngora? /. Terminación decididamente ascendente, acompañada de incremento intensivo.

Grupo fónico 1a: Inf. M. y E.: / No se ocupan algunos poetas amigos /. Terminación suspensiva en ambos, acompañada de elevación intensiva.

Grupo fónico 1b: Inf. M. y E.: / En nuevamente encender altares a Góngora /. Los dos terminan con una fuerte elevación del fundamental.

Grupo fónico 2: Inf. A., E. y M.: / Contra la maldición secular /. Terminación ascendente en A. y en M., suspensiva en E. con elevación de la intensidad.

Grupo fónico 3: Inf. A., E. y M.: / Un salvador exorcismo /. Terminación lenta y progresivamente descendente.

Comportamiento gramatical.—Interesa resaltar que en el ordenamiento segundo // contra la maldición secular, / un salvador exorcismo // se hace pausa tras *secular* en todos los informantes y esto es importante porque la ausencia de verbo se suple gramaticalmente con esta segmentación y la terminación lenta.

Una vez más, en el ordenamiento primero (grupo fónico 1) vemos la terminación ascendente típica de la línea interrogativa.

11.5. Características prosódicas de los aspectos sintácticos estudiados

El *sintagma nominal en estructuración heterogénea* presenta gran número de implicaciones prosódicas que a continuación vamos a destacar.

Las tres formas de alargamiento del sintagma nominal, es decir, la coordinación, la determinación y la complementación, a las que hemos aludido en numerosas ocasiones dentro de nuestro estudio gramatical, presentan características suprasegmentales interesantes.

La *coordinación* dentro del sintagma nominal puede ir marcada por una concatenación léxica (y, pero, no... sino, etc.) o puede ir simplemente yuxtapuesta, es decir, sin concatenación léxica. En este último caso será la pausa el elemento suprasegmental indicativo de la coordinación. Tanto en este caso como en el caso de que lleve un elemento de concatenación léxica, el movimiento del fundamental será descendente o en suspensión en los segmentos primeros de la coordinación, acabando el último con movimiento ascendente, si el enunciado no está acabado, como ocurre en el texto 7. En cambio, en el texto 9, e igualmente en el 12, como los segmentos en coordinación están colocados al final del enunciado («lo ingenuo, lo primitivo, la desnudez»), el último elemento de la serie termina también con un movimiento descendente del fundamental. En el texto 11, la serie de elementos coordinados va también al final del enunciado, pero el último acaba con movimiento ascendente del fundamental debido a que se trata de un ordenamiento interrogativo.

Cuando la coordinación de los elementos de un sintagma nominal se marca mediante una concatenación léxica, no siempre aparece la pausa. En el texto 6 («sólo las soluciones europeas y occidentales y actuales...»)

11. ENTONACION Y SINTAXIS

aparecen las mismas características, reseñadas antes, de los casos en que los elementos van yuxtapuestos, y hallamos pausa, o inflexión descendente-ascendente del fundamental como marcas suprasegmentales. La conjunción / y /, en otros casos va después de pausa, como en el texto 9, pero puede no ir después de pausa como se comprueba en el texto 21 y en el 20. La conjunción / sino / del texto 8 va después de pausa.

En cuanto a la *complementación* como alargamiento del sintagma nominal, podemos señalar que tanto en la complementación mediante la transformación de una oración en elemento adjetival (o de relativo) como en el caso de la aposición aparecen caracteres suprasegmentales específicos interesantes. En las oraciones de relativo ya es clásica la distinción: explicativas/especificativas. Esta distinción de índole semántica y que no incide en la estructuración gramatical, va corroborada por aspectos prosódicos. En el caso de relativa explicativa aparece la pausa siempre, pausa que va señalada gráficamente por la coma y que puede comprobarse en dos ocasiones dentro del texto 5. En cambio en los textos 3, 7 y 19 puede comprobarse como las relativas especificativas no van precedidas de pausa, sino que pertenecen al mismo grupo fónico que el núcleo nominal al que complementan.

En cuanto a la aposición, es precisamente la pausa el elemento suprasegmental imprescindible, como puede verse en el texto 1 y en el 2.

Pasando a los alargamientos por *determinación* hay que indicar que no van marcados en líneas generales ni por pausa, ni por ninguna otra característica prosódica. Solamente en el caso de un sintagma nominal muy heterogéneo como el del texto 10, aparece una inflexión descendente-ascendente del fundamental al comenzar la segunda determinación / desde el punto de vista de... /.

El constituyente oracional *interrogatorio* va marcado por el movimiento ascendente del fundamental con que terminan dichos ordenamientos interrogativos. El constituyente *exclamativo* va marcado sobre todo por un tempo lento, además.

Con respecto a los segmentos que hemos llamado *vocativos*, que son realmente elementos parentéticos, desligados de la sintaxis oracional, aparecen entre pausas y con el fundamental en movimiento descendente, como puede verse en los textos 13, 14 y 15. Asimismo el nivel de frecuencia desciende en ellos. Del mismo modo, vemos descenso en el nivel de frecuencias en *elementos y ordenamientos parentéticos* que van entre pausas al igual que el vocativo. Véase en el texto 14 / ya está entendido que el museo del Prado me pertenece /, en el texto 22 / y en general de todos los asuntos colectivos / y también en el texto 16 / aconseja una de estas figuras... /. En el texto 3 / y que no son todos, por supuesto / ocurre lo mismo.

Dentro de las *oraciones* en función de complemento directo distinguimos las llamadas de *estilo directo* de aquellas que llevan al índice funcional *que*. Pues bien, en las de estilo directo como en el texto 17 / a ver, la losofía de Kant /, además de la pausa, aparece una elevación en el nivel de frecuencias del fundamental. Las oraciones transformadas en CD por la partícula *que* no necesitan un índice suprasegmental, por tenerlo léxico, y así no aparece pausa en todos los informantes dentro de los textos 18 y 19 donde se presenta dicho fenómeno; no es obligatorio sino facultativo, el que exista esta marca prosódica.

Con respecto a las oraciones que llevan la función *verbo-elíptico* hay que destacar que el tempo lento y una segmentación marcada claramente de los elementos sintácticos son, como puede comprobarse en los textos 23 y 24, los caracteres prosódicos que aparecen.

En ocasiones un enunciado está compuesto de dos o más ordenamientos que se relacionan entre sí de diversos modos. Los *elementos de concatenación* de los ordenamientos sintácticos suelen ir después de pausa como / pero / en el texto 20, como / y / en el texto 17, o como / ni tampoco / en el texto 19.

Los elementos de *concatenación de referencia* son, por su contenido léxico, prácticamente elementos parentéticos con el comportamiento prosódico que de estos hemos descrito más arriba. Así / análogamente / en el texto 5, / por ejemplo / y / ahora bien / en el texto 22, van después de pausa o entre pausa y el movimiento de su fundamental es ascendente o suspensivo.

Entre los ordenamientos que van unidos por un elemento prosódico, llamados tradicionalmente *yuxtapuestos,* es siempre la pausa el principal índice, como se comprueba en el texto 23; gráficamente son los dos puntos en esta ocasión el índice pero puede ser otro signo gráfico.

En las oraciones coordinadas es de destacar que en la primera de las oraciones el descenso del fundamental es menor que ante pausa final. Compruébese a tal efecto que en el texto 20 el final de la oración / las influencias recíprocas de uno y otra son naturalmente, enérgicas y decisivas /, que lleva tras de sí una coordinada, no es tan descendente como en el texto 21 la oración de igual estructura / las características de la sociedad y el individuo son, ciertamente, marcadas y decisivas /, que va ante pausa final.

NOTAS

[1] Cf. «Notes on the Yiddish Rise-Fall Intonation Contour», pág. 633.

[2] Cf. *Prosodic Systems and Intonation in English,* pág. 254.

[3] Cf. «Sintaksiceskaja Rol'Intonacii v Angliiskom i Russkom Jazykax» (El papel sintáctico de la entonación en inglés y ruso), pág. 137.

[4] Cf. «K Voprosu o Sintaktisceskoi funkcii intonatsii» (Sobre la función sintáctica de entonación), pág. 180.

[5] Cf. *L'intonation et l'identification des mots dans la chaîne parlée.*

Capítulo 12

12. CONCLUSIONES

La característica principal de la oración es su autonomía lingüística, la cual se presenta a tres niveles: semántico, fónico y sintáctico. Es decir, una oración tiene sentido completo, tiene una figura completa en su entonación (el fundamental acaba en movimiento descendente) y presenta la relación sintáctica básica sujeto-verbo.

No consideramos oración a las llamadas tradicionalmente oraciones subordinadas, ya que carecen de autonomía semántica por no tener un sentido completo; carecen de autonomía fónica por no tener una figura entonativa completa; carecen de autonomía sintáctica, ya que llevan un elemento funcional que las transforma en meros segmentos oracionales.

Llamamos enunciado a la secuencia comprendida entre dos pausas fuertes. En un enunciado puede haber una o varias oraciones u ordenamientos sintácticos, unidos por un elemento de concatenación, es decir, coordinados. En el corpus analizado el 82,7 % de los enunciados se componen de un solo ordenamiento el 15,5 % de los enunciados se componen de dos ordenamientos, y aparecen los de 3, 5 y 6 ordenamientos con una frecuencia muy baja, 1,4 %, 0,3 % y 0,1 %, respectivamente. En este punto se presenta una diferencia entre los autores estudiados: mientras en Marías es más frecuente encontrar enunciados de un ordenamiento (85 %), en D'Ors éstos sólo representan el 80 %. En cambio D'Ors presenta mayor frecuencia en los enunciados de dos ordenamientos (17,5 % frente a 13,4 % de Marías), lo cual nos habla de una mayor preferencia por la coordinación de oraciones en D'Ors.

El centro funcional de la oración, en torno al cual se polarizan todas las relaciones sintácticas, es el verbo. La relación formal existente entre el sujeto y el verbo es la principal de todas. El índice de elipsis del verbo es de un 6,4 % frente a un 93,6 % de verbo expreso. Aquí también existe diferencia entre las dos partes del corpus, ya que abunda más la elipsis del verbo en D'Ors (9,9 %) y en cambio en Marías es menor (3,2 %). Los factores que determinan la elipsis del verbo son: o bien el evitar la repetición, o bien cuando se trata de una simple cópula que no aporta ningún elemento léxico al predicado, sino que es mero sustento de las categorías verbales. La elipsis del sujeto, en cambio es más abundante debido a que los morfemas verbales de número y persona le representan. El índice de elipsis del sujeto es de 34,3 % en el corpus total, coincidiendo totalmente los datos en los dos autores (65 % sujeto expreso, frente a 35 % sujeto elíptico, en números redondos). En cuanto a la posición de estos dos elementos oracionales nucleares, sujeto y verbo, hemos hallado que en un 72,6 % de las veces va antepuesto el sujeto al verbo y en un 27,4 % va pospuesto. Marías, como puede deducirse de los cuadros que presentamos en el capítulo primero, presenta mayor frecuencia de sujeto pospuesto al verbo que D'Ors.

Además de las funciones sujeto y verbo que constituyen el núcleo oracional aparece un elemento marginal: el complemento circunstancial. En el área del verbo hallamos otras funciones sintácticas: el complemento directo (CD), el complemento indirecto (CI), el atributo (A) y el complemento agente (Ag.).

La función de un elemento oracional no está directamente determinada por su naturaleza formal, porque dos elementos de naturaleza diferente pueden desempeñar la misma función y los constituyentes de la misma categoría pueden tener funciones diferentes. Las funciones sintácticas no son funciones semánticas, ya que un mismo contenido semántico puede tener dos o más estructuraciones sintácticas diferentes; o lo que es lo mismo: las funciones sintácticas se presentan a nivel de estructura superficial, mediante marcas formales, y una misma estructura profunda puede tener diferentes estructuras superficiales.

Las funciones sintácticas podemos llamarlas primarias porque asumen a todos los elementos de la lengua y los actualizan en un enunciado. En cambio llamamos funciones secundarias a las extraídas a partir de un análisis sintagmático, es decir, el análisis de cada uno de los segmentos oracionales que desempeñan una función primaria. Las funciones secundarias son diferentes según se analice un sintagma verbal (auxiliaridad, pronominalización) o un sintagma nominal (complementación, determinación).

Entre los elementos sintácticos que desempeñan una función del área verbal, el CD presenta una colocación respecto al verbo de posposición en un 89,3 % de las veces, frente a una anteposición de 10,7 %. El CI va pospuesto en un 69,1 % de las veces, frente a un 30,9 % de anteposición. Esta diferencia de comportamiento entre CD y CI se debe a que al llevar CI una partícula demarcadora (la preposición de la realización típica del CI, es decir, SP), le permite una mayor libertad de colocación, en tanto que el CD, al ir representado generalmente por un sintagma nominal que podría confundirse con el sujeto, está menos libre en su posición.

Cuando aparecen al tiempo CD y CI, la posición más frecuente entre todas las posibles es, en el corpus total: CI + V + CD, con un 42,6 % seguida de V + CI + CD con un 26 % y de V + CD + CI con 22,2 % Aquí se presenta una diferencia de preferencia de estructuración entre

12. CONCLUSIONES

Marías y D'Ors: en Marías la más frecuente es: V + CI + CD y en D'Ors la más frecuente es: CI + V + CD.

En lo que respecta a la colocación del elemento atributo aparece como posición más frecuente la siguiente: S + V + A, con un 66,3 %, seguida de A + V + S con un 17,8 % y de V + A + S con un 13,4 %. Totalmente minoritaria es la estructura V + S + A, con un 2,5 %. Coinciden en líneas generales los dos autores del corpus.

El elemento marginal de la oración, es decir, el complemento circunstancial, puede no aparecer en una oración pero puede aparecer varias veces en otra. Interesa destacar que mientras en Marías las oraciones con un sólo CC representan el 74,3 % y las de dos el 20,2 %, en D'Ors las oraciones con un sólo CC representan 61,4 % y las de dos el 30,7 %. Este mayor empleo en D'Ors del CC puede ser debido a diferencias de estilo o a diferencias de contenido. En el corpus total un 25 % de las oraciones llevan dos circunstanciales y un 67,5 % llevan uno, repartiéndose el resto las de 3, 4 y 5 circunstanciales. No encontramos ninguna oración con más de cinco complementos circunstanciales. Del total de segmentos CC del corpus un 55,9 % son de D'Ors y un 44,1 % son de Marías. Por otro lado, mientras en Marías la relación ordenamiento con CC y ordenamiento sin CC es de 51,6 % frente a 48,2 %, en D'Ors esta misma relación es de 62,8 % frente a 37,2 %.

Hecho el cómputo de todos los elementos oracionales vemos que el verbo representa el 28,7 % del total, seguido del CC que supone el 24,4 % del total, del sujeto con el 20,1 %, del CD con el 12,5 %, del atributo con el 7,5 %, del CI con el 6,3 y en cantidades mínimas 0,2 % y 0,3 % respectivamente el vocativo y el Ag.

La clasificación de los ordenamientos por el número de elementos funcionales que contienen nos arroja un claro predominio de los ordenamientos de tres elementos (38,9 %), seguido por los ordenamientos de cuatro elementos (28,3 %) y de los de dos elementos (20,8 %), siendo minoritarios los de uno, cinco y seis (véanse los histogramas y cuadros de la media, variancia y desviación-tipo del capítulo primero). Es interesante destacar en los histogramas la diferente forma geométrica que arrojan los datos de Marías y D'Ors.

Aparecen dos tipos de estructuración sintáctica según los elementos que contenga un ordenamiento: atributiva (V cópula + A) y predicativa (V ± CD ± CI). En la oración predicativa se presenta el verbo como núcleo léxico del predicado y en la oración atributiva el núcleo léxico lo constituye el atributo. Las oraciones predicativas simples son aquéllas cuyo núcleo verbal sólo presenta el elemento verbo, en tanto que las predicativas complejas son aquéllas cuyo núcleo verbal presenta el verbo más el CD, o bien el verbo más el CI, o bien el verbo más el CD y el CI.

En el corpus total las predicativas simples representan un 52,3 % frente a un 25 % de las atributivas y un 22,7 % de las predicativas simples. Una vez más contrasta la estructuración de ambas partes del corpus, ya que Marías tiene preferencia por la estructuración atributiva 31 % frente a 18,5 % en D'Ors.

Los procedimientos sintácticos de la oración española son: la concordancia, el orden de palabras, las partículas funcionales, la pertenencia a una categoría gramatical y los elementos suprasegmentales.

La concordancia se establece a nivel oracional, entre funciones sintácticas, como la existente entre sujeto y verbo, o entre sujeto y atributo; también se establece a nivel sintagmático, como la existente entre todos los elementos del sintagma nominal.

El orden de palabras en español no es totalmente libre en lo que respecta a la colocación de los elementos oracionales. En cuanto al orden de palabras a nivel sintagmático es más estricto: no podemos colocar, por ejemplo, un actualizador tras el sustantivo.

Las partículas funcionales como la preposición o la conjunción señalan en la oración española recciones, alargamientos y transformaciones. Los sustitutos nominales o adverbiales realizan reducciones.

La pertenencia a una categoría gramatical es señal de una función sintáctica en algunos casos, como por ejemplo, un segmento constituido por un adjetivo será un atributo.

En cuanto a las relaciones entre sintaxis y elementos prosódicos, podemos concluir, a partir de nuestra investigación sobre este tema, que el sintagma nominal en estructuración heterogénea presenta gran número de implicaciones prosódicas: en los alargamientos por coordinación (enumeraciones) y por complementación (aposición, oraciones relativas) son demarcadores, elementos suprasegmentales como la pausa, el movimiento del fundamental, así como las variaciones en el nivel de frecuencia.

En los vocativos, al igual que en los segmentos oracionales (e incluso oraciones) de tipo parentético, también aparecen elementos suprasegmentales como procedimientos sintácticos decisivos.

En el caso de elipsis del verbo un tempo lento y una segmentación marcada son los mecanismos lingüísticos que señalan dicha ausencia. Igualmente ocurre con las oraciones transformadas en función sujeto o CD de estilo directo, en las cuales una elevación de la frecuencia del fundamental es el elemento que realiza esta trasposición funcional. También los elementos de concatenación de sintagmas y de enunciados están en estrecha relación con los aspectos prosódicos. La oración exclamativa, así como la interrogativa, presentan características prosódicas específicas: tempo lento en la primera y terminación ascendente del fundamental en la segunda.

Pasando a las conclusiones acerca de cada una de las funciones estudiadas, podemos decir que el *sujeto* es un elemento nuclear y necesario para que pueda establecerse la relación oracional básica sujeto-predicado.

Formalmente está en relación con el verbo a través de las categorías de número y persona.

Su lugar de aparición en la oración es libre: generalmente va ante-

12. CONCLUSIONES

puesto al verbo; sin embargo, en un 25 % aproximadamente de las veces se pospone.

La realización formal característica del sujeto es el sintagma nominal. El sintagma nominal es la resultante de una doble estructuración: homogénea y heterogénea. En la estructuración homogénea, los elementos que rodean al núcleo del sintagma, el sustantivo, no presentan ningún intermediario; estos elementos son: los presentadores y las atribuciones. En la construcción heterogénea aparece el grupo nominal alargado mediante elementos funcionales, como pueden ser: las preposiciones (alargamiento por determinación), el relativo y la aposición (alargamiento por complementación) y las conjunciones de coordinación, la pausa y la entonación (alargamientos por coordinación). Existe en la estructuración heterogénea del sintagma nominal la propiedad de la recursividad: así como en la zona del sustantivo no aparecen dos presentadores actualizadores al mismo tiempo y el número de atribuciones sólo pueden acumularse en posición pospuesta, en cambio aparecen en un sintagma nominal alargamientos de alargamientos sin un límite concreto en lengua, de lo que se deduce que la estructura heterogénea del SN presenta en ocasiones una extrema complejidad. Dentro de la estructuración homogénea existe relación formal de todos los componentes con el sustantivo: concordancia en las categorías de género y número. Sin embargo, no tiene por qué existir relación formal con el sustantivo en los alargamientos, ya que aparecen nuevos núcleos nominales.

La realización SN del sujeto es la más frecuente y representa el 74,5 % del total de segmentos en función sujeto. Le sigue, con un 16,1 % el SN-sustituto, y con un 9,4 % la realización oración transformada en función sujeto.

En cuanto a las dos partes del corpus es de destacar una gran diferencia de frecuencia de la realización SN que representa el 82,1 % en D'Ors y sólo el 67,4 % en Marías. En cambio, vemos en Marías mayor frecuencia de la realización SN-Sust. (19 %, frente a 12,9 % en D'Ors) y de la realización S ⟶ Oración (13,6 %, frente a 5,0 % en D'Ors).

Respecto al *verbo* es el núcleo central de la oración y engloba en sí las marcas de la relación sujeto-predicado a través de los morfemas de número y persona. Como tal es un elemento indispensable en la oración. Los verbos que se eliden más fácilmente son: los copulativos *ser* y *estar* y el impersonal *hay*. Las circunstancias de su elisión son:

a) En ordenamientos coordinados.
b) Cuando es fácilmente deducible del contexto.
c) En las oraciones exclamativas.

En cuanto a su concordancia con el sujeto, es preciso señalar que la forma verbal no-marcada es la tercera persona del singular.

Su colocación en el área verbal es la siguiente: antecede a los complementos directo e indirecto, excepto en los casos siguientes:

1) Cuando la realización de CD o CI es un referente pronominal, en

cuyo caso aparece la anteposición del mismo al verbo como obligatoria.
  2) Cuando se intenta dar mayor expresividad.
  3) En el caso del CI la libertad de colocación es mayor, como apuntábamos en el capítulo de sintaxis de la oración, debido a tener un elemento demarcador.

El segmento verbo puede reducirse a una forma simple o estar constituido por varios elementos ordenados en una forma compleja. Entre las posibles realizaciones formales del verbo la más frecuente en el corpus total es la realización «forma verbal simple» con un 62,6 %, seguida de la «forma verbal compleja» con un 35,1 %. Otras realizaciones del verbo son «forma verbal coordinada» 0,4 %, «lexía compleja» 1,6 %, e «infinitivo como forma verbal» 0,3 %. En esta distribución coinciden prácticamente ambas partes del corpus.

Entre las formas verbales simples importa destacar la alta frecuencia del presente de indicativo con un 72,3 % del total de tiempos constituidos por formas simples. Aquí, una vez más hay que señalar divergencia entre los dos autores del corpus: mientras Marías emplea el presente de indicativo en un 82,5 %, y le sigue, muy de lejos, el condicional con 6,8 % y el indefinido con 4,2 %, entre otros, D'Ors presenta solamente un 61,4 % para el presente y en cambio el indefinido un 16,5 %.

En cuanto a la categoría de persona la tercera del singular representa el 78,8 % seguida por la tercera del plural con un 13,6 %. El resto de las personas significan sólo un 7,6 % del total.

Respecto a las formas verbales complejas hallamos cuatro variantes: auxiliar + participio, auxiliar + infinitivo, auxiliar + gerundio y enclítico + forma verbal. Entre los auxiliares los hay de incidencia directa y de incidencia indirecta. Llamamos enclíticos a las pronominalizaciones adyacentes al verbo que no sustituyen a un grupo nominal y que por tanto no constituyen un segmento diferente del verbo en función complementaria.

En cuanto al *atributo* es un segmento perteneciente al área verbal, cuya aparición es obligatoria en las oraciones atributivas. Puede ser sustituido por el pronombre *lo* y este rasgo es decisivo para su identificación.

Formalmente se relaciona con el sujeto (o con el complemento directo, en oraciones no copulativas) cuando se trata de la realización A ⟶ SA. Cuando el atributo va realizado por un SN puede no concordar con el sujeto.

La colocación del atributo con respecto al verbo puede presentar diversas variantes. El verbo-cópula no va nunca tras el sujeto y del atributo, excepto cuando el atributo es el pronombre *lo*.

El atributo en su realización SN no se confunde con el sujeto, pues la sustitución por *lo* no es posible en este último. Tampoco puede confundirse con el complemento directo ya que este segmento no va inserto en el área del verbo copulativo.

Las dos realizaciones características del atributo son SA —sintagma adjetival— y SN. Es el único elemento oracional que presenta esta realización SA. El sintagma adjetival tiene como núcleo un adjetivo al cual se adjuntan, en calidad de elementos facultativos, el adverbio y el sintagma preposicional.

La realización sintagma adjetival y la realización sintagma nominal se hallan prácticamente igualadas en el corpus total: 48,6 % para SA y 44,2 % para SN, siendo las otras realizaciones (oración y sintagma preposicional) minoritarias. Ambas partes del corpus se hallan igualadas prácticamente en la frecuencia: 44,4 % en Marías y 43,7 % en D'Ors, para la realización A ⟶ SN; 49,4 % en Marías y 47,1 % en D'Ors, para la realización A ⟶ SA.

Con respecto al *complemento directo* es un elemento perteneciente al grupo verbal, generalmente pospuesto al verbo, que puede ser sustituido por uno de los pronombres *lo, la, los, las (le, les)* y puede transformarse en sujeto de la pasiva.

Formalmente no presenta relación con el verbo ni con ningún otro elemento oracional, exceptuando el caso de un atributo del CD.

Su realización más característica es un sintagma nominal, pero puede ser realizado también por un sustituto del SN o por una oración transformada en simple elemento oracional mediante una marca léxica (conjunción: *que, si*) o mediante una marca prosódica en el estilo directo.

La realización SN presenta, como característica peculiar en contraste con el SN ⟶ Sujeto, por ejemplo, un elevado número de casos de ausencia de presentador. En este punto comienza un proceso de lexicalización de la unión V + CD que a veces los convierte en una sola lexía compleja, en un solo segmento, como sucede en la realización V ⟶ Lexía compleja.

El índice de frecuencia de la realización del CD como sintagma nominal es de un 69,4 %.

Le sigue en frecuencia a esta realización CD ⟶ SN la realización CD ⟶ Oración, con un 18,8 %; y por último, la más escasa es CD ⟶ SN-Sustituto con un 11,8 %.

Es preciso destacar que la realización CD ⟶ Oración es más utilizada por Marías (21,5 %) que por D'Ors (16,1 %).

En lo que respecta al *complemento indirecto,* es un elemento componente del grupo verbal cuya realización específica es un sintagma preposicional. Puede ser sustituido por un referente pronominal precedido o no de una preposición.

Aparecen tres variantes del elemento CI: el tradicionalmente llamado acusativo de persona (CI-1), el tradicionalmente llamado C. indirecto (CI-2) y el complemento verbal de rección preposicional (CI-3). Son variantes de la misma función sintáctica que formalmente se realizan de igual modo: sintagma preposicional y sólo se diferencian en las transformaciones y sustituciones que pueden sufrir. Así, el CI-1 y CI-2 pueden ser sustituidos por un referente pronominal —con o sin preposición—, en tanto que CI-3 ha de serlo por un referente pronominal precedido de preposición.

La diferenciación de complemento directo y complemento indirecto a partir de sus sustitutos pronominales, tal como se practicaba en la gramática tradicional, no es totalmente válida, pues al sistema casual le está sustituyendo en parte un sistema genérico.

Además de la realización característica del complemento indirecto, es decir, el sintagma preposicional, aparecen otras: un pronombre complemento y una oración transformada en segmento oracional por medio de un elemento funcional. En un 78,5 % de las veces la función CI está realizada por un sintagma preposicional, siendo las otras realizaciones minoritarias: 16,3 % el SN-Sustituto y 5,2 % la oración transformada en CI. Es de destacar en Marías un mayor empleo de la realización SP, con un 82,4 % frente a 74,8 % en D'Ors.

En cuanto al *complemento circunstancial* es un elemento facultativo de la oración, dotado de recursividad y de autonomía de colocación dentro del ordenamiento sintáctico. No pertenece al núcleo oracional, sino que es un elemento marginal.

Las dos realizaciones formales más características del complemento circunstancial son el sintagma preposicional (SP) y el sintagma adverbial (S. Adv.), cada una de las cuales presentan en el total del corpus un 40 % del total. Marías muestra preferencia por la realización S Adv. (42,9 %) frente al 38,5 % de D'Ors. En cambio D'Ors prefiere la realización SP (44,2 %) frente a Marías (36,1 %).

La realización SP presenta tres variantes a su vez: a) preposición + SN; b) prep. + SV, y c) prep. + S Adv., de las cuales la más frecuente es a) prep. + SN con un 83,9 % en el total del corpus, frente a 12,5 % de b) y 3,6 % de c).

La variante a) SP ⟶ Prep. + SN presenta una interesante característica: la frecuencia con que el sintagma nominal aparece sin presentador. En este hecho nace todo el proceso de lexicalización que termina en la plasmación de locuciones adverbiales.

La realización sintagma adverbial, es decir, grupo de palabras cuyo núcleo lo constituye un adverbio, tiene cinco variantes, a saber: 1) adverbio; 2) adverbio + adverbio; 3) adverbio + SP; 4) adverbio + SN, 5) locución adverbial. Las más frecuentes de todas estas variantes son 1) S Adv. ⟶ Adverbio y 5) S. Ad. ⟶ Locución adverbial, las cuales muestran un índice de frecuencia de 41,8 % y 35,9 %, respectivamente.

Aparte de las dos realizaciones aludidas (SP y S Adv.) el complemento circunstancial tiene otras dos realizaciones cuya frecuencia es menor, a saber: CC ⟶ SN y CC ⟶ Oración. Un sintagma nominal con el rasgo semántico (+ tiempo) puede desempeñar la función CC. Su frecuencia es sólo 2,8 % del total de segmentos CC.

La realización CC ⟶ Oración tiene una frecuencia mayor que la anterior: 16,1 %. Los elementos funcionales que realizan la transformación de una oración en función CC son las llamadas conjunciones de subordinación de tiempo, modo, causa, consecuencia, etc. Igualmente consideramos oración transformada en CC a la constituida por un gerundio (±

12. CONCLUSIONES

complementos) o un participio en construcción absoluta (± sujeto, ± complementos).

El *complemento agente* es un elemento perteneciente al área verbal de las oraciones atributivas-pasivas, cuya realización formal es siempre un sintagma preposicional encabezado por la partícula *por* y en algún caso *de*. La característica básica de esta función es que puede convertirse en sujeto al pasar la forma verbal de pasiva a activa.

No puede ser realizada esta función sintáctica por una oración transformada, a causa de su rasgo semántico: agentividad, sólo representable por un nombre o sustituto nominal.

Como segmento oracional tiene un porcentaje de aparición mínimo: 0,3 % del total de elementos.

Los *elementos de concatenación de ordenamientos* son segmentos extra-oracionales, cuya única función es relacionar unos ordenamientos con otros.

Pueden ser de simple coordinación, de referencia a algo aludido anteriormente o de anuncio de algo posterior.

Entre las concatenaciones simples aparecen las léxicas, por un lado, llamadas tradicionalmente conjunciones y las grafémico-prosódicas, por otro.

Las concatenaciones de referencia son eslabones de orden más semántico que sintáctico y pueden ser de recuerdo, de presentación y de conclusión.

Entre las conjunciones de concatenación de oraciones destaca / y / como la más frecuente, con un 74,6 % del total, seguida de / *pero* / con un 19 % y de / *ni* / con un 2,2 %. Las demás no son representativas por no llegar ni siquiera al 1 %.

Con respecto a los elementos grafémico-prosódicos de concatenación de oraciones es preciso destacar en primer lugar a los «dos puntos» con un 27,7 %, seguido de la «coma» con un 20 %, del «punto» con un 16,9 % y del «punto y coma» con un 16,9 % también. Los demás aparecen con un índice de frecuencia muy bajo. Hay que señalar una preferencia de Marías por el empleo de los «dos puntos» como elemento grafémico de concatenación de oraciones (40 %), el «punto y coma» (35 %) y la «coma» (20 %). En cambio, D'Ors presenta más variedad y menos frecuencia en el empleo de un determinado elemento.

Los elementos de concatenación de referencia por su carácter léxico son más difíciles de sistematizar, dado que cada uno de los autores del corpus emplea unos, coincidiendo sólo en parte.

El *vocativo* es un elemento extraoracional cuya función no es sintáctica, sino apelativa y que no guarda relación formal obligatoria con ningún otro segmento de la oración.

Dentro del conjunto de las funciones sintácticas representa solamente un 0,2 % de realización en el corpus.

Su realización formal única es el SN. Este SN presenta un sustantivo como núcleo de la función apelativa, no es acompañado de presentadores y, sólo en ocasiones, lleva atribuciones en aposición.

Como conclusión final es preciso señalar que una descripción de las realizaciones sintagmáticas de cada una de las funciones sintácticas dota a la gramática así elaborada de una destacable capacidad generadora. Cuando el hablante va a construir una oración debe elegir en primer término entre estructuración predicativa o estructuración atributiva; en el primer caso sabe que deberá generar como elementos indispensables S, V y facultativos CD, CI, así como CC, elemento marginal. En el segundo caso sabe que deberá generar como elementos indispensables: S, V y A, además del elemento facultativo CC. La combinación de las variadas posibilidades de realización de cada elemento sustenta la capacidad de creación de un número infinito de frases.

13. ANALISIS PROSODICOS

Escala utilizada

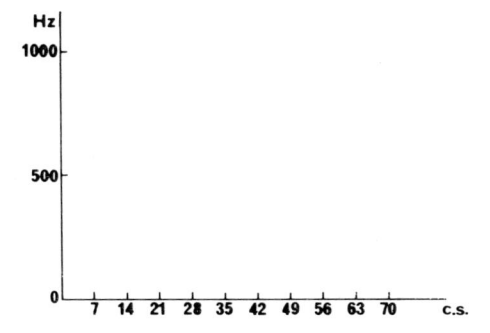

Texto 1

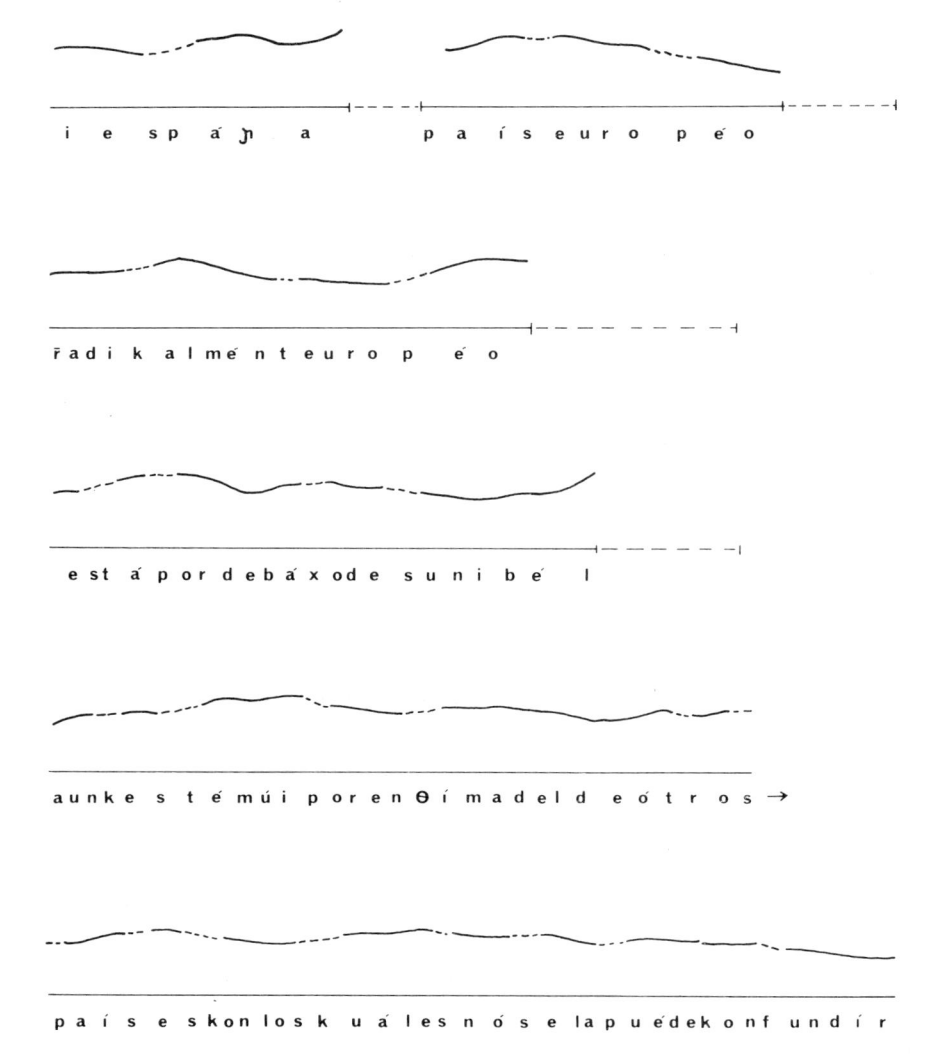

i españa país europeo

radikalmente europeo

está por debaxo de su nibel

aunke sté múi por en θíma del deótros →

países kon los kuáles no se la puede konfundír

Texto 2

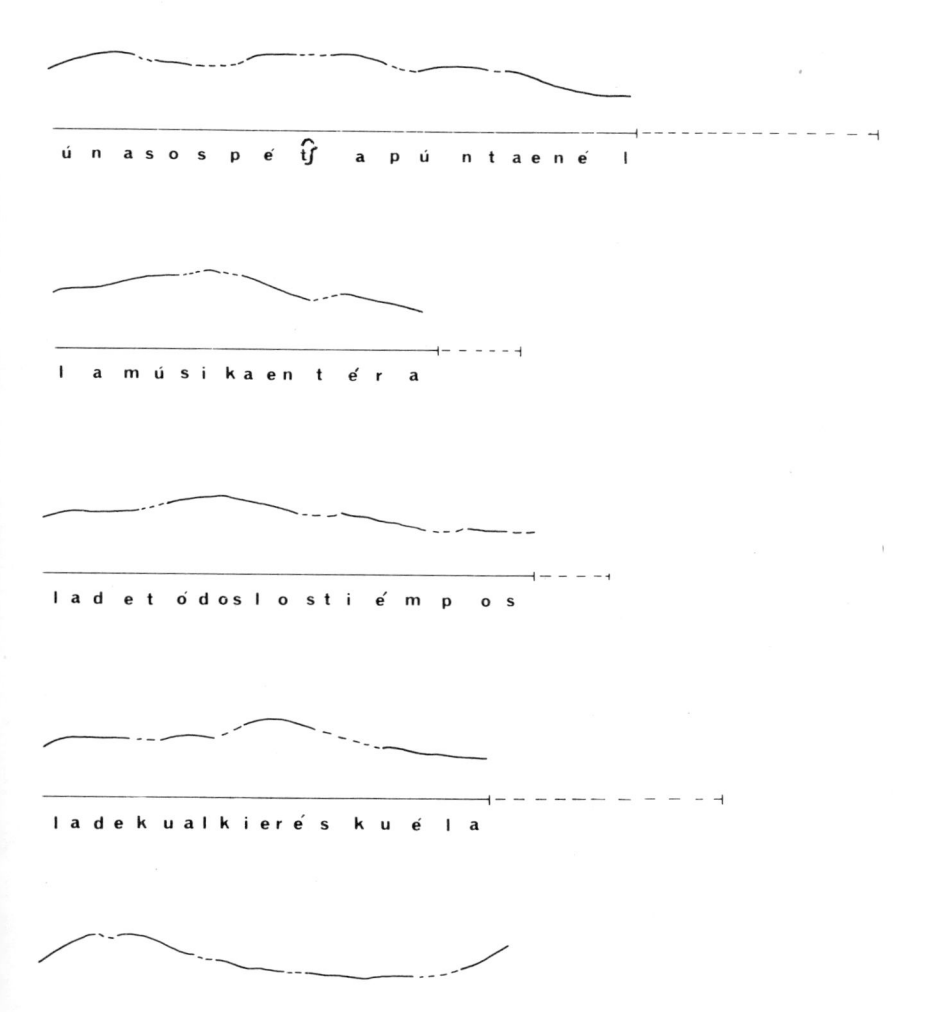

ú n a s o s p é tʃ a p ú n t a e n é l

l a m ú s i k a e n t é r a

l a d e t ó d o s l o s t i é m p o s

l a d e k u a l k i e r é s k u é l a

n ó s e r á s u b é θ b a ř ó k a

Texto 3

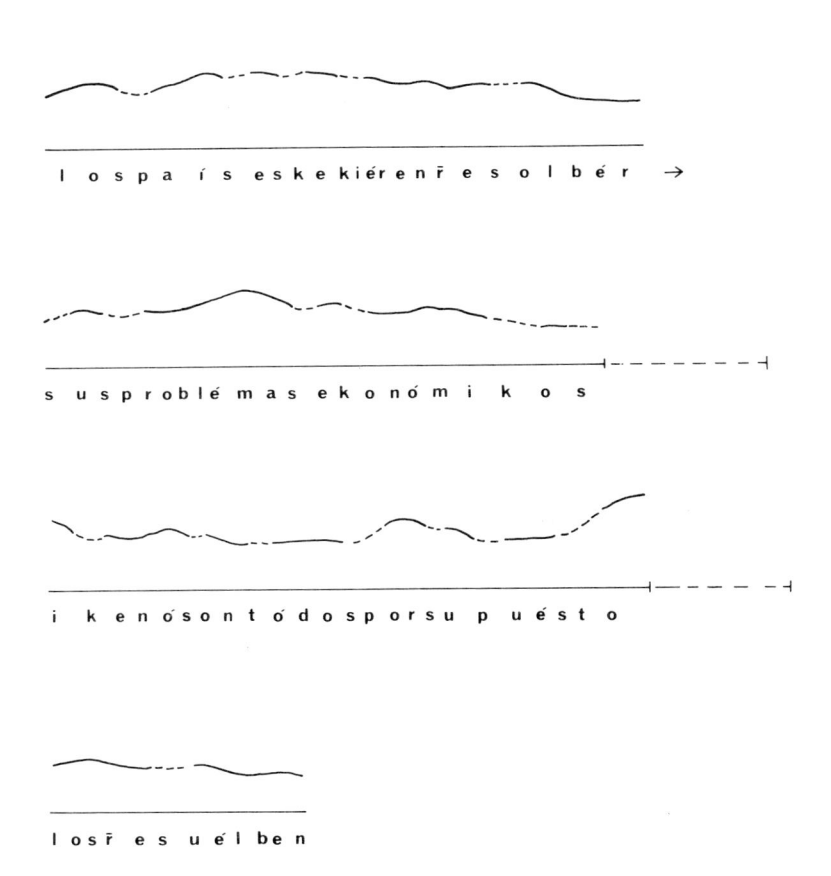

l o s p a í s e s k e k i é r e n r̃ e s o l b é r →

s u s p r o b l é m a s e k o n ó m i k o s

i k e n o s o n t ó d o s p o r s u p u é s t o

l o s r̃ e s u é l b e n

Texto 4

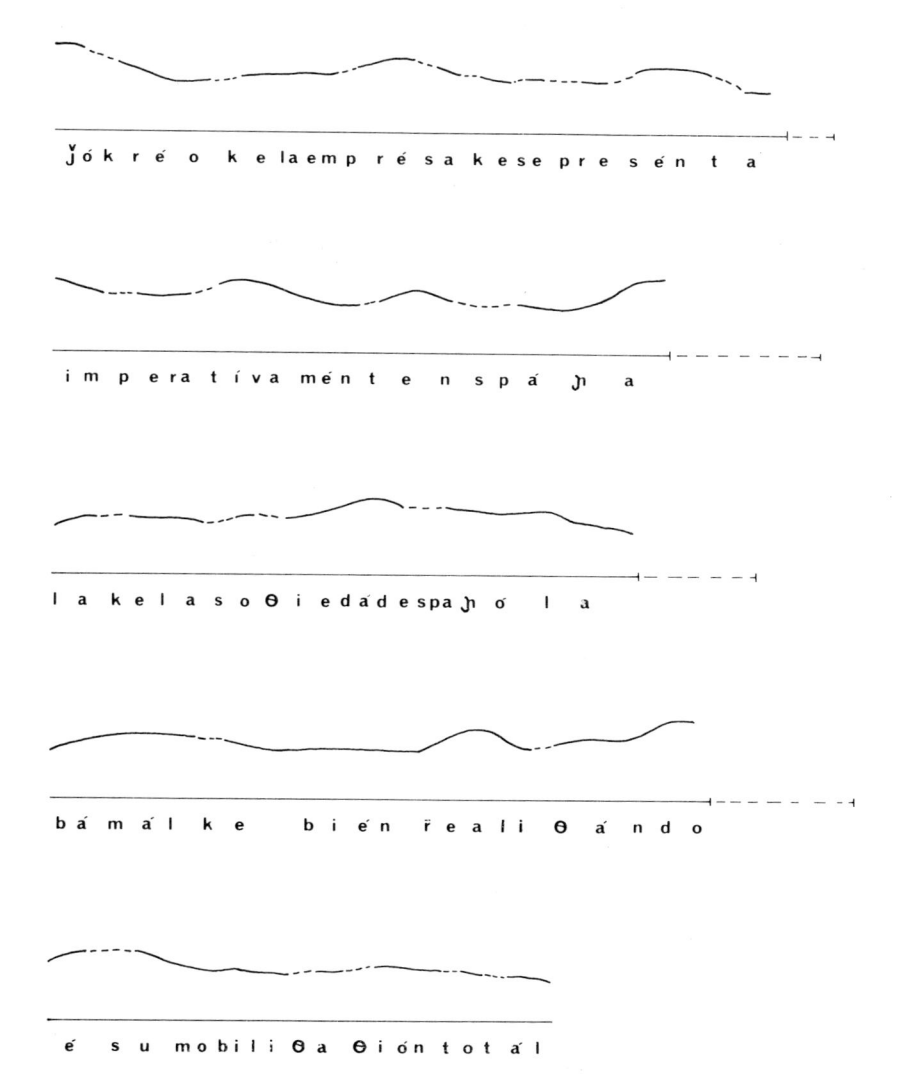

ǰó k ré o k e la emp ré sa k e se pre sén t a

im p era tíva mén t e n s p á ɲ a

l a k e l a s o θ i e d a d e s p a ɲ ó l a

b á m á l k e bi én r̃ e a l i θ á n d o

é s u m o b i l i θ a θ i ón t o t á l

Texto 5

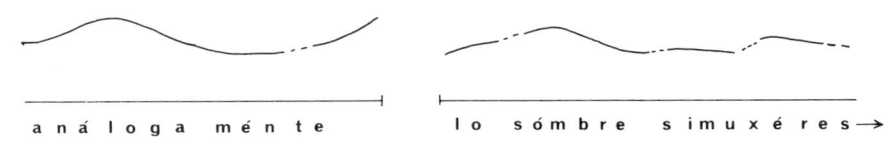

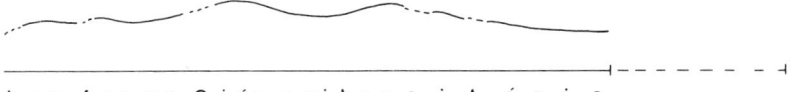

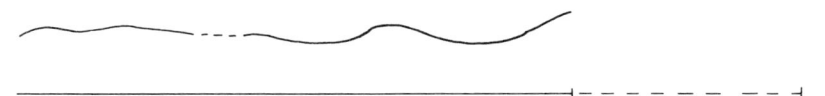

análogaménte lo sómbre simuxéres→

konformaΘiónunibersitária

keastaáΘeúnosdeΘénios

éraúnaeksiguaminoría

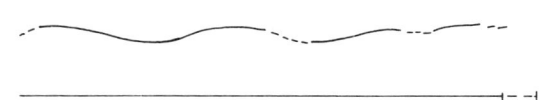

sónenalgúnopaíses

unafràkΘiónkonsiderábledelapoblaΘión→

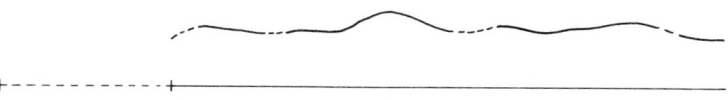

keinterbiéneaktíbaménte

Texto 6

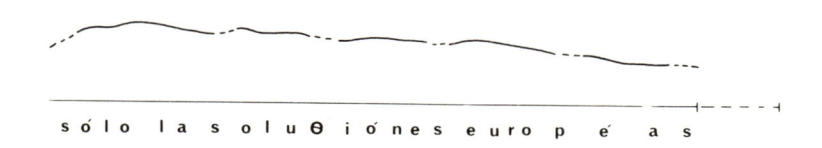

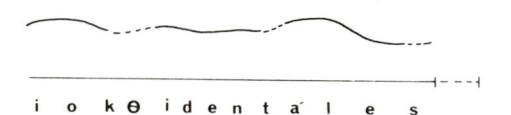

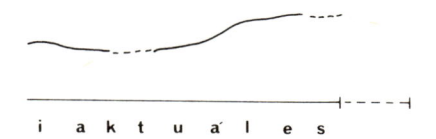

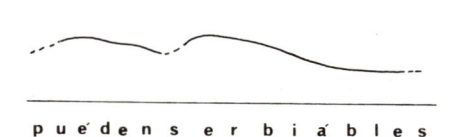

sólo la soluθiónes européas

i okθidentáles

i aktuáles

puéden ser biábles

Texto 7

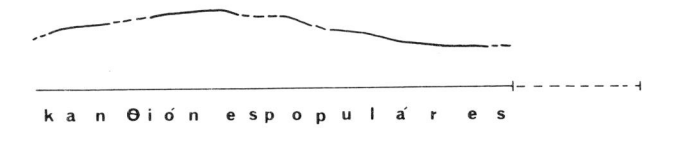

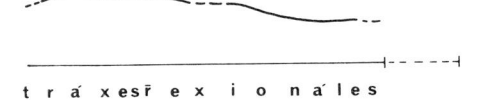

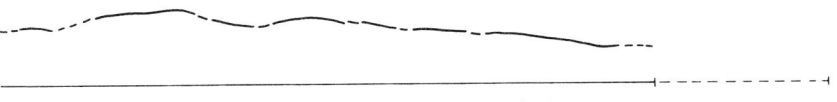

kanθión espopuláres

tráxesřexionáles

kostúmbreslokálesenkantadóras

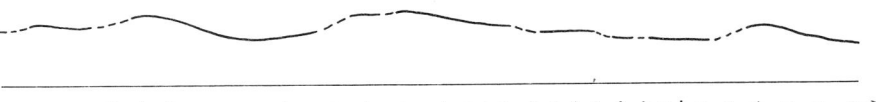

pareθiéronalosóxosdelakrítikainxénua →

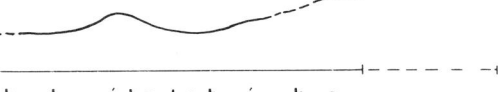

kederíbadebíko

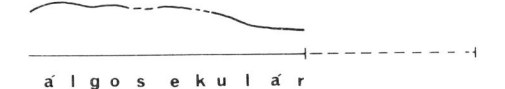

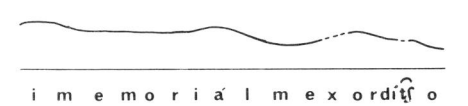

álgosekulár

imemoriálmexordítʃo

Texto 8

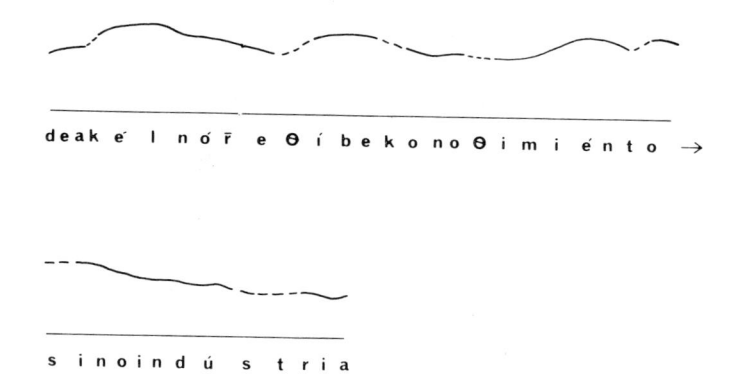

deak e˙ l no̍ r̄ e θ í be k o no θ i m i én t o →

s i no i n d ú s t r i a

Texto 9

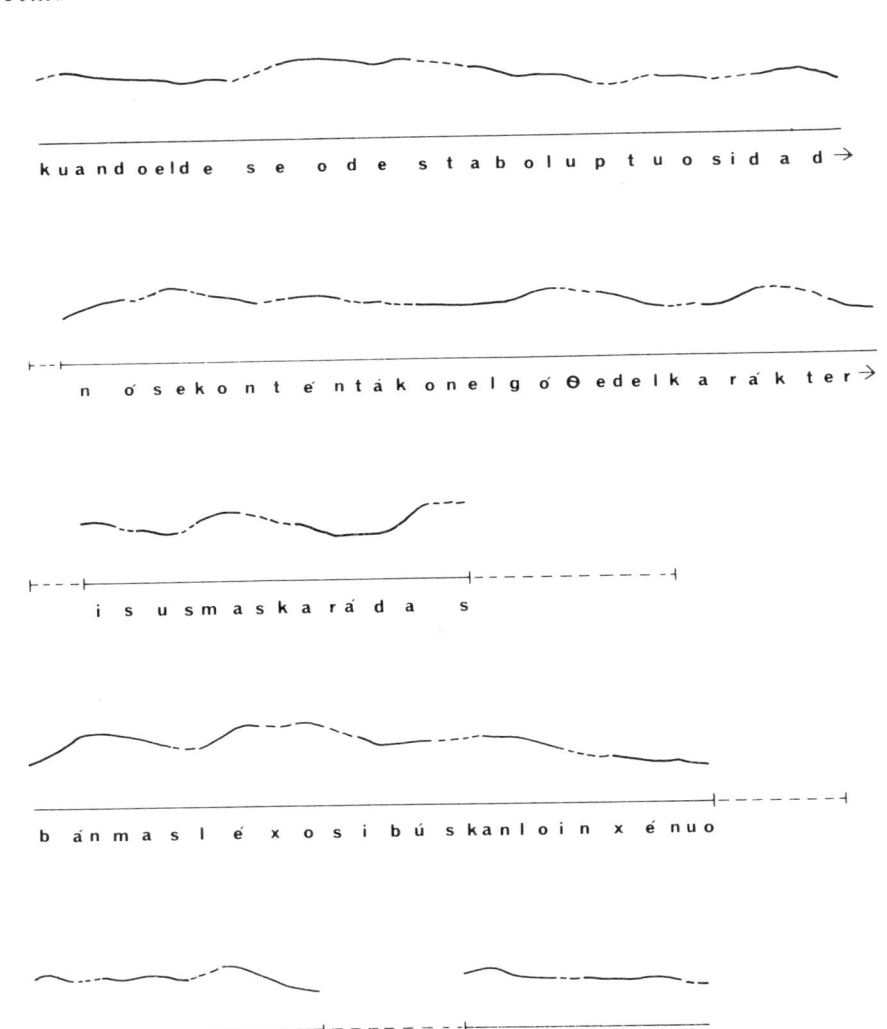

kuandoelde se odestaboluptuosidad→

nósekonténtákonelgóθedelkarákter→

isusmaskarádas

bánmasléxosibúskanloinxénuo

loprimitíbo　　ladesnudéθ

Texto 10

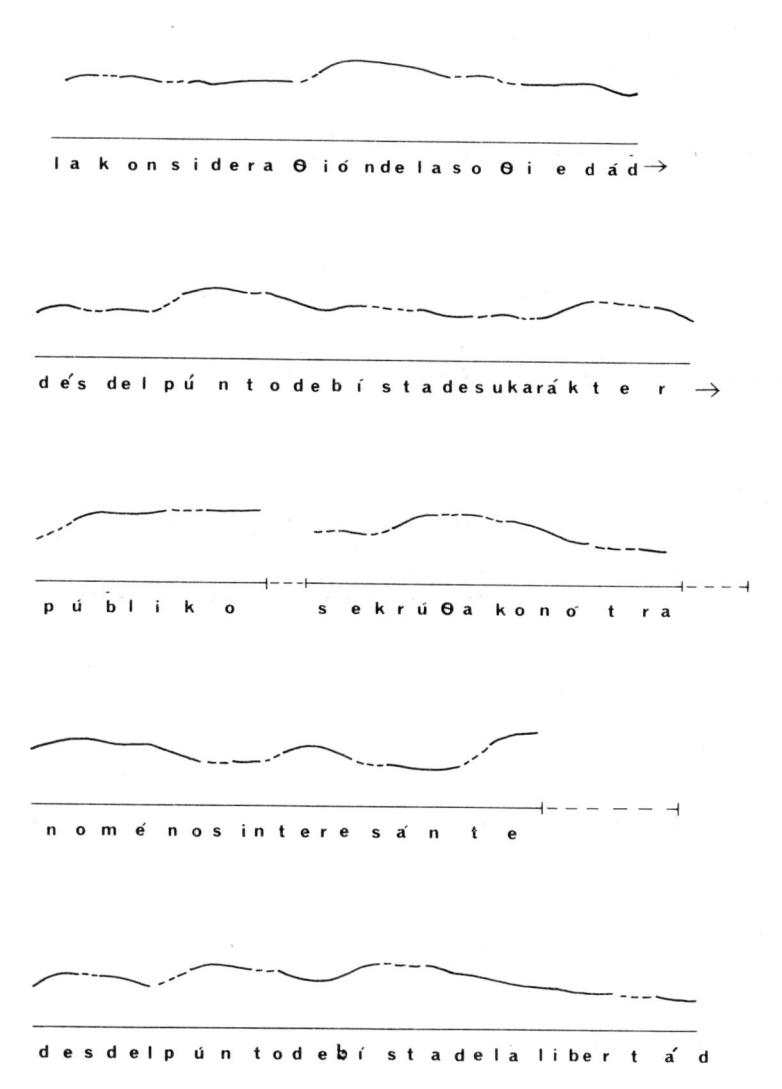

la konsideraθión de la soθiedád →

dés del púnto debísta desukarákter →

públiko   sekrúθa konó tra

no ménos interesánte

desdelpúnto debísta dela libertád

Texto 11

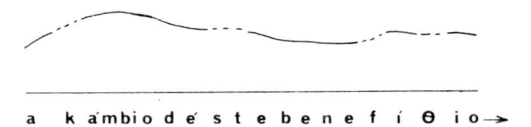

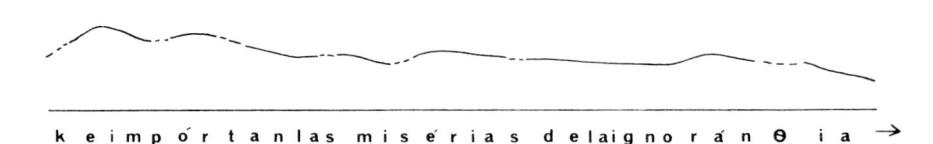

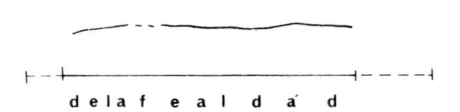

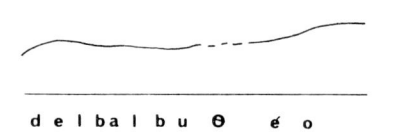

a kámbio dé ste benefíƟio→

de únařekonkistá dainoƟ én Ɵ i a

k e impórtan las misérias delaignoránƟ ia →

delafealdád

delbalbuƟéo

Texto 12

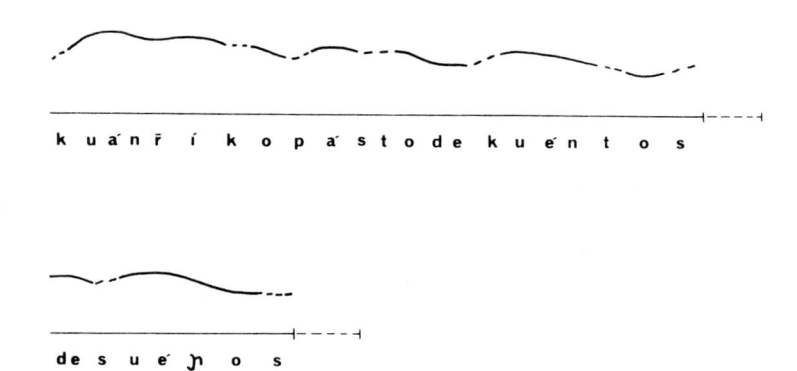

kuánr̄í kopástode kuéntos

desueɲos

defantásmas

Texto 13

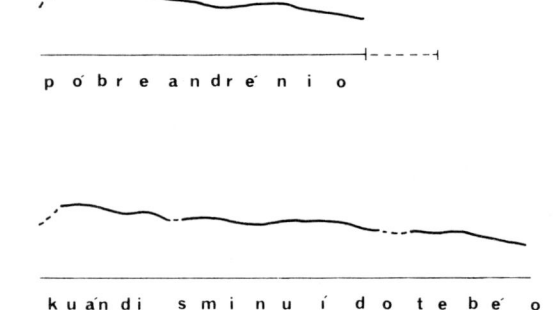

póbre andré nio

kuándi sminuído tebéo

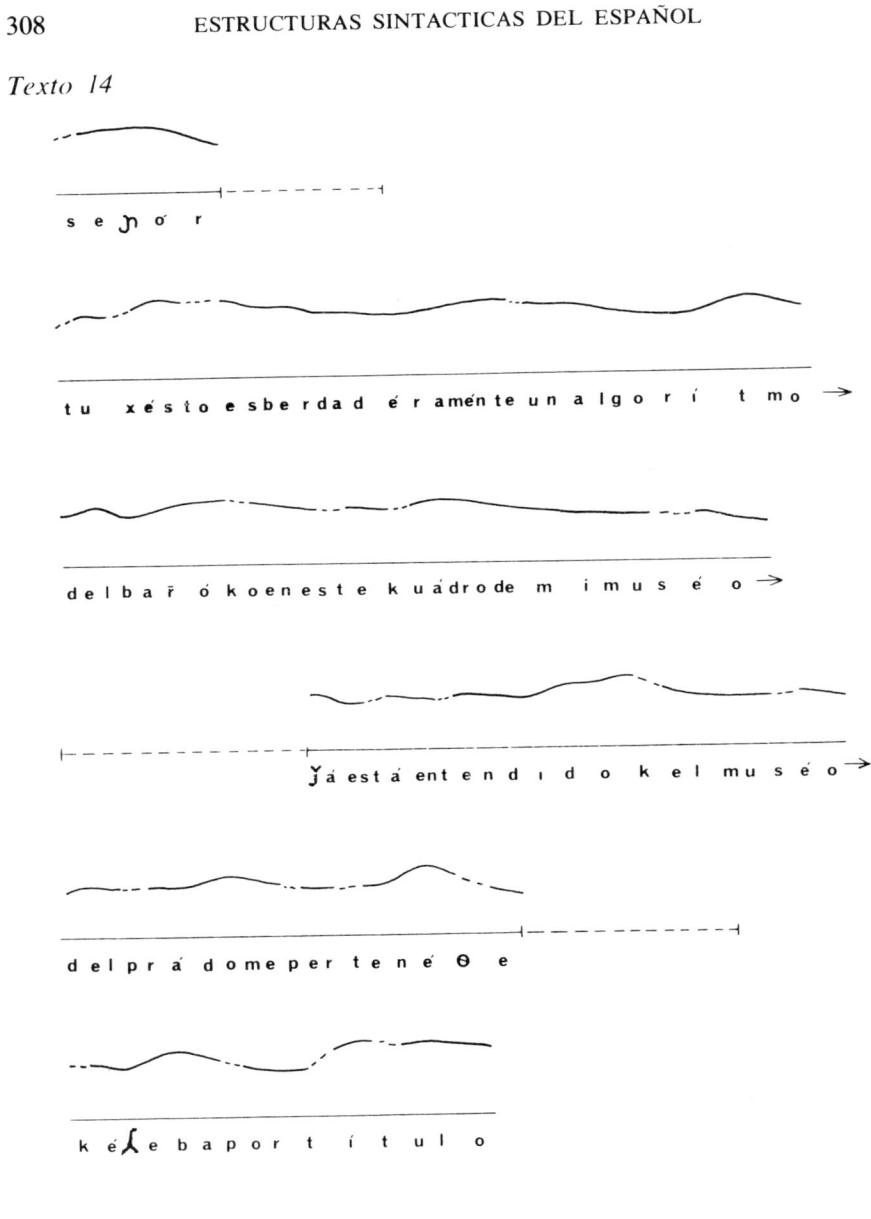

Texto 14

señor

tu xésto esberdaderamente un algorítmo →

del baŕó koeneste kuádrode mi muséo →

ǰa está entendido k el muséo →

del prádo pertenéθe

ké λebapor título

nóli metánxere

Texto 15

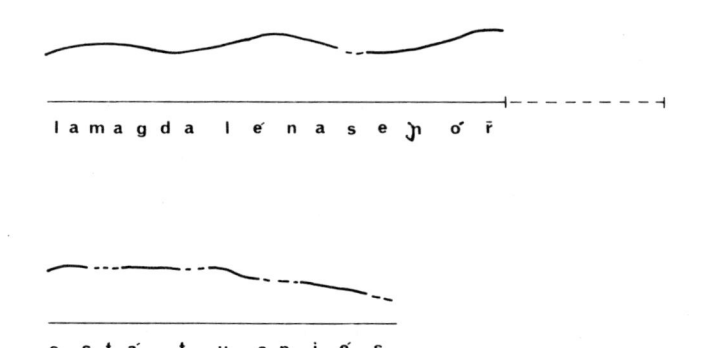

la m a g d a l e´ n a s e ɲ o´ r̄

e s ta´   t   u   s p i e´ s

Texto 16

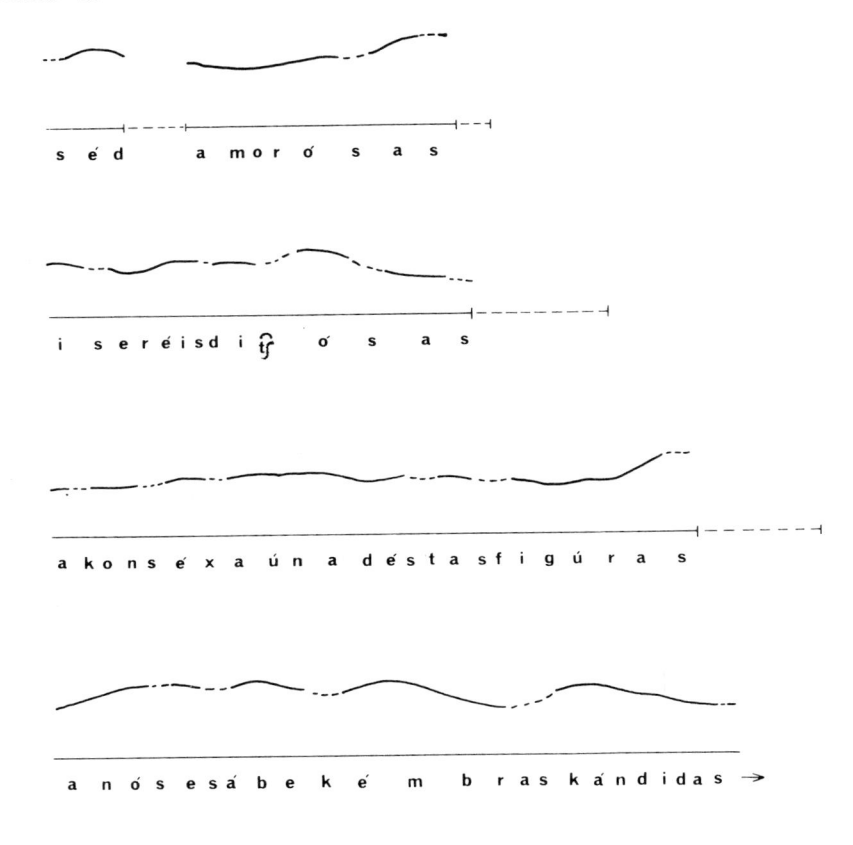

sé d a mor ó s a s

i seréisdi tʃ ó s a s

a kons é x a ún a désta s fi g ú r a s

a n ó s e s á be k é m b ras k á n d i das →

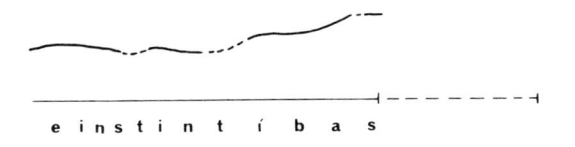

e instint í b a s

de una bien abentur á da perf e kΘi ó n be x et á l

Texto 17

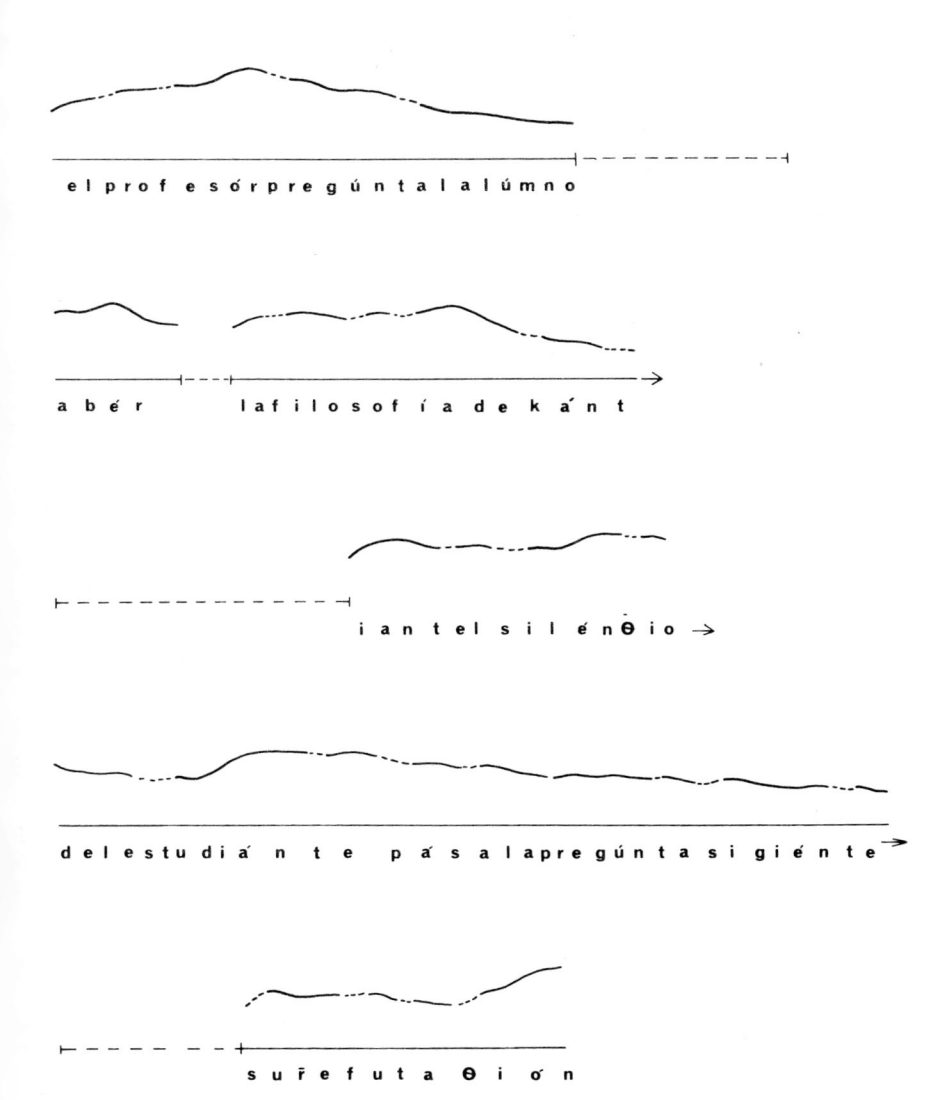

el profesór pregúnta la alúmno

abér   la filosofía de kánt

i an tel silénθio →

del estudiánte   pása la pregúnta si giénte →

su r̃efuta θión

Texto 18

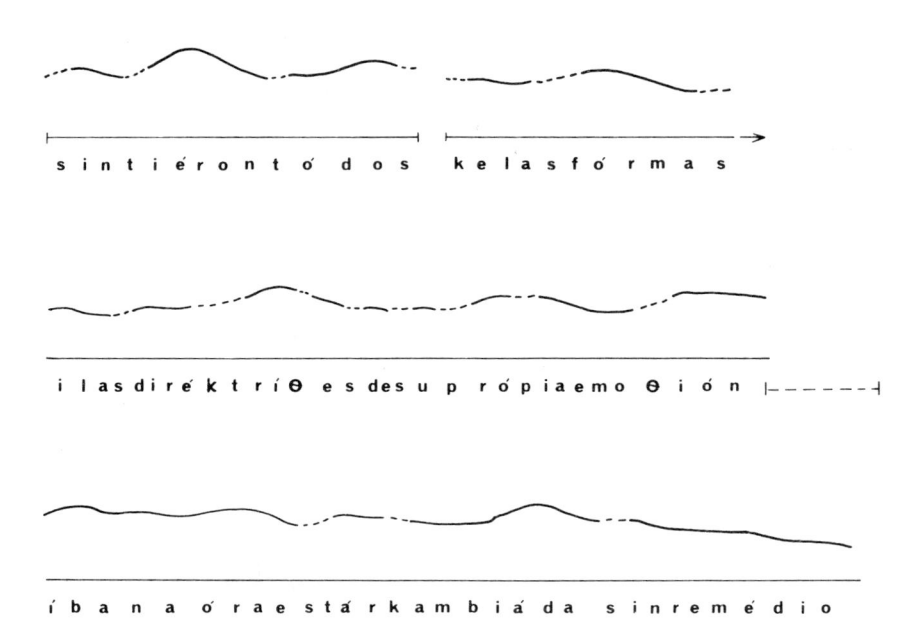

sintieron tó dos ke las fó rmas

i las diré k t rí Θ es des u p ró piaemo Θ i ó n

í b a n a ó r a e stá rk am b iá da sin reme é dio

Texto 19

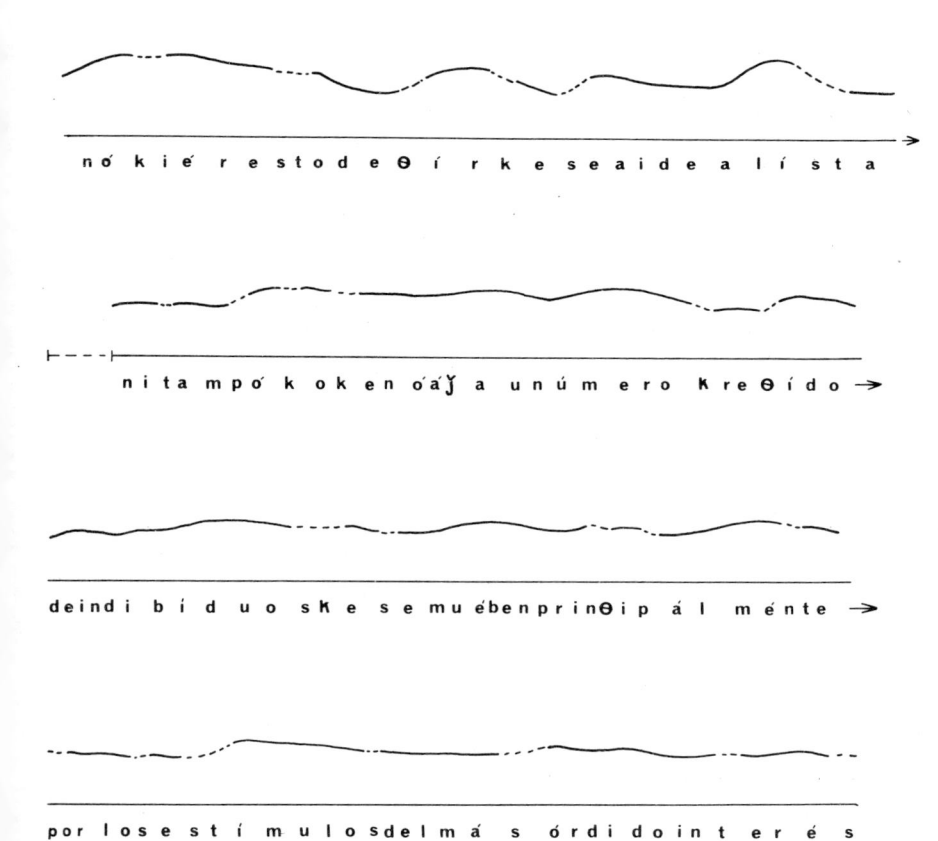

nó kié restode θí rk e seaide a lí st a

ni ta mpó k ok en o'áỹ a unúm ero k re θ í do →

deindi b í d uo sk e se mu ében prinθ ip á l m é nte →

por losestí m u l o s d e l m á s órdi do in t er é s

Texto 20

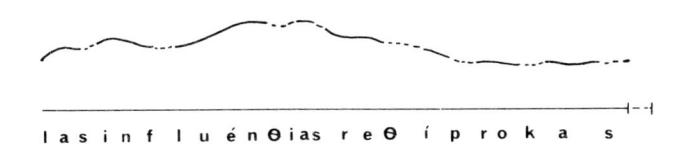

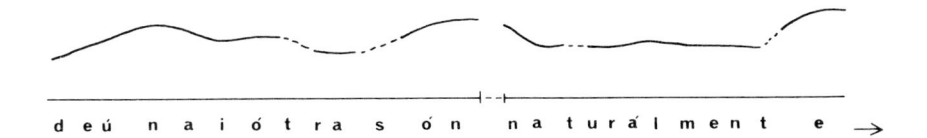

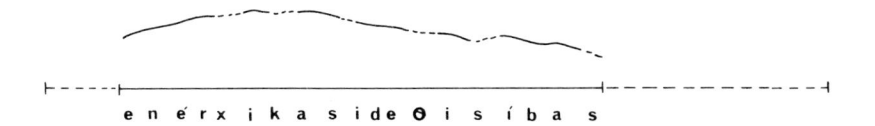

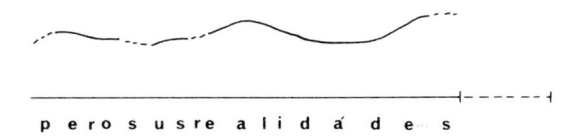

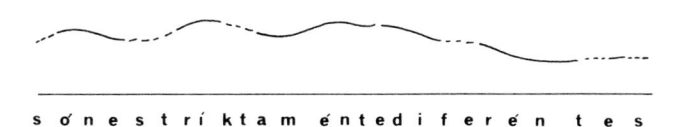

lasinfluénθiasreθíprokas

deúnaiótrasónnaturálmente →

enérxikasideθisíbas

perosusrealidádes

sónestríktaméntediferéntes

Texto 21

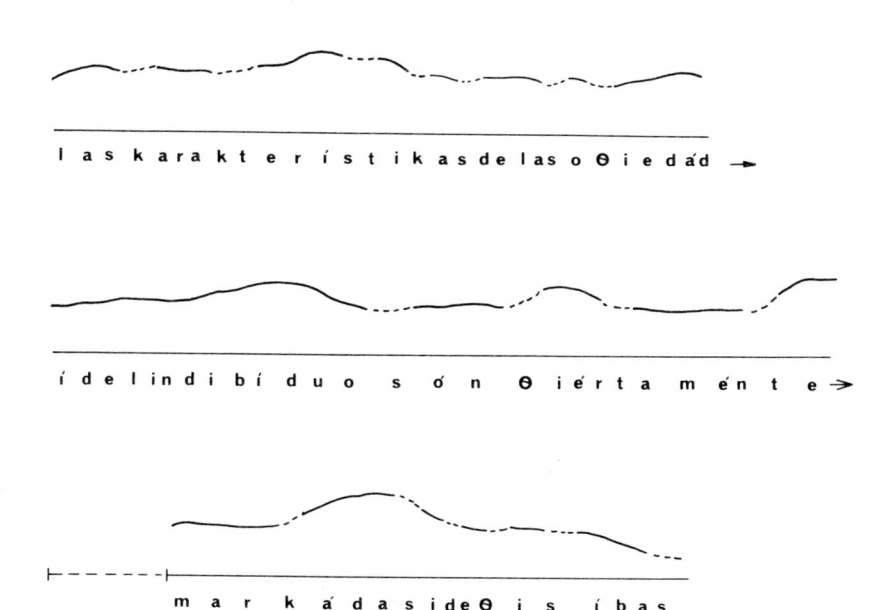

l a s k a r a k t e r í s t i k a s de las o Ө i e d á d →

í de l i n d i b í d u o s ó n Ө i é r t a m é n t e →

m a r k á d a s i de Ө i s í b a s

Texto 22-a

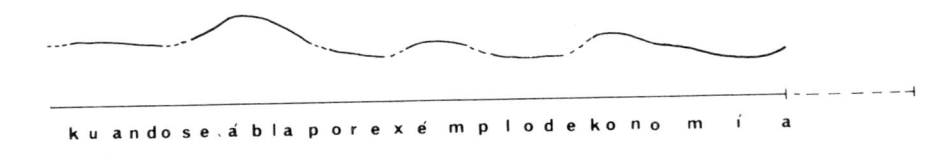

kuandose,áblaporexémplodekonomía

ienxeneráldetódoslosasúntoskolektíbos

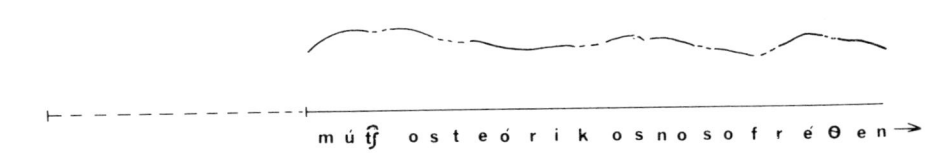

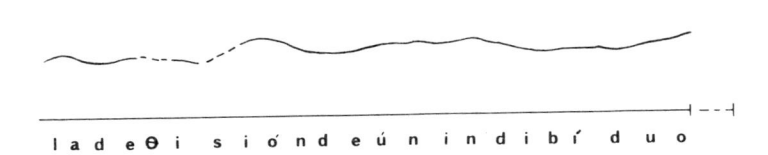

múʧosteórikosnosofréθen→

komoalternatíba

ladeθisióndeúnindibíduo

Texto 22-b

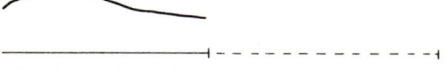

o de ún p l á n e s t a t á l

a ó r a b i én

l a s k ó s a s n ó   p á s a n d e n i n g ú n o d é s t o s d o s m ó dos

Texto 23-a

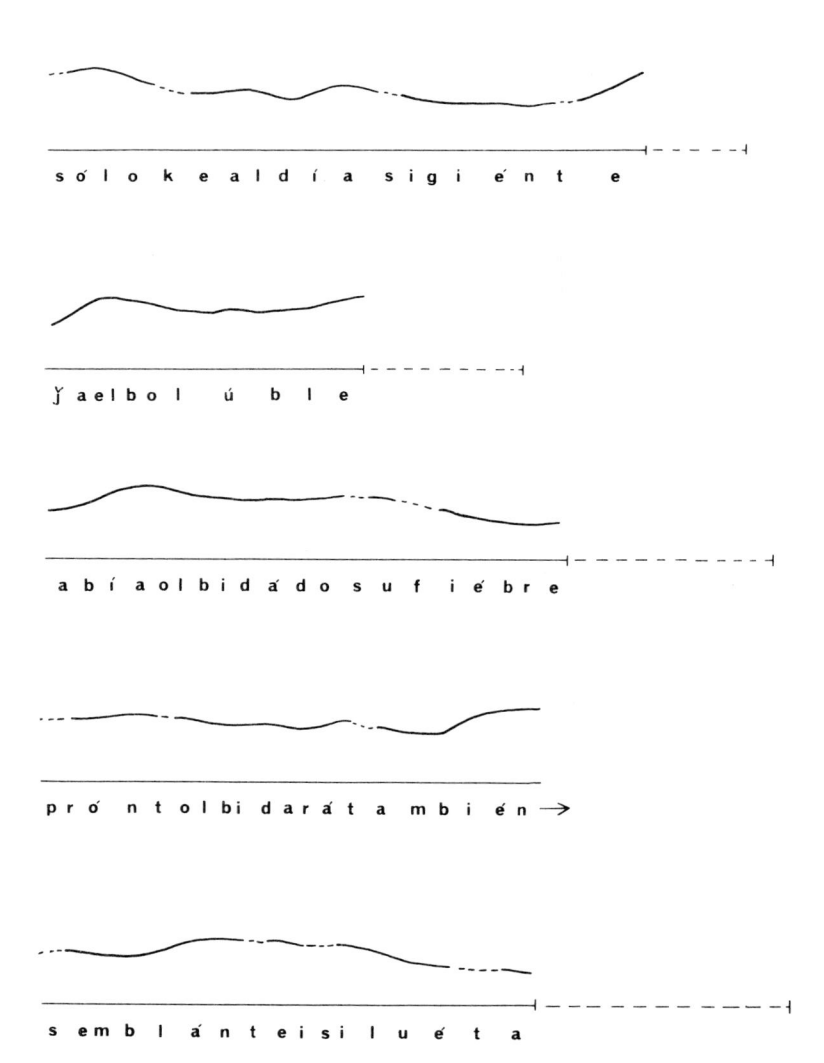

sólo ke al día sigiénte

y ael bol úble

abía olbidado su fiébre

prónto olbidará tambièn →

semblánte siluéta

Texto 23-b

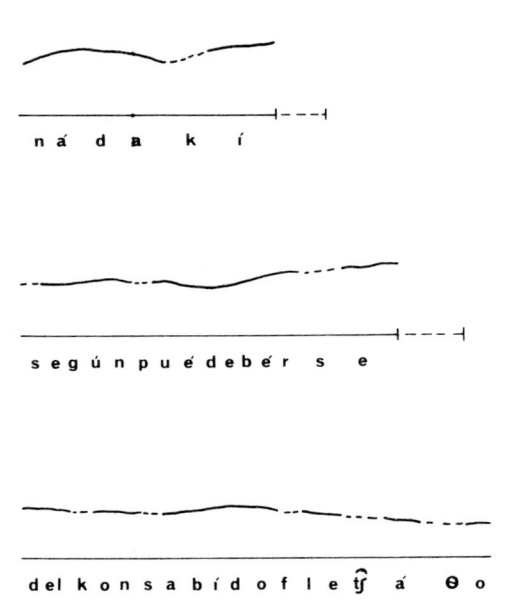

ná d a k í

según pué deber s e

del konsabído fle tʃ á θ o

Texto 24

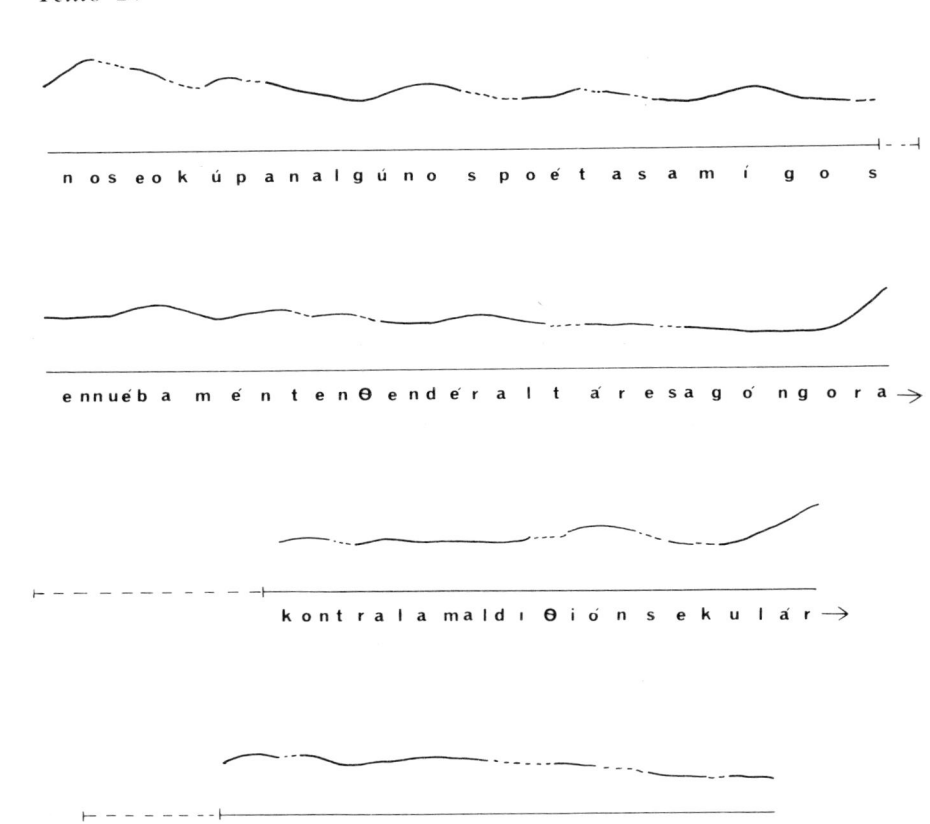

n o s e o k ú p a n a l g ú n o s p o e t a s a m í g o s

e n n u é b a m é n t e n θ e n d e r a l t a r e s a g ó n g o r a →

k o n t r a l a m a l d i θ i ó n s e k u l á r →

ú n s a l b a d ó r e k s o r θ í s m o

APENDICE *

CORPUS DE MARIAS

MARÍAS, J. *Meditaciones sobre la sociedad española,* Madrid, 1968, Alianza Editorial.

CAPÍTULO 1. *Meditaciones sobre la sociedad española*
1. SOCIEDAD Y ESTADO (pág. 7)

Las opiniones sobre la realidad efectiva de España son sobremanera deficientes y desorientadoras. Nadie puede sorprenderse de ello: desde 1936 no se habla en España con suficiente holgura de ella misma; en rigor, no hizo falta esperar a la guerra civil para que la claridad fuera insuficiente: España fue gradualmente invadida por el «politicismo» en los años inmediatamente anteriores, y esta condición hizo que casi nadie quisiera *ver* las cosas. No faltaron voces —y no han faltado enteramente en los últimos treinta años, bien que con sordina— que dijeran cosas veraces, justas y con frecuencia penetrantes sobre la realidad española, y so- (pág. 8) bre esa parte esencial y delicada de ella que son sus posibilidades; pero esas voces han sido desoídas o —si se me permite por una vez acuñar una palabra— desescuchadas. Las posibilidades de decir y escuchar son en los últimos años un poco mejores que en los decenios precedentes, pero temo que esté sobreviniendo a España una nueva ola de politicismo, quiero decir, de anteposición de lo político —con una visera coloreada ante los ojos— a toda otra consideración. Esta vez, sin embargo, hay una gran diferencia con la situación de hace treinta años: entonces el politicismo afectaba al torso de la sociedad española, mientras que hoy ese mismo torso es —peligrosamente— apático frente a la política; el politismo actual es muy minoritario y deliberado, y existe principalmente en los grupos que por su vocación u oficio tendrían la misión de aclarar las cosas en vez de confundirlas. Podríamos decir, para ser breves, que en la España de 1965 hay multitudes apolíticas y grupos impregnados de agudo politicismo, precisamente porque lo que no hay es política.

La perturbación que esta falta de claridad produce es considerable. En España, no hay que decirlo; en Europa, la existencia de un punto de fricción en una comunidad que coincide en las cosas esenciales, por debajo de una erupción —inquietante, pero epidérmica— de nacionalismo, plantea problemas (pág. 9) cuya gravedad se manifestará en los próximos cuatro o cinco años; el efecto es aún más intenso sobre Hispanoamérica, que depende mucho más de lo que se dice de lo que pasa en España y de la imagen que España tiene de sí propia. Si se pudieran determinar con precisión las consecuencias americanas de los últimos treinta años de historia española, los hispanoamericanos tendrían una sorpresa formidable, y creo que los Estados Unidos tendrían otra todavía mayor, y se darían cuenta de hasta qué punto lo que sucede en la Península Ibérica condiciona la marcha general de los asuntos de Occidente.

*

La vacilación y oscuridad de las opiniones sobre España, dentro y fuera de ella, proceden de muchas causas, la mayoría de las cuales convergen en una: la confusión entre el Estado y

---

* Presentamos aquí el corpus que ha sido objeto de los análisis sintácticos en los que se ha basado esta investigación. Por razones de espacio no ofrecemos dichos análisis con sus segmentaciones y fórmulas. A fin de que pueda ser identificado cada enunciado, damos la página en que aparece dentro del libro original. (Así, la referencia M-1-7 indicará: corpus de J. Marías, enunciado n.º 1 y página 7 del mencionado libro.)

la sociedad. Las influencias recíprocas de uno y otra son, naturalmente enérgicas y decisivas; pero sus realidades son estrictamente diferentes. La actitud de un español frente a ambos puede ser, y en muchos casos es, de radical disparidad; para hablar solo de mí mismo, mi actitud durante tres decenios ha sido de total alejamiento del Estado —hasta el punto de no haber tenido ni siquiera un puesto docente oficial—; en cambio, mi situación (pág. 10) ha sido y es de total inserción en la sociedad española.

Los atributos con los cuales se presenta el Estado podrían resumirse así: unidad, homogeneidad unánime, ausencia de toda discrepancia, inmovilidad. La realidad social mostraría otra serie de atributos: pluralidad, heterogeneidad, falta de acuerdo, posible ausencia de concordia, variación, vitalidad. Si se recuerda la distinción de Ortega entre dos formas de Estado —como «piel» o como «aparato ortopédico»— y se tiene presente que lo más importante y lo decisivo es *siempre* la sociedad, es fácil extraer las consecuencias pertinentes de esa simple comparación.

Casi todas las formas de plantear el problema político social se resienten de un extraño anacronismo. Lo más frecuente, sobre todo en Europa, y no digamos en España, donde se ha perdido el hábito de tratar adecuadamente de estos temas, es enfrentar el individuo con el Estado; pero ocurre que la contraposición entre *individualismo y estatificación* olvida nada menos que la *sociedad*. Es, paradójicamente, lo que suelen hacer muchos que se llaman «socialistas» pero son estatistas; lo que responde a la mentalidad totalitaria y formuló con descarada concisión el fascismo hace algo más de cuarenta años: «Todo por el Estado, para el Estado y dentro del Estado.» (pág. 11).

Cuando se habla, por ejemplo, de economía —y en general de todos los asuntos colectivos—, muchos «teóricos» nos ofrecen como alternativa la decisión de un individuo o un plan estatal. Ahora bien, las cosas no pasan de ninguno de estos dos modos: es la *sociedad* la que decide mediante sus fuerzas sociales articuladas en grupos y movimientos. Las grandes compañías modernas no están en las manos de un individuo omnipotente, ni en Europa ni, menos aún, en los Estados Unidos, donde el número de accionistas suele superar con mucho al de los obreros y empleados —porque casi todos éstos son accionistas—; las decisiones se producen en una estructura compleja de carácter social y no estatal, y en conexión estrecha con el sistema total de las condiciones económicas objetivas de la producción y el mercado. Análogamente, los hombres y mujeres con formación universitaria, que hasta hace unos decenios eran una exigua minoría, son en algunos países una fracción considerable de la población, que interviene activamente en la ordenación de todas las formas sociales, independientemente del aparato administrativo del Estado. Pero la capacidad de no enterarse es tan grande, que muchos aceptan como válida la descripción de situaciones que dejaron de ser actuales hace varios decenios y que solo persisten residualmente en algunas sociedades (pág. 12) atrasadas económica o políticamente, y más curioso es que algunos están persuadidos de que esas formas arcaicas son, ni más ni menos, el futuro.

El Estado opera mediante *leyes*, y su fuerza es la coacción jurídica —hablo del Estado en su verdadera función, no de la mera usurpación de sus funciones por un poder más o menos arbitrario—. La sociedad actúa mediante las *vigencias*, y consiste en un sistema de presiones difusas. Ahora bien, la sociedad amorfa es aquella en la que el individuo no tiene posibilidades de actuación, y donde el Estado, por su parte, es prepotente. La sociedad estructurada y activa es, por el contrario, la que permite la eficacia del individuo, y entonces el Estado ejecuta sus funciones propias: *fomentar* lo que el individuo inventa y la sociedad realiza, y *ejercer el mando*.

He usado una expresión que debiera ser aclarada. Al hablar del Estado *prepotente* me refiero a aquel cuyas *potencias* van más allá de lo que es requerido por su función propia, es decir, que interviene en aquellas esferas que corresponden a los individuos o a la sociedad como tal. Desde el siglo XVIII, más aún durante el XIX y el XX, se ha producido un desplazamiento de la función del Estado, a la cual me he referido con algún detalle en *La estructura social*. Una cosa es el Poder —la función del mando— y (pág. 13) otra las potencias —la capacidad de ejecutar diversas actividades. El Estado del antiguo régimen, que era bien poca cosa que era muy poco «potente», era singularmente «poderoso», prácticamente incontrastable, y su mando no podía ser discutido ni combatido por ninguna otra fuerza; a medida que el Estado crece y se incrementa, a medida que va siendo cada vez más rico, eficaz y «potente», y va asumiendo multitud de tareas y funciones, va perdiendo Poder y se le puede combatir y aun derrotar con extraña facilidad; los dos últimos siglos han presenciado innumerables revoluciones, motines y golpes de Estado, y éste, con toda su prepotencia, acusa anormal debilidad. La razón de ello está, si no me equivoco, en la crisis de la *legitimidad* —hablo de la legitimidad social y no meramente jurídica— que sobreviene a los países europeos hacia fines del siglo XVIII, cuando empieza a no estar claro quién debe mandar, es decir, cuando falta el *consensus* sobre quién tiene títulos para ello. La creencia social compacta había sido hasta entonces que el rey es quien tiene derecho a mandar, y eso daba al Estado una integridad de Poder plena, aunque sus recursos y potencias fuesen muy modestos. Cuando esta creencia se debilitó o quebrantó, la democracia fue el intento de restablecer una nueva forma de legitimidad, mediante un *consensus* que, a diferencia del (pág. 14) anterior, era *expreso* y, por tanto, voluntario, actual, necesitado de actualización periódica, revocable, etc. Se podría fácilmente extraer una doctrina de la democracia y sus normas intrínsecas simplemente derivando las consecuencias o requisitos del tipo de *consensus* que significa (y que constituye su justificación y su valor).

Una de las más importantes, y que paradójicamente suele olvidarse, es que requiere que la vida sea *pública* en un sentido mucho más radical que el que la vida colectiva ha tenido siempre: publicidad quiere decir que las cosas *consten* y además se pueda volver sobre ellas, se pueda *recurrir* a ellas para fundar en eso que ha acontecido y se ha dicho una nueva acción o conducta; en esa posibilidad de *recurso* estriba sobre todo el carácter de la legitimidad en la única forma en que *hoy* es posible. El extremo opuesto es la situación de la que es un ejemplo Rusia, pero que tiene manifestaciones análogas en varios grados de aproximación y en países que profesan estar muy lejos de ella, donde las gentes se enteran de lo que les pasa por los periódicos que se lo notifican, y la historia —de la cual son sujetos pacientes— se reescribe a cada cambio político. (pág. 15)

Lo más grave es que una forma deficiente de Estado —lo cual quiere decir casi siempre una forma excesiva— acabe por ahogar a la sociedad o, lo que es si cabe peor, que informe a los individuos y los haga a su semejanza. El Estado es la «expresión» de la sociedad, su representación; cuando ésta es adecuada, no hay peligro; cuando es inadecuada, y dura mucho, puede hacer que la sociedad se engañe sobre sí misma y piense de sí propia en vista de la imagen que el Estado le da.

Se dirá, y se dirá bien, que al cabo la sociedad reacciona contra esas imágenes, que no pueden prevalecer. Pero aquí se esconde otro riesgo no despreciable, y del que son incontables los ejemplos en el mundo actual. El mimetismo es la tentación que acecha a los individuos o los pueblos sin imaginación, y no olvidemos que la prepotencia del Estado y la restricción de la libertad afectan sobre todo a la capacidad imaginativa del hombre; la economía, la ciencia, la técnica, mal que bien, pueden subsistir; la imaginación se debilita y acaso agota. Y entonces se propone como ideal *lo contrario de lo que existe;* pero lo contrario es muy parecido a aquello a que se opone. Hay muchos —y nada me inquieta tanto como esto— que al imaginar el futuro vuelven los ojos a eso mismo que existe, sólo que al revés. (pág. 16)

Yo pienso que lo más urgente y apremiante es ejercitar la imaginación. Primero, para comprender la realidad efectiva y no contentarse con las simplificaciones o las versiones interesadas de ella. Hay que volver a formular la pregunta: ¿Qué es España? Y hay que contestar: ni lo que se dice ni la inversión mecánica y automática de ello. En segundo lugar, hay que *inventar* el futuro y añadir la decisión de que sea *porvenir.*

Lo peor que le puede pasar a un pueblo es tener una actitud jactanciosa y al mismo tiempo un secreto desprecio de sí mismo. ¿No ocurrirá que se presuma de lo que no se tiene o debería ser motivo de rubor, y se desconozca lo que es una gran riqueza y una promesa? Quisiera examinar lo que para mí es más valioso y prometedor de España: *la vida cotidiana.* Después habrá que preguntarse por el horizonte que se abre ante nosotros, o mejor dicho, que tenemos que abrir. Lo que más me inquieta es que en España todo el mundo se pregunta: *¿Qué va a pasar?* Casi nadie hace esta otra pregunta: *¿Qué vamos a hacer?*

2. LA VIDA COTIDIANA

El español, a lo largo de los siglos, tiene una quejumbre permanente y generalizadora. Si un hombre del Norte de Europa o de (pág. 17) América espera un tranvía o un autobús, bajo la lluvia, y éste no llega, se impacienta; es posible que murmure reniegos contra la compañía; más probable, que le escriba una carta de protesta; su reacción no va más allá. El español apenas se ocupa del autobús, desde luego no de la organización de la cual depende; su comentario va inmediatamente más lejos: «En este país nada funciona.» Es muy frecuente entre españoles el entusiasmo abstracto por España —«lo mejor del mundo»— unido a la hostilidad concreta a todos sus contenidos: nada español les parece bien. A veces el español cae en la cuenta de su generalización constante, de su propensión a exagerar; después de haberlo hecho toda la vida, Larra recapacita un día y escribe aquel famoso artículo: «En este país»; pero pronto se repone y vuelve a la actitud inicial. Hay un refrán español en dos tiempos o, si se prefiere, de ida y vuelta, que siempre me ha parecido revelador. «En todas partes cuecen habas» —dice el español después de recapacitar y comparar su situación con las ajenas—; y en seguida agrega: «y en mi casa a calderadas.» En estos años, la generalización más frecuente, sobre todo por parte de los jóvenes, se expresa así: «Aquí no hay nada que hacer.» Yo suelo contestar simplemente: «¿Lo ha intentado usted?»

El estado de la sociedad española induce (pág. 18) fácilmente a confusiones. Se lo juzga con frecuencia desde puntos de vista que no se ajustan a la situación real, que son utilizables en condiciones distintas. Casi siempre se tiene una impresión exagerada —en bien o en mal— de la sociedad española: no se encuentra lo que se espera, no se espera encontrar —y por tanto no se reconoce— lo que hay. El desnivel social es muy grande; la desigualdad de posibilidades para los diversos grupos sociales, considerable; la incorporación del país al nivel de la vida activa, sobre todo de la vida histórica, muy deficiente. Cuando se compara la situación española con la de algunos países occidentales esto resulta evidente. Pero si se considera que España es una excepción, el error es mayor aún, porque en la gran mayoría de los países del mundo ocurre lo que en España, sólo que en un grado mucho más alto. España pertenece a Europa, y *dentro de ella* su sociedad se cuenta entre las que están aquejadas de notorias deficiencias; pero está mucho más cerca de cualquier sociedad europea que de las de otros continentes. En los últimos años, especialmente, España ha alcanzado una relativa prosperidad, pero aún aparte de ella habría que ver las cosas así. España no es un país «subdesarrollado», sino mal desarrollado.

Lo más grave es la distancia entre la realidad y la apariencia: la falta de articulación (pág. 19) y reconocimiento de los elementos reales, por debajo de una ficticia uniformidad y unanimidad. Regiones, grupos sociales, grupos de intereses, grupos de opinión. Todo eso existe y no tiene «curso legal»; por tanto, no se expresa, ni adquiere su propio perfil, ni se pule al contacto con los demás ingredientes de la sociedad, ni cuenta con ellos y así se limita y aprende a convivir. La falta de política ha llevado a una politización general de la vida, que me parece sumamente peligrosa: hace falta que haya política; primero, porque es necesaria; segundo, para que entonces la mayoría de las cosas de la vida *no sean políticas*. Porque lo que ocurre es que cuando no hay política donde debe haberla, se derrama confusa e irresponsablemente por la sociedad y está en todas partes.

Se ha llegado a una confusión tan grande sobre las condiciones normales de la vida colectiva, que se olvida la más importante, que es la *publicidad;* la vida colectiva tiene que ser vida pública, *res publica*. El tratamiento particular y «privado» de los asuntos que por su índole son públicos es clandestinidad. No basta con que haya posibilidades. Lo decisivo es poder *contar* con ellas, es decir, que tengan carácter de *disponibilidad*. Desde el punto de vista social y no meramente jurídico, esto es lo que significa «Estado de derecho»: no basta con que *de* (pág. 20) *hecho* se puedan hacer muchas cosas —por condescendencia o lenidad, porque se lo permiten a uno—; hace falta que uno *tenga derecho* a hacerlas. Esto es lo único que permite proyectar, lo que hace que haya programas y continuidad social, que el hombre sea dueño de sí mismo y pueda convivir activamente con los demás, y la sociedad se organice y tenga, a la vez, movilidad y equilibrio. La falta de estas condiciones provoca una inmediata parálisis y engendra, en los estratos profundos de la sociedad, simplemente anarquía; es decir, la prepara y organiza como personal; la consideración de la sociedad desde el punto de vista de su carácter público se cruza con otra, no menos interesante, desde el punto de vista de la libertad. Es bastante fácil determinar la cuantía de la libertad existente en un Estado; mucho más difícil es aforar aquella de que goza una sociedad. El error más probable es juzgar ésta por aquélla, y en el caso de la sociedad española esa confusión engendraría un pesimismo mayor del que la estricta realidad impone. Como la vida humana *es* libertad, toda sociedad, en la medida en que lo es, en que está sometida a normas sociales, tiene un margen de libertad considerable. Un campo de concentración no lo tiene, pero no es una sociedad; cuando se consideran las diversas formas políticas, nada es más importante que ver (pág. 21) en qué medida dejan subsistir la existencia de una sociedad o la reducen a una versión mitigada del campo de concentración; y adviértase que esto no depende *sólo* de los caracteres del sistema político, sino muy principalmente de los de la sociedad a que se aplica. De manera que el «mismo» Estado puede ahogar entera o parcialmente la condición social, y por tanto, la libertad, según los países y las épocas. Un examen atento de los hechos llevaría a no pocas sorpresas.

Al considerar la situación de la libertad en una sociedad determinada, hay que tener en cuenta la que falta y la que se tiene. Esto parece perogrullesco, pero casi siempre se omite: a veces se atiende sólo a la libertad que falta, y se olvida que esa privación concreta se da sobre un fondo de libertades efectivamente poseídas; en otras ocasiones se numeran éstas, sin advertir el hueco de las que harían falta también. La situación más inquietante, y que me parece bastante dominante en España, consiste en no echar de menos la libertad que falta y no conocer y estimar la que se tiene. Esto es frecuente, sobre todo, en los jóvenes; y como a estos efectos son «jóvenes» en España todos los que no han conocido otra situación, resulta que forman bastante más de la mitad del país.

Los jóvenes, en efecto, no han tenido nunca lo que podríamos llamar «uso de liber- (pág. 22) tad», como se habla de «uso de razón». Esto no quiere decir que no tengan libertad, como también el niño tiene en alguna medida razón, pero no tienen su *uso*, y aquí hay que tomar la palabra en su sentido estrictamente social: para ellos la libertad no es un *uso*, sino a lo sumo una actividad excepcional y privada.

La consecuencia de esto es doble y paradójica. Los jóvenes toman como la cosa más natural del mundo la carencia de innumerables libertades, que no han encontrado «ahí» y no echan de menos, y por eso están dispuestos a aceptar formas políticas que las excluyen igualmente. Al mismo tiempo dan por supuesto que «no hay libertad», sin advertir que esto no puede decirse nunca de una manera absoluta, porque en rigor nunca «hay» libertad, sino que ésta «se hace» ejercitándola —lo que suelo expresar diciendo que siempre hay alguna libertad, por lo menos la que uno se toma.

Para aforar el estado de la libertad en una sociedad, lo mejor sería proceder del siguiente modo, que me atrevo a aconsejar a los lectores de todos los países, porque en todos conviene echar estas cuentas: 1.º preguntarse con alguna energía y claridad: ¿Qué quiero hacer? 2.º Intentar hacerlo. 3.º Si no se puede, procurar conseguir que se pueda (en general, intentando otra vez). 4.º Si continúa siendo imposible, preguntar- (pág. 23) se con la mayor seriedad *por qué* es así. Ya sé que es mucho más cómodo dar por supuesto que nada puede hacerse, o que lo que uno querría hacer es tan tremendo que no puede ni intentarse, y en vista de ello no hacer nada. Es más cómodo, pero es simplemente *conformismo*, cualquiera que sea su disfraz.

*

La vida es primariamente vida cotidiana. En ella consiste la riqueza principal de la sociedad española. Cuando se compara ésta con otras de Europa, desde el punto de vista de los «datos», casi siempre la comparación es adversa para España; si se comparan las condiciones en que se desenvuelve la vida política y jurídica, el desnivel es todavía mayor; y a pesar de ello, cuando se toma el pulso a la vida, no se puede evitar, si se es sincero, una impresión desconcertante. Con arreglo a las normas recibidas, y que nos encontramos dispuestos a aceptar personalmente, y en ciertos aspectos a afirmar con toda energía, en España se vive «peor» que en la mayoría de los países de la Europa occidental y algunos de América; pero sentimos que de alguna manera se vive «más» que en casi todos ellos. La vida cotidiana española tiene un *plus* de vitalidad, de temperatura, de incentivo. La economía (pág. 24) española es mezquina para muchos y estrecha para la gran mayoría, pero uno se pregunta si no habría que hacer otras cuentas para la economía *vital*. Hay un número considerable de españoles cuyos ingresos son inferiores a los de sus equivalentes europeos, pero que tienen mayor holgura vital, y ésta envuelve los aspectos económicos.

El español tiene un relativo, pero considerable, inutilitarismo. No quiere esto decir que sea «idealista», ni tampoco que no haya un número crecido de individuos que se mueven principalmente por los estímulos del más sórdido interés. Pero las consideraciones económicas no son las primarias para la gran mayoría, y aun aquellos que actúan así en las grandes líneas de su conducta, lo «olvidan» en el detalle de ella, es decir, precisamente en la vida cotidiana, porque las *formas vigentes* de la sociedad española tienen otro carácter. Es muy difícil para un español plantear las cosas en términos estrictos de economía, yo diría que porque la actitud «económica» continuada le produce una extraña fatiga. Por eso infringe constantemente las normas de lo que dispone una «buena economía». Una vez dije que en «buena economía» cinco céntimos son cinco céntimos, pero que cuando esto es así, la vida se pone triste.

Se dirá que esto es un grave defecto del español, porque la creciente economiza- (pág. 25) ción del mundo es irreversible, y la complejidad de las sociedades actuales exige un rigor económico que en España no se ha conocido y que es un requisito de una prosperidad que hoy resulta necesaria. El «lo mismo da», el «poco más o menos» ha sido posible hasta hace poco y ha sido una de las formas básicas de esa holgura vital de que he hablado; pero no es una actitud sostenible si ha de conseguirse mayor riqueza, y hoy se pretende esa riqueza y se considera necesaria para la vida; al mismo tiempo —y en esto estriba la dificultad— el español siente como insoportable pobreza la forma de relación con lo económico que domina en gran parte de Europa. No puede evitar la impresión de que «viven peor» los que tienen muchos más recursos que él, y por eso es frecuente que el español que por razones económicas vive en el extranjero viva mucho peor que lo hacía en España, contando con gozar de sus ingresos cuando vuelva, es decir, cuando se instale de nuevo en la forma de vida —incluso económica— que le parece realmente apetecible. El secreto deseo de innumerables españoles sería «ganar en el extranjero y gastar en España»; como esto sólo puede ser una solución excepcional o transitoria, hay que orientarse en otra dirección. Creo que el interés por lo económico y el rigor en esos asuntos son inevitables ya, y además convenientes; los espa- (pág. 26) ñoles podrían buscar alguna inspiración en los Estados Unidos, donde el espíritu económico está templado y modificado por la extremada generosidad: el norteamericano tiene mucho más interés en *ganar* dinero que por *tenerlo*, y por eso lo da, individual y colectivamente, con una largueza absolutamente sin par en la historia conocida, que pone a este fenómeno en otro «orden de magnitud». Cierta «esplendidez» que el español suele tener, aun dentro de los límites de la pobreza, y que me parece una virtud muy alta podría recibir una nueva forma en otra situación, definida por la eficacia y la prosperidad. Lo decisivo es que al concentrar la atención en los bienes económicos no haga, paradójicamente, que la vida cotidiana española pierda holgura y adquiera ese matiz de sordidez que todavía resulta tan penoso a ojos españoles.

Hay ciertos detalles que resultan, como siempre, reveladores. Mientras en muchas partes el hombre presume de estar «muy ocupado», de no tener tiempo para nada; mientras cifra su importancia en tener la jornada tan absolutamente llena de trabajo y compromisos que no puede albergar en ella nada inesperado, y una cita, por grata que sea, tiene que aplazarse durante días o semanas, el español siente aún una extraña vergüenza de sus quehaceres y ocupaciones, y procura ocultarlos. El español que (pág. 27) trabaja muchas horas al día y está siempre en retraso respecto a sus quehaceres, encuentra, sin embargo, hueco para ver a un amigo —o a un desconocido—, y lo recibe como si no tuviera nada que hacer, aunque quizá tenga que sacrificar algunas horas de sueño. La señora que ha estado ajetreada hasta cinco minutos antes de llegar sus invitados, a veces desde las primeras horas de la mañana, toma una actitud de indolencia cuando estos llegan, sugiere que la cena o la fiesta son la única ocupación de su jornada, que pertenece a eso que los que traducen mal el inglés llaman «la clase ociosa».

Yo veo con cierta emoción estos gestos, y me angustia secretamente el ver que cada vez son menos frecuentes y podrían desaparecer en pocos años. Porque, si no me engaño, reflejan una actitud profunda ante la vida que importaría sobre manera salvar.

3. Planificación y libertad

Yo diría, para entendernos con pocas palabras, que la *sociedad* española —conste, la sociedad— tiene un considerable margen de libertad. Esta libertad es relativamente poco ejercitada —desde luego, menos de lo posible—, y existe más bien en forma de «disponibilidad» para el futuro. Sin duda la sociedad espera ciertos estímulos que po- (pág. 28) drían venirle de un Estado fiel a su verdadera función —el nombre de aquel viejo ministerio español: Fomento —o más probablemente de la acción de ciertos individuos o grupos sociales imaginativos y con un mínimo de gracia y resolución, que sería urgente suscitar, pero que sólo excepcionalmente están a la vista.

El español, a pesar de todos los pesares, no está aún «prefabricado»; es en buena medida imprevisible; deja un considerable campo a su espontaneidad, a sus caprichos, hasta a sus humores. Bastaría una pequeña torsión hacia lo alto para que esas capacidades se orientaran hacia sus ilusiones, proyectos, empresas. La libertad política es, quién lo duda, condición para la libertad *vital*, pero puede darse la primera con un mínimo de la segunda, y no es posible un despliegue adecuado de esta última sin una dosis suficiente de aquélla. Por eso hay Estados en que la libertad es normal, pero donde la sociedad es precariamente libre, y producen una inequívoca impresión de angostura y tedio. A la inversa, una sociedad sana y enérgica puede salvar una porción apreciable de libertad en circunstancias de manifiesta estrechez; y si lo hace, no tarda en reintegrarse a formas políticas plenamente adecuadas y dignas.

Uno de los síntomas más inquietantes de España en los últimos años es el afán de (pág. 29) «planificación» que ha acometido a muchos, y precisamente a gran parte de los que profesan disconformidad con el estado actual de cosas, como si este no fuera el resultado de una minuciosa y estricta planificación de la vida colectiva. A mi juicio, en la preferencia que los dos extremos del espectro de opiniones en España sienten por la planificación se esconde la clave del problema. Pretenden preferirla por razones de «eficacia», a pesar de que difícilmente podrían atribuirla a la actual planificación en muchos órdenes, y que los países que son realmente modelos de eficacia son sumamente moderados en cuanto a la intervención del poder estatal en los fenómenos sociales y económicos, y dejan un margen amplísimo a la regulación de las fuerzas sociales por sí mismas. El hecho de que la elevación del costo de la vida en los Estados Unidos no haya rebasado un 30 por 100 en quince años, a la vez que los salarios se han duplicado con creces en el mismo tiempo, mientras en países sometidos a estrictas regulaciones pueden elevarse los precios en esa proporción en el plazo de un año, no parece impresionarles. Lo cual induce a pensar que no es precisamente la eficacia lo que más les interesa. ¿Qué es entonces?

Yo pensaría que el temor al futuro en lo que tiene de *porvenir*, de innovación, de creación imprevisible e insegura. Con la pla- (pág. 30) nificación se trata, sobre todo, de la reducción del futuro al presente, de su domesticación y enjaulamiento. Se trata de saber «ya» lo que va a pasar «luego». Nada más contrario a la condición de la vida humana. Nada más aburrido, por otra parte, y de ahí el tedio que emanan las sociedades rigurosas y minuciosamente planificadas.

Se da por supuesto —y es otro síntoma de la misma actitud— que «el mundo va hacia eso», como si no fuera más cierto que el mundo va hacia muchas cosas diferentes, que tiene capacidad de ensayo, creación, rectificación y, sobre todo, pluralidad; pero además no es de hecho verdad que el mundo —si se entiende por ese nombre sus partes más avanzadas, activas y fecundas— vaya en esa dirección, sino más bien al contrario. Lo que ocurre es que amplias zonas de la vida española viven petrificadas —y no es sorprendente, pero es lamentable— en formas mentales que fueron dominantes hace treinta o por lo menos veinte años, y estos son muchos años para el paso que llevan las cosas de nuestro tiempo.

*

De ahí viene la manifiesta hostilidad al liberalismo en que se ha vivido durante cerca de treinta años, y que está lejos de mitigarse; de ahí también la interpretación nega- (pág. 31) tiva del liberalismo que ha tenido y tiene vigencia. Porque el liberalismo, que es un sistema político, es *antes* un «temple», un estado de espíritu, una manera de ser hombre. Cuando el liberalismo habla, por ejemplo, de «limitación del Poder», no quiere decir que el Poder deba ser «poco», sino que tenga *límites*, es decir, configuración; y, por tanto, que tenga figura creadora la vida humana, la cual no debe consistir en «ser mandada», sino más bien en *ser*, y ser mandada sólo lo mínimo inevitable y conforme a normas que ella misma decida. Por eso el liberalismo, al convertirse en término político, no alteró, sino sólo amplió el área semántica de su sentido originario: el «liberal» es «generoso», porque está dispuesto a dejar que los demás sean lo que son y quieren ser, aun pudiendo impedirlo; para combatirlos, si es menester, pero sin sofocarlos ni anularlos; salvando los derechos de las minorías, asegurando la posibilidad de que intenten convertirse en mayorías.

Llevamos decenios oyendo la monótona cantilena de los «errores» y «fracasos» del liberalismo. Todo lo humano en alguna medida es un error y está amenazado por el fracaso, porque la vida terrena es constitutivamente imperfecta y frustrada. Pero dígase si alguna forma de convivencia ha tenido menos fracasos y más éxitos que el liberalismo; dígase si no son los países (pág. 32) que le han permanecido sustancialmente fieles aquellos en que se han unido más regularmente la prosperidad y la dignidad, los que nunca se han sumido en la catástrofe ni en la abyección.

En cuanto a los «errores», el más grave ha sido uno, no imputable al liberalismo, sino a todo el pensamiento del siglo XIX y de parte del nuestro: el *individualismo* unido al *estatismo*, la oposición entre «individuo y Estado» (recuérdese a Spencer). Ese ha sido un error común, y muy principalmente de muchos de los llamados «socialistas», que han pasado por alto precisamente la *sociedad*, la han ignorado, y se han instalado en una forma de estatismo.

La vida humana es siempre *vida individual* —la mía, la tuya, la de él o la de ella—, pero en la vida individual acontece la sociedad; o, si se prefiere, *mi* vida está hecha de sustancia social, como enseñó Ortega hace cerca de medio siglo. El «liberalismo *individualista»,* es ciertamente un error, pero le viene de su adjetivo: es el *individualismo* —liberal o no— el que es un error. Y su fracaso no puede arrastrar al liberalismo.

Este ha de extenderse a todas las verdaderas dimensiones del hombre. Hace falta, concretamente, la organización de un *liberalismo de la sociedad,* de un liberalismo social (que, por lo demás, está postulado enérgicamente por Ortega hacia 1908). La (pág. 33) limitación del Poder no debe ser solo limitación del Poder del Estado frente al individuo, sino también limitación de ese Poder frente a la sociedad como tal y sus grupos, y limitación también del poder de algunos individuos que —en general utilizando los recursos del Estado— ejercen abusiva presión sobre el conjunto de la sociedad o sus porciones más débiles —fórmula bien conocida y de la que se podría hablar largamente.

El liberalismo tiene que extenderse, pues, a los grupos, a las fuerzas sociales, a la sociedad en su conjunto como sistema de vigencias, creencias, usos, proyectos. Liberalismo no es «atomización», sino al contrario: estructura compleja y no amorfa. La atomización —y el «amorfismo»— es la indefensión, y por tanto, la posibilidad de la opresión. La única defensa efectiva es el reconocimiento de las estructuras reales: clases, regiones, grupos de intereses, grupos de opinión; el «estatismo», por el contrario, es la forma de entregar a la decisión de unos cuantos hombres —políticos o tecnócratas— las decisiones que competen a la sociedad con sus estructuras propias, desde la Prensa hasta las asociaciones, desde los partidos hasta las modas, desde la organización social del gusto y la estimación hasta el mercado.

No puede sorprender que el liberalismo (pág. 34) sea frecuentemente odiado: lo aborrecen y temen todos los que desprecian al hombre. Lo desdeñan los que prefieren seguir un pensamiento inercial, una fórmula o receta prefabricada, mejor que una solución extraída del análisis de los problemas concretos; los que gustan de leer en un libro lo que va a ser de ellos; los que carecen del valor de hacer por sí mismos su vida, y no quieren que la hagan los demás: los gregarios.

Hay un fuerte depósito de libertad vital que no se ha extinguido en la sociedad española. Son síntomas de ella la capacidad de entusiasmo del español, de improvisación, de desinterés, de hacer lo que no le conviene. Su resistencia a la adversidad, sin envilecerse del todo. ¿Cómo haríamos para que la sociedad española superara sus deficiencias sin perder lo que entre nosotros hace que la vida valga la pena de ser vivida? Porque yo quiero —como el que más— cambiar; pero no por cualquier cosa.

4. PASADO MAÑANA

Al titular «Pasado mañana» esta última meditación sobre la sociedad española del presente he querido sugerir dos cosas: la primera, que es prudente evitar una engañosa impresión de «inminencia»; la segun- (pág. 35) da, que no interesa tanto el «tránsito» como lo que haya después de él. Creo que los españoles deberían olvidar para siempre —para el presente, para el futuro— una de las más funestas expresiones de nuestra historia, acuñada, como era de esperar durante la reacción absolutista de Fernando VII para calificar el trienio constitucional de 1820-23: «los mal llamados años». Todos los años son reales y efectivos, no hay más años que los de nuestra vida, y no se puede vivir «entre paréntesis»; el que lo hace es que prefiere ajarse en una vitrina mejor que vivir. En general, esta actitud encubre pereza o temor; es una disculpa para no hacer *lo que hay que hacer*. Por otra parte, no hay cosa que contribuya tanto a perpetuar las cosas como la «prisa», sobre todo la prisa verbal; yo creo que tener prisa a los veinticinco años no tiene demasiado sentido; más bien interesa que los próximos veinticinco no sean una atrocidad o una estupidez.

Lo malo es que hay que usar la imaginación, y ésta, a diferencia del *bon sens* de que hablaba Descartes, no está demasiado bien repartida; en todo caso, no abunda. Los jóvenes, sobre todo, tienen dificultades considerables para usarla. La razón es que la imaginación, aunque no se reduce a la memoria, se nutre de ella, y son jóvenes para estos efectos todos aquellos cuya «memoria (pág. 36) histórica» es corta, es decir, cuantos no han rebasado bastante los cuarenta años, porque no han conocido o vivido con eficacia otra alternativa. La inversión automática no lleva sino al negativo de la misma realidad. Hay algunos que solo quieren *seguir;* otros, *lo mismo solo que al revés;* algunos, por último, queremos *otra cosa;* pero no otra cosa cualquiera.

España no es tan diferente, tan «especial» como interesadamente se dice; España tiene una enérgica personalidad, una originalidad que le viene precisamente de tener sus raíces sólidamente hincadas en un suelo histórico; sobre el torso que le es común con otros pueblos se levanta su modulación peculiar, que importa retener y salvar, sin caer en la teratología. Hay que desterrar de una vez para siempre la idea de que España es un país anómalo y para quien no valen las leyes de la física, la política o la moral; de que constituye siempre un caso especial, una «excepción» al amparo de la cual puede hacerse lo que convenga. No, España no es un fenómeno de feria, sino un país que ha dado no pocas pautas al mundo y ha contribuido enérgicamente a hacerlo; y esas pautas son también válidas para ella.

España está en Europa, y ésta no está sola, sino en Occidente: es uno de sus dos lóbulos inseparables. Ahí es donde hay que plantear el problema; desde ahí hay que (pág. 37) imaginar el futuro, incluso los matices diferenciales españoles. Cualquier solución «aparte», provinciana o caprichosa, es utópica y está condenada al fracaso. Los que para imaginar el porvenir de España miran nostálgicamente a Hitler tienen tanto sentido histórico como los que vuelven los ojos a Mao. Solo las soluciones europeas y occidentales y actuales pueden ser viables. Pero hay *varias,* porque el Occidente es plural y permite la originalidad.

*

El primer principio que habría de tenerse en cuenta sería el respeto a la realidad, la negativa a suplantarla con una ficción, con un conjunto de buenos o malos deseos. El «pensamiento desiderativo» a que se abandonó buena parte de los siglos XVIII y XIX y al que se siguen abandonando todos los inmaturos es una de las tentaciones más peligrosas. En las sociedades occidentales de nuestro tiempo, que tienen una larga historia a su espalda y se han constituido, salvo pasajeros eclipses, en el ejercicio de la libertad —dos rasgos que faltan radicalmente en otras partes, uno u otro o ambos—, en estas sociedades el *pluralismo* es un hecho irrebatible y con el cual hay que contar.

Pero contar con él no quiere decir aguantarse, sino reconocerlo y darle su estatuto (pág. 38) social y jurídico: regiones, clases, grupos sociales, grupos religiosos, intereses, opiniones. El Estado monolítico y uniforme es tan irreal y poco viable como el atomismo individualista que finge hombres singulares y abstractos dotados de una libertad también abstracta. Entre uno y otro se interponen las formas reales, las estructuras efectivas en que la sociedad está articulada y —todavía más— va a articularse. En suma, hay que *organizar el pluralismo.*

No se piense que con esto se trata de abrir la puerta a la disgregación de la sociedad: exactamente lo contrario. Porque ese pluralismo no puede tener otra base que la *concordia,* entendida no como una supuesta y ficticia «unanimidad», que ni es posible ni sería deseable, sino como una inquebrantable decisión de *vivir juntos,* esto es, de convivir y discrepar. La concordia es inseparable del disentimiento, y donde éste no es posible puede asegurarse que aquella es inexistente. La concordia solo puede basarse en el derecho a ser lo que es. Y digo derecho, porque no basta con ser de hecho. Estado de derecho es aquel en que se puede *contar* con las posibilidades, en forma expresa y explícita; no aquel en que se puede confiar en concesiones graciosas, en excepciones o simplemente en la lenidad. La vida histórica y social necesita proyectarse y solo se puede proyectar civilizada- (pág. 39) mente y a largo plazo cuando se es titular inequívoco de derechos que están más allá de cualquier arbitrariedad.

De ahí la necesidad de los *programas* de vida colectiva, y de que estos sean propuestos (no impuestos) a la sociedad, de que esta pueda optar, prestarles su adhesión o negársela, y ello con la frecuencia necesaria para asegurar la efectividad del consentimiento, porque no se puede hipotecar el futuro. Los instrumentos de esta proyección colectiva son los partidos políticos. No tengo ninguna debilidad por ellos, más bien siento ante todos una pizca de repulsión instintiva, nunca he pertenecido a ninguno y creo muy improbable que esto me ocurra nunca; pero estoy persuadido de que en nuestro tiempo —desde la crisis del antiguo régimen en el siglo XVIII— son absolutamente necesarios para una vida normal. El *consensus*, fundamento de la legitimidad, al sobrevenir la crisis de ésta, tuvo que ser expreso, manifiesto, y esto quiere decir democrático, lo cual requiere la articulación en partidos de las grandes corrientes de opinión.

Es esencial que puedan existir, pero es conveniente que sean pocos, que correspondan a vastos grupos de opinión, que no sean «religiones» ni concepciones de la vida ni ideologías, sino zonas de coincidencia acerca de los problemas específicamente políti- (pág.40) cos, sin que esto lleve consigo que los miembros del mismo partido compartan las convicciones religiosas, los gustos literarios o las preferencias amorosas de los demás. Es igualmente conveniente que haya mucha gente que no pertenezca a ningún partido y apoye eventualmente, según las circunstancias y según su conducta, a uno u otro. Y sería un error llamar a esa porción de la población «masa neutra», porque debería llamarse mayoría no adscrita.

*

Todo esto, sin embargo, es demasiado genérico; se refiere solamente a las condiciones generales para que se ponga adecuadamente en marcha una sociedad como la española. Pero ¿y esta misma en su concreción singular? Yo creo que la empresa que se presenta imperativamente a España, la que la sociedad española va, mal que bien, realizando, es su *movilización* total. España ha solido vivir por debajo de sí misma, quiero decir incorporando a la vida histórica una fracción de su totalidad. Despoblados y barbechos han sido las imágenes tópicas de una forma de abandono. La agricultura y la economía actuales no insistirían tanto en la supresión de despoblados, pero el problema más apremiante es el estado de barbecho o despoblado de tantos millo- (pág. 41) nes de españoles. La movilización de las capacidades humanas, la incorporación al nivel histórico es lo decisivo; es lo que más profundamente distingue a unos pueblos de otros. Y España, país europeo, radicalmente europeo, está por debajo de *su* nivel, aunque esté por encima del de otros países con los cuales no se la puede confundir.

La mejor inversión, la más «rentable», la condición de que todas las demás no sean fantasmagoría, es la humana. La educación deficiente significa la deficiencia histórica de una sociedad. Y es la elevación del nivel humano la que hace posible la del nivel económico; no la hace posible: la hace inevitable.

Por eso, cuanto más se insista en la importancia de lo económico, más esencial es escapar a la obsesión de ello, y sobre todo darse cuenta de que lo «intraeconómico» tiene sus raíces condicionantes en lo social. La economía ha entrado desde hace unos decenios en lo que Kant llamaba «el seguro camino de la ciencia». Los países que *quieren* resolver sus problemas económicos —y que no son todos, por supuesto— los resuelven. Los problemas económicos españoles son menores y no significarán dificultad considerable, dado el nivel de eficacia y prosperidad en que se encuentran los países de Europa occidental y los Estados Unidos. Para ello hará falta, naturalmente, dos (pág. 42) cosas: que las posibilidades no estén obturadas por intereses abusivos y miopes; y que no se sacrifique la solución de los problemas a la preferencia por una ideología determinada. (Hace poco tiempo, un grupo de estudiantes de una Universidad española hablaba conmigo privadamente de estos temas. Uno de ellos me dijo: «¿Y no cree usted que se debe racionalizar la economía?» Yo le contesté: «¿Y no sabe usted que el instrumento principal de racionalización es le mercado?» Su sorpresa me reveló que nadie se lo había dicho y que no se le había ocurrido.)

El peso de las pseudoideas aceptadas sin crítica es incalculable, y conviene tener presente hasta dónde puede llevar. La Segunda Guerra Mundial estuvo movida, sobre todo, por la idea de racismo —un disparate científico— y por la noción del *Lebensraum*, del «espacio vital» que Alemania y el Japón necesitaban y los movía a invadir a sus vecinos y hasta a los que no lo eran. Hoy, con el territorio disminuido y la población aumentada, ambos países tienen un nivel de vida que jamás soñaron, y Alemania importa mano de obra en cantidades altísimas, mostrando con hechos la falsedad de las ideas que han costado a la humanidad incalculables sufrimientos y, lo que es peor, un envilecimiento sin ejemplo.

Solo esta incorporación a la sociedad (pág. 43) española al nivel de lo que en el último tercio del siglo XX y en Europa merece llamarse «humano» permitirá mirar con confianza el futuro. Solo ella impedirá la masificación, la homogeneización del país tan pronto como sople sobre él un viento de prosperidad ya anunciado por una perceptible brisa. La prosperidad me parece admirable, con tal que esté respaldada por formas humanas adecuadas; con otras palabras, el desarrollo económico es admirable cuando es una manifestación del desarrollo humano. En otro caso, cuando es postizo y «sobrevenido», puede dar al traste con admirables posos decantados en el fondo de una sociedad durante siglos y que constituyen su riqueza mayor inexhaustible.

Hay que salvar la pluralidad de las formas de vida, la seguridad frente al abandono o el despojo, pero la inseguridad radical en que la vida consiste, lo que hace de ella un riesgo, una aventura, una invención, una sorpresa. Hay que mantener clara la conciencia de que los problemas económicos son inmediatos y apremiantes, pero que con ellos no termina la historia, sino que en verdad empieza; que una vez resueltos aparecen los más graves, inseparables de la condición humana, desde el tedio hasta el sentido de la muerte; y por eso importa tanto no comprometer el sabor de la vida (pág. 44) española, su invención, su capacidad de improvisación, la pluralidad inagotable de sus temples y matices.

Hay que resistir a la sirena de la homogeneización, que amenaza anular las «diferencias de potencial» en la sociedad y conducir a una «entropía social». Porque hay una forma de empobrecimiento en la que no se suele reparar, pero que es la más grave de todas: no el de los recursos, sino el de la vida misma.

La felicidad es asunto personal, pero acontece y se realiza dentro de un alvéolo social. Solo podemos pedir a la vida colectiva que disponga para nosotros ese alvéolo social. Solo podemos pedir a la vida colectiva que disponga para nosotros ese alvéolo adecuado, que nos permita buscar esa felicidad y, si la alcanzamos, nos deje gozarla. Y esto requiere, al menos en nuestro tiempo y dentro de nuestra tradición histórica, la *vida como libertad*. La justificación máxima del liberalismo es que responde a lo que el hombre es cuando no dimite de sí propio, cuando no acepta ninguna forma de deshombrecimiento.

Desde ese nivel serían posibles y hacederas las empresas colectivas de España: su elevación hasta sí misma, hasta su propio nivel; su integración original en Europa y Occidente; su función inspiradora y coor- (pág. 45) dinadora, de «Plaza Mayor» de Hispanoamérica. Cualquiera de las tres podría encender en entusiasmo a un pueblo. Las tres juntas y articuladas podrían dar a España una nueva grandeza: la que es posible y digna en el siglo XX, y que no consiste en dilatarse a expensas de los demás, sino con ellos y para ellos. (pág. 46: en blanco) (pág. 47)

Capítulo 2. *Cuando el futuro ha empezado ya*

Se cumplen ahora diez años de la muerte de Ortega. Al recordarlo, en un breve artículo, no se puede volver a examinar el contenido o las formas de su pensamiento, la trayectoria de su biografía, acaso un aspecto particular de su figura. El tema de hoy no es en rigor Ortega mismo, sino esos diez años. A los pocos meses de su muerte estaba yo lejos de España, enseñando filosofía en la Universidad de Yale; estaba bajo una doble impresión: por una parte, el impacto que estaba produciendo en mis estudiantes americanos la filosofía de Husserl y la de Ortega, a pesar de las no escasas dificultades de trasvasar al inglés un pensamiento (pag. 48) alemán y otro español; tenían conciencia de estar descubriendo dos caminos nuevos para penetrar en la realidad, el segundo sobre todo lleno de posibilidades inesperadas; por otro lado, ciertos fenómenos del ambiente intelectual español que me recordaban aquella vieja anécdota de exámenes: el profesor pregunta al alumno: «A ver, la filosofía de Kant»; y ante el silencio del estudiante pasa a la pregunta siguiente: «Su refutación.»

Entonces escribí un artículo titulado «El futuro de Ortega», que el lector curioso puede encontrar en el volumen V de mis *Obras;* no quiero volver sobre lo que allí decía; prefiero que solo lo tenga presente el lector a quien realmente interese, y la prueba de ese interés puede darla el pequeño esfuerzo necesario para buscarlo. Lo que ahora quiero subrayar es que ese futuro, el que espera a un autor después de muerto, ha empezado ya, ha transcurrido de él un decenio entero. ¿Qué ha sido ese futuro, convertido ya en pasado? ¿Cómo puede condicionar nuestro presente y el porvenir que se extiende ante nosotros?

Quisiera que estas líneas fueran entendidas como un análisis sereno de algunos aspectos de la sociedad española, de aquella faceta de ésta que mira hacia la vida intelectual. Trato de pasar rápidamente los ojos por una serie de fenómenos muy diversos, (pág. 49) extendidos durante un período bastante largo, que no todos recuerdan, que muchos no han tenido nunca presentes en su conjunto. Me propongo ayudar a los lectores a completar con una visión abarcadora imágenes posiblemente parciales, cuyo sentido aislado parece distinto. Es muy posible que ciertas acciones y conductas, que tomadas por sí solas ofrecen un aspecto plausible, no lo tengan si se las hace entrar en un proceso más amplio; a la inversa, solo esta totalidad da su justificación a otras que, arrancadas a ella, podrían parecer extemporáneas o inexplicables.

Para evitar complicaciones excesivas, me limitaré a hablar de España, sin tener en cuenta siquiera la significación de los españoles que viven fuera, sometidos a otros sistemas de presiones. Conste que *nada* de lo que pasa en España acaba de tener sentido si no se atiende más que a eso; pero sería desorientador hablar de la suerte de Ortega fuera de España, porque los datos que habría que considerar, muchos y muy dispersos, no componen —por falta de «densidad»— una figura, y además muchos de los más significativos no parecen tener relación directa con Ortega. Me atengo, pues, a España, a sabiendas de que solo doy una abreviatura (pág. 50).

La situación de la filosofía antes de 1936 estaba condicionada por la inspiración y el magisterio de Ortega. De él procedía el impulso a filosofar que estaba dando insólitos frutos. Salvo grupos muy marginales, cuantos cultivaban en serio la filosofía se sentían vinculados al estímulo y la enseñanza de Ortega. Morente, Fernando Vela, Zubiri, Gaos, Recaséns Siches, Xirau en Barcelona, los colaboradores más jóvenes o menos notorios de estos maestros, se consideraban unidos en una empresa común, definida por la libertad y por tanto, por la independencia intelectual.

Desde 1939, por motivos político-eclesiásticos, ajenos a las razones de orden intelectual todo esto fue sustituido por el imperio oficial de la escolástica. Provisión de cátedras, cuestionarios de oposiciones, selección de tribunales para éstas, planes de estudios de las Universidades y del Bachillerato, instituciones filosóficas oficiales y sus publicaciones, todo ha sido desde entonces abrumadoramente escolástico. El cambio fue tan súbito como el de la decoración en un escenario. Durante muchos años no se podía ni siquiera nombrar a Ortega en una Universidad.

La consecuencia inmediata fue doble: adaptación a esas normas de la mayoría de los cultivagdores de la filosofía; desviación hacia otras disciplinas —sociología, histo- (pág. 51) ria, filosofía del derecho o de las ideas políticas, etc.— de los que no estaban dispuestos a ajustarse a esa manera de entender la filosofía, pero no querían renunciar a una carrera normal, sobre todo universitaria. Esto significó que solo una mínima fracción de la actividad consagrada a la filosofía estricta durante veinte años ha sido independiente de los moldes escolásticos; casi toda ella procedente de la acción intelectual de Ortega, derivada en partes esenciales de su filosofía, con una huella muy profunda de sus métodos y perspectivas aunque diversificada en muy distintas formas personales, y expuesta casi siempre en forma privada.

Podríamos decir que la escolástica ha tenido absoluta vigencia *oficial* durante dos decenios, hasta el punto de que son excepciones muy contadas las de los que no han pagado su tributo, al menos en la forma de la adhesión nominal. Hay que añadir, en cambio, que ha tenido muy escasa vigencia *social:* si se comparan, por ejemplo, las cifras de ventas de libros filosóficos de una y otra orientación, los resultados son reveladores de la distancia existente entre la Universidad e instituciones anejas y la sociedad española efectiva. Análogas consecuencias arrojaría el estudio de la proyección internacional —siempre modesta— de la filosofía española; y habría que tener en (pág. 52) cuenta que mientras uno de los dos fragmentos ha gozado de todos los medios institucionales, el otro, sobre ser de exiguo volumen, ha tenido que actuar por su propio vigor intelectual y en muchos casos contrarrestar el influjo adverso de todas las organizaciones.

*

Cuando murió Ortega, en 1955, persistía esta situación; pocos años después ha empezado a cambiar —una vez más, por razones extrafilosóficas—. Desde la elección de Juan XXIII en 1958, y sobre todo desde el comienzo del Concilio Ecuménico, la actitud de la Iglesia Católica ha empezado a variar considerablemente; hasta muy poco antes se habían hecho en España esfuerzos considerables por conseguir la inclusión en el Indice de las obras de Ortega, lo que hubiera llevado aparejada su proscripción sistemática; desde 1959 quedó poca esperanza de que esto fuera posible. Ha empezado a verse cuál es el sentir de la Iglesia en su conjunto, más allá de las voces que se han atribuido durante mucho tiempo el derecho de interpretarlo entre nosotros; ciertas presiones internas han empezado a mitigarse, y el escolasticismo a ultranza ha ido poco a poco sintiéndose menos bien respaldado. Cada vez resulta menos evidente la identificación entre «escolástica» y «pensa- (pág. 53) miento cristiano», que abusivamente se había tratado de imponer en los dos decenios anteriores y de la que muy contadas voces se habían atrevido a protestar.

Simultáneamente, ciertos cambios en las perspectivas políticas han hecho pensar a muchos que lo que había sido un provechoso sistema de «vinculaciones» e «identificaciones» podía ser en breve plazo inconveniente, y que era oportuno arrojar algún lastre que podría resultar enojoso. Y así, en los últimos cinco o seis años hemos asistido a un repentino enfriamiento del escolasticismo de muchos para quienes hasta entonces ninguna otra posición filosófica parecía admisible.

¿Hacia dónde orientarse? ¿Hacia la filosofía de inspiración orteguiana que había ido germinando en España a lo largo de medio siglo, extendiéndose por los demás países de lengua española y teniendo repercusiones limitadas, pero muy reales, en otras culturas? Para esto había varios inconvenientes, que quiero enumerar con suma concisión.

1. Esta filosofía había concitado durante demasiado tiempo hostilidades tan fuertes que equivalían al ostracismo, y aunque algunos indicios anunciaban que el sistema compacto que las había sustentado pudiera algún día quebrantarse, todavía conservaba —y conserva— prácticamente todo su vi- (pág. 54) gor; es decir, que se trataba de una posición intelectual arriesgada y llena de dificultades y obstáculos, con todas las vías cerradas y sin promesa de ventaja alguna.

2. La ausencia de todo género de apoyos y conexiones políticas de esa filosofía la hacían inadecuada para ensayar un «cambio de postura». Su carácter mismo la aleja de todo pensamiento «inercial» y no permite que se reduzca a fórmulas o *slogans;* su interna libertad, su circunstancialidad y perspectivismo hacen que cada cultivador de esa filosofía tenga su propio punto de vista personal, y no sea fácil convertirla en un sistema de soluciones prefabricadas o de «recetas»; no se identifica tampoco con una *terminología* que permita largos desarrollos dialécticos sin poner pie en el suelo, sin contacto con la realidad; es decir, que por su contenido intrínseco es lo contrario de todo «escolasticismo» de cualquier matiz (porque hay muchos).

3. Desde antiguo el pensamiento de Ortega había suscitado también la hostilidad de fuerzas políticas que parecían reaparecer en el horizonte y con las cuales se esperaba poder contar para instalarse cómodamente en una nueva etapa, como «herederos» de una situación de la cual se había gozado ampliamente, al menos en forma de «usufructo». No era prudente mostrar ningún tipo de afinidad con esa filosofía sospechosa. (pág. 55)

4. El estudio del pensamiento de Ortega se había abandonado por la mayoría de los cultivadores oficiales de la filosofía en España; como consecuencia de ello, los más jóvenes, formados por ellos, habían tenido dificultad para iniciarse en él. Hay que decir que se trata de una filosofía excepcionalmente rica, incapaz de reducirse a unas cuantas fórmulas, com-

pleja y difícil. A ello hay que agregar los amplios desarrollos realizados en veinticinco años, tanto las obras tardías y póstumas de Ortega como las de otros autores, que sería menester poseer. El «retraso» respecto de los que estaban instalados en esa forma de pensamiento era demasiado grande, y la tarea, desalentadora.

5. La existencia de una figura de la magnitud de Ortega impone a todo el que la reconozca y no pretenda ignorarla cierta modestia. Se puede, claro está, «ir más allá que él», y de hecho lo hace todo el que, después de poseerlo y partir de él, da siquiera un paso real hacia adelante; pero la innovación y capacidad creadora de Ortega han sido tan grandes, que sería menester acumular una considerable masa de logros filosóficos originales para no sentirse en esencial deuda con él. Ortega ha sido siempre incómodo para todo aquel a quien molestan las jerarquías o no se siente con suficiente empuje para escalar de hecho las más altas (pág. 56)

Todo esto ha llevado a buscar en otra dirección, o si se quiere en varias direcciones que tienen algo en común. Ortega había hecho de la claridad su norma. Pero el esoterismo ha tenido un atractivo insuperable para muchos. Filosofía ha sido la disciplina de las evidencias y de las ideas claras y distintas, pero también han reclamado ese nombre el pitagorismo, la cábala y la busca de la piedra filosofal. Por otra parte, la ciencia usa un simbolismo que externamente se parece al de las iniciaciones místericas. Finalmente, la ciencia positiva misma, cuyo valor es obvio y que conduce normalmente a un trato inteligente y pragmático con la realidad, inspira una veneración casi «numinosa» a los que no la poseen y no la entienden bien. Algunas tendencias del pensamiento tienen además de estos caracteres, una vaga aureola de «revolucionarismo» o «radicalismo», que por su misma índole abstracta e inofensiva a nadie inquieta, lo mismo que las formas artísticas más «antifigurativas» son fomentadas con particular cariño por los grupos más reaccionarios y los organismos oficiales.

Solo esto explica el repentino florecimiento, en los últimos cinco o seis años, de un curioso entusiasmo por el «análisis lingüístico», el «positivismo lógico», el «materialismo dialéctico» y dos o tres formas de «cientificismo» a las que están transmigran- (pág. 57) do apresuradamente los mismos que hasta hace poco terminaban la historia de la filosofía en el siglo XIII y después solo admitían una historia de los «errores y extravíos del espíritu humano». La cosa es tan evidente, que ha llegado hasta algo tan «estable» y «conservador» como los cuestionarios de Bachillerato y los programas de oposiciones a cátedras.

Un carácter común de estas actitudes es que cada vez se recurre en ellas más al criterio de lo que «hoy se lleva», de lo que «se pide», de lo que «ahora interesa a los jóvenes», y menos al criterio de la verdad o de la importancia de los resultados que se puedan alcanzar. Y son frecuentes los autores que pasan por «fases» sucesivas, del mismo modo que algunos artistas pasan por diversas formas que nada tienen que ver entre sí, sin que la transición esté determinada ni marcada por la huella de un *estilo* personal.

*

¿Cómo se refleja todo esto en la actual situación intelectual española? Un detalle estilístico nos ayudaría a comprenderla. Por lo pronto, para grandes grupos apresurados o timoratos, ha sobrevenido un curioso *tabú* a todo el vocabulario de cuño orteguiano. Las palabras que se han usado libremente de manera constante y que habían venido a (pág. 58) incorporarse al lenguaje —al lenguaje filosófico desde luego, a veces a la lengua general— son cuidadosamente evitadas. Sería divertido hacer un censo de autores que, como los que sortean las rayas de las baldosas, hacen todo género de esfuerzos para no decir «ideas y creencias», o «vigencia», o hablar de «generaciones», o de «proyecto vital», o digamos nombrar la «razón vital». Con las ideas mismas, la cosa es menos fácil, porque no en vano se han estado nutriendo de ideas orteguianas durante medio siglo, y éstas son más difíciles de sustituir. A veces recorren caminos incalculables, meandros tortuosos erizados de curiosas terminologías, para terminar en las tesis a las que Ortega había llegado, o acaso a aquellas de donde había partido, y dar de ellas una versión deformada por un sistema de conceptos tomados en préstamo, y por tanto, inexacta y poco rigurosa. No sería difícil ilustrar esto con ejemplos, pero prefiero dejar este deporte al lector.

CORPUS DE D'ORS

D'Ors, E.: *Lo Barroco*, Madrid, 1964, Aguilar.

DEL PRESENTE LIBRO (pág. 9)

Este libro pudiera ser llamado novela, novela autobiográfica. Contará la aventura de un hombre lentamente enamorado de una Categoría. Ya la había entrevisto él, adolescente, en una hora deliciosa, bien que fugitiva; y ella, bajo disfraz; pues fue en una especie de baile de máscaras, la orgía del churrigueresco español, cuando ella le apareció por vez primera. Levantó el antifaz un segundo, ante los ojos enfebrecidos del estudiante... Sólo que, al siguiente día, ya el voluble había olvidado su fiebre: pronto olvidará también semblante y silueta... Nada aquí, según puede verse, del consabido flechazo. La breve aparición quedó únicamente como un germen en la oscuridad: el fruto tardará en madurar un cuarto de siglo.

Acontece, con todo, que en el curso de sus viajes, al azar de sus experiencias, vuelva a encontrar el joven más de una vez a esta aparición y se rinda al prestigio de su misterio. Hela aquí, de pronto, surgida en los senderos más imprevistos, donde se divierte en abrir las perspectivas más deleitosas; trátese de los paisajes melifluos donde se asienta La Cabaña del Tío Tom, *trátese de las colecciones antropológicas del Blumenbach, o del Tahití de Gauguin o del Perú, donde nació su madre; explórense los lugares habitados por el* (pág. 10) Autodidacta *de Gracián, o de aquella* Solitaria de las Rocas, *que exhumó el abate Bremond... A cada una de estas excursiones hacia los climas de la nostalgia, el viajero tropieza con nuevas apariciones, más o menos indecisas, de la categoría de lo Barroco: tales ocasiones son, por otra parte, aprovechadas para informarse acerca de la peregrina persona. Aprende aquél su nombre, de que no pudo informarse cuando el carnaval churrigueresco. Conoce, igualmente, alguno de sus vínculos de familia. Y sabe ahora que la tal Categoría vive en la región de los suspirantes por el lejano Paraíso perdido.*

Los museos y las historias de la pintura que, como estudiante, visita y consulta a menudo, elogian altamente la belleza de esa dama y publican su retrato. Notas recogidas aquí y allá alimentan, con alguna entrevista que otra, el trabajo de la amorosa cristalización. Jamás tan activo, como en las horas en que el presente amador y futuro exegeta oye música. Una sospecha apunta en él: la música entera, la de todos los tiempos, la de cualquier escuela, ¿no será, a su vez, barroca?... ¿No se encontraría al servicio y bajo la fascinación de lo Barroco? Descubre aquél también el poder de la idea, el encantamiento que de ella viene. La empieza a temer, tanto como amarla. Adivina lo que el barroquismo contiene de feminidad fatal, de hechizo de sirena: su delicia y la turbación que esta delicia comunica al alma, capaz de aniquilar en un día los tesoros acumulados por un penoso aprendizaje de clasicismo. Estos juegos de sensibilidad y de inteligencia —pero ¿cómo discernir, en cada uno de ellos, la parte de la inteligencia y la de la sensibilidad?— dan materia a la primera parte del relato. (pág. 11)

Transcurre el tiempo. Y acontece que al comienzo de la segunda parte sobrevenga un acontecimiento decisivo. Tras de tantos años de vacilación indolente, llega a saber un día el tímido ensoñador que la señora de sus pensamientos es muy cortejada, y hasta —para decirlo llanamente— que se la ha puesto a la moda en la Corte. Y ocurre entonces que la voluntad adormecida se avive y despierte. Hay riesgo inminente de que la Categoría caiga en manos de otro. Voces volantes lo afirman ya. Aquí, los celos se apoderan del cuitado, muérdenle el corazón. Se decide. El amor propio herido le da alas.

Vémosle en este punto partir para el centro de Europa, donde va a disputarse en un torneo la mano de la bella, con anuncio de singular combate o tenzón. Lanza dialéctica en ristre, vuela hacia la Abadía de Pontigny, nombre ilustre en tierras de Borgoña. El torneo del Barroco debe celebrarse allí. Un tribunal de Pares dará razón a quien se muestre más sutil en adivinar los quereres de la preciada Categoría, en mejor servicio amoroso de sus gracias. Bajo el título de La Querella del Barroco, *se encontrará en este libro la crónica de los incidentes del concurso y de la atribución final... La mano de la dama se adjudica a quien, con tal constancia, bien que inactiva a veces, había soñado en ella. La prueba conclusa, el premio adjudicado, he aquí a un hombre que se desposa con su teoría y que, venido el otoño, parte en su compañía del país borgoñón.*

Los últimos capítulos de la novela nos cuentan la maravilla del viaje de bodas. En una excursión a Portugal, con alto y posada en cada uno de los santuarios memorables, testigos de una (pág. 12) infancia nueva del Barroco, consteldos de fantasías oceánicas y de misteriosas influencias orientales —Batalha y Cintra, Braga y Evora— son otras tantas alcobas. ¿No es en Coimbra donde se oye el arrullo de las tórtolas, cuando, al sonar la diana de los cuarteles desfallecen de amor como cantineras? La sombra de las palmas y la opulencia viciosa de los cactus ornan el Jardín Botánico de Lisboa. Pero, si todos los caminos llevan a Roma, también llevan todos al Oriente. De Lisboa, la pareja vuela hacia Francfort y hasta Viena. Allí, un Barockmuseum *adoctrina sobre la virulencia de la inspiración barroca y de su ritmo idéntico, en los más apartados parajes del mundo y hasta de más allá del mundo...*

Sí, de más allá del mundo... La danza de las estrellas, ¿no evoca en ritmos, pasos y figuras alguno de los esquemas predilectos del barroquismo? Cuando, en su empeño de someter el universo todo a las leyes lúcidas de un sistema, Keplero denuncia la estrechez de la concepción de los antiguos, según la cual los astros se mueven en órbitas circulares y propone otro esquema, donde el módulo es una curva más compleja —la elipse, con sus dos centros—, ¿no estiliza el saber astronómico en guisa, no ahora clásica sino barroca? Y, por lo que concierne a nuestro propio cuerpo, a la andadura y aventura de nuestra sangre, Harvey —Kepler de la fisiología—, ¿no cumple, con su reemplazar una imagen fija y estática por otra dinámica, al descubrir la circulación de esta hazaña pareja al acto creador de los artistas, cuando en sus pinturas, en sus estatuas, en sus monumentos, parecen movidos por una voluntad de burla de las exigencias del peso, (pág. 13) en una loca acumulación de las «formas que vuelan»? Pero, como en el vino, vive Dionisios en la sangre.

El galanteo iniciado por el estudiante en una fiesta madrileña oscura acaba, también barrocamente, por un vuelo generoso a través del mundo, a través de la historia. Y ciérrase así nuestra novela. ¿Qué más pudiera añadirse? Sólo en los folletines vulgares o en los cuentos infantiles la palabra «Fin» cierra el relato, tras de leerse en él que «Se casaron y tuvieron muchos hijos». Pero, tanto en la vida real como en la ideología auténtica, cualquier conclusión es un recomienzo. ¿Qué nos dará la aventura al cerrarse la narración de la aventura?

He aquí unas imágenes bien ingenuas. Lo sabemos y de ello nos avergonzamos; sin decirnos, de todas maneras, a encontrar esa nota inocente fuera de lugar. Después de todo, ¿no quiere «Barroco» decir, en el fondo, «inocente»? Hemos hablado de novelas. Pongamos que se trate de un cuento de hadas. (pág. 14: en blanco) (pág. 15) Fechas. (pág. 16: en blanco) (pág. 17)

CHURRIGUERA

Bien que de inspiración romántica, el famoso título dado por Verlaine a las páginas, que se quisieron vindicativas, de sus *Poetas Malditos*, ofrece un cierto valor permanente, más amplio y susceptible de ser convertido casi en definición. Si conocemos *Poetas Malditos* podemos igualmente encontrar esa nota de maldición en otros artistas, en otros creadores intelectuales. La fatalidad de un equívoco los persigue de siglo en siglo y que no es precisamente una fatalidad de olvido o desconocimiento. Obras constantemente evocadas, vense abominadas sin cesar.

Zenón de Elea, por ejemplo, es un «filósofo maldito». En la nunca cerrada dialéctica pugna, el instinto de conservación de la humanidad media se pone siempre de parte de aquel refutador grosero que demostraba el movimiento andando... Análogamente, Américo Vespucio es un explorador maldito: queremos hacerle caro la ventaja de haber legado su nombre al Continente descubierto por Cristóbal Colón. Y el recuerdo de Góngora, poeta maldito, soporta, como la noción médica de «artritismo», el padrinazgo de las más variadas enfermedades. Añadamos, para demostrar que el peso de semejantes maldiciones no cae exclusivamente sobre un sector (pág. 18) literario, que pareja injusticia de la suerte ha caído sobre Boileau.

Churriguera representa en España el tipo acabado de tal desventura. Cuando nuestro público —y el término incluye aquí a los mismos académicos de Bellas Artes; *a los académicos sobre todo*— ha dicho: «churrigueresco», se figura haber dicho alguna cosa. Cree haber sentenciado, con expresión ritual, a cualquier colmo del mal gusto sin excusa. Y adviértase cómo tales ascos y remilgos pueden provenir inclusive de medios impregnados de ideología romántica o revolucionarismo constitucional. Tal partidario del verso libre fruncirá el entrecejo ante la piedra libre. Tal virtuoso de la filosofía metafórica rehusará no sólo su admiración, sino inclusive su indulgencia, a las columnas metafóricas, quiero decir con elementos constructivos demasiado claramente tomados del mundo vegetal. Y hay quien no jura sino por la evolución de las especies y repugna o finge repugnar al dinamismo de los portales o de las ventanas.

Por lo que a mí toca, fiel servidor que me digo de la razón, oso proclamar mi respeto por las heroicas violencias de la pasión. Mi respeto pánico, a la vez imbuido de terrores y de amor. Cuando huyo del delirio, cuando me aparto del pino belvedere, es por miedo al vértigo; es decir, porque, secretamente, me atrae el abismo demasiado. Tal vez he nacido para este abismo: así, para no caer en él, no tengo otro recurso que alejarme y tentar con el pie, para renuevo de mi seguridad, la tierra firme, la dura roca que, sustentándome, me defiende contra mí mismo. Con (pág. 19) el tiempo, no obstante, espero alcanzar el poder de copiar la inteligente y voluptuosa lección de Ulises. Y que no me será ya necesario taparme con cera los oídos, como el vulgo de los remeros. Y que me bastará amarrarme sólidamente al mástil y, el oído libre, la curiosidad desvelada, complacerme sin riesgo allí en el canto de las sirenas.

¡Churriguera, arquitecto maldito, sirena deliciosa!... Tus altares en las iglesias hispanas, tus portales madrileños, tu salmantina Casa municipal, me traen y traerán un día al mundo, con el desbordamiento tumultuoso de tu pasión, con su «mal gusto» —que cuenta igualmente unos cuarteles de nobleza y rememora el caos primitivo como las obras clásicas rememoran el griego Partenón— un trágico cantar de abismo y de océanos... Preveo para Churriguera, en hora próxima, una justiciera venganza. ¿No exaltamos hoy las profundidades misteriosas del Greco? ¿No se ocupan algunos poetas amigos en nuevamente encender altares a Góngora? Contra la maldición secular, un salvador exorcismo. La conciencia de una tradición ritual, junto con un amor clandestino que data de ayer, inspira este exorcismo a la mano que dibuja un signo mágico, a la vez que las presentes líneas fugaces. (pág. 20)

EL «WILDERMANN»

El caos está siempre centinela alerta en las bodegas de la mansión del Cosmos. Servidor y dueño, si por una parte se deja colonizar —el albedrío humano abre un sendero en la selva—, véngase, por otro lado, a la menor negligencia —la vegetación salvaje devora prontamente el sendero descuidado.

Me encuentro en una capital germánica y habito un hotel a la moda, provisto de todas las ingeniosidades del confort. Pero este hotel lleva por nombre *Zum Wildermann;* y, por enseña, un monstruo hirsuto, cubierto de bravía hojarasca, con una gran piedra en una mano, y en la otra una porra o basto.

Este empleado del hotel, tan atento a la disciplina de los timbres, ¿no será precisamente el genio del lugar? ¿No ocultará, tras de su uniforme servil, la libertad del hombre de los bosques? Lo que la hipótesis me trae como certidumbre compensa lo que me pueda traer como aprensión. He llegado a adivinar que la misma dualidad de la imagen hace su precio. Que esa fuerza natural me permite a mí dormir tranquilo y encontrar al despertarme cierto número de cosas a punto. Que yo pueda escribir, precisamente porque este hombre podría dar puñetazos. Que (pág. 21) su barbarie es la garantía de mi civilización; o, para ser exacto, que *nuestra* barbarie profunda es la garantía de *nuestra* civilización eminente.

De cada una de estas realidades deriva un estilo. Un estilo se sobrepone al otro. Así está muy bien. El estilo de la civilización se llamará clasicismo. Al estilo de la barbarie, persistente, permanente debajo de la cultura, ¿no le daremos el nombre de barroco? Es llamada barroca la gruesa perla irregular. Pero más barroca, más irregular todavía, el agua del océano que la ostra metamorfosea en perla, y a veces, inclusive, en los casos de logro feliz, en perla perfecta.

¡*Wildermann,* padre mío! Mucho debo a mis maestros: les debo mi dignidad. Pero, de cuando en cuando, conviene regresar a ti; regresar para ser alimentado por tu fuerza. Para ello, sin renunciar a confort alguno, me place a veces tomar alojamiento en el Hotel del Hombre Salvaje. (pág. 22)

CARNAVAL Y CUARESMA

El Carnaval, en el ordenamiento auténticamente católico del año, es casi tan litúrgico como la Cuaresma. La Cuaresma que, mientras prepara el Viernes Santo, expía el Martes lardero.

¡Cuánta cordura, no sólo práctica, sino teórica, en la aceptación regular y predeterminada de esta excepción! *Oportet hoereses esse.* Conviene que haya herejes, y conviene también que las máscaras se diviertan.

¡Nunca exclusiones, pero siempre jerarquía! ¡Qué asco, un Carnaval perpetuo! Pero ¡qué soso, un año sin alguna manera de Carnaval!

Como el Carnaval, las Vacaciones tienen un valor de excepción, cuerdamente aceptado en anticipo. Se trata de instituciones barrocas, gracias a las cuales la general disciplina encuentra precisamente su viabilidad. La ley del trabajo alcanza la plenitud de su valor cuando se establece, a su lado y en estrechos límites, una estación de ociosidad. El orden, cuando, marginalmente, se da su parte al fuego y se enciende, para el diablo, si no un cirio, como para San Miguel, una cerilla.

Para refrescarse, para recrearse. Para perderse, de cuando en cuando, en el Paraíso Perdido. (pág. 23) Mientras se gana, con el esfuerzo de los siglos y de las generaciones, la Celestial Jerusalem. (pág. 24)

AFORISMOS

¡Cómo se parecen Alejandría y el siglo XVII!... En las dos épocas, la Cultura se baña en el paisaje.

* * *

La paz es un domingo. La guerra, una cadena de días laborables. Lo que importa es que la esencia dominical se difunda a toda la semana.

* * *

Canciones populares, trajes regionales, costumbres locales encantadoras, parecieron, a los ojos de la crítica ingenua, que deriva de Vico y de Herder, algo secular; inmemorial, mejor dicho. Información tomada, todo esto data en realidad de la civilización barroca. Del Setecientos, sobre todo. De aquella hora histórica, cuando, simultáneamente, apareció la Enciclopedia y se fijó el Folklore.

* * *

En el placer del desnudo, la inocencia se busca en secreto. Bajo la máscara, la sinceridad. Son las máscaras quien habitualmente «las canta claras». (pág. 25)

* * *

Sin Austria no habría Imperio; es decir, unidad en el mundo.

* * *

APENDICE

Juan Jacobo, ¿hubiera existido sin Robinson?

* * *

Pero hubo un día otro Rousseau que se llamó Pelagio. La polémica de San Agustín contra Pelagio tiene mucha más autenticidad en su espíritu que la polémica contra los maniqueos. En este sentido, San Agustín puede servirnos de Patrón en la tarea que nos hemos atribuido los jóvenes y que es también la de un combate contra Pelagio, contra Rousseau.

* * *

Sin embargo, el hecho mismo de aquella, su resurrección bajo otro nombre, claramente indican que Pelagio no será jamás completamente vencido. Es bueno, por otra parte, que no lo sea.

* * *

¿Qué significa en la historia de las artes, ese término: «Gótico florido»? Significa que hubo otro gótico no florido. Un gótico de la estructura pura. O, para decirlo de una vez, un gótico clásico —tan clásico como el arte griego lo pudo ser en la época anterior al griego barroco. (pág. 26)

* * *

La «Tras-Guerra» será una recaída en el «Fin-de-Siglo». Como el «Fin-de-Siglo» lo fue en la «Contra-Reforma»; y la «Contra-Reforma», en el «Franciscanismo»; el «Franciscanismo», en el «Alejandrinismo»; el «Alejandrinismo», en el «Oriente». Y el «Oriente», en la «Prehistoria». (pág. 27)

EL MUNDO-MUJER

¿Quién lee a estas horas la *Biblia de la Humanidad,* de Michelet? La generación de nuestros padres ya había olvidado este libro. De ahí cabalmente el que yo pudiera encontrarlo y leerlo, de muy niño, en un desván.
No me preguntéis si lo entendía entonces. Hacía mejor que entenderlo. Cuando a los diez años se entiende bien se olvida a los catorce. Mientras que siempre queda algún rastro de lo que, a tal edad, se entiende a medias.
De aquella lectura al azar conservé en la memoria, aparte de otros detalles maravillosos, el de un título sobre el cual ensoñé largamente. ¿No está escrito allí, a propósito de los tiempos macedónicos de la historia griega, *El Mundo-Mujer?* ¿O era tal vez sobre el tema del *Cantar de los Cantares* y de la vieja Siria? En todo caso, cuando un poco más tarde la pedagogía puso en mis manos los primeros textos elementales de Historia Universal me percaté en seguida de lo que Alejandría significaba, y, en términos generales, esta Grecia que sobrevive a Grecia.
Ya lo sé, hoy, ya lo sé. Cuanto cale en Michelet acerca de la filosofía de la historia, se encontraba ya en Giambatista Vico. También bastante pre- (pág. 28) cozmente, me fue dado a conocer «La Ciencia Nueva» y, no es por alabarme, Hegel... La verdad: de todos modos, en ninguna parte he vuelto a encontrar una forma tan asombrosamente, tan sintéticamente clara, para definir, en un término el sentido de toda una época.
¿De una época nada más? Aquí interviene a punto otra enseñanza, goethiana esta. El famoso *Ewig-weibliche,* el Eterno Femenino, ¿tiene tan sólo aquella significación, por decirlo así, *galante,* con que se contenta la interpretación general? ¿O bien traduce en símbolo una constante categoría del espíritu y, por consiguiente, de la historia humana? ¿Se limita su alcance a la suma de las mujeres del pasado, del presente, del porvenir? Existen indudablemente otras realidades en la realidad total susceptibles de ser incluidas en esta especie de

gineceo abstracto, aparte, inclusive, de cualquier determinación sexual y hasta de cualquier metáfora del mismo orden.
Weininger decía, vuelto de espaldas voluntariamente al botánico saber: «En el mundo vegetal, la flor es siempre femenina; el árbol, masculino.» Si la flor, toda flor, es mujer, bien puede creerse que la Siria, según Michelet, lo sea igualmente. O los cultos de Eleusis. O un siglo entero en el vivir de la Humanidad. O la Democracia.
O lo Barroco. (pág. 29)

DERROTA Y TRIUNFO
DE LA MUJER

Siempre que encontramos reunidas en un solo gesto varias intenciones contradictorias, el resultado estilístico pertenece a la categoría del Barroco. El espíritu barroco, para decirlo vulgarmente y de una vez, *no sabe lo que quiere*. Quiere, a un mismo tiempo, el pro y el contra. Quiere —he aquí estas columnas, cuya estructura es una paradoja patética— gravitar y volar. Quiere —me acuerdo de cierto angelote, en cierta reja de cierta capilla de cierta iglesia de Salamanca— levantar el brazo y bajar la mano. Se aleja y se acerca en la espiral... Se ríe de las exigencias del principio de contradicción.
Señor, tu gesto es verdaderamente un algoritmo del Barroco en este cuadro de mi Museo —ya está entendido que el Museo del Prado me pertenece—, que lleva por título: *Noli me tangere*. Claro que es del Correggio, padre de tantas barroquerías voluptuosas. La Magdalena, Señor, está a tus pies. Tú la atraes en el momento en que la rehúsas. Le tiendes la mano diciéndole: «No me toques.» Le muestras el camino del cielo, dejándola en tierra, en su tiernísima derrota. Y ella también, mujer ya arrepentida en el pecado, lasciva en el arrepentimiento, ella también (pág. 30) es, por definición, barroca. Ella, que, para seguirte, Señor, se sienta sobre sus talones.
De esta Magdalena del pintor de Parma conozco a la hermana, dichosa y vencida; dichosa porque vencida. Abierta, desfalleciente, los ojos en blanco, las manos sin fuerza, las rodillas trementes, el corazón anegado. Es la Santa Catalina de Siena, en el *Svanimento*, del Sodoma. Y esta patricia que cae, la cabeza abajo, el mirar perdido, en un rincón del cuadro de Tintoretto, que representa una batalla naval. Y Santa Teresa, cuyo corazón va a ser atravesado por una saeta, en aquella capilla, en aquella alcoba, que cinceló en Roma el genio tumultuoso de Bernini.
Pues bien: todos estos naufragios continúan, para aquel que sabe entender los misterios de Eleusis y la religión de Isis, en la época en que era ella, en Egipto, el verdadero, el único dios; cuando Osiris no era más que un vocablo genérico, para designar «el muerto».
Todo esto es una eterna realidad, el *Ewig-weibliche*. Y, naturalmente, un estilo: el estilo Barroco. (pág. 31)

EL PARAISO PERDIDO

JARDIN DE COIMBRA

Fielmente guardo la memoria de una hora meridiana, cierto día de mayo, en el Jardín Botánico de Coimbra. Hora lenta y turbia, de perfumes vegetales y arrullos voluptuosos. Las palmeras esbeltas, ávidas de sol, subían, dominando desde muy arriba las frondas, que ahora olvidaban, en la altura de su palacio de luz; así mujer desvestida ante el espejo olvida, por el resplandor inteligente de los ojos, las sombras fieras que el instinto encontrara a medio subir... Sí, las palmeras dominaban a los laureles; pero las trompetas marciales sonantes en algún cuartel vecino, no ahogaban el cálido gemir de las tórtolas.
Voces de tórtolas, voces de trompetas, oídas en un jardín botánico... No hay paisaje acústico de emoción más característicamente barroca.
Fue en aquella hora primaveral y solar cuando me fue dada, en la pereza y en el recogimiento, la posesión de una verdad fecunda: a saber, que el Barroco está secretamente animado por la nostalgia del Paraíso Perdido.

ALFA Y OMEGA

Paraíso, principio y fin de la Historia. En el espíritu de la Humanidad, alfa y omega. (pág. 32)

Por culpa del árbol de la ciencia —es decir, por el ejercicio de la curiosidad y de la razón— perdióse un día el Paraíso. Por el calvario del progreso —es decir, también por el ejercicio de la curiosidad y de la razón— se adelanta en el camino de vuelta. Toda la Historia puede considerarse como un penoso itinerario entre la inocencia que ignora y la inocencia que sabe.

Empero, mientras nos encaminamos hacia el renovado Paraíso, hacia la celeste Jerusalem, conocemos los breves paraísos intermediarios, en que se evoca el comenzamiento y se prevé el logro; en que el Edén reaparece, gracias a la reminiscencia o a la profecía.

Cualquier arte de reminiscencia o de profecía es siempre más o menos barroco. Y la literatura universal —un día ello acabará por descubrirse— ha erigido, a la entrada de la selva de lo Barroco, dos altas columnas, que llevan los nombres del poeta Milton y del evangelista San Juan: el *Paraíso Perdido* y el *Apocalipsis*.

(Hace un instante tenía yo el mirar absorto por el abanico de una palmera, que abanicaba con gracia femenina. Me ha parecido —¿ilusión?— que la palmera crecía súbitamente un poco, que alargaba el tronco, en una especie de salto. Mi sorpresa la interroga, y ella contesta —obstinada, pero sonriente— que no, que no...)

EL BARROCO, A TITULO DE RECOMPENSA

Paul Valéry, poeta situado en la frontera opuesta al Barroco, intelectual puro —que elimina, por tanto, las cuestiones de principio y de fin, de (pág. 33) alfa y de omega—, artista más que poeta, ha escrito un poema admirable: «Palma.» ¡Qué bien si pudiésemos venir a leerlo en este mismo jardín o quizá en otro de Lisboa, donde las palmeras, más numerosas aún, se abren en una prodigiosa avenida, a un paso de la reja que termina y cierra un estrecho callejón de muros leprosos!...

> *Patience, patience,*
> *Patience dans l'azur!*
> *Chaque atome de silence*
> *Est la chance d'un fruit mûr!...*

Pues bien: Valéry, siempre lúcido, ha confesado haber escrito este poema, como un recreo, como una vacación, concediéndose a sí mismo tal recompensa, tras de las horas largas de aplicación exigidas por su gran poema *La Jeune Parque*... Dominical descanso, después del laborar de seis días.

He comprendido así por qué el siglo XVIII, mi querido siglo XVIII, el de las sólidas empresas filantrópicas y utilitarias, el de la ciencia y de la razón, fue también el que se complugo en crear los Jardines Botánicos. En otros términos: cómo el siglo racionalista por excelencia ha podido ser al mismo tiempo el siglo barroco por definición.

He comprendido que, en la guisa del poeta, cuando aquel siglo se había fatigado en componer una *Jeune Parque*, se divertía en el juego de una *Palme*, como recompensa: los Jardines Botánicos representaban el domingo de una época, probada por sus seis días de trabajo, de Manufacturas, de Arsenales, de Fortalezas, de Puentes, de Academias, de Salinas... Cuando un Pombal, por ejemplo, había trazado el plano de un barrio (pág. 34) entero de Lisboa, destruido por un terremoto, o aprobado un reglamento para la Fábrica de Pólvoras, se iba a plantar una palmera o un cinamomo. O, simplemente, se iba a sentar a la sombra de algún árbol, inundado de sol, como se hubiera ido, en la noche llena de intrigas, a oír una ópera italiana.

Se sentía, como yo me siento ahora —yo, intelectual jornalero—, dominicalmente enamorado del Barroco. (pág. 35)

EL AUTODIDACTA DE GRACIAN

RUISEÑOR Y FLAUTA

En dedicatoria a mi ejemplar de *Un cuento árabe, fuente común de Ibn-Tofail y de Gracián*, su autor, Emilio García Gómez, ha escrito: «... Con la esperanza de que no le ha de parecer irreverente el destocar a Andrenio de su chambergo del XVI, para ceñirle el antiguo turbante.» A lo cual me apresuro a responder: «No, no me parece irreverente... ¿Ni cómo? Por de pronto, tales destoques, suprimiendo la frívola mascarada del *carácter* local o de época, en torno de los mejores productos de la cultura, definen uno de los objetos esenciales de la crítica (contrariamente a la opinión común de que la crítica debe servir para *caracterizar*, para agravar los colores locales y los sabores de época).»

Y luego, aun aparte del hecho de que una colaboración multisecular en la producción de una obra le otorga siempre cierta nobleza, en el caso de Andrenio, las primeras vueltas del turbante, tal vez algún nudo o colgajo, ¿no se habrían ya insinuado bajo la pompa del chambergo? Bien podría ser, después de todo, que el turbante, a su vez, ocultase otra cosa. Tal vez una diadema bizantina; tal vez el casco de cuero del persa ingenioso. (pág. 36)

Siempre ocurre así en la cultura. El repertorio de sus mitos no es muy extenso ni en demasía cambiante. Ciertos fondos comunes de la naturaleza o de la historia parecen provocar, casi naturalmente, una réplica en el mundo de la ficción. Así, a la figura de Adán, primer hombre, autodidacta forzoso; ante las páginas blancas del libro de la experiencia, corresponde la invención de Andrenio, falso primer hombre, autodidacta contingente, ante un nuevo capítulo de este libro. Entre las primeras adquisiciones humanas, a la canción natural del ruiseñor contestó muy pronto el juego sabio de la flauta.

SUS ASCENDIENTES

Andrenio, en la versión del mito según Gracián, llega bastante tarde a tocarse con su chambergo. Bastardo y de origen clandestino, troglodita de nación, educado como una bestia, desprovisto de enseñanza, es ya un adulto, en edad de razón, cuando se abre a sus ojos el gran teatro del Universo. Ante este Universo, se encuentra solo. Solo y sin tutor, recibe las primeras lecciones de la realidad, se ejercita en los primeros disfrutes del poder. Se halla en eso muy lejano a Segismundo, el Príncipe de *La vida es sueño*, en quien la pedagogía ha precedido a la experiencia.

Pero, cinco siglos antes que Andrenio, ya había aparecido Hay-ben-Tacdan, el héroe de la Risala, de Ibn-Tofail, más adamítico que Andrenio todavía, puesto que no nacido de mujer acaso; como si fuese el primer ser humano de la tierra. Y puesto que para él la soledad y caverna no fueron solamente el principio, sino tras de un breve intermedio, el desenlace. He aquí a un (pág. 37) Adán que sale de su Paraíso para un viaje de ida y vuelta.

La fábula de Gracián, ¿procede de la fábula de Ibn-Tofail; de la figura de Hay, la de Andrenio? La primera edición del texto original de la *Risala*, su primera versión latina, debidas las dos a Edward Pococke, aparecían en Oxford veinte años después de haber aparecido en Zaragoza la primera parte del *Criticón*... Gracián ¿pudo tener indirectamente conocimiento de aquel, por algún colega hebreizante? ¿O tal vez por algún intermediario arabizante, en tierras de Aragón? ¿O por vía de tradición escolar? A menos que utilizara fuente más próxima, en Alberto el Grande.

La explicación que hoy viene a darme García Gómez es más sencilla. Según él, Hayben-Yacdan no sería ya el padre de Andrenio, sino su hermano mayor. Hijos, los dos, de otro Adán contingente, de otro virtuoso del autodidactismo, personaje sin nombre, que aparece como «constructor del ídolo» en el cuento llamado *Del ídolo, del rey y de su hija*, que nuestro arabista ha encontrado en un manuscrito de El Escorial cuando andaba buscando en la literatura hispano-musulmana documentos nuevos para un estudio sobre la leyenda de Alejandro. Ha encontrado, además, que, de los dos hijos, el que mejor recuerda la fisonomía paterna es el menor. Por de pronto, en no proceder de generación espontánea ni por fermentación de la arcilla, sino, para decirlo con las palabras crudas del Omar en el texto del cuento, «de lo que hacen los hombres con las mujeres». (pág. 38)

Lo que ocurre es que si *Crisis* y *Risala* proceden del *Cuento*, el *Cuento*, a su vez, procede de alguna parte. ¿Qué lejano origen, perdido entre los primeros sueños de la Humanidad, cabría prestarle? Problema igual al del psicoanalista, en trance de buscarle causa próxima a cualquiera de los que pueblan la noche de un adulto, en los secretos de una infancia o en los secretos de una alcoba.

SUS DESCENDIENTES

Dejemos el problema de los orígenes del mito para recordar brevemente algunos de los episodios de su ulterior destino, porque el poder plástico de su esencia —donde se alían un sentimiento de nostalgia por la inocencia, por el Paraíso Perdido y la necesidad lógica de remontar el curso de las adquisiciones intelectuales —está muy lejos de agotar, en el episodio mencionado, su virtud.

Medio siglo transcurre entre el falso Adán, de Gracián, y el falso Adán, de De Foe. *Robinson Crusoe* fue publicado en 1719, justamente a la hora en que la humanidad parece más alejada de la prehistoria... Que se me permita recordar ahí cómo, en alguna página de mi *Molino de viento*, he creído poder derivar de Robinson toda una etapa de la sensibilidad barroca y, más tarde, el romanticismo. Adviértase, además, de un autodidacta a otro, el descenso de nivel. Robinson se presenta como ya dotado de la experiencia de la sociedad y de la pedagogía. Su aprendizaje en la soledad no se refiere *al saber*, sino *al hacer*. De aquel no recibe conocimiento, sino industria. (pág. 39)

Menos fuerte aún, el nuevo autodidacta de Juan Jacobo... Su pretendido «hombre de la naturaleza» sabe muchas cosas. De memoria, su Montesquieu, en política; su Newton, en física; su Plutarco, en moral. Muy siglo XVIII, y suizo, por añadidura. Y troglodita y vegetariano, únicamente en la proporción en que las damas de la Corte son pastoras.

Pues ¿y Pablo, el Pablo de Virginia, Adán de cromo, novio de una Eva de pensionado? Lo único que esos autodidactas relativos parecen aprender en el seno de la naturaleza —¡y de la naturaleza de los trópicos!— es el «don de lágrimas» y las exquisiteces del pudor. Versión, de todos modos, preferible a la que el pintor Gauguin encontrará más tarde en el paraíso de Noa-Noa. Y a las que pondrá en práctica el Mowgli de Rudyard Kipling, alimentado de saltamontes, como tantos predecesores suyos, y puesto, como el Segismundo de Calderón, a la escuela de los brutos; o como un pestalozziano, o como un montessoriano, o como un escutista; esperando el momento en que la llamada del amor le dará en el corazón de la manigua muy distintas lecciones, en ejercicios prácticos, y que prescinden de disponer de cualquier *Dafnis y Cloe* como libro de texto.

¡Pobre Andrenio, cuán disminuido te veo! Tú, que en la *Risala* tenías traza de gran filósofo, en *Jungl's Book* casi no haces más papel que el de orangután. Tus enemigos, la Cultura, Roma, triunfaron. La Natura, ídolo que un día ha exigido de ti la función de «constructor del ídolo», (pág. 40) va a perderse en hechicerías menudas. No hay, empero, triunfo definitivo hasta el punto en que acontezca, si está de Dios que acontezca, el de la Ciudad de Dios. El filósofo Cournot diría: la Posthistoria. (pág. 41)

DE ROBINSON A GAUGUIN

LEJANIAS, NOSTALGIAS

Existe, sin duda, como elemento característico en nuestra cultura hereditaria, una especie de voluptuosidad de lo nostálgico. Cuando el deseo de esta voluptuosidad no se contenta con el goce del «carácter» y sus mascaradas, va más lejos y busca lo ingenuo, lo primitivo, la desnudez. Enfermedad propia de la civilización muy complicada, la de perecerse por los encantos de la inocencia.

Toda una corriente, con derivaciones sutiles en el arte, en la poesía y hasta en el saber científico, atraviesa el ardor secular de nuestra Europa, trayéndole frescuras de Paraíso: desde el Edén de la Isla Borbón, en que lloraba la ternura de Bernardin Saint-Pierre, hasta las soledades de Tahití, donde el pintor Paul Gauguin, harto del París «fin de siglo» busca el más profundo secreto de su corazón en la belleza sin velos de la Naturaleza y de la mujer oceanianas.

EL ROBINSON

Nunca dicha tendencia es más patente que en los momentos agudos de fiebre barroca. Es probable que la influencia ejercida desde su aparición por (pág. 42) la figura de Robinson Crusoe sobre la imaginación de las gentes no haya sido aún suficientemente estudiada. Háblase corrientemente de ese libro como de una lectura pedagógica: catecismo de energía dado en la infancia, apología de gran ejemplaridad en el camino del bien. Otra enseñanza se contiene en aquel, sin embargo. Otra enseñanza más difusa, ilimitada en cuanto a la edad del alumno y desprovista de exigencia moral en las significaciones. El libro ha tenido sobre los espíritus una influencia corrosiva, tal vez venenosa. Podemos figurarnos que el «¡al fin, solos!», del diálogo del Hombre desnudo y de la Naturaleza, empieza en él.

Estamos al principiar el XVIII. Es la hora de la perfección social más refinada que haya conocido la historia. La hora de las normas abstractas también. La poesía se modela en la retórica de Boileau; la ciencia, según la mecánica de Descartes. El mundo empieza a ser como Francia; Francia, como París; París, como un salón. Hay aquí una tiranía: la del Estado; acullá, otra tiranía: la del Buen Gusto. El resto, parte de allá de tales convenciones, no existe. ¿Cómo concederle un heroísmo cualquiera, ni solamente alguna dignidad?

Ved, sin embargo, allá abajo, a lo lejos, una isla desierta. En la isla desierta, un náufrago desvestido. Este náufrago, sin ropa, sin sociedad, sin política, sin palabras casi, en lucha abierta contra las fuerzas cósmicas —lo cual quiere decir, en unión íntima con las fuerzas cósmicas—, salvará su vida, por de pronto; y luego, su alma. Cumplirá una hazaña mayor que la de los grandes reyes y los capitanes insignes. Si sus pobres (pág. 43) y fatigados hombros han perdido la toga, en torno de su cabeza ennoblecida florecerá ahora un nimbo de luz.

Cuando, hacia la mitad de la prueba, Dios quiere por fin mandarle al solitario infeliz una compañía humana, esta será la de un pobrecito negro, cuya presencia reanima en el corazón nostálgico, en los labios y en los oídos, doblemente hambrientos de palabra, los movimientos más poderosos a la vez que las emociones más dulces de la fraternidad.

ROUSSEAU

Si el mito del negro de Robinson es todavía incompleto, el mito del «hombre primitivo», de Juan Jacobo, vendrá a perfeccionarlo. Cualquiera que sea el origen contingente y la sinceridad de la tesis preconizada por Rousseau, y para siempre famosa en los fastos del espíritu, acerca de la superioridad del estado natural en el hombre respecto de las conquistas de su civilización, no habrá nadie que desconozca cómo, a partir de este momento, se abrió una era nueva en la ideología del mundo. Fue a partir de entonces cuando el romanticismo empezó a exaltar el valor de lo espontáneo y de lo inculto para el acceso a la felicidad y al bien.

Cierto que el «primitivo» de Juan Jacobo está lejos de ser, en el rigor de los términos, un salvaje. Es más bien un ser humano abstracto, y no debe extrañarnos el que encuentre una absoluta justificación moral, cuando sabemos que de an- (pág. 44) temano, y por convención le adornan todas las virtudes. Las mismas gracias de la sociabilidad no parecen excluidas del vivir de tan refinado epicúreo... Pero la fuerza de esta aparición en la cultura y la de la influencia de Rousseau en la sociedad moderna no pueden evaluarse mecánicamente, según lógica de argumentación: se las mide mejor por el hecho mismo de su magnífica inepcia y del poder sugestivo con que han dominado a las imaginaciones. Si el «primitivo» de Rousseau es una quimera, esta quimera es la quimera del mundo.

Los escépticos mismos, los adversarios, sufrieron mudanza en su manera de ver las cosas cuando Rousseau dio la supremacía a la naturaleza y predicó el naturalismo. Sintieron todos que las formas y las directrices de su propia emoción iban ahora a estar cambiadas y subvertidas sin remedio. Juan Jacobo no maneja acaso armas dialécticas suficientes. Emplea una fuerza mejor y peor que la dialéctica: la fuerza del huracán... Si su corriente de aire no resfrió a todos, por lo menos se les llevó a todos la peluca. Aunque, tras de algunas de estas frentes mondas persistiese el ideal académico, persistía ahora en un indigente desamparo.

Sobre el ala de tales vientos empezó por ser tiernamente mecido, para en seguida precipitarse en la tragedia el casto amor de dos criaturas, cuyos nombres aprendió el romanticismo universal ávidamente: Pablo y Virginia... Mas, para expresarnos a la manera de Rudyard Kipling —otro bisnieto de Rousseau, ya lo sabemos—, *esta es otra historia*. (pág. 45).

PABLO Y VIRGINIA

Sus amores no influyeron solamente sobre la sensibilidad, sino sobre la sensibilidad de los contemporáneos. Pocas lecturas, en efecto, pueden resultar hasta ese punto conturbadoras, para las imaginaciones un poco finas y castigadas, como la de un libro tenido por casto, pero impregnado de lascivia secreta... Hay siempre líbido en Bernardin de Saint-Pierre: líbido, no de la virgen desnuda, pero de la flora opulenta, de la hoja carnosa, del fruto obeso y viciosamente azucarado.

Cuando Bernardin de Saint-Pierre aprendía las primeras letras, una amable señora, noble y arruinada, le regaló un ejemplar de *Robinson Crusoe*. En Robinson y en las emociones de las tierras lejanas diose a largamente ensoñar el niño, criatura tímida y delicada, mimado por las caricias de una madre sentimental y de una anciana sirvienta. El peso de estas ensoñaciones, sobre el cual se acumulaban las meditaciones contemplativas de los viajes de la mar, los tiernos amores y tal cual apasionada aventura, refluyó a superficie cincuenta años más tarde y le condujo a publicar —en guisa de continuación de un estudio destinado a demostrar indirectamente la existencia de Dios por la descripción exaltada de las maravillas de la naturaleza —el relato de los tristes amores de dos muchachos, enternecedores de inocencia, en la verde alcoba de una isla de los trópicos. Ello acontecía en 1789, año doblemente famoso en los fastos del Idilio y de la Revolución. (pág.46)

¡Qué época aquella para la cultura de Europa! Ni ha conservado menos su rastro, que la historia de la literatura, la de las ciencias; el rastro de una conmoción profunda, extendida a todas las capas de la sociedad. Hubo en esta difusión una especie de contagio en el delirio. Las mujeres, ante esa narración, se volvieron locas de ternura y molicie. Los letrados, los amigos de las letras, gustaron de aquel estilo aterciopelado que alternativamente atraviesan ardores impacientes y languideces sabrosas. Para los mismos sabios, encantadoras perspectivas parecieron abrirse; el valor atribuido a las descripciones botánicas de la novela fue tan grande que pudo llevar al autor a la Academia de Ciencias y a la dirección del Jardín de Plantas. Todo el mundo se embriagó en aquellos elixires de amor y de paisaje, de pureza virginal y de infancia mórbida. Todo el mundo vino a derramar dulces lágrimas ante el infortunio de los tiernos amantes. Las madres, por mucho tiempo, bautizaron a sus recién nacidos con los nombres de Pablo o de Virginia. El pintor Horace Vernet encontró en tal lectura el secreto del sentimiento del paisaje. La elegante condesa d'Egmont sintió nacer en su corazón una vocación imprevista para la vida salvaje y solitaria. Aquellas mentes inclusive que, por menos predispuestas o más frías habían resistido a la predicación filosófica de Juan Jacobo, diéronse por vencidas al fin ante aquella predicación más disimulada y a un tiempo más accesible, que no empleaba como instrumento de demostración otras armas que la turbación morosa de una historia sentimental y el halago acústico de una prosa cadenciosa. (pág. 47)

¿Cómo una sociedad pulida, que se acordaba aún de Racine, hubiera podido resistir a la sutilísima corrupción traída por una sacudida literaria tan intensa? Berenice había bebido sus propias lágrimas bajo el imperativo clásico de las conveniencias; Fedra regulaba decentemente en alejandrinos las palpitaciones que la pasión hubiera desordenado... Pero es más dulce, para el corazón afligido, dejar correr libremente el llanto. Y el Barroco, que iba pronto a encarnar en el romanticismo, recogió y adoró, a la vez como una novedad a la moda y como una eterna imagen, el grupo delicioso de Pablo y Virginia, de las madres viudas y de los negros honrados, columpiándose todo en el propio dolor, al cobijo de una naturaleza caliente, bajo un dosel de palmeras pomposas y de meteoros...

La corriente de la eterna nostalgia humana habíase detenido de nuevo para formar su lago de agua dormida, que reflejaba ahora la limpideza transparente de los cielos azules y lejanos. Una versión nueva del *Paraíso Perdido* había sido inventada, para la más noble embriaguez y la incurable melancolía de los hombres.

CAMPER Y BLUMENBACH

Si Bernardin de Saint-Pierre fue, por añadidura, botánico, Camper, el antropólogo, se preciaba también de artista y filósofo. La historia de las ciencias ha conocido generaciones de sabios, atentos a traducir a su manera las inquietudes del barroquismo. Tras de los Buffon y los Linneo, decoradores y clasificadores de la naturaleza, guardapaseos sublimes, ayos y vigilantes de flores y de troncos, pacientes colgadores de etique- (pág. 48) tas, un Camper o un Blumenbach nos aparecen como unos buenos contemporáneos de Rousseau, colocados ante la vida en una actitud semejante a la suya; turbados profundamente por la variedad; enamorados, no sin cierta preocupación oscura y un cierto pánico terror, de todo lo primitivo y salvaje; soñando en la libertad del parque inglés, superadora de lo que es aún policía académica, en los Jardines Botánicos.

Camper y Blumenbach fueron los primeros en hablar de razas humanas, en el sentido moderno de la expresión. Hasta ellos, el asunto había permanecido casi intacto. Buffon no consideraba todavía las razas más que a título de diferencias de color. La razón de estas diferencias y su origen pigmentario quedó, por otra parte, ignorada hasta Blumenbach. Camper fue, además, el primero en precisar seriamente las semejanzas y las diferencias de estructura entre el hombre y el mono. Estudio verdaderamente fértil, no sólo en consecuencias científicas, sino en resultados diversos para la cultura y la Humanidad.

En estas revoluciones científicas —al igual que en las políticas— la posición extrema empuja a las posiciones intermedias a alistarse en el partido del orden. A través de la obra de Camper, el mono empuja a todas las razas humanas inferiores a entrar, arrogándose un derecho en una noción más amplia, más comprensiva, más simpática de lo humano.

Este Blumenbach era, hay que decirlo, un personaje muy curioso. Nadie ha tenido tantos miramientos como él para el ornitorrinco, la extraña criatura que lleva su atrevimiento hasta burlarse (pág. 49) —con el escándalo de su propia estructura— de la rigidez de las clasificaciones zoológicas y de la separación sistemática entre los caracteres respectivos de los mamíferos y de los pájaros. En el majestuoso *Systema Naturae*, de Linneo, donde el cuadro sinóptico de la Creación y el imperturbable aplomo del gran clasificador sólo parecen inquietados por el existir de algunas bestezuelas —como el murciélago o la ballena o como el ornitorrinco—, que se obstinan en escapar a la perfección de las hermosas simetrías distribuidoras, el castigo de los tales consiste en verse encerrados, cerca del ángulo inferior e interior de alguna de las grandes páginas infolio del *Systema* (tengo bajo los ojos la reproducción de los cuadros originales, publicada, hace algunos años, por la Universidad de Uppsala), en una especie de jaula, delimitada tipográficamente por un doble filete, en contraste con la abierta generosidad de las llaves simétricas, donde se agrupan las criaturas naturales mejor educadas; y en la jaula, en guisa de etiqueta infamante, la inscripción: *Paradoxa...* Blumenbach adivinó que no había tal paradoja. Su simpatía se extendió y absolvió a estas extravagantes criaturas del Señor. Descubrió —descubrimiento agudamente romántico— que la extravagancia no era aquí un verdadero libertinaje, sino una gravitación hacia un centro diferente. Gran error de considerar frívolamente a quien no atrae el imán que nos atrae a nosotros. Gran impiedad poner fuera de la ley a quien obedece a una ley distinta a la nuestra.

El día en que Blumenbach abrió su jaula simbólica al pobre ornitorrinco pudo esperarse el que se abriesen también otras jaulas, materiales éstas. Por el médico Pinel, la del pobre loco en la (pág. 50) Salpetrière. Por el barón Beccaria, la del desdichado prisionero en los Plomos de Italia.

CHATEAUBRIAND

Cuando Pablo y Virginia entraron en la gloria, Châteaubriand tenía veinte años. Poco tiempo después el joven patricio se daba a la mar, con el libro de Bernardin de Saint-Pierre debajo del brazo. Un ambicioso designio le empujaba a descubrir el paso, al nordeste de América, entre el estrecho de Behring y la bahía de Hudson. Llegado a Baltimore, visitó Nueva York y Boston, subió por el Hudson hasta Albany, cazó el búfalo con los indios, recorrió los lagos canadienses. Y, a la postre, renunció a su proyecto, cuando ya había llegado al Norte, para volver a vivir con las tribus indias, que le habían tratado muy bien. Pudo así entrar en relaciones con los Natchez, los Muscovulgos y los Hurones antes de regresar a Francia, a donde le llamaba la política.

Obra de política, al mismo tiempo que incendio de romanticismo literario, traían a mal traer, a la vuelta de sus años de viaje, a este hermano y contemporáneo del goethiano Wilhelm Meister, que, como el tal y como su común arquetipo bíblico, había partido con objeto muy diferente, pero se había encontrado a la vuelta con un tesoro. Volvía con el *Genio del Cristianismo*. Antes de que apareciese el libro entero, uno de sus capítulos vio luz el mismo año en que el nuevo siglo nacía: *Atala*, llamado «Los amores de los salvajes en el desierto», curioso episodio en la historia del exotismo canonizado. (pág. 51)

El trópico y los negros habían sido puestos a la moda en la literatura francesa por *Pablo y Virginia*. Con *Atala*, el favor pasó a los indios y a la selva virgen. ¡Gran conquista, para la exaltación de la sensibilidad! El encanto de Châteaubriand no era, como el de Bernardin de Saint-Pierre, íntimo, tierno y secretamente voluptuoso, heroico, elocuente. No se balanceaba su prosa como una palmera en el espejismo de una isla; se precipitaba, como una catarata sonora, desde una gran altura; cantaba una música grandiosa, que arrastraba a las almas en vez de anegarlas en la ternura. Las arrastraba, las rompía, en el mismo goce intenso que experimenta el cuerpo del nadador que adelanta luchando contra las olas hostiles... La infancia del siglo XIX conoció dos fiebres sublimes y paralelas: *Werther y Atala*. Atala es un Werther transportado a la vida salvaje.

El mito de Rousseau vino a dar, con todo esto, un gran paso. El «primitivo» no sólo pareció preferible al civilizado, pareció sublime. Garantía de éxito, a la vez que título de dignidad.

«LA CABAÑA DEL TIO TOM»

No hagamos remilgos. Estamos en el estudio de ciertas aventuras de la sensibilidad general y no en un jurado para atribuir los premios en un certamen literario. Las obras de Blumenbach no ocupan, ciertamente, en nuestra biblioteca el mismo estante que el *Robinson*... ¿Qué nos importa que *La cabaña del Tío Tom* siga de tan lejos al *Atala*, en lo que se refiere a la jerarquía estética? Uno y otro son ahora, para nosostros, (pág. 52) únicamente efemérides en la historia del exotismo canonizado.

Cincuenta años los separan. *La cabaña* nació, como es sabido, de la propaganda por la abolición de la esclavitud, hecha en los Estados Unidos hacia la mitad del XIX. Uno de los periódicos abolicionistas que veían entonces la luz en Washington llevaba el título de *National Era*. Una larga novela, debida a la directora de un pensionado de señoritas de Hardford, aparecía allí en folletín. La escritora se llamaba Harriett Beecher-Stowe; era ya cuadragenaria. Su novela fue editada en volumen en Boston, en 1852. Dos años más tarde, se encontraba traducida en todas las lenguas. Parece que en las primeras ediciones el efecto de la narración era debilitado por la prolijidad de los discursos y de las disertaciones de tendencias evangelistas, que la autora había creído su obligación introducir. Las ediciones posteriores, en particular las de versiones a lenguas latinas, aligeraron ese aparato de sermones. Las adaptaciones dramáticas lo aligeraron más aún, naturalmente, asegurando así a la obra un gran favor entre el público ingenuo de los teatros populares. *La cabaña del Tío Tom*, melodrama, se representa algunas veces todavía y arranca aún lágrimas, tantos años después de haberse resuelto el problema político que dio un día a la novela de Beecher-Stowe interés de actualidad.

Novela o drama, señaló inmediatamente una gran conquista del romanticismo: aquí, el hombre de color no tiene que asociarse a un grupo de protagonistas blancos para ganar nuestra simpatía. Prescinde ya de unos patronales Robinson (pág. 53) o Pablo y Virginia. Es él quien ocupa el primer plano, y un juicio de valor le asciende a la jerarquía de héroe puro, en contraste con la inferioridad moral, con la perversidad vanidosa de los señores blancos. La simplicidad del negro, su fidelidad, su humildad profundamente conforme con la enseñanza de Cristo, conviértense aquí, para el gustador de la moral, en otras tantas lecciones y ejemplos. La cuestión estética, la de belleza o fealdad, está muy lejos al presente; nos hemos libertado al mismo tiempo de la otra cuestión, la de la calidad intelectual. La bondad es la única en conservar precio. Cuando el efecto producido por *La cabaña del Tío Tom* repercutió en las conciencias, ya la nostalgia del Paraíso Perdido se encontraba en un punto en que la misma cuestión de la felicidad se les antoja a los lectores moderno indiferente. La inocencia es juzgada como un valor en sí, independiente de la beatitud paradisíaca. A cambio de este beneficio de una reconquistada inocencia, ¿qué importan las miserias de la ignorancia, de la fealdad, del balbuceo?

GAUGUIN

Nos vamos acercando al límite de los que deben ser, por hoy, término y apoteosis de nuestra historia. Abreviemos. Nuestra rápida enumeración dejará de lado todos los folletines del exotismo, desde Mayne Reid y Jules Verne hasta Pierre Loti, y también otras invenciones más importantes, cuya actitud desdeñosa hacia los elementos étnicos inferiores —prenietzscheana en el conde de Gobineau, imperialista en Rudyard Kipling— no oculta enteramente la intensa pasión hacia ellos experimentada. Nos detendremos un (pág. 54) instante tan sólo, para terminar según hemos empezado, entre pintores, ante la figura de Paul

Gauguin, caso extremo y cumplido de pintura romántica, último gran barroco, abeja borracha de la miel envenenada en Decadencia y en Fin-de-Siglo.

Existen probablemente en cada uno de nosotros nostalgias hereditarias, pobres nostalgias de fuente acaso muy remota, al lado de aquellas que pueden habernos venido de anécdota biográfica personal. No podemos dejar de ver en Gauguin un nostálgico de ultramares, cuando aprendemos de sus orígenes familiares en Lima y de una estirpe de virreyes. La atracción de este pasado oscuro decidirá el curso de su vida entera. Hay en él, sobre el añorar un Paraíso Perdido, común a todos los hombres, la reminiscencia de un paraíso individual, a cuya busca irá, a través de todas las contradicciones y de todas las sorpresas de su conducta. El presentimiento de este paraíso le llevará de la Bolsa a la pintura, de la pintura al profetismo, de París a Pont-Aven, de Pont-Aven a Arlés... No le dará sosiego hasta haberle conducido a las islas de Oceanía.

Hele aquí en Oceanía. Paul Gauguin, solitario, pinta ahora en Santo Domingo, en Tahití. Pinta la desnudez inocente de la Naturaleza y de la mujer salvaje. Místico, sus ojos han adorado la agilidad del cuerpo arisco y han visto tras de él, más bien que al alma, al «doble», a la sombra que asiste invisible —o casi— a cada individualidad física. Dos iconos, pintados y esculpidos por él, se erigen a la puerta de su cabaña de solitario. «Sed amorosas y seréis dichosas», aconseja una de estas figuras a no se sabe qué hembras (pág. 55) candidas e instintivas, de una bienaventurada perfección vegetal. «Sed misteriosas y seréis dichosas», enseña el otro icono... Es el testamento del romanticismo. Son las Tablas de la Ley, de la ley de la nostalgia, promulgadas desde la zarza ardiente interior de un alma inquieta y angustiada.

EL PERU DE GAUGUIN

Es Gauguin mismo quien ha contado que entre las antiguas costumbres de Lima, patria de su madre, figuró una bastante singular. Parece que en esta ciudad los locos eran sustentados, no en manicomio ni asilo, ni tampoco dejados a cuenta de la beneficencia pública en sus casas, sino en forma de prestación personal, análoga a aquella tantas veces empleada para alojamiento de tropas, repartidos entre las mansiones de las familias acomodadas, que tenían obligación de prestarles guardia y pensión. Era usual que su habitación se encontrase en los altos de éstas, en desvanes o cuartitos a la azotea abiertos. Lo cual volvía no sólo frecuente, sino hasta habitual y normal el contacto seguido entre los locos y la servidumbre de la casa y, sobre todo, los niños de la familia. Y es claro que éstos encontraban en las extravagancias del desdichado huésped ocasión constante de diversión. Ni es aventurado el pensar que, en los casos de alienación tranquila, resultaba más bien el loco el guardián de sus pequeños amigos. De ahí a poder hablar del loco pegajoso, no hay más que un paso. ¡Qué maravillas, en su conversación delirante! ¡Cuán rico pasto de cuentos, de sueños, de fantasmas! Y en cuanto al movimiento, ¡qué repertorio de saltos, cabriolas, juegos, mímica! Los señoritos (pág. 56) patricios, tras de aburrirse con el preceptor en la biblioteca, corrían a encontrar, en el loco de la azotea, recreativa compensación...

Ahora, pensemos en esto: en lo que puede resultar de una sociedad sistemáticamente formada y educada con la colaboración pedagógica de los locos.

(Insisto en la necesidad de acoger este documento, sobre la fe de Paul Gauguin y de la fidelidad de sus recuerdos, con cierta precaución. Sería imprudente sacar de ahí demasiadas consecuencias. Pero, en el fondo, el coeficiente de objetividad histórica es ahora secundario. ¿Qué importaría, después de todo, que Gauguin se equivocara o mintiera? Imaginemos un país en que las cosas hubiesen pasado de esta manera. Imaginemos una infancia educada por locos... Si bien se mira, ¿no ha ocurrido que, durante más de una centuria, la infancia entera de todos los países y de todas las condiciones sociales haya sido, más o menos indirectamente, educada por un loco: por Juan Jacobo Rousseau?)

Una sociedad como la que evoco —o imagino— tenderá necesariamente, en su expresión, en su estilización, al empleo de las formas características de lo barroco.

BIBLIOGRAFIA GENERAL

Academia:
: *Gramática de la lengua española,* Madrid, Espasa Calpe, 1962.
: *Esbozo de una nueva gramática de la lengua española,* Madrid, Espasa Calpe, 1973.

Agard, F. B., y Di Prieto:
: *The Grammatical Structures of English and Italian,* Univ. of Chicago Press, 1965.

Alarcos Llorach, E.:
: *Estudios sobre gramática funcional del español,* 2.ª ed. Madrid, Gredos, 1972.
: «Los pronombres personales en español», *Archivum,* XI, pp. 5-11.

Alonso, A., y Henríquez Ureña:
: *Gramática castellana,* 24.ª ed. Buenos Aires, Losada, 1971.

Arrivé, M.
: «Attribut et c. d'objet en français moderne», *Le Français Moderne,* T. 32, 1964, pp. 241-258.

Arrivé, y Chevalier, J. C.:
: *La Grammaire,* Paris, Klincksieck, 1970.

Babcock, Sandra S.:
: *The Syntax of Spanish Reflexive Verbs,* The Hague, Mouton, 1970.

Bach, Emmon:
: «Nouns and Noun Phrases», *Universals in Linguistic Theory,* New York, Holt, Rinehart and Winston, 1968.

Baldinger, K.:
: «Structures et systèmes linguistiques», *Travaux de Linguistique et Litterature,* T. V, 1967, pp. 123-129.

Bar-Hillel:
: «Une notation quasi arithmétique destinée aux descriptions syntaxiques», *Langages,* 1968-1969, pp. 9-22.

Barrenechea, A. M.:
: «Las clases de palabras en español como clases funcionales», *Romance Philology,* XVII, 1963, pp. 301-309.

Bartrina Campos, A. M.:
: *Case Grammar Classification of Spanish Verbs,* Ph. D. Dissertation. Univ. of Michigan, 1969. Univ. Microfilms Ann Arbor. Michigan.

Bello, A., Cuervo, R. J.:
: *Gramática de la lengua castellana,* París, Roger y Chernoviz Ed., 1921.

Benveniste, E.:
: «Structure des relations d'auxiliarité», *Acta Linguistica Hafniensia,* T. 9, 1965.
: «Formes nouvelles de composition nominale», *Bull. de la Société Linguistique de Paris,* T. LXI, 1966, pp. 82-95.
: *Problèmes de linguistique générale,* Paris, Gallimard, 1966.

Bever, T. G.; Fodor, J. A., y Weskel, W.:
: «On the Adquisition of Syntax», *Psychological Review,* T. 72, 1965, pp. 467-482.

Blanche, C., y Chervel:
: «Recherches sur le syntagme substantif», *Cahiers de Lexicologie*, T. II. 1966, pp.3-37.

Bloomfield:
: *Le Langage*, París, Payot, 1970.

Blinkenberg, A.:
: *Le problème de la transitivité en français moderne, essai syntactico-sémantique*, Copenhague, Munksgaard, 1960.

Boer, C. de:
: *Syntaxe du français moderne*, Leyden, Universitaire Pres., 1954.

Bolinger, D. L.:
: «Around the Edge of Language Intonation», *Harvard Educational Review*, T. 34, 1964. pp. 282-296.
: «Transformulation: Structural Translation», *Acta Linguistica Hafniensia*, T. 9, 1966, pp. 130-144.

Bonnard, H.:
: «Support grammatical et support sémantique», *Langue Française*, T. 21, 1974, pp. 72-89.

Bonnard, G.:
: «Syntagme et pensée», *Journal de Psychologie*, T. 1, 1964, pp. 51-74.

Bourquin, G.:
: «Niveaux, aspects et registres de langage». *Linguistics*, T. 3, 1965.

Bouzet, J.:
: «Le gérondif espagnol dit de posteriorité», *Bulletin Hispanique*, T. LV, 1953, pp. 349-374.

Brainard, B.:
: *Introduction to the Mathematics of Language Study*, New York, Elsevier, 1971.

Brend, R. M.:
: *A Tagmemic Analysis of Mexican Spanish Clauses*, The Hague, Mouton, 1968.

Brøndal, E. V.:
: *Les parties du discours. Etudes sur les catégories linguistiques*, Copenhague, 1948.

Bühler, K.:
: *Teoría del lenguaje*, Madrid, Ed. Revista de Occidente, 1961.

Calderón, I. B.:
: *La doctrina gramatical de Bello*, Madrid, 1967.

Carlsson.:
: *Le degré de cohesion des groupes subs. + de + subs. en français contemporain*, Uppsala, 1966.

Carnap, R.:
: *The Logical Syntax of Language*, New York, 1937.

Carvell:
: *Computational Experiments in Grammatical Classification*, The Hague, Mouton, 1969.

Contreras, M.:
: *Los fundamentos de la gramática transformacional*, Méjico, siglo XXI, 1971.

Contreras, L.:
: «Los complementos», *Boletín de Filología de la Univ. de Chile*, T. XVIII, 1966, pp. 39-57.

Cook, W. A.:
: *Introduction to Tagmemic Analysis*, New York, Rinehart and Winston, 1969.

Corbeil, J. C.:
: *Les structures syntaxiques du français moderne: les éléments fonctionnels dans la phrase*, París, Klincksieck, 1968.

Costabile, N.:
: *Le strutture della lingua italiana. Grammatica generativo-transformativa*, Bologna, 1968.

Coyaud, M.:
: «Analyse syntaxique de corpus enfantins», *La linguistique*, T. 2, 1970, pp. 53-67.

Criado, M.:
: *Sintaxis del verbo español moderno*, Anejo de la R.F.E. Madrid, C.S.I.C. 1948.

Crystal, D.:
: *Prosodic Systems and Intonation in English*, Cambridge, Cambridge Univ. Press, 1969.

Chaumyan:
: *Principles of Structural Linguistics*, The Hague, Mouton, 1971.

Chevalier, J. Cl.:
: *Histoire de la Syntaxe. Naissance de la notion de compléments dans la grammaire française*, Genève, Droz, 1968.
: «Eléments pour une description du groupe nominal. Les prédeterminants du substantif», *Le Français Moderne*, 1966, pp. 241-253.

Chevalier, J. CL., y otros:
: *Grammaire Larousse du français contemporain*, París, 1964.

Chomsky, N.:
: «Trois modèles de description du langage», *Langages*, 9, 1968, pp. 51-76.
: *The Logical Structure of Linguistic Theory*, Cambridge, Mass. MIT. 1955.
: «Une conception transformationelle de la syntaxe», *Langages*, 4, 1966, pp. 39-80.
: *Aspects of the Theory of the Syntax*, Cambridge. Mass. MIT. Press, 1965.
: *Topics in the Theory of Generative Grammar*, The Hague, Mouton, 1966.
: *Syntactic Structures*, The Hague, Mouton, 1957.
: *Introduction à l'analyse formelle des langues naturelles*. Paris, Gauthier-Villars et Mouton, 1968.

Danes, F.:
: «Sentence Intonation from a Functional Point of View», *Woord*, 16, 1960, pp. 34-54.

Delattre, P.:
: «Un cours d'exercices structuraux et de linguistique appliquée», *The French Review*, XXXIII, 1959-1960, pp. 591-603.

Dessaintes, M.:
: *L'analyse grammaticale*, Paris, La Procure, 1962.

Donzé, R.:
: *La gramática general y razonada de Port-Royal*, Buenos Aires, Eudeba, 1970.

Dubois-Irigaray:
: «Approche experimentale des problèmes interessant la producton de la phrase noyau et ses constituants immédiats», *Langages*, 1966, pp. 90-125.

Dubois, J.:
: «Grammaire transformationnelle et morphologie», *Le Français Moderne*, 1965, t. 33, número 2, pp. 81-96.
: *Grammaire structurale du français: la phrase et les transformations*, París, Larousse, 1969.

Dubois, J., y Dubois, Ch.:
: *Eléments de linguistique française: Syntaxe*, París, Larousse, 1970.

Dubois, J., y otros:
: «La Sémantique Générative», *Langages*, 27, 1972.

Dubois, J., y Lagane, R.:
: *La nouvelle grammaire du français*, París, Larousse, 1973.

Dubois, J.; Giacomo, M., y otros:
: *Dictionnaire de Linguistique*, París, Larousse, 1973.

Ducrot, O., y Todorov, T.:
: *Dictionnaire encyclopédique des sciences du langage*, París, Ed. du Seuil, 1972.

Elson, B., y Picket, V.:
: *An Introduction to Morphologie and Syntax*, Santa Ana, California, Summer Inst. of Linguistics, 1964.

Falt, G.:
: *Tres problemas de concordancia verbal en el español moderno*, Uppsala, 1972.

Faure, G.:
: *L'intonation et l'identification des mots dans la chaîne parlée* (exemples empruntes

à la langue française), Proceedings 4th International Congress Phonetical Sciences, pp. 598-609.

Fillmore, CH.:
 «The Position of Embedding Tranformations in a Grammar», *Word*, 19, 1963, pp. 208-231.
 Hacia una teoría moderna de los casos, Fundamentos de la gramática transformacional, Méjico, Siglo XXI, pp. 45-65.

Fowler, R.:
 An Introduction to Transformational Syntax, London, Routledge Kegan Paul, 1971.

Frei:
 «Désaccords» *Cahiers Ferdinand de Saussure*, 18, 1961, pp. 35-55.
 «Modes de reduction de syntagmes», *Cahiers Ferdinand de Saussure*, 22, 1966, pp. 41-51 + 10 figs.

Fries, Ch. C.:
 The Structure of English. An Introduction to the Construction of English Sentences. New York, 1952.

Froehlich:
 «Sintagmenia, morfología e sintaxe», *Alfa*. 7-8, 1965, pp. 75-88.

Galichet, G.:
 Méthodologie Grammaticale, París, PUF, 1963.
 Physiologie de la langue française, 5.ª ed., París, 1967.

García, C.:
 Contribución a la historia de los conceptos gramaticales. La aportación del Brocense, Madrid, Anejo LXXI de la Revista de Filología Española, 1960.

García Gual, C.:
 «Análisis sintácticos y categorías semánticas», *Emérita*, 34, 1966, pp. 289-294.

Garde, P.:
 «Forme et contexte en syntaxe», *La linguistique*, 1966, pp. 1-15.

Gardiner, A.:
 The Distinction of Speech and Language, Atti del III Congreso Internazionale dei Linguisti, Florencia, 1935.

Gili Gaya, S.:
 Curso superior de sintaxis española, Barcelona, Spes, 1948.

Gleason:
 Introducción a la lingüística descriptiva, Madrid, Gredos, 1970.

Godel, R.:
 «Questions concernant le syntagme», *Cahiers Ferdinand de Saussure*, 25, 1969, pp. 115.

Goldin:
 Spanish Case and Function, Washington, Georgetown Univ. Press, 1968.

Greve, M. de:
 En quête des structures logico-linguistiques fondamentales, Actes du Xe Congrès International des Linguistes de Bucarest, II, pp. 825-830.

Grevisse:
 Le Bon Usage, Gembloux, Duculot, 1964.

Groot, A. W. de:
 Structurele Syntaxis, Den Haag, 1949.

Gross, M., y Lentin, A.:
 Notions sur les Grammaires formelles, París, Gauthier Villars, 1967.

Gross, M.:
 «Remarques sur la notion d'objet direct en français», *Langue Française*, 1969, pp. 63-73.

Gruita, G.:
 «A propos de la notion d'accord», *Cercetari de linguistica*, XVIII, 1973, pp. 279-297.

Grunig, B.:
 «Les théories transformationnelles. Exposé critique», *La linguistique*, n.º 2, 1965, pp. 1-24, n.º 1, 1966, pp. 31-102.

Guillaume, G.:
> *Temps et verbe,* París, Champion, 1929.

Guiraud, P.:
> *Problèmes et méthodes de la linguistique statistique,* París, 1960.
> *Sintaxis del francés,* Barcelona, Oikos-Tan, 1971.

Gunnarson, K.:
> *Le complément de lieu dans le syntagme nominal,* Etudes Romanes Lund, 1972.

Hadlich:
> *Gramática transformativa del español,* Madrid, Gredos, 1973.

Halliday, M. A. K.:
> *Intonation and Grammar in British English,* The Hague, 1967.

Harris, Z. S.:
> *Methods in Structural Linguistics,* Chicago, Univ. Press, 1951.
> *Structural Linguistics,* Chicago, Univ. Press, 1960.

Hernández, C.:
> *Sintaxis española,* Valladolid, 1970.

Hjelmslev L.:
> *Principes de grammaire générale,* Copenhague, 1928.
> *El lenguaje,* Madrid, Gredos, 1968.
> *Prolegómenos a una teoría del lenguaje,* Madrid, Gredos, 1971.
> *Problèmes de linguistique générale,* París, Gallimard, 1966.

Hockett.:
> *Curso de lingüística moderna,* Buenos Aires, Eudeba, 1971.

Humboldt:
> *Über die Verschiedenheit des menschlichen Sprachbaus,* Darmstadt, H. Nette, 1949.

Hutchins, W. J.:
> *The Generation of Syntactic Structures from a Semantic Base,* Amsterdam, North-Holland Publ. Co., 1971.

Imbs, P.:
> *Mélanges offerts à—.* Strasbourg, Klincksieck, 1973.

Jespersen:
> *The Philosophy of Grammar,* London, Allen and Unwin, 1924.
> *La syntaxe analitique,* París, Les Editions de Minuit, 1971.

Katz, J. J., y Postal, P. M.:
> *An Integrated Theory of Linguistic Descriptions,* Cambridge, Mass. MIT Press, 1964.

Katz, J. J.:
> «Interpretative Semantics vs. Generative Semantics», *Foundations of Language,* 6, 1970.

Klima, E. S.:
> «Negation in English», *Readings in the Phylosophy of Language,* Prentice-Hall, Englewood Cliffs, 1964.

Kovacci, O.:
> «La oración en español y la definición de sujeto y predicado», *Filología,* IX, 1963 (1960), pp. 103-117.

Kurath, H.:
> *A Phonology and Prosody of Modern English,* Heidelberg, Karl Winter Verlag, 1964.

Kurylowicz:
> «Les structures fondamentales de la langue: groupe et proposition», *Studia Philosophica,* III, 1948, pp. 203-209.

Lakoff:
> «Instrumental Adverbs and the Concept of Deep Structure», *Foundations of Language,* 4, 1968.
> *Irregularity in Syntax,* New York, Holt, Rinehart and Winston, 1970.

Lamerand, R.:
> *Syntaxe transformationnelle des propositions hypothétiques du français parlé,* Bruxelles, Aimav, 1971.

Lamiquiz, V.:
> *Morfosintaxis estructural del verbo español,* Sevilla, Univ. de Sevilla, 1972.

Lampach:
: «La structure du syntagme en français», *Bull. de la Societé de Linguistique*, LX, n.º 1, 1968, pp. 23-25.

Lagane, R.:
: «Problèmes de définitión. Le sujet», *Langue Française*, 1, 1969, pp. 58-62.

Lagane, R., y Pinchon, J.:
: «La syntaxe», *Langue Française*, 1, 1969.

Langacker, R.:
: *A Transformational Syntax of French*, Urbana, Univ. of Illinois, 1966.

Lapesa, R.:
: *Sobre los orígenes y evolución del leísmo, laísmo y loísmo*, Festschrift Walter von Wartburg, 1968, pp. 523-551.
: «Los casos latinos; restos sintácticos y sustitutos en Español», *Boletín de la Real Academia*, XLIV, 1964, pp. 57-105.
: *Evolución sintáctica y forma lingüística interior en español*, Actas XI Congreso de Lingüística y Filología Románicas. T. 1, pp. 131-150.

Larochette, J.:
: *L'analyse transformationnelle de l'énoncé*, Actes du X Congrés International des Linguistes, Bucarest, T. II, pp. 785-792.

Lázaro Carreter, F.:
: *Diccionario de términos filológicos*, 3.ª ed., Madrid, 1968.

Lees, R. B.:
: *The Grammar of English Nominalisations*, The Hague, Mouton, 1960.

Lenz, R.:
: *La oración y sus partes*, Madrid, 1935.

Lieberman, Ph.:
: *Intonation, perception and language*, Cambridge, Mass. MIT Press, 1968.

Linguistique, La:
: *La linguistique. Guide alphabetique*, Sous la direction de André Martinet, Denoel, 1969.

Loockwood, D.:
: *Introduction to Stratificational Linguistics*, Harcourt Brace Jovanovich, 1972.

Longacre:
: *Grammar Discovery Procedures*, The Hague, Mouton, 1964.
: *Some Fundamental Insights of Tagmemics*, La Haye, 1965.

López, M. L.:
: *Problemas y métodos de las preposiciones*, Madrid, Gredos, 1970.

Lyons, J.:
: *Lingustique générale*, París, Larousse, 1970.

Mac Cawley
: «Interpretative Semantics meets Frankenstein», *Foundations of Language*, 7, 1971.

Mahmoudian, M.:
: «Les modalités nominales en français littéraire contemporain: quelques statisques», *La linguistique*, 7, 1971, pp. 127-143.

Mancas, M.:
: «Observations sur la syntaxe des complétives et des subjectives dans la grammaire générative», *Cahiers de Linguistique Théorique et Appliquée*, Bucarest, II, 1965. pp. 127-146.

Martinet, A.:
: «Sintagma y sistema», *La linguistique*, 2, 1967, pp. 1-14.
: *El lenguaje desde el punto de vista funcional*, Madrid, Gredos 1971.
: *Elementos de lingüística general*, Madrid, 1972.

Meillet, A.:
: *Introduction à l'étude compareé des langues indoeuropéennes*. París, Hachette, 1903.

Michéa, R.:
: «Les Structures», *Etudes de Linguistique Appliquée*, París, Didier, 1963.

Mikus, R. F.:
  Précis de syntagmatique, Bruxelles, Aimav, 1971.
Molho, M.:
  «La question de l'objet en espagnol», *Vox Romanica*, XVII, 2, 1958, pp. 209-219.
Muller, CH., y Pottier, B.:
  Statistique et analyse linguistique, París, PUF, 1966.
Muller, Ch.:
  Estadística lingüística, Madrid, Gredos, 1973.
Navas, R.:
  Ser y estar. Estudio del sistema atributivo del español, Salamanca, Univ. de Salamanca, 1963.
Nicolescu, A.:
  «Sur l'objet direct prépositionnel dans les langues romanes», *Recueil d'études romanes*, Bucarest, 1959, pp. 167-185.
Nüjdaard, M.:
  «L'objet direct et l'ordre des mots en français moderne», *Le Français Moderne*, 1, 1968.
Nork, O. A.:
  «K voprosu o sintaktisceskoi funkcii intonatsii», (Sobre la función sintáctica de la entonación), *Phonetica*, 12, 1965, pp. 178-181.
Otero, C. P.:
  Introducción a la lingüística transformacional, Méjico, Siglo XXI, 1971.
Pêcheux, M.:
  Analyse automatique du discours, París, Dunod, 1969.
Perlmutter, D.:
  «Surface Constraints in Syntax», *Linguistic Inquiry*, 1970.
Piccardo, L. J.:
  «El concepto de oración», *Rev. de la Fac. de Humanidades y Ciencias de Montevideo*, XIII, 1954, pp. 131-159.
  «El concepto de partes de la oración», *Rev. de la Fac. de Humanidades y Ciencias de Montevideo*, IX, 1952, pp. 183-197.
Pike, K. L.:
  The Intonation of Américan English, Ann Arbor, Michigan, 1953.
  On Systems of Grammatical Stucture, Proceedings of the Ninth International Congress of Linguistics, 1964, La Haye, pp. 145-153.
  «Dimensions of Grammatical Constructions», *Language*, 38, 1962, pp. 221-244.
  Language in Relation to a Unified Theory of the Structure of Human Behavior, The Hague, Mouton, 1967.
Pottier, B.:
  Lingüística moderna y filología hispánica, Madrid Gredos, 1968.
  Introduction à l'étude linguistique de l'espagnol, París, ed. Hispanoamericanas, 1972.
  «L'emploi de la préposition 'a' devant l'objet en espagnol», *Bull. de la Societé de Linguistique de Paris*, 1, 1968, pp. 83-95.
  Structure fondamentale et structure complexe de la phrase française, Actes du X.º Congrés International de Langues Romanes, t. I, pp. 273-276.
  «La Grammaire générative et la linguistique», *Travaux de Linguistique et de Littérature*, VI, 1968, pp. 7-26.
  Systématique des éléments de relation, París Klincksieck, 1962.
  Presentación de la lingüística, Madrid, Alcalá, 1968.
  Gramática del español, Madrid, Alcalá, 1971.
Py, B.:
  La interrogación en el español hablado en Madrid, Bruxelles, Aimav, 1971.
Quilis, A.; Hernández, C., y Concha, V. de la:
  Lengua española, Valladolid, 1971.
Rabanales, A.:
  «Las funciones gramaticales», *Boletín de Filología de la Univ. de Chile*, 1966 (1977), pp. 235-276.

Las funciones en el lenguaje y su expresión en español, Actas del Congreso Interamericano de Lingüística, Filología y Enseñanza del idioma. Montevideo.

Coste, J., Redondo:
Syntaxe de l'espagnol moderne, París, SEDES, 1965.

Robins:
«Syntactic Analysis», *Archivum Linguisticum,* XIII, 1961, pp. 78-79.
Lingüística general, Madrid, Gredos, 1971.

Roca Pons:
Estudios sobre perífrasis verbales del español, Anejo de la Rev. de Filología Española, Madrid, 1958.
Introducción a la gramática, Barcelona, Teide, 1970.

Rodríguez Adrados, F.:
Lingüística estructural, Madrid, Gredos, 1969.

Roldán, M. M.:
Ordered Rules for Spanish: Selected Problems of Syntactic Structure, Dissertation, Indiana Univ., 1965.

Rona, J. P.:
El metalenguaje en el análisis oracional, Estudos Silva Neto, Bibl. de Estudos Literaros, 6, pp. 155-176.

Rosenbaum, P. S.:
«Phrase structure principles of English Complex Sentence formation», *Journal of Linguistics,* London, 3, 1967, pp. 103-118.

Rosengren, P.:
Presencia y ausencia de los pronombres personales sujetos en español moderno, Gothenburgo, 1974.

Rothenberg:
«Essai d'une définition formelle du susbstantif objet direct», *Etudes de Linguistique Appliquée,* 6, 1970, pp. 97-102.
L'état syntagmatique du substantif déterminé dans la proposition affirmative, Problémes de la Traduction automatique, París, Klincksieck, 1968.

Roulet, E.:
Syntaxe de la proposition nucléaire en français parlé. Etude tagmémique et transformationnelle. Bruxelles, Aimav, 1969.

Ruwet, N.:
Introduction à la grammaire génerarive, París, Plon, 1967.
Theory syntaxique et syntaxe du français, París, Seuil, 1972.

Sabrsula, Jan:
«Transformations. Translations. Classe potentielles syntaxico-sémántiques», *Travaux Linguistiques de Prague, III.*

Saltarelli:
La grammatica generativa transformazionale, Firenze, Sansoni, 1970.

Sampson, G.:
Stratificational Grammar: a Definition and an Exemple, The Hague Mouton, 1970.

Sánchez Marquez, M.:
Gramática moderna del español, Buenos Aires, Ediar, 1972.

Sapir:
El lenguaje, Méjico, Fondo de Cultura Económica, 1971.

Saussure, F.:
Curso de lingüística general, Buenos Aires, Losada, 4.ª ed., 1961.

Sauvageot, M.:
«La catégorie de l'objet», *Journal de Psycologie,* 1950, pp. 157-170.

Schaff, y Babcock, S.:
The Syntax of Spanish Reflexive Verbs, The Hague, Mouton, 1970.

Seco, R.:
Manual de gramática española, Madrid, Aguilar, 1968.
Gramática esencial del español, Madrid, Aguilar, 1972.

Sechehaye:
: *Essai sur la structure logique de la phrase*, París, Champion, 1950.
Spence, C. W.:
: «Composé nominal, locution et syntagme libre», *La linguistique*, 1969, 2, pp. 5-26.
Stati, S.:
: «La transposition des syntagmes», *Revue Roumaine de Linguistique*, XI, 1966, pp. 529-536.
: *Teorie di metodo in sintaxa*, Bucarest, Academia, 1967.
Stockwell, R.:
: *Grammatical Structures of English and Spanish*, Chicago, The Univ. of Chicago Press, 1967.
Stockwell, R., y otros:
: *The Major Syntactic Structures of English*, New York, Holt, Rinehart and Winston, 1973.
Tesnière, R.:
: *Eléments de syntaxe structurale*, París, Klincksieck, 1959.
Togeby, K.:
: *Mode, aspects et temps en espagnol*, Copenhague, 1953.
: *Structure immanente de la langue française*, París, Larousse, 1965.
Trnk, B.:
: *Principios de análisis morfológico*, Cuadernos del Inst. Lingüístico Latinoamericano, Montevideo, 1965.
Van Dijk, T. A.:
: *Some Aspects of Texts Grammars*, The Hague. Mouton, 1972.
Vasiliu, E.:
: «Estructuras profundas sintácticas», *Bull. de la Societé Roumaine de Linguistique Romane*, VII, Bucarest, 1970, pp. 21-26.
Vasileyv, V. A.:
: «Sintaksiceskaja Rol'Intonacii Angliiskom i russkom jazykax». (El papel sintáctico de la entonación, en inglés y ruso), *Phonetica*, 12, 1965, pp. 137-140.
Vernay, H.:
: «A propos de structures syntaxiques», *Zeitschrift für Romanische Philologie*, 89, 1973, pp. 66-72.
Weinreich, U.:
: *Notes on the Yiddish Rise Fall Intonation Contour*, For Roman Jakobson, 1956, pp. 633-643.
Wells:
: «The Pitch Phonemes of English», *Language*, 21, 1945, pp. 27-39.
Zierer, R.:
: *Estructuras progresivas y estructuras regresivas*. Lenguaje y Ciencias, Trujillo (Perú).

INDICE

	Págs.
INTRODUCCION	9
I. Propósito de nuestro trabajo	9
II. Método de trabajo	10
NOTAS	14

1. CAPITULO 1. SINTAXIS DE LA ORACION ESPAÑOLA

    1.1. LA ORACIÓN. ORDENAMIENTO BÁSICO DE LA SINTAXIS 15

        1.1.1. *Autonomía lingüística* 19
            Cuadros de distribución de enunciados según el número de ordenamientos que contienen 24
        1.1.2. *Presencia de un verbo como centro funcional* 25
        1.1.3. *Existencia de una relación formal sujeto-verbo* 26

    1.2. ELEMENTOS COMPONENTES DE LA ORACIÓN: LAS FUNCIONES SINTÁCTICAS 27

        1.2.1. *Sujeto* (S) 30
            Distribución de sujeto expreso/S elíptico 30
            Distribución de las posiciones S-V/V-S 31
        1.2.2. *Verbo* (V) 32
            Distribución de verbo expreso/verbo elíptico 33
        1.2.3. *Complemento directo* (CD) 34
            Distribución de las posiciones V-CD/CD-V 35
        1.2.4. *Complemento indirecto* (CI) 36
            Distribución de las posiciones V-CI/CI-V 37
            Distribución de las diversas posiciones de los elementos V-CI y CD 39
        1.2.5. *Atributo* (A) 40
            Distribución de las diversas posiciones de los elementos S, V y A 41
        1.2.6. *Complemento circunstancial* (CC) 42
            Distribución de ordenamientos por el número de CC que contienen 43
            Distribución de ordenamientos con CC y ordenamientos sin CC 44
        1.2.7. *Otros elementos oracionales* 45
            Cuadros de distribución y frecuencia de todos los elementos oracionales en el corpus 46

    1.3. CLASIFICACIÓN DE LOS ORDENAMIENTOS POR EL NÚMERO DE ELEMENTOS FUNCIONALES QUE CONTIENEN 47

        Cuadros de distribución 47
        Histogramas representativos 49
        Cuadros de la media, variancia y desviación tipo 52

			Págs.
1.4.	Clasificación de los ordenamientos por el tipo de elementos funcionales que contienen		54
	1.4.1.	Ordenamientos atributivos	55
	1.4.2.	Ordenamientos predicativos	57
	1.4.3.	Distribución de ordenamientos atributivos y ordenamientos predicativos en el corpus	58
1.5.	Procedimientos sintácticos fundamentales de la oración española		60
	1.5.1.	La concordancia	60
		1.5.1.1. En la oración	61
		1.5.1.2. En el sintagma	61
	1.5.2.	Orden de palabras en español	61
		1.5.2.1. Orden de los elementos oracionales	62
		1.5.2.2. Orden de los elementos sintagmáticos	63
	1.5.3.	Partículas funcionales como índices de reducciones, alargamientos, transformaciones y recciones	64
	1.5.4.	Pertenencia a una categoría gramatical	66
	1.5.5.	Elementos suprasegmentales	67
	Notas		67

2. CAPITULO 2. EL SUJETO

2.1.	Concepto de sujeto		71
2.2.	Rasgos sintácticos del sujeto		73
	2.2.1.	Características sintácticas del segmento S	73
		2.2.1.1. Concordancia con el verbo	73
		2.2.1.2. Elemento nuclear y necesario en la oración	73
		2.2.1.3. Lugar de aparición en la oración	74
	2.2.2.	Problemas de segmentación	74
2.3.	Realizaciones sintagmáticas		76
	2.3.1.	S ⟶ SN	76
		2.3.1.1. SN homogéneo	76
		2.3.1.2. SN heterogéneo	78
		2.3.1.2.1. SN alargado por coordinación	78
		2.3.1.2.2. SN alargado por determinación	78
		2.3.1.2.3. SN alargado por complementación	79
		2.3.1.2.4. SN alargado por combinación de los tres procedimientos	79
	2.3.2.	S ⟶ SN - Sust.	80
		2.3.2.1. Sust.: pronombres personales	81
		2.3.2.2. Sust.: pronombres indefinidos	81
		2.3.2.3. Sust.: adjetivos demostrativos en función pronominal	82
		2.3.2.4. El artículo en función pronominal	82
	2.3.2.	S ⟶ oración	85
		2.3.3.1. Oración de infinitivo	85
		2.3.3.2. Oración introducida por conjunción:	86
2.4.	Distribución y frecuencia de las realizaciones sintagmáticas del sujeto		86
	Notas		87

ÍNDICE

			Págs.
3.	**CAPITULO 3. EL VERBO**		
3.1.	CONCEPTO DEL VERBO		89
3.2.	RASGOS SINTÁCTICOS DEL VERBO		94
	3.2.1. *Caracteres de la función sintáctica verbo*		94
	3.2.1.1. Elemento indispensable de la oración en español escrito		94
	3.2.1.1.1. Verbos elípticos más frecuentes		94
	3.2.1.1.2. Circunstancias en que se produce elipsis.		95
	3.2.1.2. Elemento en concordancia con el sujeto		97
	3.2.1.3. Posición en la oración		100
	3.2.2. *Problemas de segmentación*		103
	3.2.3. *Compatibilidad del verbo con otras funciones sintácticas*		109
3.3.	REALIZACIONES SINTAGMÁTICAS DEL VERBO		110
	3.3.1. V ⟶ *Forma verbal simple*		112
	Distribución de las categorías tiempo y modo		113
	Distribución de las categorías persona y número		115
	3.3.2. V ⟶ *Forma verbal compleja*		115
	3.3.2.1. V ⟶ Aux. + Participio		117
	Auxiliar *haber* + participio		119
	Auxiliar *ser* + participio		119
	3.3.2.2. V ⟶ Aux. + Infinitivo		121
	3.3.2.2.1. Aux. de incidencia directa		121
	3.3.2.2.2. Aux. de incidencia indirecta		122
	3.3.2.3. V ⟶ Aux. + Gerundio		123
	3.3.2.4. V ⟶ Enclítico + F.V.		124
	3.3.3. V ⟶ *FV en coordinación*		128
	3.3.4. V ⟶ *Lexía compleja*		128
	3.3.5. V ⟶ *Infinitivo con valor de FV*		128
3.4.	DISTRIBUCIÓN Y FRECUENCIA DE LAS REALIZACIONES SINTAGMÁTICAS DEL VERBO		129
	NOTAS		130
4.	**CAPITULO 4. COMPLEMENTO DIRECTO**		
4.1.	CONCEPTO DE COMPLEMENTO DIRECTO		133
4.2.	RASGOS SINTÁCTICOS DEL CD		136
	4.2.1. Segmento adyacente al verbo, generalmente pospuesto		136
	4.2.1.1. Inmediatamente después del verbo		136
	4.2.1.2. Cuando entre el V y CD se intercala uno o varios segmentos oracionales		137
	4.2.1.3. Elemento CD antepuesto al verbo		138
	4.2.2. Segmento sustituible por uno de los pronombres: lo, la, los, las (le, les)		139
	4.2.3. Segmento que responde a la transformación interrogativa con *qué*		140
	4.2.4. Segmento que puede pasar a sujeto en la transformación pasiva		141

Págs.

- 4.3. Realizaciones sintagmáticas del CD 142
  - 4.3.1. CD → SN 142
    - 4.3.1.1. SN en estructuración homogénea 142
    - 4.3.1.2. SN en estructuración heterogénea: 144
      - A) SN - 1 [determinación] 144
      - B) SN - ∅ [coordinación] 144
      - C) SN - 2 [complementación] 145
      - D) SN - 1 - ∅ [combinación de alargamientos].... 145
  - 4.3.2. CD → SN (Sust.) 146
    - 2a) Pronombres personales 147
    - 2b) Pronombres indefinidos 147
    - 2c) Pronombres interrogativos 147
    - 2d) El artículo en función pronominal................. 147
  - 4.3.3. CD → O 148
    - 4.3.3.1. CD → O de infinitivo 148
    - 4.3.3.2. CD → O introducido por conjunción 149
    - 4.3.3.3. CD → O en estilo directo 151
- 4.4. Distribución y frecuencia de las realizaciones sintagmáticas de CD 152
- Notas 153

5. CAPITULO 5. COMPLEMENTO INDIRECTO

- 5.1. Noción de complemento indirecto 155
- 5.2. Rasgos sintácticos del elemento CI 159
  - 5.2.1. *Características sintácticas de la función* CI 159
  - 5.2.2. *Clases de segmentos* CI 161
    - CI-1. 162
    - CI-2. 165
    - CI-3. 166
  - 5.2.3. *Problemas de segmentación* 169
  - 5.2.4. *Compatibilidad de* CI *con otros complementos* 173
- 5.3. Realizaciones sintagmáticas de CI 175
  - 5.3.1. CI → SP [Prep. + SN] 175
    - Preposiciones integrantes del SP en función CI 175
    - Variantes de la realización 1 178
    - 5.3.1.1. SP = Prep. + SN 178
    - 5.3.1.2. SP = Prep. + SN - Sust....................... 179
  - 5.3.2. CI → SN - Sust. 179
  - 5.3.3. CI → O 180
- 5.4. Distribución y frecuencia de las realizaciones sintagmáticas de CI 181
- Notas 182

6. CAPITULO 6. EL ATRIBUTO

- 6.1. Concepto de atributo 183

			Págs.
6.2.	ASPECTOS SINTÁCTICOS DEL ATRIBUTO	185
	6.2.1.	*Rasgos distintivos de la función atributo*	185
		6.2.1.1. Relación con el sujeto o complemento directo	185
		6.2.1.1.1. En oraciones atributivas con *ser* y *estar*	185
		6.2.1.1.2. En oraciones con verbos que no son *ser* y *estar*, relacionados con el S.	186
		6.2.1.1.3. En oraciones, con verbos que no son *ser* y *estar*, relacionados con el CD	186
		6.2.1.2. Concordancia no obligada con sujeto cuando es SN	186
		6.2.1.3. Segmento sustituible por *lo* cuando tiene relación con el S	187
		6.2.1.4. Posición con respecto al V y al S	189
	6.2.2.	*Problemas de segmentación*	189
		6.2.2.1. Diferenciación A/S	189
		6.2.2.2. Diferenciación A/CD	190
		6.2.2.3. Diferenciación A/CC	191
	6.2.3.	*Compatibilidad con otros segmentos oracionales*	191
		6.2.3.1. Segmento compatible con la función CD	191
		6.2.3.2. Segmento compatible con la función CC	191
		6.2.3.3. Segmento compatible con la función CI	191
6.3.	REALIZACIONES SINTAGMATICAS DEL A	192
	6.3.1.	A ⟶ SN	192
		1a) A ⟶ SN	192
		1b) A ⟶ SN - Sust.	193
	6.3.2.	A ⟶ SA	193
	6.3.3.	A ⟶ *Oración*	196
		6.3.3.1. O. de infinitivo	196
		6.3.3.2. O. introducida por *que*	197
	6.3.4.	A ⟶ SP	197
6.4.	DISTRIBUCION Y FRECUENCIA DE LAS REALIZACIONES SINTAGMATICAS DEL ATRIBUTO	198
	NOTAS	199

7. CAPITULO 7. EL C. CIRCUNSTANCIAL

7.1.	CONCEPTO DE C. CIRCUNSTANCIAL	201
7.2.	RASGOS SINTACTICOS	203
	7.2.1.	*Elemento facultativo*	203
		7.2.1.1. Ordenamientos en que no aparece CC	203
		7.2.1.2. Ordenamientos en que aparece CC	203
	7.2.2.	*Elemento de gran movilidad*	204
		a) CC comenzando ordenamiento	204
		b) CC terminando ordenamiento	204
		c) CC inmediatamente antes del verbo	204
		d) CC inmediatamente después del verbo	204
	7.2.3.	*Problemas de segmentación*	205
		7.2.3.1. Simplicidad o complejidad de los CC	205
		7.2.3.2. Identificación del SN ⟶ CC en contraste con SN ⟶ CD	205

			Págs.
	7.2.3.3. Identificación del SP →CC en contraste con SP→ CI		205
7.3.	Realizaciones sintagmáticas del CC		206
	7.3.1. CC → SP		207
	7.3.1.1. SP → Prep. + SN		207
	7.3.1.2. SP → Prep. + SV		209
	7.3.1.3. SP → Prep. + S adv.		210
	Cuadros de distribución de estas variantes en el corpus		210
	7.3.2. CC → S Adv.		211
	7.3.2.1. Adverbio		212
	7.3.2.1.1. Adv. de modo		212
	7.3.2.1.2. Adv. de tiempo		213
	7.3.2.1.3. Adv. de lugar		213
	7.3.2.1.4. Adv. de cantidad		214
	7.3.2.1.5. Adv. de afirmación, negación y duda		214
	7.3.2.2. S. Adv. → Adv. + Adv.		214
	7.3.2.3. S. Adv. → Adv. + Prep.		215
	7.3.2.4. S. Adv. → Adv. + SN		215
	7.3.2.5. Locuciones adverbiales		215
	7.3.2.5.1. L. adv. fijas		216
	7.3.2.5.2. L. adv. conexivas		217
	Cuadros de distribución de estas variantes en el corpus		218
	7.3.3. CC → SN		219
	7.3.3.1. SN		219
	7.3.3.2. SN + Adv.		219
	Cuadros de distribución de estas variantes en el corpus		219
	7.3.4. CC → Oración		220
	7.3.4.1. O. introducida por elemento funcional		220
	7.3.4.2. O. de gerundio		223
	7.3.4.3. O. de participio absoluto		224
	Cuadros de distribución de estas variantes en el corpus		225
7.4.	Distribución y frecuencia de las realizaciones sintagmáticas de la función CC		226
	Notas		227

8. CAPITULO 8. EL COMPLEMENTO AGENTE

8.1.	Concepto de complemento agente	229
8.2.	Características sintácticas de C. agente	231
8.3.	Problemas de segmentación	232
8.4.	Realizaciones sintagmáticas	233
	Notas	234

9. CAPITULO 9. EL VOCATIVO

9.1.	Concepto de vocativo	235

		Págs.
9.2.	CARACTERÍSTICAS SINTÁCTICAS DEL VOCATIVO	235
	NOTAS	237

10. CAPITULO 10. ELEMENTOS DE CONCATENACION DE ORDENAMIENTOS

10.1.	CONCEPTO DE ELEMENTOS DE CONCATENACIÓN	239
10.2.	REALIZACIONES DEL ELEMENTO C	240
	10.2.1. *Concatenación de coordinación-C*	241
	10.2.1.1. C ⟶ Conjunción	241
	Cuadros de distribución	243
	10.2.1.2. C ⟶ Elementos grafémico-prosódicos	243
	10.2.2. *Concatenaciones de referencia - CR*	249
	10.2.2.1. CR - Concatenaciones de recuerdo	249
	10.2.2.2. CR - Concatenaciones de presentación	252
	10.2.2.3. CR - Concatenaciones de conclusión	253
10.3.	POSICIÓN DEL ELEMENTO C EN EL ENUNCIADO	253
	NOTAS	255

11. CAPITULO 11. ENTONACION Y SINTAXIS

11.1.	RELACIONES DE LA SINTAXIS CON LA ENTONACIÓN	257
	11.1.1. Función integradora de la entonación	259
	11.1.2. Función segmentadora de la entonación	259
	11.1.3. Función distintiva de la entonación	260
11.2.	CORPUS DE LOS ANÁLISIS PROSÓDICOS	261
11.3.	ANÁLISIS	263
11.4.	INTERPRETACIÓN	264
11.5.	CARACTERÍSTICAS PROSÓDICAS DE LOS ASPECTOS SINTÁCTICOS ESTUDIADOS	282
	NOTAS	284

12. CONCLUSIONES 286

13. ANALISIS PROSODICOS 295

APENDICE
    CORPUS DE MARÍAS 321
    CORPUS DE D'ORS 335

BIBLIOGRAFIA GENERAL 349

INDICE 359